KB121830

한국경제의
설계자들

국가 주도 산업화 정책과 경제개발계획의 탄생

지은이 **정진아** 鄭眞阿

한국 현대사 연구자로서, 한국 경제를 정책사상사 연구방법론에 의해 연구해왔다. 연세대학교 대학원에서 이승만 정권의 경제정책론 연구로 박사학위를 받았고, 현재 건국대 인문학연구원 및 대학원 통일인문학과 교수로 재직하고 있다. 한국 경제사뿐 아니라 해방 이후 남북의 주민들이 만들어가고자 한 국가, 사회, 개인의 모습에 관심이 많다. 특히 그 속에 살았던 사람들의 생활문화와 병리현상에 관심을 갖고 있다. 저서로는 『역사학의 시선으로 읽는 한국전쟁』, 『사회주의는 북한사람들을 어떻게 변화시켰나』가 있고, 논문으로는 「이승만 정권의 사립경세론, 그 시향과 현실」, 「장면 정권의 경제정책 구상과 경제개발 5개년계획」, 「남북의 농업협동화 경험과 통일농업의 미래―남의 협업농장과 북의 협동농장을 중심으로」 등이 있다.

한국 경제의 설계자들―국가 주도 산업화 정책과 경제개발계획의 탄생

1판 1쇄 인쇄 2022년 5월 16일
1판 1쇄 발행 2022년 5월 30일

지은이 정진아
펴낸이 정순구
책임편집 정윤경
기획편집 조원식 조수정
마케팅 황주영

출력 블루엔
용지 한서지업사
인쇄 한영문화사
제본 대원바인더리

펴낸곳 (주) 역사비평사
등록 제300-2007-139호 (2007.9.20)
주소 10497 : 경기도 고양시 덕양구 화중로 100(비전타워21) 506호
전화 02-741-6123~5
팩스 02-741-6126
홈페이지 www.yukbi.com
이메일 yukbi88@naver.com

ⓒ 정진아, 2022

ISBN 978-89-7696-140-2   94910
978-89-7696-199-0 (세트)

역비한국학연구총서 40

한국 경제의
설계자들

| 국가 주도 산업화 정책과 경제개발계획의 탄생 |

정진아 지음

역사비평사

책을 내면서

이 책은 한국 자본주의 국가건설론의 맥락과 계보를 정리하고자 한 연구계획의 결과물이다. 그것은 근대국가 건설과 식민 극복, 분단경제의 구축과 전쟁피해 복구, 전후재건과 경제개발이라는 과제를 안고 있던 한국 사회가 당시의 시대적인 상황과 조우하면서 어떠한 경로를 선택했는가, 그 선택의 성격은 무엇인가 하는 문제를 규명하는 작업이 될 것이었다.

이 주제에 관심을 가지게 된 것은 1980년대 후반의 격변기에 대학을 다닌 필자의 경험과 관련이 있다. 1987년 6월항쟁에 이어 노동자대투쟁이 전개되면서, 필자는 성장 지상주의 패러다임 속에 갇혀 있던 한국 경제에 중요한 궤도수정이 있을 것으로 기대했다. 하지만 한국 경제는 근본적인 변화 없이 지금까지 유지되고 있다. 과연 수많은 문제에도 불구하고 한국 경제를 지탱하고 있는 논리와 기반은 무엇일까?

거칠고 앙상한 문제의식만으로 대학원에 진학했다. 이러한 문제의식을 다루기 위해서는 어떤 시각과 연구방법론을 가져야 하는지, 어떠한 얼개와 내용으로 문제의식을 구체화할 것인지, 과연 그렇게 해서 만들어진 성과물은 경제학에서 하는 경제사 연구와 어떠한 차별성을 가질 수 있는지 알 수 없는 고민의 시간이 거듭되었다.

대한민국과 조선민주주의인민공화국은 상호 경쟁하면서 자본주의, 사회주의 경제 시스템을 구축해왔다. 그것은 한편으로는 한말, 일제 시기부터 정초되어온 자본주의, 사회주의 국가건설론의 연장선상에 있었고, 다른 한편으로는 냉전과 분단이라는 현실적 조건 속에서 남북이 선택한 경제정책의 결과물이었다. 그렇다면 한국 자본주의 경제정책의 흐름을 파악하는 작업으로부터 시작해야 했다.

필자는 단지 정책의 흐름을 보여주는 것만으로는 부족하다고 생각했다. 정책은 한말, 일제 시기, 해방 후를 거치면서 자본주의 국가건설을 고민해온 이들에게 축적된 경제 현실 인식과 해결 방안, 자본주의 국가건설의 구상과 체제 이념의 반영물이기 때문이다. 따라서 사상사적 방법론을 도입하여 정책 담당자들의 구상과 현실화된 정책을 유기적으로 연결시키는 가운데 논지를 전개하기로 했다. 이 책의 제목이 '한국 경제의 설계자들'이 된 이유이다.

필자가 한국 자본주의 국가건설론의 계보를 정리하면서도, 특히 1945년부터 1960년까지의 경제정책에 주목한 것은 식민지를 경험한 국가이자, 냉전 체제하에서 미국의 절대적인 영향력을 배경으로 조선민주주의인민공화국과 대결하고 있는 신생 자본주의 국가인 대한민국의 경제정책이 어떻게 정초되는가 하는 것을 밝히고자 했기 때문이다.

신생 대한민국의 경제정책은 일차적으로 외세의 지배를 몰아내고 자주적인 근대국가를 건설하기 위한 한말, 일제하 자본주의 경제건설론의 맥락 속에 존재했다. 식민지에서 해방된 사람들의 자립 열망, 분단과 전쟁으로 인해 미국에 의존할 수밖에 없는 취약한 정치경제적인 조건, 그 제한성 속에서도 근대화를 추진하겠다는 강력한 의지가 대한민국의 경제정책으로 구체화되고 있었다.

당시의 경제정책은 미국의 동아시아 정책이라는 큰 틀에 규정되면서도, 구체적인 내용에 있어서는 이렇듯 한말, 일제하 자본주의 국가건설론의 계보를 계승하고 있었다. 당시 근대국가건설론은 크게 자본주의와 사회주의로 분화하고 있었고, 신생 대한민국의 경제정책은 자본주의 국가건설론의 남한적 귀결점이었다. 그러나 그것이 우파의 단일한 경제론으로 일관했던 것은 아니었다. 분단으로 인해 좌파의 목소리는 거세되었으나, 중간파와 우파가 각축하면서 다양한 스펙트럼을 만들어가고 있었다.

해방 후 사회개혁의 열망은 1948년의 제헌헌법에 농지개혁, 중요산업의 국공영 원칙으로 반영되었다. 전후 미국의 헌법개정 압력이 거세지는 가운데 학계와 경제계에서도 시장경제 원리를 강화하려는 움직임이 일어나면서 1954년 중요산업의 국공영 원칙은 폐기되고 민영이 한국 경제의 새로운 원칙으로 자리 잡았다. 1950년대 후반 미국의 원조가 감소하기 시작하자 원조가 종결되기 전까지 국제수지의 균형을 달성하고 자립의 토대를 만들기 위해서는 국가 주도의 경제개발계획을 추진해야 한다는 주장이 설득력을 얻었다. 이것이 민영의 원리 속에서도 경제개발계획이 추진된 이유이다.

최근까지 한국의 경제정책은 주로 '미국에 대한 종속'이라는 관점에서 해석되어왔다. 이러한 관점을 견지할 경우, 미국에 대한 비판에 철저할 수는 있을지 모르지만, 한국 자본주의 국가건설론의 다양한 계보와 사상구조를 이해하지 못할 수 있다. 뿐만 아니라 한국 경제를 설계했던 다양한 주체들의 역동성을 비가시화할 위험성이 있다. 과연 이들은 어떤 존재이며 어떤 시대적 문제의식을 담지하면서 한국의 경제정책을 만들어 나갔는가, 이들의 경제정책론이 가진 체제적·계급적 성격은 무엇인가, 이들은 어떠한 방식으로 미국의 요구를 내면화했는가, 이들의 구상과 설계를 통해 대한민국의 경제정책이 어떻게 정초되었는가를 밝히는 것이 이 책의 목적이다.

필자가 연구자로 성장하기까지 많은 분들의 도움이 있었다. 방기중 선생님의 학은은 잊을 수가 없다. 석박사과정의 지도교수였던 선생님은 사료까지 함께 읽으면서 논문을 지도해주셨다. 나 자신조차 의미를 찾지 못할 때 내 연구가 한국 자본주의 국가건설론의 맥락과 계보를 정리하는 중요한 의미를 갖고 있다면서 필자를 독려해주셨다. 산고 끝에 엿보게 되는 역사의 파노라마가 연구자에게 궁극의 즐거움을 가져다준다는 사실을 알게 해주신 것도 선생님이셨다. 영원한 스승 방기중 선생님께 깊은 감사를 드린다. 홍성찬 선생님은 내 연구가 자칫 경제사 연구의 일반적인 독법에서 벗어나지 않도록 균형을 잡아주신 분이다. 선생님의 지도를 통해 역사학에서의 경제사와 경제학에서의 경제사가 어떻게 달라야 하는지 치열하게 고민하고 답을 찾아갈 수 있었다. 공제욱 선생님은 박사학위논문 심사과정에서 필자의 논지에 전폭적인 지지를 보내주셨다. 1950년대 경제 전문가로서 묵직한 성과를 내신 당신의 지지가 필자에게 얼마나 큰 힘이 되었는지 선생님께서는 상상조차 못하실 것이다. 이승렬 선생님은 박사학위논문의 앞부분 구성에 대해 세심하게 조언해주셨다. 특히 한말, 일제하에 대한 지식이 빈약한 필자가 한국 자본주의 국가건설론의 흐름을 잡을 수 있도록 지도해주셨다. 박사학위논문을 쓴 지 10년이 훌쩍 넘어가면서 이 책을 내는 것에 회의가 들기도 했다. 김성보 선생님은 지금도 늦지 않았다고 이 연구가 가진 의미를 재삼 강조하면서 주저하는 필자의 어깨를 두드려주셨다. 선생님의 격려가 없었다면 오래 묵은 원고를 꺼낼 엄두를 내지 못했을 것이다.

연세대학교 대학원 사학과 학문공동체의 깊이 있고 치열한 분위기는 나를 항상 긴장하고 성장하게 만드는 동력이다. 함께 공부하고 토론하면서 지금도 많은 지적 자극을 주고받는 이들과 함께하고 있다는 생각만으로도 행복하다. 특히 이 책을 내는 과정에서 윤덕영, 오진석, 김아람 세 분의 동학들께 큰 도움을 받았다. 국사편찬위원회의 윤덕영 선생님은 이 책을 통독하면서 학문적으로 엄밀하지 않은 부분을 꼼꼼하게 체크해주셨고, 본인의 문제의식까지 덧붙여 세심한 코멘트를 해주셨다. 배재대학교의 오진석 교수는 이 책의 논지가 독자들에게 효과적으로 전달되고 필자의 문제의식이 부각될 수 있도록 각 장절별로 강조되어야 하는 부분을 짚어주는 한편, 논조의 완급 조절에 대한 조언을 아끼지 않았다. 한림대학교의 김아람 교수는 필자가 묵은 원고를 수정하는 과정에서 최근의 연구성과와 그 연구성과들이 갖는 의미를 놓치지 않도록 의견을 나눠주었다. 세 분의 도움으로 이 책의 미진함을 보완할 수 있었다. 고개 숙여 감사드린다.

삶터인 건국대학교 대학원 통일인문학과의 김성민 선생님을 비롯한 여러 선생님들과 제자들은 늘 필자의 든든한 원군이 되어주고 있다. 이곳에 정착하고, 안정감 속에서 연구를 계속할 수 있었던 것은 필자에게 주어진 행운이라고 생각한다. 초고를 검토한 후, 여전히 이 책이 학술사적 가치를 가지고 있다며 흔쾌히 출판을 결정해주신 역사비평사의 정순구 사장님과 역사비평사 편집부에도 감사의 인사를 전한다.

필자가 연구를 핑계로 이기적인 삶을 살 수 있었던 건 묵묵히 연구자의 삶을 응원하고 감당해준 가족의 도움이 컸다. 김동관과 김산에게 고마운 마음을 전한다. 마지막으로 둘째 딸이 여성 연구자로서 당당하게 살아가길 원하셨던 부모님의 바람은 이 책을 내야 하는 이유가 되었다. 오래 전 작고하신 나의 어머니, 박찬수 님께 이 책을 바친다.

2021년 10월 31일 가을의 무게를 느끼며
정진아

차례

표 차례

그림 차례

부표 차례

서론

서론

1. 문제제기

해방 후 한국의 정치세력은 한말 국가 주도 산업화의 제한적인 경험과 식민지 근대화의 경험, 민족해방운동 과정에서 합의된 국가건설의 내용을 수렴하면서 국가건설의 방향을 모색했다. 그것은 일제 식민지 근대화의 파행성과 수탈성을 극복하고, 자주적인 근대 경제 체제와 국가를 건설하는 과정이었다. 그러나 1948년 한반도의 남쪽에는 '대한민국'이, 북쪽에는 '조선민주주의인민공화국'이라는 분단국가가 수립되면서 신국가의 자주성과 근대성을 회복해가는 과정은 지난할 수밖에 없었다. 국가건설의 방향 또한 남북의 정치세력이 추구하는 국가건설 이념과 관련하여 성격을 전혀 달리하는 이질적인 체제의 방향으로 귀결되지 않을 수 없었다.[01] 남북의 정치세력이 외세를

---

01 분단의 이러한 성격에 대해서는 김용섭, 『(증보판) 한국근현대농업사연구—한말·일제하의 지주제와 농업문제』, 지식산업사, 2000; 방기중, 「농지개혁의 사상 전통과 농정 이념」, 『농지개혁연구』, 연세대학교출판부, 2001; 김성보, 『남북한 경제구조의 기원과 전개—북한 농업 체제의 형성을 중심으로』, 역사비평사, 2000; Bruce Cumings, *The Origins of the Korean War* Vol 1·2, Princeton, N. J: Princeton University Press, 1981·1990 참조.

극복하고 통일 민주국가 건설에 대한 합의를 이끌어내지 못한 결과였다. 대한민국과 조선민주주의인민공화국, 두 분단국가는 이후 서로 대립하고 경쟁하면서 자신의 체제를 완성시켜갔다.

자본주의를 지향한다고 해도 대한민국은 일본제국주의의 식민지에서 방금 해방된 신생 독립국으로서 자본주의 발전에 많은 제약 조건을 가지고 있었다. 1920년대 이식자본주의 체제가 구축된 이후 한국 경제는 한국 자본주의 발전의 요구 속에서 성장하지 못했다. 일본 자본주의의 필요에 따라 식량 기지로서, 말기에는 대륙 침략을 위한 병참기지로서 기능했다. 한반도 내 자본가의 다수는 일본인이었고, 조선인 자본가의 자본축적 정도는 취약했다. 산업시설은 일본제국으로의 식량과 원료, 상품 공급을 염두에 두고 만들어졌기 때문에 조선의 수요·공급과 괴리되어 있었다. 상품시장 또한 일본제국으로 집중되었다. 한반도의 남쪽에는 농업과 경공업, 북쪽에는 중화학공업의 분업구조가 일정하게 형성되었지만, 독자적인 민족경제권을 형성하지 못한 채 철저히 일본 자본주의의 필요에 따라 지리적·산업적으로 편성되었다.

일본 경제에 종속된 산업구조로 인해 해방 후 한국 경제는 큰 어려움에 직면했다. 그것은 자본축적, 산업구조, 상품시장 등의 문제를 모두 포함했다. 미군정청 법령 제2호[02]에 따라 일본 경제권과 단절되면서 조선 외의 상품시장도 사라졌다. 게다가 중화학공업지대가 집중된 북한 지역과의 분단은 남한의 경제발전에 심각한 타격을 주었다.[03] 한국 경제는 1945년 이후 일본과, 1948년 이후에는 북한과 단절됨으로써 농업과 경공업 중심의 기형적인 구조

---

02 한국법제연구회 편, 「재조선미국육군사령부군정청 법령 제2호」, 『미군정법령총람』, 1971, 121쪽.

03 1948년 5월 14일 북한이 송전요금 연체를 이유로 단전조치를 취하기 전까지 남북은 꾸준히 교역하며 상호 의존적인 관계를 유지했다. 김보영, 「해방 후 남북한 교역에 관한 연구」, 고려대 경제학과 박사학위논문, 1995 참조.

속에서 자본주의 발전을 모색해야만 했다.

제2차 세계대전 종결을 전후한 시기 유럽과 아시아에서는 자주적인 독립국가를 건설하기 위한 운동이 활발히 전개되었다. 지배민족에 대한 저항과 투쟁은 단지 정치적인 독립 추구에 머물지 않고 경제적 독립에 대한 열망으로 분출되었다. 그 저변에는 '경제적 자립 없이는 진정한 독립을 이룰 수 없다'는 경제적 민족주의가 깔려 있었다. 오랜 식민지 경험 속에서 누적된 일본의 경제적 수탈에 대한 혐오감은 한국인들의 경제민족주의를 강하게 자극했다. 이렇게 일본의 식민지 지배는 경제 현실 속에서는 국가경제 재건의 장애 요인으로서 작용하면서도, 일면 한국인들의 경제자립 의식을 강하게 자극하는 요소로서 기능하고 있었다.

이승만 정권은 이러한 한국인의 강렬한 경제민족주의 지향을 일정하게 반영했다. 특히 38선을 두고 대치하고 있는 김일성 정권과의 체제경쟁에서 우위를 점하겠다는 의식이 강하게 투영되었다. 한국 정부는 경제민족주의, 체제경쟁 의식 속에서 그 자본주의 건설의 구체적인 내용을 만들어갔다.

한국 정부가 추진한 자본주의 건설의 핵심 과제는 첫째, 일제 잔재를 청산하고 일본 중심의 경제구조를 한국 중심의 경제구조, 즉 한국 독자적인 생산·유통·소비 시스템으로 만드는 것이었다. 이는 과거 일본인이 소유한 재산, 특히 기업체를 어떻게 처리하고 운영하느냐 하는 문제로부터 시작될 것이었다. 둘째, 인구의 대다수를 점하는 농민들의 열망을 반영하여 농민 본위의 토지개혁을 단행하는 것이었다. 농지개혁은 반봉건적인 지주-소작관계를 청산하여 농업생산력 발전의 기틀을 놓는 한편, 토지개혁을 단행한 북한에 맞서 농민을 체제 내화할 수 있는 유력한 방안이었다. 셋째, 산업 불균형을 시정하고 자기완결성을 갖춘 경제기반을 만드는 것이었다. 중공업시설의 대부분이 분단된 북한 지역에 편중되어 있어 농업과 경공업 중심으로 구성된 남한의 기형적인 산업구조를 개편하고 완결성을 갖춘 경제 시스템을 만들기 위해서는 특단의 대책이 필요했다. 이것이 정부수립 초기부터 한국 정부가 끊임없이 경제계획을 추진한 이유였다.

귀속재산 운영과 농지개혁의 문제는 제헌헌법에서 원칙이 규정되었고, 이후 정부의 농지개혁 단행, 귀속기업체의 관리 및 운영 등의 정책을 통해 점차 가닥이 잡혀갔다. 경제계획을 추진하기 위한 계획기구의 마련은 정부조직법에서 논의되었으며, 계획의 목표와 지향은 한국 정부의 경제계획들을 통해 외화되었다.

이 책에서는 제헌헌법의 제정과 헌법 경제조항 개정, 정책을 수행해 나가는 경제관료진의 구상과 정책, 경제정책을 둘러싼 논란과 귀결, 이런 과정을 통해 수립 전개된 한국 정부의 경제계획 정책을 살펴봄으로써, 현재 대한민국 경제의 밑바탕이 되는 해방 후부터 1950년대까지 한국 경제의 설계 과정을 해명하려고 한다.

필자가 1948년 제헌헌법 제정과 1954년의 헌법 경제조항 개정에 주목한 이유는 다음과 같다. 해방 후 분출된 민중들의 사회개혁 열망을 반영하기 위해 제헌헌법에는 경제 관련 장과 경제조항이 마련되었다. 제헌국회에 참여한 소장파와 우파 정치세력은 치열한 논의 끝에 자유경제를 원칙으로 하되, 사회정의와 균등경제의 실현을 목표로 농지개혁과 공공성을 가지는 기업의 국·공영 원칙을 헌법 경제조항에 명시하는 데 합의했다.[04] 개인의 경제상의 자유 역시 공공의 이익에 배치할 경우 제한할 수 있도록 규정했다. 남북으로 분단되어 북한과 대결하는 상황에서, 남한은 사회정의와 균등경제라는 가치

---

04 백운선, 「제헌국회 내 '소장파'에 관한 연구」, 서울대 정치학과 박사학위논문, 1992; 정진아, 「제1공화국 초기(1948~1950)의 경제정책 연구」, 『한국사연구』 106, 1998 참조.

를 외면할 수 없었다. 제헌헌법은 그런 의미에서 국민들의 사회개혁 열망을 수렴하고 체제 내화하는 기능을 갖는 것이었다. 이 책에서는 시대의 반영물이자 정치세력 타협의 산물로서 제헌헌법의 내용이 만들어지는 과정을 추적할 것이다.

그러나 제헌헌법의 경제조항들은 6·25전쟁기 미국의 "사회주의적 헌법"이라는 비판과 개정 압력 속에서 개정되었다. 당시 분출되고 있던 자본 중심의 생산력 발전 요구도 이를 뒷받침했다. 이로써 한국 경제운영의 기조는 개인의 자유를 절대화하는 방향으로 가닥이 잡혔다. 자유경제가 한층 강화된 것이다.

그동안 1954년 헌법 개정에 관한 연구는 이승만(李承晩) 정권이 '사사오입 개헌'을 통해 장기집권을 위한 발판을 마련했다는 점을 강조하는 데 집중되었다. 따라서 경제조항 개정을 통해 한국 경제운영의 기본방침이 대폭 수정되었다는 중대한 변화를 간과한 측면이 있다. 최근 1954년 헌법 경제조항 개정에 주목한 연구들이 등장하면서 헌법 경제조항 개정의 원인과 의미를 다양한 각도에서 검토할 수 있는 단초가 마련되었다.[05] 이 책에서는 6·25전쟁기 자본 중심의 생산력 증대론이 비등하고 미국의 헌법 개정 압력이 가중되면서 제헌헌법 경제장과 경제조항을 만든 유진오(兪鎭午)조차 제헌헌법의 가치

---

05 정상우, 「1954년 헌법 개정의 성격에 대한 비판적 고찰」, 『법사학연구』 28, 2003; 박명림, 「헌법, 국가의제, 그리고 대통령 리더십—'건국헌법'과 '전후헌법'의 경제조항 비교를 중심으로」, 『국제정치논총』 48-1, 2008; 신용옥, 「대한민국 헌법 경제조항 개정안의 정치·경제적 환경과 그 성격」, 『한국근현대사연구』 44, 2008; 전종익, 「1954년 헌법 천연자원 및 중요기업 국유화 규정 개정의 의미」, 『헌법학연구』 24-3, 2018. 신용옥과 전종익은 1954년 헌법 경제조항 개정이 미국의 압력에 대한 임기응변적이고 형식적인 대응일 뿐 경제질서의 근본적인 변화는 아니라는 입장을, 정상우와 박명림은 미국의 직접적인 압력에 따른 자유경제 혹은 시장경제 체제로의 근본적인 전환이라는 입장을 취했다. 이에 대해 필자는 헌법 경제조항 개정이 한국의 경제운영 기조에 근본적인 변화를 가져왔다는 점을 인정하면서도, 그것이 균등경제에서 자유경제로의 변화가 아니라, 자유경제를 원칙으로 하되 균등경제의 요소를 가미했던 방식에서 자유경제를 한층 강화하는 방식으로 변화한 것이었다고 생각한다.

를 부정하는 가운데 헌법 경제조항 개정이 이루어지고, 자유경제 정책기조가 한층 강화되었음을 면밀히 고찰할 것이다.

다음으로 필자가 주목한 것은 경제관료의 정책론과 정책이다.[06] 일제하의 지식인과 부르주아 민족주의 세력의 상당수는 1910~20년대 일본 및 서구 유학을 다녀왔다. 이들이 유학을 했던 시기의 일본은 소위 '다이쇼(大正) 데모크라시'를 경험하면서 민본주의 사상을 비롯한 일본 특유의 민주주의 사상이 크게 확산되던 시기였다. 또한 러시아혁명의 성공에서 보이듯이 전 세계적으로 사회주의 사상과 운동이 급속히 확산되는 가운데, 이에 대응하여 고전적 자유주의와 민주주의 사상의 수정이 이루어지던 시기였다. 산업혁명의 진전에 따라 자본주의가 급속하게 발전했지만, 고전적 자유주의자들의 기대와 달리 심각한 사회문제가 발생하고 있었다. 자본의 독점화 및 중소 상공인의 몰락, 주기적 불황 등 자본주의 경제 체제에 따른 구조적 문제가 노정되는 가운데, 노동자들의 극심한 빈곤과 열악한 노동환경, 극심한 빈부격차와 사회 양극화가 진행되면서 사회갈등을 심화시켜 사회적 위기를 불러왔다. 이는 자본주의 체제를 근본부터 변혁하려는 사회주의 사상이 유럽과 러시아 등에 급속히 확산되는 배경이었다.

이런 가운데 고전적 자유주의, 민주주의 사상을 수정하면서 위기를 극복하고자 하는 수정자본주의적 사상과 이념들이 나타나기 시작했다. 영국의 '신자유주의(New Liberalism)', 또는 '사회적 자유주의'라 불리는 사조가 대표적이

---

06 주한미대사관 직원이었던 맥도날드가 1950년대 성장한 경제관료들이 경제개발계획의 수립과 추진에 중요한 역할을 했다는 점을 언급한 후, 1950년대 경제관료에 주목한 연구들이 제출되었다. 그러나 이 연구들은 그들의 역할에만 주목했을 뿐 경제관료의 경제정책론과 정책사상에 대한 분석으로 나아가지는 못했다. Donald S. Macdonald, *U.S.-Korean Relations from the Liberation to Self-Reliance: The Twenty-Year Record*, Boulder, Co: Westview Press, 1992; David Hunter Satterwhite, "The Politics of Economic Development: Coup, State, and Republic of Korea's First-Year Economic Development Plan (1962~1966)", Ph. D. dissertation, University of Washington, 1994.

었다. 신자유주의자들은 부의 불공정한 분배를 낳는 자유방임주의적 국가정책의 폐단을 시정하고, 사회·정치적 영역에서 국가 주도의 사회개혁이 이루어져야 한다고 주장했다. 그들은 국가를 '사회적 도구', 또는 '조직화된 사회'로 파악하면서, 국가는 계급 중립적이고 기능적인 도구이기 때문에 국가를 통해 계획적인 사회개혁을 수행할 수 있을 것이라고 생각했다.[07] 신자유주의자들은 자본주의의 현실적 모순과 문제점을 비판하면서 동시에 마르크스주의 사상과 사회주의에도 부정적이었다.

서구의 수정자본주의 사상은 이미 20세기 초반 동아시아에 수용되었다. 1910~20년대 비마르크스주의 사상들은 대부분 수정자본주의적인 성격을 갖고 있었는데, 고전적인 자유주의를 비판적으로 수용하는 가운데 시장과 사회에 대한 국가의 합리적인 규율화를 구상했다. 수정자본주의 사상은 사회주의 사상과 함께 20세기 초반 서구와 일본의 학계·언론계를 풍미했고, 당시 조선인 유학생들도 이에 크게 영향을 받았다.[08]

일제하 지식인의 상당수는 사회주의 사상과 운동에 경도되었다. 그러나 부르주아 민족주의 세력에 기반한 또 다른 상당수 지식인들은 수정자본주의 이념의 기반하에서 신국가 건설을 구상하고 민족운동을 전개했다. 그들이 주장한 실력양성론은 이런 배경에서 제기된 것이었다. 실력양성론이 경제운동으로 나타난 대표적인 사례가 1920~30년대 전개된 물산장려운동이었다. 물산장려운동에서 주목할 것은, 그 이면에 서구 수정자본주의 사상에서 강조하는 국가 주도의 경제관이 강하게 투영되어 있었다는 점이다.[09] 식민지라

---

07   오인영, 「영국의 신자유주의(New Liberalism)의 이념적 성격과 사회개혁 노선 1891~1914」, 고려대학교 사학과 박사학위논문, 1999, 60~137쪽; 박우룡, 『전환시대의 자유주의』, 신서원, 2003, 95~153쪽.

08   윤덕영, 「1920년대 전반 민족주의 세력의 민족운동 방향 모색과 그 성격」, 『사학연구』, 98, 2010, 349~364쪽.

09   1920년대 전반 물산장려운동은 부르주아 민족주의자들과 사회민주주의적 성향을 갖고 있던 상해파 고려

는 상황이 아니라면 물산장려운동은 후발 자본주의 국가가 자국의 상품시장 보호와 자본축적을 위해 보호관세 정책과 더불어 시행하는 국산품 장려 정책과 본질적으로 동일한 국가주의적 경제관을 견지하고 있었다.[10] 그러나 국가 주도 경제이념은 국권이 침탈된 식민지 상황에서 정상적으로 발현될 수 없었다. 이에 부르주아 민족주의 세력은 국가 주도의 경제이념을 민족적 결속을 통해 구현하고자 했다. 그런 의미에서 이들이 물산장려운동의 동력으로 호소한 '민족의식'은 국가의 대체 관념인 셈이었다.

부르주아 민족주의 세력 중 일부는 1930년대 이후 일제의 통제경제 정책을 경제자립의 이론으로, 자유방임주의 폐단을 시정하고 분배 문제를 해결할 수 있는 도구로, 자본주의적 생산력 발전을 위한 유력한 방안으로 생각하고 수용했다.[11] 1948년 대한민국이 수립되었을 때 이들이 경험한 '통제경제'의 방법은 후발 자본주의 국가의 생산력 증대를 위한 도구로, 선진국 경제가 경험한 자본주의의 모순을 극복할 수 있는 유력한 방안으로 재생되었다.

한편, 1941년경 국외의 부르주아 민족주의 세력과 일부 사회주의 세력은 대한민국임시정부의 건국강령을 통해 토지와 대생산기관을 국유화하고, 국가가 생산을 지도·계획·조정하며 분배의 합리성을 기함으로써 국민의 균등 생활을 보장한다는 내용을 경제건설의 기본원칙으로 합의해가고 있었다.[12]

이처럼 경제관료의 정책론은 해방 후 비로소 만들어지기 시작한 것이 아

공산당 국내부 주류 세력이 연합하여 전개한 것이었다. 이들의 연합 배경에는 국가 주도 사회개혁 이념이 바탕이 되었다. 자세한 내용은 윤덕영, 「1920년대 전반 조선 물산장려운동 주도 세력의 사회운동론과 서구 사회주의 사상과의 비교」, 『동방학지』 187, 2019 참조.

10 방기중, 「1930년대 물산장려운동과 민족·자본주의 경제사상」, 『동방학지』 115, 2002, 84~86쪽. 부르주아 민족주의 세력도 이러한 점을 잘 알고 있었다. 「일본의 국산품 애용운동」, 『동아일보』 1930. 3. 15 참조.

11 방기중, 「조선 지식인의 경제통제론과 '신체제' 인식」, 『일제하 지식인의 파시즘 체제 인식과 대응』, 혜안, 2005, 53, 67~69쪽.

12 임시정부선전위원회 편, 『독립운동문류』(조일문 역주, 『한국독립운동문류』, 건국대학교출판부, 1976).

니라 일제하 이래 지식인들이 한국 자본주의의 발전 방향을 고민하는 가운데 배태되고 굴절되며 성숙되어온 내용을 바탕으로 하고 있었다. 정부수립기의 경제정책은 초기에는 자본주의 계획경제 정책과 자유경제 정책으로 분화, 양립하다가 자유경제 정책으로 정리되어갔다. 전쟁기 인플레이션 수습과 전쟁 수행을 위해 통제경제의 필요성이 대두함에 따라 통제와 계획을 가미한 관리경제 정책이 추진되었으나, 전후 다시 자유경제 정책기조가 강화되었다. 그러나 민유민영을 확대하는 것만으로는 산업 불균형을 시정하고 국제수지 균형을 통해 자립경제의 기반을 마련할 수 없었다. 이에 미국의 승인하에 경제개발계획이 추진되었던 것이다. 이 책에서는 자본주의 경제건설론의 역사적 맥락 속에서 해방 후 한국 사회가 봉착한 문제를 해결하고 미국의 요구를 내면화하면서 만들어졌던 경제정책의 구체적인 내용을 경제관료의 정책론을 통해 추적해보고자 한다.

　마지막으로 필자가 주목한 소재는 1948~1960년 한국 정부가 수립한 경제계획이다. 1949년, 1952년, 1953년, 1954년, 1955년, 1956년, 1960년 계획은 끊임없이 세워졌지만 차질이 빚어지거나 지상(紙上)에 그친 경우가 많았다. 제대로 실현되지 못한 계획임에도 불구하고 필자가 이 계획의 내용과 그 추진 과정에 주목하는 이유는, 계획에는 급속한 산업화에 대한 열망과 자본주의 경제성장에 대한 한국 정부의 구상이 전형적으로 드러나 있기 때문이다. 즉 계획에는 정부가 추구했던 경제정책의 기조, 각 산업 부문 간의 관계설정, 정부와 기업의 관계 등이 고스란히 담겨 있다. 또한 계획 추진 과정은 한국 사회에 경제개발계획이 정착되는 과정을 보여준다. 시작 단계의 경제계획은 미국 정책 담당자들이 '구매 리스트'라고 혹평할 정도로 경제성장, 경제구조 재편성에 대한 의욕만 가득하고 내용은 빈약했다. 그러나 미국의 요구를 수용하고 각국의 계획 사례를 검토하며 현실적 제한 요소들을 고려하는 등 계획안을 구체화하는 과정에서 경제계획은 점차 체계화되었다.

또한 경제계획을 논의하고 수립하는 과정에는 경제관료뿐 아니라 학계, 정계, 재계의 전문가들이 대거 참여했다. 정부의 일방적인 정책 추진에서 벗어나 경제개발계획에 대한 전문가들의 의견을 수렴하고자 하는 시도 또한 이 과정에서 시작되었다. 이승만 정권기의 산업개발위원회는 장면(張勉) 정권의 산업개발위원회 개편 과정을 거쳐, 박정희(朴正熙) 정권의 경제과학심의회의로 계승되었다. 산업개발위원회에 위원과 고문으로 참여했던 비판적 지식인들의 문제의식은 계획 논의 과정에서 많은 굴절을 겪었다. 하지만 산업개발위원회 구성과 운영의 경험은 정부의 경제계획안을 만들어가는 과정에서 관련 분야 지식인들이 대거 참여하여 한국식 개발 모델을 확정해가는 중요한 계기가 되었다. 따라서 필자는 경제계획을 통해 한국 정부가 추구했던 경제정책의 기조, 각 산업 부문 간의 관계설정, 정부와 기업 및 노동자·농민의 관계를 살피는 한편, 관계·학계·정계·재계 전문가들의 논의 속에서 구체화되어가는 경제개발계획의 계급적·체제적 성격을 파악할 것이다.

이러한 내용을 분석하기에 앞서 필자는 해방 후부터 1960년까지를 미군정기, 이승만 정권기로 명명하는 시기 구분법을 넘어서고자 한다. 이러한 구분법은 정책 결정권자를 중심으로 시기를 분류하고 각 시기별 특징을 파악하는 데는 유용할지 모르지만, 한국 자본주의 체제 건설의 전체적인 맥락을 드러내기는 어렵다고 생각하기 때문이다. 1945년은 한반도가 식민지에서 벗어났지만 남과 북을 점령한 미군과 소련군에 의해 서로 다른 방식의 경제운영이 시작된 시기였다. 1948년 이후는 한반도에 대한민국과 조선민주주의인민공화국이라는 체제 지향성을 달리하는 두 개의 분단국가가 수립되어 인민민주주의 경제건설과 자본주의 경제건설을 추구해갔던 시기였다. 6·25전쟁 후 두 분단국가는 자본주의, 사회주의 건설의 방략을 분명히 하면서 본격적인 체제 대결의 길로 들어섰다. 이에 필자는 해방 후부터 1960년에 이르는 시기를 '한국 자본주의 체제의 기본 구조가 설계된 시기'로 규정하고자 한다.

한국 자본주의 체제의 기본 구조가 설계되는 과정을 분석하기 위해 필자는 정책사상사 연구방법론을 도입했다. 정책을 단순히 정책 결정권자의 결단이나 정책 담당자들의 실무적 행위로만 이해하는 사고방식을 버려야 한다고 판단하기 때문이다. 또한 정책 결정은 정책 결정권자가 하고, 정책의 수행은 정책 담당자들이 하며, 정책사상은 학자가 담당한다는 식의 역할분담론도 극복해야 한다고 생각하기 때문이다.[13] 정책은 시대적 문제의식의 산물이다. 식민지 경험으로 인해 인텔리층이 두텁지 않았던 상황에서 정계, 재계, 학계의 인물들이 관료로 충원되었으며, 정책 결정 과정에도 관료뿐 아니라 학계, 정계, 재계의 전문가들이 대거 참여했다. 정책이 외화되는 과정에서 주류적 견해가 관철되었지만, 그 과정에서 비주류의 정책도 일정하게 수용되었다. 배제되었다 하더라도 이들의 견해는 비판 담론으로서 정책을 견제하고 여론을 형성하는 역할을 했다. 그런 의미에서 정책을 둘러싼 담론장은 집단 지성이 움직이는 공간이었다. 사상이란 역사적 현실에 대한 인간의 의식·관념과 인식체계, 이를 기반으로 한 목적의식적인 사고 활동이다. 사상사는 역사적 현실 세계와 결부된 이러한 의미의 사상 전개와 그 발전사를 중심으로 역사상을 재구성하는 것을 말한다.[14] 그럴 때 정책사상사 연구방법론이란 해

---

13 홍정완은 사상사 연구를 '텍스트를 탐색하고 컨텍스트와 텍스트의 관계를 해명하며 텍스트의 의미를 재구성하는 작업'으로 규정했다. 해방 후부터 1950년대에 이르는 남한 정치·경제학계의 이데올로기 지형과 학적 동향을 폭넓게 검토했음에도 불구하고, 사상사의 담지자를 학자로 한정함으로써 아쉽게도 그의 연구는 정책과 사상이 분리된 사상사가 되고 말았다. 홍정완, 『한국 사회과학의 기원─이데올로기와 근대화의 이론 체계』, 역사비평사, 2021 참조.

14 방기중, 「식민지 시기 한국 경제사상사 연구론」, 『일제 식민지 시기 새로 읽기』, 연세특성화사업 국제학술회의 발표논문집, 2006(『근대 한국의 민족주의 경제사상』, 연세대학교출판부, 2010, 14쪽에서 재인용). 사상사 연구방법론을 선구적으로 제창한 방기중은 일제 시기 사상 활동을 민족운동론의 해명 차원에서 다루

방 후 현실에 대한 학자 및 관료를 비롯한 지식인층 일반의 인식체계 및 현실을 변화시키기 위한 정책구상과 이념을 파악하고 그 역사적 맥락을 체계화하는 것으로 정의할 수 있다.

한편 해방 후 한국인들은 냉전 체제하에서 미국의 강력한 자장 아래 있었지만, 일제 시기 정책의 객체로 존재하던 상황과 달리 주권을 획득하고 정책의 주체로서 현실의 과제를 해결하기 위한 치열한 이론적, 실천적 모색을 하고 있었다. 해방 후의 정책을 미국의 정책 중심으로 이해하게 되면,[15] 한국인 주체의 독자적인 정책사상이 존재한다는 사실을 간과하게 된다. 미국의 정책이 관철된다고 하더라도 어떠한 방식으로 미국을 내면화하고 어떤 관점과 논리로 미국의 압력에 대응해갔는지 이해해야만 미국 대 한국이라는 단순 논법, 협소한 민족주의적인 시각에서 벗어날 수 있다. 또한 한국 정부의 종속성과 반동성을 지적하는 데 그친다면 한국인 주체의 역동성뿐만 아니라 책임성도 시야에서 놓치게 된다. 즉 신생 독립국가로 식민 극복과 분단경제 건설의 과제를 안고 있던 한국이 어떠한 구상과 정책으로 현실 문제에 대응했는지, 그 과정에서 어떤 문제에 봉착했고 어떻게 문제를 타개해 나갔는지, 그 선택이 갖는 체제적, 계급적 성격이 무엇인지를 면밀히 파악할 수 없게 된다.

는 운동사 중심의 연구 경향이 한편으로는 실천 논리, 운동 방략을 다루는 데는 장점을 갖지만, 다른 한편으로는 사상 분석의 수준과 대상, 범위를 크게 제약함으로써 일제 시기 사상사의 전체상과 다양성을 파악하기 어렵고 특히 경제사상사는 거의 고려되지 못했다는 문제를 지적했다. 그는 이러한 문제의식 속에서 식민지 경제사상사 연구가 갖는 의미를 다음과 같이 정리했다. 첫째, 자주적 근대화의 좌절과 식민지적 근대화의 경험 속에서 전개된 한국 경제사상의 발전 과정과 그 특질을 인식하고 해명하는 데 중요한 논거를 제공한다. 둘째, 통일 민족국가 수립에 실패하고 분단으로 나아가게 되는 분단의 사상구조를 역사적으로 이해하고 남한 자본주의와 북한 사회주의의 전개에 사상적으로 접근하는 데 중요한 단서를 제공한다 (같은 글, 16쪽). 이는 해방 후에도 적용될 수 있는 유의미한 문제의식이다.

15 정용욱, 『해방 전후 미국의 대한 정책』, 서울대학교출판문화원, 2003; 박태균, 『원형과 변용―한국 경제개발 계획의 기원』, 서울대학교출판부, 2007; 이현진, 『미국의 대한 경제원조 정책 1948~1960』, 혜안, 2009; 권혁은, 「1950년 한미경제안정위원회의 설립과 안정화 정책의 성격」, 『한국사론』 58, 2012; 한봉석, 「1950년대 미국의 대한 기술원조 연구」, 성균관대 사학과 박사학위논문, 2017.

정책사상을 심층적으로 파악하는 바탕 위에서 정책이 입안되고 좌절되고 실행되는 과정을 고찰한다면, 우리는 자본주의 건설의 노선들이 충돌하고 경합하며, 조정되고 귀결되는 생생한 현장을 목도하고, 그 정책이 갖는 성격을 명확히 이해할 수 있을 것이다. 이에 필자는 정책사상사 연구방법론을 통해 해방 후에서 1960년까지 이르는 기간 한국 경제의 정책의 내면에 흐르는 정책적 논리와 정책의 내용을 검토해보고자 한다.

2. 연구사 검토

1948년에서 1960년에 이르는 시기는 오랫동안 '암흑기', '무정책의 시기'로 간주되었다. '암흑기'의 이미지는 이승만 정권기의 중요한 정치적 사건에 대한 인식에 그 토대를 두고 있다. 특히 의회민주주의의 기본적인 원칙조차 지키지 않았던 사사오입 개헌과 3·15부정선거는 많은 사람들에게 이승만 정권기를 어둡고 암울한 시기로 기억하게 만들었다. '무정책'의 이미지는 경제 면에서 한층 두드러졌다. 일제 시기의 수탈적이지만 체계적인 정책운영, 박정희 정권기의 눈부신 경제성장과 대비되면서, 이승만 정권기는 정경유착이 만연하고 부패하고 무능력한 정권이 지배하는 시기로 그려졌다. 그러한 이미지 속에서 이승만 정권기는 제대로 된 정책 하나 없이 혼란과 무질서만 가득했던 시기로 인식되었다.

이러한 인식은 다음과 같은 연구사의 두 가지 방향 속에서 고착되었다. 즉 1970~80년대의 비판적 학자군은 민족경제론에 입각하여,[16] 박정희 정권

---

16 1970년대 들어 박현채는 자립경제 모델을 염두에 둔 선학들의 주장을 한국 사회 변혁운동의 이론적 토대

경제개발 정책의 성과를 부각시키려는 논자들은 근대화론을 앞세워[17] 이승만 정권기를 부패와 무정책의 시기로 규정했다. 민족경제론의 입장에 선 연구자들은 해방 후 일제 식민지배에 의해 왜곡된 한국의 경제구조를 자주적·완결적으로 만들려는 일련의 시도가 미국의 신식민지 지배와 이승만 정권의 종속성으로 인해 좌절되었다고 평가했다. 근대화론의 입장에 선 연구자들은 박정희 정권기를 한국적 근대화를 달성한 시기로 상찬하는 한편, 이승만 정권기를 박정희 정권기와 대비하면서 무정책과 혼란의 시기로 형상화했다. 이 시기 한국이 미국의 동아시아 질서에 깊이 편입되었고, 경제 역시 미국에 종속되었던 것은 부인할 수 없는 사실이다. 또한 박정희 정권기와 비교할 때 정책의 체계성과 정밀성이 떨어지는 것도 사실이다. 하지만 그렇다고 해서 '무정책의 시기'로 이 시기를 규정한다면, 일본의 식민지에서 벗어난 신생국가이자 조선민주주의인민공화국과 대립 구도를 형성하고 있었던 대한민국의 경제정책이 어떻게 구상되고 정초되었는지 면밀히 살피기 어렵다.

이승만 정권기의 경제정책은 1976년 김대환이 「1950년대 한국의 공업화에 관한 연구」를 석사학위논문으로 제출하면서 학문적으로 정리되기 시작했다.[18] 그는 민족경제론에 입각하여 이승만 정권기를 원조경제, 관치경제, 재벌 등 한국 자본주의의 부정적인 원형이 만들어진 시기로 규정했다.[19] 이후

가 되는 '민족경제론'으로 성숙시켰다. 박현채, 『민족경제론』, 한길사, 1978.

17 사공일·L. P. 존스 공저, 『경제개발과 정부 및 기업가의 역할—한국 경제의 근대화 과정 연구』, 한국개발연구원, 1981.

18 김대환, 「1950년대 한국의 공업화에 관한 연구—공업화 주체를 중심으로」, 서울대 경제학과 석사학위논문, 1976.

19 1950년대 한국 경제에 대한 연구는 당시의 최대 현안이었던 미국의 대한 원조정책과 한국의 자본축적 과정에 대한 연구에 집중되었다. 당대의 주요 논자였던 안림, 최호진, 홍성유, 황병준, 박희범은 이미 원조, 특혜금융, 귀속재산 불하를 통해 경제구조가 왜곡되고 사회적 불평등이 심화되었다는 점을 지적한 바 있다.

노중기, 김양화, 공제욱 역시 이러한 시각에서 실증 연구를 축적했다.[20] 노중기는 원조를 통해 한국 경제가 미국에 의존적인 자본주의 사회로 재편되어 갔고, 독점재벌 중심의 자본주의 운영의 토대가 이 시기에 형성되었음을 밝혔다. 김양화는 대표적인 제조업인 면방·소모방·제분 공업의 사례 분석을 통해 제조업 대자본의 자본축적 구조가 원조자금에 대한 금융적 종속과 원료 조달, 제품 판매 과정에 대한 정부의 보호와 같은 유통독점에 기반한 것이었음을 규명했다. 공제욱은 귀속기업체의 불하, 원조자금과 원조물자 배정, 저환율·저금리·중점융자 제도와 같은 국가의 자본가 육성 정책이 한국의 사적 자본가 창출에 중요한 계기가 되었음을 밝혔다. 이러한 연구들로 인해 이승만 정권의 경제정책과 경제운영의 기본적인 특징들이 규명되었다.

이런 연구는 이승만 정권 경제정책의 본질적인 특징과 성격을 규명하는 데서는 중요한 성과를 거뒀지만, 당시의 정책을 단선적인 것으로 이해했다는 문제점을 가지고 있다. 정책이 입안되고 조정되며 경합하는 과정은 시대적 과제에 대한 다양한 진단과 그에 따른 입장들이 경합하고 각축하는 장이었다. 또한 정부수립 초기, 전쟁기, 전후 재건기, 경제개발기 정책의 과제와 해법 또한 달라질 수밖에 없었다. 전쟁 전부터 자유경제론자들이 정책의 기선을 잡았지만, 전쟁기에는 불가피하게 경제통제가 이루어졌다. 전후 자유경제 정책으로 환원되고 시장경제의 원리가 강화되었지만, 원조가 감소하고 경제 자립론이 대두되면서 경제개발계획이 추진되었다. 이처럼 이승만 정권기의 경제정책은 단일하고 일관된 논리로 구성된 것이 아니었음에도, 위의 연구들은 당시의 정책을 명료하지만 평면적으로 재구성했다는 한계를 갖는다.

---

20 노중기, 「1950년대 한국 사회에 미친 원조의 영향에 관한 고찰」, 『현대 한국의 자본축적과 민중 생활』, 1989; 김양화, 「1950년대 제조업 대자본의 자본축적에 관한 연구—면방, 소모방, 제분공업을 중심으로」, 서울대 경제학과 박사학위논문, 1990; 공제욱, 『1950년대 한국의 자본가 연구』, 백산서당, 1993.

1990년대에 들어서면서 사회주의권의 몰락과 자본주의 세계화를 계기로 한국적 자본주의의 모델을 창출한 개발시대의 전사로서 이승만 정권기의 경제정책을 긍정적으로 재평가하고자 하는 연구성과가 제출되기 시작했다.[21] 1950년대 경제를 재조명하고자 하는 연구는 해외에서 먼저 등장했다. 우정은과 이종원, 고현래는 외적 규정력(냉전 및 미국의 지역통합 전략)과 민족국가(자립경제론)의 길항관계로 이승만 정권기의 경제정책사를 정리하고, 경제개발의 전제조건이 이 시기에 만들어졌다고 주장했다.[22] 이들의 연구는 1950년대 미국의 동아시아 경제 전략이었던 지역통합 전략을 중심으로 한미일갈등의 원인을 분석함으로써 한미관계의 조명에만 머물고 있던 한국 연구자들의 시야를 동아시아로 확대했다. 그리고 무정책, 혹은 부패, 특혜, 관치의 이미지로 얼룩진 이승만 정권의 경제정책을 '민족주의'에 기반한 '수입대체산업화 전략' 또는 '자립경제론'이라는 코드로 새롭게 해석함으로써 이승만 정권을 미국에 대응하는 당당한 한국 경제정책의 담당자로 역사의 무대에 등장시켰다. 이들의 연구는 국내 학계에 커다란 반향을 불러일으켰다. 하지만 이들의 연구는 한국 정부의 주도적인 역할과 자립의지를 과도하게 강조함으로써 기존 연구와는 정반대로 이승만 정권의 자립경제론이 가진 결정적인 문제를 시야에서 놓치고 말았다. 원조에 의존한 경제개발을 추진하는 이상 경제개발계획은 미국이 요구하는 동아시아 질서라는 프리즘을 통과해야만 실현될 수 있었고, 프리즘을 통과하는 순간 이승만 정권의 자립경제론은 굴절을 면할

---

21 1980년대까지 민족경제론에 의거한 연구성과가 주를 이루었다면 1990년대는 사회주의 및 민족경제론에 대한 회의를 반영하듯 신자유주의, 근대화론에 입각한 연구가 다수였다.

22 Jung-en Woo, *Race to the Swift: State and Finance in Korean Industrialization*, Columbia Univ. Press, 1991; 李鍾元, 『東アジア冷戰と韓美日關係』, 東京大學出版會, 1996; 高賢來, 『冷戰と開發—自立經濟建設をめぐる1950年代米韓關係』, 法政大學出版局, 2018. 고현래는 책 서문에서 이러한 시각을 분명히 드러내고 있다.

수 없는 운명을 가지고 있었기 때문이다.[23]

2000년대 들어서면서 국내에서도 개발시대의 전사로서 이승만 정권기를 재조명하는 연구가 잇달아 제출되었다.[24] 이는 한국 자본주의 발전 모델의 전형을 만든 박정희 개발독재의 역사성을 추적하고자 하는 시도와, 일제 시기와 더불어 고도성장의 2차 조건이 마련된 시기로 이승만 정권기를 재평가하려는 근대화론의 요구가 맞물린 결과였다.[25] 우선 전자의 문제의식 속에서 박태균은 당시의 경제정책론에 대한 분석을 통해 1950년대 후반 제기되었던 국가 주도의 경제개발론과 미국의 근대화론이 결합하면서 박정희 정권의 경제개발 정책으로 정착되었다고 주장했다. 후자의 문제의식에서 조석곤은 농지개혁의 결과(농가수지의 개선)로 교육받은 풍부한 노동력 배출, 귀속재산 불하로 인한 신흥 자본가층의 형성과 자본축적, 사적 소유권 제도의 확립, 원조자금 배분을 통한 자본가의 육성과 훈련, 강력한 국가의 연장이 압축성장의 전제조건이라고 말했다. 이대근은 밖으로는 원조, 안으로는 농업 희생을 통한 자본축적이 한국 경제성장의 전제조건이 되었다고 언급했다. 이처럼 1950년대는 개발시대의 전사(前史)로서 화려하게 재조명되고 있다. 하지만 해방 후의 경제정책론과 정책은 경제개발계획 및 압축성장과의 연속성뿐 아니라 근

---

23 이승만 정권의 자립경제론이 갖는 논리와 한계에 대해서는 정진아, 「이승만 정권의 자립경제론 그 지향과 현실」, 『역사비평』 83, 2008 참조.

24 박태균, 「1956~1964년 한국 경제개발계획의 성립 과정─경제개발론의 확산과 미국의 대한 정책 변화를 중심으로」, 서울대 국사학과 박사학위논문, 2000; 최상오, 「1950년대 외환 제도와 환율 정책에 관한 연구」, 성균관대 경제학과 박사학위논문, 2000; 김진업 편, 『한국 자본주의 발전 모델의 형성과 해체』, 나눔의 집, 2001; 이대근, 『해방 후·1950년대의 경제』, 삼성경제연구소, 2002; 조석곤, 「농지개혁과 한국 자본주의」, 『한국 자본주의 발전 모델의 역사와 위기』, 함께읽는책, 2003; 이상철, 「1950년대의 산업정책과 경제발전」, 『1950년대의 재조명』, 선인, 2004; 김낙년, 「1950년대의 외환 정책과 한국 경제」, 『1950년대의 재조명』, 선인, 2004.

25 이러한 문제의식은 이대근의 저서 서문에 뚜렷이 드러난다. 이대근, 『해방 후·1950년대의 경제』, 삼성경제연구소, 2002 참조.

대국가 수립의 좌절, 식민지 경험과 해방, 분단정부 수립과 전쟁을 경험하면서 한국인들이 고민해온 자본주의 경제성장에 대한 문제의식의 궤적을 보여준다. 따라서 당시의 경제정책과 경제정책론은 경제개발에 대한 문제의식뿐 아니라 당시 한국인들이 생각했던 식민지 경제구조 극복 방안, 분단과 전쟁에 따른 경제운영의 제약성 인식, 경제의 자립과 성장에 대한 발상법과 결국 한국 정부가 선택한 자본주의 경제건설 노선이 무엇인지를 살펴보는 방향으로 검토되어야 한다.

2000년대 중반까지의 연구가 주로 이승만 정권기를 개발시대의 전사로서 재조명하는 데 집중되었다면, 2000년대 중반 이후부터는 미국의 원조, 자본 및 노동의 대응 등 각 분야별로 실증적인 연구가 축적되기 시작했다. 이현진과 권혁은, 한봉석은 대한 경제원조 정책의 방향뿐 아니라 대한 경제원조 정책을 담당했던 기구와 사절단, 인물에 천착함으로써 대한 경제원조가 개발을 지원한다는 명목을 가지면서도 어떻게 한국의 경제 운용을 제약해갔는지를 면밀히 검토했다.[26] 자본의 동향에 주목한 이정은은 자본가들이 이익단체를 구성해서 자신들의 이익을 독점적으로 관철시켜 나가는 한편, 1950년대 후반부터는 경영효율과 노동효율을 극대화하기 위해 경영능력 제고 시스템과 노무관리 장치를 마련하고 그 수준을 강화해갔음을 규명했다.[27] 임송자와 장미현은 대한노총이 노동단체로서의 자율성을 상실하고 이승만과 자유당

---

26 이현진, 「미국의 대한 경제원조 정책 1948~1960」, 혜안, 2009; 권혁은, 「1950년 한미경제안정위원회의 설립과 안정화 정책의 성격」, 「한국사론」, 58, 2012; 한봉석, 「1950년대 미국의 대한 기술원조 연구」, 성균관대 사학과 박사학위논문, 2017; 한봉석, 「미국 대한 원조와 윌리엄 원―'실무형 근대화론자'로서 활동과 그 의미」, 「역사비평」 125, 2018.

27 이정은, 「1950년대 대한방직협회의 활동과 성격―원조경제하 조직을 통한 대자본가의 이윤추구 방식과 한계」, 고려대 한국사학과 석사학위논문, 2006; 이정은, 「1950년대 자본주의적 노동 문제의 인식과 대응」, 「역사문제연구」 12-1, 2008; 이정은, 「1950년대 후반 경영능력 제고 시스템의 가동과 '현대' 경영자 양성」, 「한국사연구」 188, 2020.

의 권력 유지를 위한 정치적 동원체로 기능했음에도 일정하게 노동 문제를 제기해 나갔으며, 1956년 대한방직 노동쟁의를 계기로 민주적 노동운동의 불씨가 살아나고 있었음을 확인했다.[28]

그 외에도 주목할 만한 사항은 산업사[29] 및 사상사[30] 영역의 연구가 지속적으로 확대되고 있다는 사실이다. 배석만은 조선, 오진석과 정대훈은 전력, 이은희는 제당 산업 발전의 계기와 침체의 원인을 규명했고, 윤상현과 홍성찬, 오진석, 홍정완은 당시 지식인들의 경제담론을 통해 한국 경제의 진로에 대한 그들의 문제의식과 해법에 주목했다. 특히 곽경상, 이은희, 홍정완은 각각 자신의 논의를 동아시아 시장, 소비문화, 제3세계 민족주의와의 관련성 속에서 논의하고 있다는 점에서 그 이전의 연구와 차별성을 가진다. 이러한 연구들은 한국 경제의 전체상을 보여주지는 못하지만 각 분야에 천착하여 구체성을 획득함으로써 1945년 해방에서 1960년까지의 경제사 상(像)을 풍부하게 이해하는 데 도움을 주고 있다.

이 책에서는 선학들의 연구성과를 참조하면서도 한국 경제를 규정하는 몇 가지 요소를 염두에 두면서 논지를 전개해 나가고자 한다. 첫째는 자본주

---

28 임송자, 『대한민국 노동운동의 보수적 기원』, 선인, 2007; 임송자, 『한국의 노동조합과 노동운동의 역사』, 선인, 2016; 장미현, 「1950년대 '민주적 노동조합' 운동의 시작과 귀결―'대한방직 쟁의'와 전국노동조합협의회를 중심으로」, 『동방학지』 155, 2011.

29 배석만, 「1930~50년대 조선공업 정책과 조선회사의 경영」, 부산대 사학과 박사학위논문, 2005; 곽경상, 「해방 후 남한 석유시장의 재편과 울산정유공장 건설계획」, 『동방학지』 176, 2016; 정대훈, 「해방 이후의 전원(電源) 개발 구상과 전력산업 개편」, 한양대 사학과 박사학위논문, 2022; 이은희, 『설탕, 근대의 혁명―한국 설탕 산업과 소비의 역사』, 지식산업사, 2018; 오진석, 『한국 근현대 전력 산업사 1898~1961』, 푸른역사, 2021.

30 윤상현, 「조봉암(1899~1959)의 정치활동과 사회민주주의 사상」, 『한국사론』 52, 2006; 홍성찬, 「최호진의 경제사 연구와 저술의 사회사 1940~60년대」, 『동방학지』 154, 2011; 정진아, 「해방 20년(1945~1965) 한국 경제학계와 연세대학교 상경대학의 경제학 교육」, 『한국경제학보』 22-3, 2015; 오진석, 「1950년대 김영선의 자유경제 정책론 형성과 전개」, 『동방학지』 186, 2019; 오진석, 「1955~1960년 김영선의 정치활동과 경제정책 실행방안 구상」, 『민족문화연구』 83, 2019; 홍정완, 『한국 사회과학의 기원―이데올로기와 근대화의 이론 체계』, 역사비평사, 2021.

의 건설 노선의 역사적 맥락이다. 1945년부터 1960년에 이르는 시기는 남북한 공히 체제 운영에 대한 다양한 논의가 전개된 시기였다.[31] 자본주의로 제한한 다고 하더라도 자본주의 국가건설에 대한 논의는 해방 후 비로소 시작된 것이 아니라, 일제 시기 식민지 근대화 속에서 서구와 일본의 자유주의 및 수정 자본주의 사상의 수용과 식민지 조선에의 적용, 실력양성론에 바탕을 둔 국가 주도 경제건설 전망과 구상, 대한민국임시정부의 건국강령으로 나타난 신국가경제 건설에 대한 좌우 민족운동 세력의 일정한 합의의 경험 등 주체적인 근대화의 요구 속에서 그 내용이 축적되었다. 자본주의 근대화의 경험과 문제의식은 해방 후 국가경제 건설의 경험적, 이론적 토양으로 작용했다. 우파와 중간파 세력은 자본주의 국가건설을 전망하는 가운데 축적된 경험과 이론을 구체적인 내용으로 제시했다. 이후 양자의 경제정책론이 상호 경쟁하고 갈등하는 가운데 한국 정부의 경제정책론으로 수렴 혹은 배제되어갔다. 이 책에서는 근대화 논리와 경험이 어떠한 과정을 거치면서 대한민국의 경제정책론으로 수렴되고 배제되었는지 그 과정을 추적함으로써 남한 자본주의 경제건설 노선의 역사성을 이해할 것이다.

둘째는 한국이 당면한 경제 현실 속에서 한국 정부가 선택한 산업화의 방식이다. 한국 정부는 후발 자본주의 국가이자 분단과 전쟁, 북한과의 체제 대결이라는 조건 속에서 산업화를 추진했다. 해방 후 다양한 스펙트럼을 가졌던 자본주의 경제건설론은 분단과 전쟁으로 인한 반공 이데올로기의 강화, 원조경제로의 편입 과정을 거치면서 협소화되었다. 그럼에도 불구하고 정착된 자본주의 경제건설의 방향은 일제 시기 이래 한국인들의 자립경제에 대

---

31 북한의 경우는 김성보, 『남북한 경제구조의 기원과 전개—북한 농업 체제의 형성을 중심으로』, 역사비평사, 2000; 김연철, 『북한의 산업화와 경제정책』, 역사비평사, 2001; 서동만, 『북조선 사회주의 체제 성립사 1945~1961』, 선인, 2005 참조.

한 열망을 부분적으로 반영하고 있었다. 한국 정부는 후발 자본주의 국가의 한계를 극복하고, 급속한 공업화를 통한 경제적 자립을 달성하기 위해 중화학공업 중심의 국가 주도 산업화 전략을 추진했다. 이승만 정권, 장면 정권, 박정희 정권이 모두 그러했다. 이 책에서는 1960년대 추진된 것으로 알려진 중화학공업 중심의 국가 주도 산업화 전략이 실제로는 정부수립 초기부터 추진되었다는 사실과 내용을 해명하면서, 그 배경도 함께 살펴보고자 한다.

셋째는 당시의 경제정책이 갖는 계급적인 성격이다. 특히 전후재건사업을 추진하는 정부의 대응 방식을 살펴보면 경제개발을 현실화하는 과정에서 한국 경제가 봉착한 문제의 지점과 그 해법이 갖는 계급적 성격을 정확히 파악할 수 있다. 계획은 추진되고 있었지만 계획의 이면에 노동자·농민의 희생과 부패, 관치경제의 골 또한 깊어지고 있었다. 이승만 정권이 추진한 정책의 수탈적 성격으로 인해 진보당은 '수탈 없는 계획경제'를 구호로 내걸었다. 이승만 정권이 의욕적으로 추진한 부흥계획과 경제개발 3개년계획이 완성되어가는 과정은 곧 4·19혁명을 촉발하는 과정이 되고 있었다. 민중을 도외시한 정책은 세련된 형식을 갖추더라도 결국 민중들에게 외면당할 수밖에 없음을 해명하고자 한다.

넷째는 한국 경제에 절대적인 영향력을 행사했던 미국과 한국의 관계이다. 이 책에서는 미국의 동아시아 정책 및 대한 경제정책을 다룬 선행연구를 참조하면서도,[32] 미국의 요구와 정책이 일방적으로 관철되는 것이 아니라 갈등과 합의가 교차하며 상호 역동적으로 작용하면서 수행되었다는 점을 해명하고자 한다. 미국과 한국의 정책적 입장 차이를 드러내는 것에 그치지 않고,

---

32 李鍾元, 『東アジア冷戦と韓美日關係』, 東京大學出版會, 1996; 이철순, 「이승만 정권기 미국의 대한 정책 연구(1948~1960)」, 서울대 정치학과 박사학위논문, 2000; 이현진, 『미국의 대한 경제원조 정책 1948~1960』, 혜안, 2009.

한국의 경제관료들이 어떻게 '원조 수용 체제'라는 논리 속에서 미국의 안정화 요구를 수용하고 내면화했는지를 분석함으로써, 결정적인 순간마다 미국의 영향력이 어떻게 관철되고 있었는지를 파악할 것이다. 한미 간의 쟁점은 주로 미국의 안정화 요구와 한국의 부흥계획을 둘러싸고 발생했다. 원조를 매개로 한국의 경제정책 운영에 강력한 영향력을 행사했던 미국은 일관되게 경제 안정책을 강요했다. 부흥계획의 재원을 원조에서 구했기 때문에 한국의 부흥계획은 재정안정계획을 전제로 추구될 수밖에 없었다. 따라서 이 책에서는 부흥계획과 안정계획을 중심으로 한국 정부가 미국의 요구를 어떻게 수용하고 내면화했는지를 살펴볼 것이다.

이 책에서는 이상에서 제기한 측면을 염두에 두면서 한국 자본주의 체제의 기본 구조가 설계되는 과정을 분석할 것이다.

3. 구성과 자료

이 책의 구성은 다음과 같다. 1부에서는 해방 후 현실 권력으로 존재한 미군정과 우파·중간파의 자본주의 경제정책론을 검토하고, 결국 제헌헌법으로 귀결된 대한민국의 체제이념을 살펴보고자 한다. 1장에서는 해방 당시의 사회경제적 현안이자, 체제의 기본적인 방향을 결정할 토지개혁과 귀속재산 처리 문제에 대한 미군정과 남조선과도입법의원에 참가한 한국 정치세력의 정책론을 검토할 것이다. 2장에서는 미소공동위원회 답신안을 중심으로 우파와 중간파의 경제 체제 구상을 살펴볼 것이다. 3장에서는 제헌헌법의 체제이념이 자유경제의 틀 안에서 계획경제의 방법을 부분적으로 활용하는 방식으로 귀결되었음을 밝히고자 한다.

2부에서는 정부수립 초기의 경제정책 추이를 고찰하고자 한다. 먼저 관료진 구성을 살펴볼 것이다. 초대 농림부·기획처에는 계획경제론자들이, 재무부·상공부에는 자유경제론자들이 포진하고 있었다. 다음으로는 자본주의 계획경제론과 자유경제론으로 양립되었던 정부수립 초기의 경제정책론이 정권 주류의 입장인 성장론적 자유경제 정책으로, 다시 미국의 개입 과정을 거쳐 '중간안정론'에 의거한 '경제안정 15원칙'으로 귀결되는 과정을 고찰할 것이다.

3부에서는 전쟁을 맞아 재발한 전쟁 인플레이션과 경제통제론에 기반한 관리경제 정책의 성격을 이해하고자 한다. 1장에서는 인플레이션과 인플레이션 수습론의 성격을 검토한 후, 이승만 정권이 전시경제정책으로 채택한 '관리경제'의 내용과 성격을 분석할 것이다. 2장에서는 전시경제팀의 경제정책론을 고찰하는 한편, 강력한 안정화 정책인 '백재정'이 등장하는 배경과 그 귀결로서 한미합동경제위원회가 설치되는 과정을 살펴볼 것이다.

4부에서는 헌법 경제조항이 개정되고 자유경제 정책기조가 강화되는 과정을 고찰하고자 한다. 한미는 제헌헌법의 경제조항을 개정하고 자유경제 원칙을 견지하는 가운데 전후재건사업을 추진하기로 합의했다. '재건기획팀'은 미국이 요구하는 자유기업주의를 수용하면서도 한국의 특수성을 감안하여 정부가 사회간접자본과 기간산업에 집중투자하고, 자본가를 정책적으로 지원하는 국가 주도의 산업화 정책을 펼쳤다. 1장에서는 이러한 정책이 '재건기획팀'의 재건 구상 속에서 도출된 것임을 밝히고자 한다. 또한 국가가 주도하는 산업화 정책의 실체를 구체적인 부흥계획 검토 과정 속에서 고찰할 것이다. 2장에서는 미국의 압력으로 헌법 경제조항 개정이 추진되는 과정을 살펴본다. 전쟁기부터 등장한 자본 중심의 생산력 증대론이 경제조항 개정을 논리적으로 뒷받침했고, 한국 정부가 추진한 헌법 경제조항 개정과 국영 해제, 민유민영 조치가 자유경제 정책기조를 한층 강화하는 것이었음을 규명할 것이다. 3장에서는 전후재건사업이 봉착한 문제를 대한석탄공사의 사례를 통해 살펴보고, 군 출신 경제관료가 발탁되는 과정에 주목할 것이다.

5부에서는 경제자립 논의와 경제개발계획이 수립되는 과정을 추적하고자 한다. 경제자립 논의는 원조사업이 중반을 넘어섰음에도 불구하고 산업구조의 불균형이 시정되지 않고 원조에 대한 의존도가 심화되고 있다는 반성 속에서 대두되었다. 1장에서는 정부와 민간의 자립방안 모색을 정책과 이론 양 측면에서 살펴보고, 2장에서는 한국이 제안한 장기 프로그램의 내용과 그것을 검토하는 과정에서 한국과 미국이 재정금융안정계획을 전제로 경제개발계획에 합의해가는 과정을 검토한다. 3장에서는 산업개발위원회가 구성되고 경제개발계획 시안이 마련되면서 제기된 경제개발계획에 대한 정·재계 및 학계의 문제의식과 그것이 경제개발 3개년계획으로 수렴되어가는 과정을 살펴볼 것이다.

그간 한국의 경제정책을 주제로 한 논저들은 한국 정부의 정책과 개발계획을 다루면서도 주로 미국 정부와 원조기관의 문서들과 미 대사관의 보고서에 의거했다. 한국의 정책을 연구할 때조차 미국 자료에 의존했던 것이다. 한국 자료는 제대로 아카이빙되지 않은 채 파편화되어 있는 데 반해, 미국 자료는 체계적으로 아카이빙되어 이용하기 편리한 측면이 있다.[33] 하지만 이는 근본적으로 한국의 정책뿐 아니라 한국 자료에 대한 불신에서 기인한다. 미국 자료에 대한 의존은 미국의 한국 정책에 대한 시각과 평가를 무비판적으

---

33 미국 국립문서보관소(National Archives and Records Administration, NARA)에 소장된 1945~1963년의 미국 대한 정책 관련 자료는 현재 국사편찬위원회와 국립중앙도서관에 의해 수집되어 일반에게 온라인 서비스되고 있다. 미국의 대한 정책 자료는 국립문서보관소에 의해 체계적으로 관리되었을 뿐 아니라 현재 한국의 기관들에서 경쟁적으로 수집, 정리하여 온라인 서비스를 제공함에 따라 가장 손쉽게 이용할 수 있는 현대사 자료가 되었다.

로 수용하는 문제를 낳고 있다. 이제 한국의 정책은 한국의 자료에, 미국의 정책은 미국 자료에 기반해서 정당하게 검토하고, 양국의 자료를 교차 분석하는 과정을 통해 각각의 입장차를 정확히 이해할 필요성이 있다.

미국 자료와 달리 한국 자료의 경우, 1945년부터 1960년까지의 시기는 경제정책 자료뿐 아니라 정책 자료에 대한 체계적인 아카이빙이라는 문제의식이 부재한 시기였다. 국무회의록조차 제대로 정리되지 않았다. 게다가 1958년 농림부 청사에 화재가 발생하면서 농지개혁에 대한 자료조차 제대로 보관되지 못했다. 경제개발계획이 추진되면서부터 자료도 체계적으로 정리되기 시작했다. 따라서 당시의 한국 경제정책 관련 자료를 확보하는 일은 조각난 퍼즐을 맞추는 지난한 작업이 될 수밖에 없다. 자료를 확보한다 하더라도 문서의 작성 경위와 목적, 성격, 특징을 파악하는 가운데 자료를 활용하지 않는다면 자료의 맥락과 의미를 판독할 수 없을 것이다. 계획의 전모와 계획을 수립한 한국 정부의 문제의식, 구체적인 계획을 둘러싸고 발생한 한미 간의 논의 과정과 갈등구조, 정책을 둘러싼 담론을 종합적으로 파악하기 위해서는 각각의 자료를 성격에 따라 구분하고 활용하는 작업이 필수적이다.

이에 필자는 먼저 한국 정부의 문제의식을 보여줄 수 있는 연차별 부흥계획서와 경제개발계획 자료들을 주 자료로 활용했다. 기획처에서 작성한 『1953년도(1952. 7. 1~1953. 6. 30) 한국경제부흥계획서(안)』, 『1954년도(1953. 7. 1~1954. 6. 30) 한국경제부흥계획서』, 『FOA 자금에 의한 한국경제재건계획 추진 상황 보고서(1954. 6. 30)』, 상공부에서 작성한 1952년도 『상공생산종합계획』, 1954년도 『상공부 종합계획서』 및 『생산 및 부흥건설계획 개요』, 부흥부에서 작성한 1955년도 『한국경제부흥계획서』와 1956년 미국 정부에 제출한 『장기경제개발계획 시안(Long-Range Program for Korea Rehabilitation and Reconstruction, Govenment of the Republic of Korea)』, 부흥부 산업개발위원회에서 작성한 『경제개발 3개년계획 시

안』(1959), 『경제개발 3개년계획안』(1959), 『경제개발 3개년계획』(1960), 기획처 자
문기관이었던 경제위원회의 회의록·부의안·서류철(홍익대학교 소장), 부흥부
자문기관 산업개발위원회의 위원 회의록과 고문 회의록, 전체 위원 회의록
(KDI 소장)이 그것이다. 필자는 이를 발굴하여 개발계획 분석의 주 자료로 활
용함으로써 한국 정부의 개발계획이 태동하고 구체화되어가는 과정을 추적
하고자 했다.

　다음으로는 미국 정부가 미국의 대외관계 자료를 공식적으로 정리해서
편찬한 *Foreign Relation of United States*(FRUS)를 통해 미국 대한 정책의 기본적인 흐
름을 파악했다. 또한 국사편찬위원회와 국립중앙도서관에 수집되어 있는 미
국 국립문서보관소(National Archives and Records Administration, NARA)의 자료를 통해 미
국의 대한 경제정책의 상세한 내용을 파악하고자 했다. Record Group 59의 국
무부 관련 문서들, Record Group 469의 원조기관 관련 문서들이 집중 분석의
대상이 되었다. 그 외에도 유엔 사령부 경제조정관실에서 작성한 문서들을
통해 유엔 사령부 경제조정관실의 입장을 파악할 수 있었다. 뿐만 아니라 국
가기록원에 소장되어 있는 한미경제안정위원회 회의록·서류철, 국사편찬위
원회에 수집되어 있는 합동경제위원회 회의록을 활용함으로써 핵심 경제 사
안과 개발계획에 대한 한미 간의 논의 과정과 갈등구조를 심층적으로 이해
하고자 했다.

　그 다음으로 이용한 자료는 한국의 신문과 잡지들이다. 『경향신문』, 『국제
신보』, 『대구매일신문』, 『동아일보』, 『민주신보』, 『부산일보』, 『새한민보』, 『상
공일보』, 『서울신문』, 『수산경제신문』, 『연합신문』, 『이데일리』, 『자유신문』,
『조선일보』, 『한국일보』, 『개벽』, 『건국공론』, 『경상학회지』, 『경제월보』, 『경제
학연구』, 『과학조선』, 『국방경제』, 『국방연구』, 『국회보』, 『금융』, 『금융조합』,
『기업경영』, 『대조』, 『무역경제』, 『문화』, 『민성』, 『민정』, 『민주조선』, 『법률과

경제』, 『법정』, 『부흥』, 『부흥월보』, 『산업경제』, 『산은조사월보』, 『사상계』, 『산업은행월보』, 『새벽』, 『석탄』, 『석탄사보』, 『시정월보』, 『식은조사월보』, 『신동아』, 『신천지』, 『신청년』, 『신태양』, 『우라키』, 『자유세계』, 『재무』, 『재정』, 『정경』, 『정경문화』, 『조사계보』, 『조선은행조사월보』, 『조선경제』, 『주간경제』, 『주보』, 『지방행정』, 『춘추』, 『학풍』, 『한국은행조사월보』, 『현대공론』, 『협동』, 『회심』 등. 이 신문과 잡지들은 경제정책과 관련한 여론과 정책을 둘러싼 담론을 이해하는 데 큰 도움을 주었다. 기획처는 계획기관답게 매월 경제 각 부서의 동향과 정책 집행 상황을 파악하여 『시정월보』에 수록했다. 부흥부에서 발행한 『부흥월보』는 잡지의 특성상 경제계획 관련 자료와 기획 기사를 다수 수록했다. 이 두 잡지를 통해 각 부서의 동향과 경제계획 논의가 성숙되어가는 과정을 구체적으로 파악할 수 있었다.

　마지막으로 김정렴, 송인상, 주종환과 같이 당시 정책을 주도하거나 깊이 간여한 인물들을 인터뷰한 자료들도 매우 유용했다. 김정렴은 1953년 통화개혁의 실무자였고, 송인상은 부흥부장관이자 경제조정관으로서 경제개발 3개년계획을 진두지휘한 인물이며, 주종환은 부흥부 산업개발위원회의 농림 부문 보좌역을 담당했다. 이들은 정책의 이면에 숨겨진 이야기들을 필자에게 진솔하게 구술함으로써 정책을 서류로서가 아니라 살아 있는 현실로 이해하게 해 도움을 주었다. 이미 고인이 되었지만 경제정책의 담당자로서, 관찰자로서 당시를 증언한 경제관료와 학자들의 회고록도 문서의 공백을 메우고 해방 후 인물들의 상호관계를 이해하는 데 많은 도움이 되었음을 밝혀둔다.

1부

남북 분단과 제헌헌법의 체제이념

1장
미군정의 경제정책과
남조선과도입법의원의 경제정책론

1. 미군정의 식량·토지정책과 남조선과도입법의원의 토지개혁안

1) 미군정의 식량 및 토지정책

해방 후 한국 경제가 봉착한 가장 큰 경제적 과제는 일본인 중심의 경제 운영을 한국인 중심으로 재편하는 작업이었다. 이는 앞으로 건설될 신국가의 자주성을 확보하고, 근대화의 기본적인 조건을 확보하는 문제였다. 이미 한국은 자본주의적인 생산관계가 지배적인 사회였다. 하지만 일제는 한국을 식량기지로 이용하기 위하여 반봉건적인 지주소작관계를 유지·온존시켰고, 한국의 산업은 한국이 아닌 일본제국과 유기적인 생산·유통·소비 시스템을 형성하고 있었다. 이에 해방 후에는 농업에서 반봉건적인 소유관계를 철폐하는 한편, 일본제국 중심으로 편성되었던 생산·유통·소비 시스템을 한국 중심의 재생산구조로 바꾸는 과정이 필요했다.[01] 그것은 토지개혁과 일본인 재

---

01 이 문제는 이승만 정권이 전쟁 전 산업부흥 5개년계획을 추진하는 데 있어서 중심적인 고려 사항이었다.

산의 처리와 운영을 통해 기본 골격이 형성될 것이었고, 그 방향에 따라 경제 체제 운영의 방식도 달라질 것이었다.

일본이 패망한 후, 농민들은 일본인과 친일파의 토지를 접수하거나 소작료 납부를 거부하는 활동을 활발하게 전개했다. 한국인 지주의 토지에 대해서는 소작료 불납 혹은 인하 운동을 벌였다. 이에 부응하여 1945년 9월 14일, 조선공산당과 조선건국준비위원회의 여운형 세력이 연합하여 결성한 조선인민공화국은 시정방침을 통해 "일제와 민족 반역자들의 토지는 몰수하여 농민들에게 무상분배하고, 비몰수 토지의 소작료는 3·7제를 실시한다"고 발표했다.[02] 또한 조선공산당 중앙위원회도 "일본인과 민족 반역자, 대지주, 자경하지 않는 중소지주의 토지를 몰수하여 농민에게 분배한다"는 무상몰수·무상분배의 토지개혁 방안을 제시했다. 그리고 토지개혁이 시행되기 전까지 지주 3, 농민 7의 비율로 소작료를 인하할 것을 주장했다.[03] 북한 지역에서는 1945년 10월부터 소작료를 현금으로 납부하고 세금과 공과금을 지주가 부담하는 소작료 3·7제가 시행되었다.

이에 대응하여 미군정은 1945년 10월 5일 소작료를 최고 1/3로 제한한다는 소작료 3·1제를 공포했다.[04] 소작료 3·1제는 생산량의 1/3을 소작료로 납부하되, 세금과 종자대를 농민이 부담하는 방안이었다. 3·1제는 3·7제보다 농민

ECA 한국과장 에드가 존슨도 한국 부흥계획의 중요한 문제로서 이 점을 지적했다. 「에드가 존슨 미경제협조처 한국과장, 미 하원 외교위원회에서 한국 경제의 안정 가능성에 대해 증언」, 『동아일보』 1949. 6. 16. 일본 중심의 생산·유통·소비 시스템이 붕괴된 후의 혼란상에 대해서는 에드가 존슨의 회고를 참조할 것. E. A. J. Johnson, *AMERICAN IMPERIALISM in the Image of Peer Gynt: Memoirs of a Professor-Bureaucrat*, University of Minnesota Press, 1970, pp. 145~147.

02 「건준, 인공중앙인민위 결성 선언, 정강 시정방침 발표」, 『매일신보』 1945. 9. 19.

03 「토지는 농민에게 적정하게 분배, 공산당의 토지 문제에 대한 결의」, 『해방일보』 1945. 10. 3.

04 한국법제연구회 편, 「재조선미국육군사령부군정청 법령 제9호 최고소작료결정건(1945. 10. 5)」, 『미군정법령총람』, 1971, 128~129쪽.

에게 불리했지만, 북한이 3·7제를 시행하는 상황에서 농민의 급진화를 막기 위한 방안이었다. 같은 날 미군정은 '미곡의 자유시장에 관한 일반고시' 제1호를 발표하여 배급제를 폐지하고 각 농가가 미곡을 자유롭게 판매할 수 있도록 하겠다고 선언했다.[05] 뒤이어 10월 20일에는 일제 시기의 각종 통제기구를 폐지하고 자유경제 원칙을 부활시키겠다고 발표하고, 25일에는 통제를 해제하고 물품의 자유판매를 허가했다.[06] 이는 일본식 통제경제에 익숙한 한국인들이 미국식 자유경제를 실감한 최초의 경험이었다. 그러나 준비되지 않은 자유경제 정책은 물가를 폭등시켰다. 미군정은 1946년 1월 25일 '미곡수집령'을 발표하고[07] 다시 미곡통제를 시행하여 물가를 진정시켰다.

한편, 좌파 세력들은 소작료 3·1제를 넘어 토지 문제의 근본적 해결을 요구했고, 이는 1945년 12월 8일 결성된 전국농민조합총연맹의 무상몰수·무상분배의 토지개혁 주장으로 나타났다. 당시 거의 모든 한국의 정치세력은 농업에서 반봉건적 지주소작관계를 철폐하고 농민적 토지소유를 확립하는 토지개혁을 최우선의 과제로 삼았다. 토지개혁은 인구의 대다수를 점하는 농민을 반봉건적인 토지소유관계의 질곡에서 해방시키고, 농민들의 토지소유욕을 충족시킴으로써 농업생산력을 발전시킬 초석으로 간주되었다. 이는 공업 발전에도 필수적인 과제였다.

우파 세력을 대표하는 한국민주당도 함상훈(咸尙勳) 선전부장 명의로 1945년 11월, "토지는 대소유를 금하여 자작농 정도에 한하고, 대지주는 그 토지를 국가에 매각하여 기업가로서 진출할 기회를 주고, 국유지는 소작인·고용

---

05 「미곡의 자유시장」, 미군정 일반고시 제1호(1945. 10. 25).

06 「군정청, 경제통제 해제하여 물품의 자유판매를 허가」, 『매일신보』 1945. 10. 26.

07 한국법제연구회 편, 「재조선미국육군사령부군정청 법령 제45호 미곡수집령(1946. 1. 25)」, 『미군정법령총람』, 1971, 158쪽.

농부들에게 경작권을 부여하여 소작료를 3분의 1정도로 납입하여 생활의 안정을 기치 않으면 안 된다"라고 주장했다.[08] 한민당 수석총무 송진우(宋鎭禹)도 1945년 12월, 「한국민주당의 정견」 방송을 통해 "토지정책에 있어서도 종래의 불합리한 착취 방법을 단연 배제하기 위하여, 일본인 소유 토지의 몰수에 의한 농민에게 경작권 분여는 물론이거니와, 조선인 소유 토지도 소유를 극도로 제한하는 동시에 매매겸병을 금하여 경작권의 전국적 시설을 촉진하여 민중의 생활을 확보"할 것을 주장하여[09] 토지개혁의 불가피성을 강조했다.[10]

토지개혁에 대해서 좌파나 우파 모두 동의했지만, 그 구체적인 실시 방법에서는 차이가 있었다. 우파는 토지보상을 통해 지주가 산업자본가로 성장해 나가기를 기대했고,[11] 좌파는 경제적 기반을 박탈함으로써 지주들이 활동할 수 있는 물적 토대를 제거하려고 했다.[12] 이렇듯 지주의 산업자본가화와 지주 세력의 청산으로 토지개혁의 목적은 극명하게 대비되었으나, 좌우파 모두 토지개혁이 추진되면 농업생산력이 비약적으로 발전할 것으로 전망했다. 따라서 토지개혁의 방법은 좌파의 무상몰수·무상분배와 우파의 유상몰수·유상분배로 나뉘었지만, 생산력 발전의 제일보를 토지개혁에서부터 시작해야 한다는 점에는 한국의 정치세력, 지식인 모두가 공감하고 있었다.

이렇게 토지개혁의 요구가 모든 정치세력들에게서 제기되자, 미군정은 토지개혁안 마련에 부심했다. 1946년 2월부터 미군정 경제고문들과 신한공

---

08 함상훈, 「아당의 주의정책」, 『개벽』 1946년 1월호.

09 「한민당 정책 방송」, 『동아일보』 1945. 12. 22.

10 윤덕영, 「초기 한국민주당 내 사회민주주의자들의 동향과 진보적 사회경제정책의 배경」, 『한국학연구』 61, 2021, 156~165쪽.

11 이지수, 「해방 후 농지개혁과 지주층의 자본전환 문제」, 연세대 사학과 석사학위논문, 1994, 제2장 제2절 참조.

12 서중석, 「해방 후 주요 정치세력의 국가건설 방안」, 『대동문화연구』 27, 1992, 240쪽.

사 관리들은 좌파의 무상몰수·무상분배의 토지개혁 요구에 대응하여 토지
개혁 법안을 만드는 작업에 착수했다. 인구의 대다수를 점하는 농민의 급진
화를 막기 위해서는 토지개혁이 불가피하다는 것이 미군정 경제고문들의 생
각이었다.[13] 북한은 1946년 3월 무상몰수·무상분배의 토지개혁을 단행했고,
남한의 민심은 북한 토지개혁의 영향을 받아 동요하고 있었다. 미군정 경제
고문들은 1946년 10월 인민항쟁을 겪으면서 빠른 시일 내에 농지 매각 프로
그램을 시작해야 한다고 생각했다.

2) 남조선과도입법의원 산업노농위원회의 토지개혁안

미군정은 토지개혁과 같은 민감한 경제 문제를 우파에게만 맡겨두기보
다는 중간파와의 논의 과정을 거쳐 합의점을 마련하고자 했다. 따라서 이 문
제에 대한 초안은 남조선과도입법의원 산업노농위원회 소속 중간파와 주한
미경제고문단을 중심으로 마련되었다.[14] 사적 소유를 중시했기 때문에 처음
국무부가 지시하고 번스 사절단이 내한해서 준비한 것은 과거 일본인 토지
의 유상분배안이었다. 한국인 지주의 토지는 사유재산이었기 때문에 미군정
이 관리하는 귀속농지만 손대고자 한 것이다. 그러나 번스(Arthur C. Bunce)[15]는 미
소공동위원회 결렬 이후 토지개혁을 더 이상 미룰 수 없는 사안으로 생각하

---

13 황윤희, 「번스(Arthur C. Bunce)의 내한 활동과 한국 문제 인식」, 『숭실사학』 23, 2009, 173~174쪽.

14 위의 논문, 177쪽.

15 번스는 일제하에 1928년부터 1934년까지 6년간 북한 지역에서 YMCA 농촌 활동에 참여했다. 그 후 아이오
    아주립대학 경제학 교수로 재직하다가 제2차 세계대전 직전 미국 행정부의 조사통계국에 근무했다. 전후
    미연방준비은행에서 일하던 그는 1946년 1월 국무부 주한경제사절단의 단장으로 한국에 들어왔다. 그의
    중요 임무는 토지개혁 실시였다. 그는 미군정 경제고문을 겸하면서 한국의 토지개혁 및 경제정책에 참여
    했고, 정부수립 이후에도 주한 ECA 단장으로 재직했다. 신병식, 「한국의 토지개혁에 관한 정치경제적 연
    구」, 서울대 정치학과 박사학위논문, 1992, 79쪽; 정용욱, 『해방 전후 미국의 대한 정책』, 서울대학교출판문
    화원, 2003, 270~273쪽; 황윤희, 앞의 논문, 2009 참조.

고, 귀속농지뿐 아니라 한국인 지주들의 토지를 포함하는 토지개혁안을 작성하여 미군정에 제출했다.

이에 군정장관은 장차 구성될 남조선과도입법의원에서 토지개혁 문제를 심의하라고 지시했다.[16] 그는 귀속농지(신한공사 소유 토지) 이외의 토지는 사유재산이므로 한국인들이 직접 적법한 절차를 통해 처리하는 것이 바람직하다고 생각했다. 북한에서는 한국인들이 주도하는 임시인민위원회가 토지개혁을 지휘하고 있었기 때문에, 남한에서도 미국이 아닌 한국인들이 이 문제 해결에 주체적으로 나서고 있다는 것을 보여줄 필요가 있었다. 이에 1947년 2월 초 번스와 앤더슨은 입법의원 산업노농위원장 박건웅(朴建雄), 적산대책위원장 김호(金乎), 미군정 농무부장 이훈구(李勳求)를 초청하여 남조선과도입법의원의 토지개혁안을 조속히 만들어줄 것을 요청했다.[17]

남조선과도입법의원 산업노농위원회는 2월 20일 '좌우합작 7원칙'에 의거하여 체감매상·무상분배안에 준한 시안을 만들고 이훈구 등 행정 당국자와 공동 토의를 시작했다. 그러나 시안에 대해 좌우 모두 반발했기 때문에 산업노농위원회, 주한미경제고문단, 중앙경제위원회 대표로 조미토지연락위원회를 구성하고 여기서 각계의 안을 참고한 통일 초안을 만들기로 결정했다. 조미토지연락위원회의 미국 측 대표는 번스, 키니, 앤더슨, 프랭클린, 한국 측 대표는 이순탁(李順鐸), 강순(姜舜), 홍성하(洪性夏), 윤석구(尹錫龜), 유래완(柳來琬)이었다.[18]

16 「5안건 즉시 토의를 러 장관 입의에 요청」, 『경향신문』 1947. 2. 8.

17 홍성찬, 「일제하 이순탁의 농업론과 해방 직후 입법의원의 토지개혁 법안」, 『최호진 박사 강단 50주년 기념 논문집: 경제이론과 한국 경제』, 박영사, 1993, 147쪽.

18 입법의원 토지개혁안을 주도한 것은 이순탁과 박건웅이었다. 이순탁의 경제사상에 대해서는 위의 논문; 박건웅의 사상에 대해서는 한상도, 「박건웅의 미군정기 현실참여와 정치활동의 성격」, 『한국사연구』 107, 1999를 참조할 것.

여기서 결정된 안은 자경하지 않는 농지, 3정보 초과 보유 농지를 유상(30할)으로 정부가 체감매상(매년 2할씩 15년부)하여 소작농·영세자작농·고용농에게 분배하고(2할씩 15년부 상환), 그 농지를 가산농지로 지정하여 국가가 특별 관리한다는 것이었다.[19] 중소농민을 위한 저리 융자기관으로 농지금고도 설립하기로 했다. 이 안에서 주목할 것은 토지개혁 이후의 경제 체제를 자본주의로 상정하고 있다는 점, 무상분배의 시안이 여기서 유상분배안으로 전환되었다는 점이다.

'좌우합작 7원칙'과 달리 이 법안에서 자본주의 지향과 유상분배안이 구체적으로 명시된 이유는 무엇일까? 현실 권력인 미국 측의 의견을 감안하는 동시에 유상분배를 강력히 주장하는 원내 다수 세력의 요구와 타협할 필요성 때문이었을 것이다.[20] 결국 토지 문제를 혁명이 아닌 합의에 의해 달성하려고 했던 이순탁과 중간파의 입장은 미군정·우파와 '합의'하는 가운데 자본주의 소농 체제를 건설하는 방향으로 나아갔다.

하지만 입법의원의 토지개혁안은 우파 세력의 지연전술로 통과를 보지 못했다. 1948년 4월 19일 213차 회의에서 최종 보류된 뒤, 5월 20일 남조선과도입법의원의 폐회와 함께 소멸되었다. 통과되지 못한 가장 큰 이유는 토지개혁에 대한 반대보다는 농민 대다수가 지지하는 토지개혁 실시라는 성과를 미군정과 중간파에게 넘겨주지 않으려는 이승만 세력과 한민당의 전술 때문이었다. 그럼에도 불구하고 입법의원의 토지개혁안은 남한 자본주의 건설에서 의미심장한 족적을 남겼다. 남조선과도입법의원 토지개혁안은 좌파의 무

---

19 한국농촌경제연구원, 『농지개혁사연구』, 1989, 1188~1195쪽 참조. 가산농지 규정은 한 가족의 생계보장에 필요한 최소한도의 토지를 가산(家産)으로 삼아 매매, 양도, 저당 및 소작까지 금지한 규정이다. 불가피하게 이를 지목 변경할 때는 중앙토지행정처의 허가를 받아야만 했기 때문에 소작지 재생의 문제점을 보완할 수 있었다.

20 홍성찬, 앞의 논문, 1993, 154쪽.

상몰수·무상분배, 우파의 유상매수·유상분배, 중간파의 유상매수·무상분배로 나뉘어졌던 남한의 토지개혁론이 유상몰수·유상분배로 마무리되는 분기점이었다. 남조선과도입법의원에 참가한 중간파가 자본주의 경제건설론을 추인했다는 점에서 이는 좌우합작을 통해 유상매수·유상분배안을 만들고자 했던 미국의 의도가 성공적으로 관철되었음을 의미하는 것이기도 했다.[21] 미군정은 이후 남조선과도입법의원 토지개혁안에 준하여 귀속농지 불하를 추진했고, 입법의원의 토지개혁 사상은 초대 농림부에 계승되어 농지개혁법의 이념적 기초가 되었다.

2. 미군정의 귀속재산 처리방침과 남조선과도입법의원의 산업재건책

1) 미군정의 귀속재산 처리방침

다음의 경제적 과제는 공업화를 위한 기반을 정비하는 문제였다. 여기서 우선 해결해야 할 문제가 1948년 말 현재까지도 생산시설 수의 1/5, 종업원의 약 50%, 생산액의 80% 이상을 차지하고 있었던 귀속재산의 처리 문제였다. 1945년 8월 15일 일본이 항복하고, 9월 7일 미국이 진주하기 전의 공백기에 일본인이 물러난 일본인 소유의 회사와 토지에서는 한국인들이 회사와 토지를 접수하고 자주적인 운영을 하기 시작했다. 이른바 자주관리 운동이었다.[22]

미군정은 1945년 9월 25일 일본이 소유했던 국공유 및 사유재산에 대해

---

21 방기중, 「농지개혁의 사상적 전통과 농정 이념」, 『농지개혁 연구』, 연세대학교출판부, 2001, 116쪽.
22 김기원, 『미군정기의 경제구조』, 푸른산, 1990 참조.

1부 남북 분단과 제헌헌법의 체제이념 51

이전 제한 및 동결 조치를 내리고[23] 공공기관을 접수했다. 제2차 세계대전 이후 미국은 점령 지역에서 패전국민의 사유재산권을 존중했다. 그렇지만 일본으로부터 분리된 과거 식민지 지역의 '재외재산'은 몰수하여 대일배상에 충당하도록 했다. 이는 1945년 9월 6일 「항복 후의 미국의 초기 방침」(SWNCC 150/4/A)으로 정리되었고, 11월 1일 「초기 기본지령」(JCS 1380/15)으로 확정되었다. 이는 미군 점령 초기 남한에도 적용되었다. 그에 따라 1945년 12월 6일 미군정은 다시 법령 제33호를 통해 국공유와 사유재산을 막론한 모든 일본인 재산을 미군정에 귀속시켰다.[24] 모든 적산의 귀속재산화는 조선이 또다시 일본의 경제 블록에 들어가 종속되는 것을 막기 위해 조선과 일본의 경제관계를 분리시키고, 미국이 주도하는 세계경제 체제에 조선이 독자적인 경제 단위로 참여하도록 하려는 것이었다. 이는 일본에 대한 경제적 비무장화 및 민주화 조치와 연결되어 있었다. 폴리 배상사절단의 활동에 맞추어 구체적인 귀속재산의 처리가 결정되어갔다.[25]

한편 미군정은 일본인 재산을 미군정에 귀속시킨 뒤 자신들이 선정한 관리인을 임명하여 아래로부터의 자주관리 운동을 무력화시켰다. 아래로부터의 자주관리 운동은 남한을 사유재산권에 기반한 미국식 자본주의 체제로 만들어가려는 미국의 의도와 정면으로 배치되는 것이었기 때문이었다.

1946년 상반기에는 거의 모든 귀속기업체에 관리인이 파견되었다. 일제시기 이래의 자본가들은 재산관리처 자문회, 공장대책위원회, 산업고문회 등

---

23 한국법제연구회 편, 「재조선미국육군사령부군정청 법령 제2호(1945. 9. 25)」, 『미군정법령총람』, 1971, 121~122쪽.

24 한국법제연구회 편, 「재조선미국육군사령부군정청 법령 제33호 조선 내 소재 일본인 재산권 취득에 관한 건(1945. 12. 6)」, 『미군정법령총람』, 1971, 149쪽.

25 송병권, 『근현대 동아시아 지역주의—한미일 관계를 중심으로』, 소명출판, 2021, 217~289쪽.

다양한 압력단체를 구성하여 관리인의 지위를 획득했다. 관리인은 국영기업체의 공무원과 같은 존재라기보다는 보증금을 납부한다든지, 이익금의 일부를 취득할 수 있다든지, 자기 자본을 투하한다든지, 추후 매각 과정에서 우선권을 행사한다는 점에서 사실상 그 기업체를 소유한 자본가의 성격을 가지고 있었다. 미군정이 어떠한 계획이나 통제 없이 기업 운영을 관리인의 자율성에 맡겼기 때문이었다. 관리인의 출신 배경은 일제 시기 그 회사의 직원이나 주주, 관련 상인, 상공업자, 기술자, 미군정 관리, 일제 시기 관리 등으로서 미군정기의 공업 정책을 통해 일제 시기 자본가층이 계승, 확대되는 양상을 보였다.[26]

2) 남조선과도입법의원 산업노농위원회의 산업재건책

남조선과도입법의원 산업노농위원회의 중간파들은 토지개혁 외에도 귀속기업체 및 경제운영 전반에 관한 그들의 구상을 담은 「남조선 긴급부흥요강」을 준비했다. 이들이 1948년 1월 남조선과도입법의원에 제출한 「남조선 긴급부흥요강」, UN조선위원단에 제출한 『조선 산업경제의 실태와 재건책』에는 산업노농위원회 소속 중간파의 국가건설관이 보다 명확하게 투영되어 있었다.[27]

박건웅, 강진국(姜辰國)이 주도한 산업재건책[28]의 요지는 첫째, 전 산업 분야에 걸친 자본주의 통제경제 정책을 수립하여 자본가의 이윤독점을 배제하고 미국에 대한 경제 자주성을 확보한다, 둘째, 귀속기업체를 이윤분배에 입

---

26 김기원, 앞의 책, 1990, 246~247쪽.

27 방기중, 앞의 논문, 2001, 118~120쪽.

28 강진국, 『조선 산업경제의 실태와 재건책』, 1948 참조. 이 소책자는 〈긴급부흥요강〉을 토대로 작성하여 UN 조선위원단에 제출한 것이다.

각한 직장협동조합 체제로 운영함으로써 자본가의 이윤독점을 막고 생산력을 고도화한다. 셋째, 토지개혁의 후속 조치로서 협동조합과 농업기계화를 통한 대농경영을 추진하여 농업생산력 발전을 달성하는 영농개혁을 추진한다는 것이었다. 즉 귀속재산을 국유화하고, 이를 기반으로 국가 주도의 종합적인 계획경제를 추진한다는 국가계획경제론과, 국가계획경제와 관민협조·노자협조 아래서 협동조합을 통해 생산과 소비를 해결하고자 하는 생산협동조합론이 그 논리적 핵심이었다.[29] 이들은 이를 통해 생산력 발전과 자립적이고 반독점적인 민족경제의 수립 가능성을 타진했다.[30]

그렇다면 우파와 중간파로 이루어진 남조선과도입법의원은 경제운영 전반에 관해 어떤 입장을 가지고 있었을까? 경제운영에 대한 입법의원의 공식 입장은 1947년 10월 21일 미군정청에 건의된 조선임시약헌 제4조에서 다음과 같이 표방되었다.

> 1. 국민의 기본생활을 확보할 계획경제의 수립
> 2. 주요한 생활필수품의 통제관리와 합리적 물가 정책의 수립
> 3. 세제의 정리와 누진율의 강화
> 4. 농민 본위의 토지분배
> 5. 대규모 주요 공업 및 광산의 국영 또는 국가관리
> 6. 노동자의 생활을 안정키 위한 최저임금제의 확립

---

29 방기중, 「해방정국기 중간파 노선의 경제사상—강진국의 산업재건론과 농업개혁론을 중심으로」, 『최호진 박사 강단 50주년 기념논문집: 경제이론과 한국 경제』, 박영사, 1993, 180쪽.

30 방기중, 앞의 논문, 2001, 120쪽. 방기중은 산업노농위원회의 토지개혁안과 산업재건책의 성격을 동일시하지 않고 다음과 같이 구분했다. 전자가 주로 토지개혁 방법과 소농 보호를 위한 토지관리 및 금융지원 문제에 초점을 두는 '사회개량주의' 전통에 바탕했다면, 후자는 국가계획경제와 협동조합을 통한 비자본주의적 발전을 전망함으로써 '사회민주주의' 전통을 계승하고 있다는 것이다.

7. 기업의 경영 관리 면에 노동자 대표 참여

8. 봉급자의 생활을 안정키 위한 가족급여제의 확립

9. 중요공장 내에 보건·후생·교육 및 오락시설의 정비

10. 실업보험, 폐질보험 기타 사회보장제의 실시[31]

계획경제, 대기업 및 광산의 국가관리, 기업경영에 노동자 대표 참여 등 일면 좌파의 주장과도 다를 바 없는 것처럼 보인다. 그러나 미소공동위원회의 5, 6호 답신안[32]에서도 살펴볼 수 있듯이, 생산력 증가를 위해 계획경제를 채용하고자 하는 우파와 공익을 우선시하는 중간파의 계획경제론 사이에는 경계선이 분명할 수밖에 없었다. 이것은 기업의 경영 관리에 노동자 대표를 참여시키는 문제에 대한 우파의 인식을 살펴보면 보다 명확해진다. 자본가의 독점을 막고자 기업을 협동조합체로 운영하고자 했던 중간파와 달리, 우파들은 노동자의 경영참가를 공동경영권이 아닌 노동자의 부분적인 발언권을 인정하는 정도로만 이해하고 있었다.[33] 이는 노동자·농민의 계급투쟁이 치열했던 해방 후의 상황을 진정시키기 위한 사회개량책의 일환이자, 생산력 발전에 노동자를 동원하기 위한 노자협조주의에 불과했다. 언사는 같았지만 지향과 목적이 다른 '동상이몽'이었던 셈이다. 게다가 미군정청은 이러한 수준의 조선임시약헌조차 "고도로 사회화된 프로젝트"라고 하면서 인준하지 않았다.[34]

---

31 「조선임시약헌 전문」, 『민주조선』 2-4, 1948. 5·6. 1947년 8월 6일 남조선과도입법의원 제124차 본회의에서는 「조선임시약헌 전문」을 일괄 통과시키기로 결정하고, 이를 법제사법위원회에 회부하여 문구 수정을 한 뒤 성문화하기로 했다. 「입의 제124차 본회의, 조선임시약헌 법안을 심리 통과」, 『동아일보』 1947. 8. 10.

32 새한민보사, 『임시정부수립대강』, 1947 참조.

33 이경주, 「미군정기 과도입법의원과 조선임시약헌」, 『법사학연구』 23, 2001, 153쪽.

34 신용옥, 「대한민국 헌법상 경제질서의 기원과 전개(1948~54년)―헌법 제·개정 과정과 국가 자본 운영을 중

중간파는 유엔 감시하 남북한 총선거가 임박한 1948년 초, 과도입법의원과 UN조선위원단에 산업재건책을 제출하고, 그의 관철을 위해 노력했다. 그러나 토지개혁안과 달리 산업재건책은 미국의 지원을 받지 못했을 뿐 아니라 우파가 다수였던 입법의원 본회의에도 상정되지 못했다. 중간파의 제안에 그쳤을 뿐이다. 산업재건책은 기업 운영 등 자본주의의 핵심적인 문제를 담고 있었으므로, 이 문제에 대해서 미국과 우파가 중간파를 활용하거나 중간파와 타협할 의도가 전혀 없었기 때문이었는지도 모른다. 정부수립 직전까지도 우파와 중간파는 귀속재산을 포함한 경제운영에 대해 분명한 합의점을 찾지 못했다. 따라서 조선임시약헌 제정 과정에서 드러난 자본주의 경제운영에 대한 시각차는 정부수립 후의 헌법 경제조항 논의 과정에서 다시 재연되었다.[35]

한편, 미군정은 남조선과도입법의원에서 유상매수·유상분배의 토지개혁안 통과가 무산되자, 미군정 단독으로 1948년 3월 중앙토지행정처를 설치하고 귀속농지의 불하사업에 착수했다. 중앙토지행정처는 4월 8일부터 귀속농지를 분배하기 시작했다. 분배 조건은 각 농가당 2정보 이하의 농지를 분배하되 현재의 소작인에게 우선권을 주며, 평년작의 300%를 매년 20%씩 15년간에 걸쳐 현물로 납부하도록 한다는 것이었다. 미군정의 귀속농지 불하사업을 통해 8월 31일 현재 귀속농지의 85.9%가 분배되었다.

귀속기업체는 1947년 7월경까지 관리되기만 하고 매각되지 않았다. 통일정부 수립의 가능성이 남아 있다고 판단될 때까지 남과 북의 정권 담당자들

심으로」, 고려대 사학과 박사학위논문, 2006, 89쪽. 「헬믹, 조선임시약헌의 인준 보류를 입의에 통고」, 『서울신문』 1947. 11. 25; 「통과된 조선임시약헌 헬믹 장관 대리 인준을 보류」, 『경향신문』 1947. 11. 25; 「남조선약헌 통일을 천연 딘장관 인준 보류 언명」, 『조선일보』 1947. 11. 25.

35 정진아, 「제1공화국 초기(1948~1950)의 경제정책 연구」, 『한국사연구』 106, 1999 참조.

은 남북한의 경제가 체제적으로 이질화되는 것을 경계하고, 체제개혁의 속도를 조절했다. 그러나 통일정부 수립을 위한 미국과 소련의 협의기관인 미소공동위원회가 결렬되자, 미군정은 남한 지역에 자본주의 질서를 뿌리내릴 수 있는 기반을 마련하는 작업을 본격적으로 추진했다. 그 작업 중 하나가 바로 귀속재산의 불하였다.

불하된 재산은 총 564건에 13억 5,840만 원, 불하된 기업체는 105건에 8억 4,400만 원이었다. 불하된 기업체는 주로 100만 원 이하의 소규모 업체들이었으며, 1947년 7월경부터 매각되기 시작하여 단독선거를 앞둔 1948년 4월 이후에 집중적으로 매각되었다. 미군정은 1948년 4월 17일 군정장관 지시로 '간이소청 절차에 의한 귀속해제 결정'을 내림으로써 802건, 수십억 원에 달하는 재산에 대해 귀속성을 해제하고 일반 개인 소유로 변경했다. 이는 귀속재산을 자신의 손으로 신속히 처리한다는 미군정의 방침에 의한 것이었다.[36]

그렇다면 귀속농지와 귀속기업체 해제 및 불하는 어떠한 정치경제적 결과를 낳았을까? 귀속농지 불하를 통해 분배된 농지는 남한 전체 경지 면적의 11.6%, 소작지의 16.7%에 불과했다. 그러나 귀속농지가 불하됨으로써 정부수립 후 토지개혁 실시가 기정사실화되었으며, 토지개혁에 대한 기대는 남한 단독정권 수립에 대한 농민들의 지지를 이끌어내는 교두보가 되었다. 또한 중간파에 의해 제시되었던 체감매상·유상분배의 방식으로 귀속농지가 불하

---

[36] 정부수립 후 이승만 정권은 '간이소청 절차에 의한 귀속해제 결정의 확인에 관한 법률'을 4월 8일 법률 제120호로 공포했다. 이 법률의 골자는 남조선과도정부의 중앙관재처가 간단한 심사 방법으로 귀속재산이 아니라고 결정함으로써 한국인 소유로 돌아가게 한 재산에 대하여 과연 그 결정이 틀림이 없느냐 하는 것을 대한민국 정부가 확인하려는 데 있었다. 정부는 이 법률을 공포한 이유를 귀속해제된 802건의 귀속재산 처리를 둘러싸고 모략과 중상 등 불미한 사건이 일어났고, 응당 대한민국에 귀속되어야 할 재산을 상실하는 결과를 낳았기 때문이라고 설명했다. 귀속재산 처리 과정에 있었던 의혹을 정부 스스로 인정하고 재심하는 절차를 밟고 있었던 것이다. 법무부 법무국, 「간이소청 절차에 의한 귀속해제 결정의 확인에 관한 법률 해설」, 『주보』 59, 1950. 5. 24, 9~11쪽 참조.

됨으로써 유상매수·유상분배의 농지개혁안이 이후 남한 농지개혁의 원칙으로 정착되었다. 귀속농지 불하는 이처럼 중요한 의미를 가지고 있었다. 또한 비록 소규모 기업체를 중심으로 한 불하였지만, 미군정은 귀속기업 해제조치와 매각을 통해 사적 자본가 계급을 창출하는 선례를 남겼다. 그리고 이들을 자본주의 체제를 유지하는 기반으로 육성하고자 했다.[37] 귀속재산의 민영화는 사적 소유에 기반한 자본주의 경제질서를 강화하는 유력한 방법이자, 국가 주도의 자본가 육성책이었다.

미군정은 귀속기업체와 귀속농지의 불하를 통해 남한에 자본주의 질서를 구축하기 위한 기반을 마련하고 대한민국정부에 정권을 이양했다. 이는 남한 총선거 대비라는 정치적 의미 외에도 남북한 지역이 체제적으로도 이질화되기 시작했음을 의미하는 것이었다.

---

37 김윤수, 「'8·15' 이후 귀속기업체 불하에 관한 일연구」, 서울대 경제학과 석사학위논문, 1988, 29쪽.

2장
해방 후 우파·중간파의 경제정책론

1. 우파·중간파의 조선임시정부 수립 구상

1) 민주의원의 정책 대강

한국에서 이후 수립될 정부의 경제정책 대강을 제일 먼저 제시한 정치세력은 조선인민공화국이었다. 조선인민공화국 중앙위원회는 1945년 9월 14일 일본제국주의와 봉건적 잔재 세력을 일소하고 정치·경제적으로 완전한 자주 독립국가의 건설을 기한다는 정강을 발표하고 시정방침을 발표했다. 그 내용은 일본제국주의와 민족 반역자의 토지를 몰수하여 농민에게 무상분배하고, 비몰수 토지의 소작료는 3·7제로 한다, 일본제국주의자와 민족 반역자들의 광산·공장·철도·항만·선박·통신기관·금융기관 및 기타 일체 시설을 몰수하여 국유로 하되 민족적 상공업은 국가의 지도하에 자유경영을 허가한다, 공업의 급속한 발달을 위한 정책을 실시한다, 생활필수품의 공정 평등한 배급 제도를 확립한다는 것 등이었다.[38] 조선인민공화국의 정책은 조선공산

---

38 「건준, 인공 중앙인민위 결정 선언, 정강, 시정방침 발표」, 『매일신보』 1945. 9. 19.

당의 단계적 혁명론에 따라 당면의 민주주의 혁명의 내용을 온건하게 표현하고 있었는데, 그 중심은 일제 잔재와 친일파를 청산하기 위해 이들의 경제적 기반을 제거하고, 국가의 계획을 통해 조선인 본위의 정책을 시행하는 데 초점이 맞추어졌다. 그러나 조선인민공화국은 남한을 점령한 미군정에 의해 부정되었고, 우파 세력이 조선인민공화국 수립에 강력하게 반발하면서 제역할을 수행하지 못했다.

남북한에 미군과 소련군이 진주한 이래로 한반도를 관리하게 된 연합국은 1945년 12월 모스크바삼상회의에서 한국에 '조선민주주의임시정부'를 수립하기로 합의했다. 이후 남북한을 점령한 미국과 소련은 각각 한반도에 자국에 우호적인 국가를 건설하기 위한 사전공작에 부심했다. 이러한 공작의 일환으로서 미군정은 1946년 2월 14일 우파 세력을 규합하여 남조선대한국민대표민주의원을 구성했다.[39] 민주의원은 3월 18일 27조의 임시 정책 대강을 발표했다. 그중 경제운영과 관련한 중요 조항은 다음과 같다.

> 1. 전 국민의 완전한 정치적, 경제적, 교육적 평등의 원칙을 기초로 한 독립국가의 균등사회를 건설함.
> 5. 적산 및 반역자의 재산은 공·사유를 물론하고 몰수함.
> 6. 최속한도 내에 우리의 경제와 산업을 건설하고 중요한 일용품을 속히 생산하기 위하여 계획경제를 실시함.
> 7. 주요한 중공업, 광업, 삼림, 공익시설, 은행, 철도 통신, 수리, 어업 전기 및 운수기관 등은 이를 국영으로 함.
> 8. 소비자와 판매자와 생산자에 대한 공정한 복리를 보장하기 위하여 모든

---

39 정용욱, 『해방 전후 미국의 대한 정책』, 서울대학교출판문화원, 2003, 210~222쪽.

상업적 및 산업적 기업의 국가 감독 제도를 제정함.

9. 모든 몰수 토지는 농민의 경작 능력에 의준(依準)하여 재분배함.

10. 대지주의 토지도 동일한 원칙에서 재분배함(현 소유권자에 대하여는 적당히 보상).

11. 재분배된 토지에 관한 대가는 국가에 장기적으로 판납(辦納)함.

14. 모든 중요한 생활필수품은 적당한 시기까지 일체 가격을 통제하고 배급 제도를 실시함.[40]

적산과 친일파 재산을 몰수하고 중요산업을 국유화한다는 점, 계획경제를 통해 급속한 생산력 발전을 도모하고 생필품에 대한 배급제를 시행한다는 점에서는 조선인민공화국의 경제정책과 큰 차이가 없었다. 다만 조선인민공화국이 몰수한 토지를 무상분배하겠다고 한 데 반해, 남조선대한국민대표민주의원은 적산과 친일파의 토지라 하더라도 유상분배하겠다고 한 점, 대지주에 대한 토지분배까지 언급했지만 그것을 처리하는 방식은 유상매수·유상분배였다는 점이 달랐다. 사적 소유권을 바탕으로 한 자본주의 국가 건설을 표방한 것이다.

그러나 대한민국 건국강령에서도 드러나듯이, 적산과 친일파의 재산을 몰수하여 국유화한다는 데는 광범위한 공감대가 형성되어 있었다. 중요산업과 대기업은 거의 모두 일본인의 수중에 있었고, 해방 후에는 미군정에 의해 귀속재산으로 전환되었기 때문에 그것을 국유로 전환하는 것은 어려운 일이

---

40 「민주의원 임시 정책」, 『조선일보』 1946. 3. 20. 이는 이승만이 2월 초 서울중앙방송을 통해 공표한 과도정부 당면 정책 33항과 거의 유사한 내용이었다. 유영익, 「이승만의 건국 이상」, 『한국사시민강좌』 17, 1995, 18~22쪽 참조. 유영익은 이를 근거로 이승만의 과도정부 당면 정책 33항이 제헌헌법의 기초가 되었고, 헌법 제정에 이승만이 지대한 역할을 했다고 주장했다. 유영익, 「이승만 국회의장과 대한민국 헌법 제정」, 『역사학보』 189, 2006.

아니었다.

급속한 생산력 발전을 위해 계획경제를 단행하고, 생필품을 통제하고 배급제를 시행한다는 점 또한 일정한 합의점이 형성되어 있었다. 일본의 지배에서 갓 벗어난 시점이라 생필품 생산이 원활하지 않았고, 일천한 생산력 수준으로 인한 물품의 품귀현상, 가격폭등이 일어나고 있었다. 국가가 생필품 생산을 독려하고 공정한 분배를 통해 민생을 책임져야 할 필요성이 대두되고 있었다. 이때 일제 시기 통제경제의 경험은 그것이 공익을 위한 통제와 계획으로 전환될 수 있다면 민생안정을 위한 효율적인 방안이 될 수 있을 것으로 인식되었다.

2) 임시정부수립대책위원회·남조선과도입법의원·시국대책협의회의 조선임시정부 구상

한편 오랫동안 협의 대상 문제로 진통을 겪었던 미소공동위원회는 1947년 6월 11일 제11호 공동성명을 발표하여 협의 조건에 응하는 모든 정당·사회단체에게 '조선민주주의임시정부'의 헌장과 정강에 관한 협의를 보장하기로 결정했다.[41] 이에 미소공동위원회는 제11호 공동성명에 따라 협의를 원하는 각 정당·사회단체에게 6월 23일까지 협의청원을, 7월 1일까지 자문응답을 서울과 평양의 미소공동위원회에 제출할 것을 요청했다.

한국의 정당·사회단체가 자문에 응답해야 할 내용은 미소공동위원회 공동결의 제5호와 제6호에 따라 한국의 제 정당·사회단체에 질의하기로 결정된 '조선민주주의임시정부'의 임시헌장과 정책에 관한 내용이었다.[42] 답신안

---

41 「미소공위 공동성명 제11호, 임시정부 수립에 목표를 형성, 헌장과 정강에 관한 민족의 의견과 요망을 결정」, 『조선일보』 1947. 6. 12.

42 「미소공위의 결의 제5호 임정의 임시헌장에 대한 문의사항 6항목」, 「공위의 공동결의 제6호 임정의 정책자

은 1947년 7월 5일 마감되었고, 총 395개의 정당·사회단체가 답신안을 제출했다.[43] 답신안의 내용은 좌파, 우파, 중간파의 노선으로 대별되었다. 각 노선을 대표하는 조직은 좌파 연합세력인 민주주의민족전선, 우파 연합세력인 임시정부수립대책협의회, 좌우합작위원회가 중심이 되어 결성한 시국대책협의회였다. 그리고 우파와 중간파가 함께 참여한 남조선과도입법의원도 별도로 답신안을 제출했다. 입법의원의 답신안은 신익희를 위원장으로 하는 10명의 미소공위대책위원회에서 작성되었는데, 중간파와 우파가 균형을 이루었다.[44] 과도입법의원안은 중간파의 주장이 우파와의 협상 과정에서 어떻게 절충되고 굴절되었는지 파악하는 데 도움이 된다. 여기서는 '민주주의적 인민 성격 정부'를 표방한 민주주의민족전선은 논외로 하고, 우파와 중간파의 경제 노선을 살펴보도록 한다.[45]

'조선민주주의임시정부'의 헌장과 관련한 미소공동위원회의 제5호 자문에 대해 임시정부수립대책위원회와 남조선과도입법의원, 시국대책협의회 삼자는 모두 '조선민주주의임시정부'의 형태로서 일부 계급만의 독재를 허용하지 않고 국민적 합의에 의한 민주공화정을 제창했다. 그러나 국민의 기본권인 재산권에 관해서 임시정부수립대책협의회의 안은 "불법한 재산 외 징발 몰수 혹은 추세를 받지 아니하는 권리"로만 규정했다. 반면에 시국대책협의회안은 "재산권을 보장한다"고 명시하면서도, 재산권의 내용은 사회의 이익과 조화되어야 하며, 정당한 보상을 한다면 공공의 복리를 위해 사용할

문」, 『조선일보』 1947. 6. 12.

43 「좌우익 중간 측의 공위답신안 개요」, 『조선일보』 1947. 7. 8.

44 경제조항에 대한 과도입법의원의 미소공동위원회 답신안과 남조선과도정부의 기본법인 조선임시약헌에 대해서는 신용옥, 「조선임시약헌의 경제 체제 구상」, 『한국사연구』 140, 2008, 252~257쪽 참조.

45 새한민보사, 『임시정부수립대강』, 1947 참조.

수 있다고 하여 사적 소유권의 제한과 공공의 이익을 명문화했다. 과도입법의원안은 시국대책협의회의 주장과 대동소이했다.

'조선민주주의임시정부'의 정책에 대한 미소공동위원회의 제6호 자문은 산업정책, 토지개혁, 유통정책, 기업체 운영 등의 항목으로 구성되었다. 각 항목별로 살펴보면 첫째, 산업정책 중 산업 체제에 대해서 남조선과도입법의원과 시국대책협의회는 계획생산과 계획분배를 원칙으로 설정했고, 임시정부수립대책위원회는 계획통제 정책을 수립한다고 하여 분배 문제를 논외로 했다. 산업 운영에 있어서는 남조선과도입법의원과 시국대책협의회가 노동자의 경영참가권과 이익균점권을 주장한 데 반해, 임시정부수립대책협의회는 자본가 개인의 창의와 노자협조를 강조했다.

둘째, 농업정책에 대해서 토지개혁 후 토지자본의 산업자본화에는 삼자 모두 일치된 견해를 보였다. 하지만 임시정부수립대책위원회는 일본인 본위의 토지 이용을 폐지하고, 조선 민족 본위의 국토계획을 실시한다고 하여 일본인 중심의 토지정책을 개혁하는 데 초점을 맞추었다. 반면 남조선과도입법의원과 시국대책협의회는 일본 본위의 식민지 토지정책뿐 아니라 지주 본위의 모든 법령과 제도까지 철폐하여 조선 농민 본위의 새로운 정책을 수립해야 한다고 함으로써 일제 시기까지 존속되어온 지주적 농정을 철폐하고 농민적 농정을 수립할 것을 강조했다.

토지개혁에는 동의했지만, 그 방법에 대해서 임시정부수립대책위원회와 남조선과도입법의원은 유상매수·유상분배를, 시국대책협의회는 유상매수·무상분배를 주장했다. 시국대책협의회는 누진체감에 의한 매수와 2할의 현물세로 유상매수·무상분배가 충분히 가능하다고 주장했다. 하지만 임시정부수립대책위원회는 시국대책협의회의 안을 겨냥하여 유상매수·무상분배는 국가재정에 큰 부담이 되므로 불가하다고 비판했다. 한편, 남조선과도입법의원은 농민에게 받은 상환금 중 50%만 지주에게 보상하고, 나머지 50%는 정책수행비로 충당하자고 주장함으로써 지주에 대한 보상과 함께 정부의 재정운영에도 주의를 기울였다.

셋째, 유통정책에 관해서 임시정부수립대책위원회는 원칙적으로 매매의 자유를 인정하되 생필품에 한해 영리적 중간기관을 제거하고 생산자와 소비자를 직결하는 소비조합을 설치한다고 했다. 남조선과도입법의원과 시국대책협의회는 소비조합을 설치하자는 점에서는 임시정부수립대책협의회의 안과 동일했다. 하지만 임시정부수립대책협의회가 매매의 자유를 원칙으로 인정한 반면, 이들은 소비조합을 통한 유통 문제 해결을 원칙으로 하고 소비조합의 미비점을 보완하는 장치로 소매업을 장려했다는 점에서 차이가 있다. 임시정부수립대책협의회가 상업의 자유를 강조했다면, 남조선과도입법의원과 시국대책협의회는 중간적 상업이윤의 배제에 중점을 두었던 것이다.

넷째, 기업체 운영에 대해서는 모두 소산업의 사유사영을 인정했다. 중산업의 경우 임시정부수립대책협의회와 남조선과도입법의원은 사유사영으로, 시국대책협의회는 관민합작으로 한다고 했다. 시국대책협의회는 대산업은 국가가 경영하는 것을 원칙으로 한다고 했다. 임시정부수립대책협의회와 남조선과도입법의원은 대산업을 공유 혹은 국영으로 하고, 업종에 따라는 위탁경영도 할 수 있다고 했다. 국가가 기업체 운영에 어느 정도 개입할 것인가, 민간의 기업 운영을 어느 정도까지 허용할 것인가가 문제의 핵심이었다. 시국대책협의회와 임시정부수립대책협의회, 남조선과도입법의원의 정강 및 정책의 경계선은 재산권에 대한 이해, 토지개혁 방법, 기업체 소유와 운영 방식에 있었다.[46]

---

[46] 정태헌과 황승흠은 당시 좌우파의 경제운영에 대한 견해에는 큰 차이점이 없다고 보았다. 황승흠은 토지

2. 우파·중간파의 입장차와 합의점

좌우합작위원회에서 결정된 내용을 바탕으로 답신안에 응했던 시국대책협의회안과 우파–중간파 연합의 남조선과도입법의원안은 토지개혁 방법과 기업 운영에 있어 국유국영의 상한선을 두고 이견을 보였다. 남조선과도입법의원은 좌우합작 운동의 결과물이었지만, 아이러니컬하게도 좌우합작 운동의 결과물인 '좌우합작 7원칙'은 남조선과도입법의원의 운영 과정에서 지켜지지 못했다. '좌우합작 7원칙'에서는 중요산업은 국유화하고 토지개혁은 체감매상·무상분배의 방법으로 하여 지주와 농민의 이익을 절충한다고 했다. 그러나 남조선과도입법의원의 경제정책은 토지 유상분배와 대기업 위탁경영제를 허용하는 등 자본주의 경제운영으로 경도되고 있었다.

좌파가 불참하고 우파가 주도하는 의회에서 합의로 이루어지는 정책 결정 과정이었으므로, 이는 어찌 보면 당연한 귀결이었다. 남조선과도입법의원의 논의 과정을 거치면서 '비자본주의적 발전'을 모색했던 좌우합작 운동의 정신은 퇴색했고, 미군정의 경제정책 속에서 남한은 점차 자본주의 경제운영의 방향으로 가닥을 잡아가고 있었다. 이렇게 본다면 좌우합작위원회를 중심으로 했던 시국대책협의회의 안은 한반도에 통일된 자주적 독립국가를 건설한다는 전제로 좌우파가 합의할 수 있는 내용이었고, 우파와 중간파의 연합체인 남조선과도입법의원회의 안은 자본주의 국가건설을 전제한 가운

개혁을 제외하고는 제 정치세력이 계획통제경제, 대기업의 국유, 무역의 국영 등의 내용에 일치를 보이고 있었던 점을 들어 제헌헌법 경제장이 당시의 일반적인 논의를 기반으로 했다고 했고(황승홈, 「제헌헌법 '제6장 경제' 편의 형성 과정과 그것의 의미」, 『법사학연구』 30, 2005, 114~115쪽), 정태헌 또한 좌우파의 경제운영에 대한 견해는 중요산업 국유화와 중소자본 활동의 보장, 토지개혁 등 기본 골격에서 큰 차이가 없다고 보았다. 정태헌, 「해방 전후 경제계획론의 수렴과 전쟁 후 남북에서의 적대적 분화」, 『한국사학보』 17, 2004, 242쪽. 물론 좌파와 우파, 우파와 중간파 사이에 합의된 내용이 있는 것은 사실이었지만, 국유·국영·계획·통제를 이야기하더라도 체제 지향성에 따라 그 운영 방식과 전망에는 큰 차이가 있을 수밖에 없었다.

데 우파와 중간파가 합의할 수 있는 선이었던 셈이다.

그럼에도 불구하고 시국대책협의회와 남조선과도입법의원은 대한민국 건국강령에서 합의한 '사회적 국가론'의 내용, 즉 재산권 행사의 공공성 강조, 생산과 분배의 계획경제 원칙, 노동자의 경영참가권과 이익균점권 주장에서는 동일한 입장을 가지고 있었다. 이는 자본주의 국가건설에 경도된다 하더라도 중간파가 끝까지 견지하고자 했던 원칙이었다. 그러므로 남조선과도입법의원과 임시정부수립대책위원회는 바로 이 내용에 대해서 의견차를 보이고 있었다. 임시정부수립대책위원회는 재산권 행사의 배타성을 강조했고, 산업 분야에 국가의 계획과 통제 정책을 수립하더라도 분배 문제는 논외로 했으며, 노동자의 경영참가를 공동경영권이 아닌 노동자의 부분적인 발언권을 인정하는 정도로만 이해했기 때문이다.[47]

그렇다면 우파와 중간파 사이에는 어떠한 공통점이 있었을까? 우파와 중간파는 한국 경제의 발전 방향에 있어서 다음과 같은 공감대를 형성하고 있었다. 국가가 중개자로 나서서 농업의 반봉건적 생산관계를 해체하여 농업생산력을 발전시키고, 계획적으로 지주자본을 산업자본으로 전환하도록 한다, 산업 전반에 대한 계획과 통제 정책을 수립하여 공업생산력을 발전시키는 한편 경제계획을 통해 산업구조의 불균형을 시정한다는 것이다. 즉 반봉건적인 경제구조를 타파하고, 근대적인 자본주의 국가를 수립하기 위한 '국가 주도의 산업화 추진'이었다.

국가가 경제건설에 개입할 수밖에 없는 이유로 당시의 지식인층은 다음과 같은 현실적인 문제를 들었다.[48] 첫 번째는 자본가의 취약성 문제였다. 일

47 이경주, 앞의 논문, 2001, 153쪽.
48 배석만, 「해방 후 지식인층의 신국가 경제 건설론」, 『지역과 역사』 7, 2000 참조.

본제국 중심의 파행적인 산업구조를 한국에 맞는 산업구조로 재편하기 위해서는 막대한 시설과 운영자금이 필요한데, 자본가의 능력과 자본으로는 이것을 해결할 수 없었다. 즉 신생 독립국가의 건설 초기에 발생하는 지배계급의 정치·경제적 불안정성과 국가 운영을 주도할 수 없었던 자본가 세력의 정치경제적 취약성 때문이었다.[49]

두 번째는 자유방임주의에 대한 비판이었다. 자유방임주의는 생산의 무정부성과 영리지상주의로 부의 독점을 양산하고 정치독점을 초래할 가능성이 있었다. 이를 방지하기 위해서는 국가의 일정한 견제가 필요하다는 생각이 팽배했다. 일본의 식민지배와 세계 대공황의 경험은 한국인이 자본주의의 수탈성을 절감하는 계기가 되었다. 따라서 지식인들은 국가가 나서서 자유경제의 문제점들을 시정함으로써 소수 자본가의 전횡과 독단을 막고 부를 균등하게 분배하며 일제 시기 큰 희생을 감내한 노동자·농민 계급의 이익을 옹호하는 등 공익을 실현해야 한다고 강조했다.

세 번째는 통제경제 및 계획경제의 효율성에 대한 인식이었다. 좌파 지식인뿐만 아니라 우파 지식인들도 미국의 뉴딜 정책과 전후 서유럽의 기간산업 국유화 등 자본주의 수정 움직임에 주목했다. 자본주의의 위기에 대응하여 국가가 경제운영에 개입하는 국가자본주의는 세계적인 대세로 인식되었다. 또한 일제의 통제경제를 경험한 이들 중에는 통제에 저항하면서도 통제의 효율성에 매료된 인물들이 많았다.[50] 이들은 통제가 일본제국주의를 위해서가 아니라 새로 건설되는 조국의 재건을 위해서 사용된다면 급속한 경제

---

49 이승렬, 「일제 파시즘기 조선인 자본가의 현실 인식과 대응」, 『일제하 지식인의 파시즘 체제 인식과 대응』, 혜안, 2005, 300~305쪽 참조.

50 좌파 지식인들도 그러했다. 일제 시기 좌파 지식인의 통제경제 인식에 대해서는 홍종욱, 「해방을 전후한 경제통제론의 전개—박극채·윤행중을 중심으로」, 『역사와 현실』 64, 2007, 311~315쪽 참조.

건설에 효과적인 방법이 될 수 있다고 생각했다.

네 번째는 귀속기업체의 존재로 인해 국가가 산업 운영을 주도할 수 있는 조건이 형성되었기 때문이다. 선진 자본주의 국가들은 카르텔, 콘체른과 같은 독점체를 활용하여 경제통제를 시행했다. 한국에는 그와 같은 독점조직은 없었지만, 귀속기업체를 활용하여 국가가 강력한 계획과 통제로 경제발전을 이끌어낼 수 있는 유리한 조건이 형성되어 있었다.

하지만 한국의 정치세력들은 국가의 개입을 용인한다 하더라도 자본주의 경제의 주축을 누구로 설정할 것인가에 대해서는 의견을 달리하고 있었다. 그것은 자본 형성의 방법, 자유방임주의의 폐단을 극복할 방안, 경제운영 방식의 차이로 외화되었다. 이는 결국 한국 자본주의의 계급적인 기반과 이것을 조정할 국가의 역할을 어떻게 설정할 것인가의 문제였다.

한국민주당과 조선상공회의소를 위시한 우파 세력은 자본주의 경제운영의 주축을 국가와 자본가로 상정했다.[51] 국가와 민간기업의 창의가 결합될 때 생산력이 극대화될 수 있다는 것이 이들의 주장이었다. 그러나 해방 후의 첨예한 계급갈등을 완화하기 위해서는 일정하게 노동자·농민의 요구를 수렴하고 불평등한 경제구조를 조정할 필요가 있었다. 이러한 필요로 인해 우파 세력은 국가의 산업 전반에 대한 기획과 통제를 추진할 기구로 경제기획원을 설립하고, 민간의 산업별 전국경영자협의회, 산업별 전국노동자협의회 대표로 구성된 전국산업협의회를 국가의 경제계획에 참여하게 하자고 제의했다.[52] 이는 자본가 중심의 국가를 수립하되 각 계급의 이해 충돌을 완화할 수

---

51 이 경우 지주층은 국가가 농지개혁을 통해 이들을 계획적으로 산업자본가로 변화시키는 것을 전제했다. 이지수, 앞의 논문, 1994, 제2장 제2절 참조.

52 새한민보사, 「임협의 답신안」, 『임시정부수립대강』, 1947, 16~40쪽; 대한상공회의소, 「공위 결의 제5호 자문에 관한 답신건의서(1947. 6. 30)」, 『대한상공회의소 3년사』, 1949, 318~331쪽.

있는 통로를 마련하려는 것이었다. 그러므로 이들이 구상한 국가상은 국가가 물자와 자금 공급을 통해 자본가를 육성하고, 자본가와 노동자가 각각의 직분, 즉 이윤추구와 성실한 근로행위로 결합하는 노자협조 체제였다.

한편 중간파는 행정부 내에 경제계획기관(경제부)을 만들고, 생산과 분배에 대한 계획경제 체제를 산업 전반의 운영 원칙으로 삼을 것을 주장했다.[53] 국가가 종래의 자본가와 상인 본위의 운용에서 탈피하여 생산조직과 분배조직을 자본가·기술자·노동자 3자의 협동조합 체제로 운용하고, 행정부의 경제부장이 물자 생산, 물자 배급, 물가 정책을 통하여 생산조직과 유통, 분배과정을 엄중히 감독한다는 것이었다. 즉 중간파는 국가의 계획하에 중소농·중소자본가·노동자가 협동조합을 매개로 결합하는 조합주의적 국가를 상정했다.

---

53 새한민보사, 「시협의 답신안」·「입법의원의 답신안」, 『임시정부수립대강』, 1947, 48~74쪽, 189~190쪽 참조.

3장
제헌헌법의 체제이념

1. 헌법 경제조항을 둘러싼 쟁점들

1948년 제헌국회가 성립되고, 헌법과 정부조직법이 논의될 때 한국민주당·이승만 지지 세력과 소장파는 해방 후 경제정책론 분화의 연장선상에서 논의를 전개했다. 양 세력은 특히 헌법 초안 제5조와 제17~19조, 헌법 초안 제6장 경제조항, 정부조직법 초안의 계획경제기구 설립을 두고 첨예하게 대립했다.[54]

헌법 초안 제5조는 "대한민국은 정치, 경제, 사회, 문화의 모든 영역에 있어서 각인의 자유·평등과 창의를 존중하고 보장하며 공공복리의 향상을 위하여 이를 보호하고 조정하는 의무를 진다"는 조항이었다. 우파 세력은 이 조문에서 '경제'를 제외하자고 제안했다.[55] 경제적 평등은 공산주의 국가조차

---

54 헌법 경제장과 경제조항 및 경제계획기구 설립을 둘러싼 논의 과정에 대해서는 정진아, 「제1공화국 초기 (1948~1950)의 경제정책 연구」, 연세대 사학과 석사학위논문, 1998, 제2장 제1절 참조.

55 국회사무처, 「제1회 제22차 국회속기록」(1948. 7. 1), 헌법안 제2독회 서순영(徐淳永) 의원 발언, 『제헌국회 속기록』 1, 여강출판사, 1987, 358쪽.

해결하지 못한 문제로서, 실제 생활에서 위헌의 소지가 있다는 것이었다. 그러나 소장파 의원들은 경제적 평등은 불가능한 것이 아니라 정부의 경제정책, 특히 적산처리 여부에 의해 제1단계가 실현될 수 있는 것이라고 주장했다.[56] 그리고 이들은 이 조문이야말로 국가의 중대한 근본 지침이 되는 것이고, 농지개혁과 공공사업 국영의 근거가 되는 조항이므로 반드시 관철되어야 한다는 입장을 피력했다.

헌법 초안 제17조(모든 국민은 근로의 권리와 의무를 가진다. 근로 조건의 기준은 법률로써 정한다. 여자와 소년의 근로는 특별한 보호를 받는다), 제18조(노동자의 단결, 단체교섭과 단체행동의 자유는 법률의 범위 내에서 보장된다), 제19조(노령, 질병 기타 노동 능력의 상실로 인하여 생활 유지의 능력이 없는 자는 법률의 정하는 바에 의하여 국가의 보호를 받는다)의 조문은 "산업 국책의 기본을 결정하는 중요한 것"[57]이었기 때문에 가장 치열한 논의가 전개되었다.[58]

소장파 의원들은 노동의 권리와 의무 규정에서 더 나아가 노동자들에게 경영참가권과 이익균점권을 부여할 것을 제안했다.[59] 토지를 농민에게 분배하듯이 노동자도 기업경영과 이윤분배에 참여하도록 해서 민생안정, 생산증진을 도모해야 한다는 것이었다. 이는 대한노총과 대한농총의 요구를 반영한 것이었다.[60] 이들은 자본주의 각국은 생산수단이 사유화되어 있어 노자대

---

56 국회사무처, 「제1회 제22차 국회속기록」(1948. 7. 1), 헌법안 제2독회 문시환(文時煥)·이문원(李文源) 의원 발언(위의 책, 358~359쪽).

57 국회사무처, 「제1회 제24차 국회속기록」(1948. 7. 3), 헌법안 제2독회 서상일(徐相日) 의원 발언(위의 책, 407쪽).

58 국회사무처, 「제1회 제17차 국회속기록」(1948. 6. 23), 헌법기초위원회의 보고(위의 책, 204~205쪽); 김영상, 「헌법을 싸고 도는 국회풍경」, 『신천지』 3-6, 1948. 7, 29~30쪽.

59 국회사무처, 「제1회 제24차 국회속기록」(1948. 7. 3), 헌법안 제2독회 문시환·윤재욱(尹在旭)·정해준(鄭海駿)·전진한(錢鎭漢)·신성균(申性均)·장홍염(張洪琰)·조국현(曺國鉉) 의원 발언(위의 책, 407~416쪽).

60 대한농총과 대한노총은 연명으로 제18조 단체행동의 자유에 '파업 기타'라는 문구를 삽입할 것, 세부 항목에 "노동과 기술을 자본으로 간주한다. 관·공·사영 일체의 기업에 속한 노동자는 임금 이외에 해당 기업체

립으로 큰 고통을 당하고 있지만, 한국은 국가의 손에 장악되어 있는 적산을 통해 노자협조 체제를 무리 없이 수립할 수 있는 조건을 가지고 있다는 점을 강조했다.

반면 우파 세력은 "적어도 사기업을 인정한다면 노동자의 경영참가와 같은 공동기업체적인 발상은 곤란하다"고 생각했다. 이들은 노동자를 기업경영에 참가시키고 이익균점권을 주게 된다면 기업가의 기업경영 의욕이 저하되고 국가의 재건사업은 부진해질 것이라고 주장했다.[61] 노동자의 복리 또한 경영참가를 통해서가 아니라 실질적인 수입증가를 통해서 얻을 수 있으므로 기업가는 기업열을 최대한 발휘하고 노동자는 노동력의 제공을 통해 협조함으로써 산업부흥, 생산증강을 달성해야 한다는 것이었다. 이것은 조선상공회의소의 수정동의안과도 일치하는 주장이었다.[62]

헌법 초안 제6장 경제장에 대해서는 농지분배 조항과 국영과 사영의 범위 설정이 중요 쟁점 사항이었다. 소장파는 "농지는 농민에게 분배함을 원칙으로 한다"는 조문을 "농지는 농민에게 분배한다"는 것으로 보다 명확히 하고, 산림과 수산자원·수리에까지 국영의 범위를 확대할 것을 주장했다.[63] 그

의 이윤 중에서 최저 30% 이상, 50% 이내의 이익배당을 받을 권리가 있다. 각 기업체에 대한 구체적인 이익배당률은 국민경제회의의 결의를 통하여 법률로써 정한다. 관·공·사영 일체의 기업체에 속한 노동자는 해당 기업체의 운영에 참가할 권리가 있다. 각 기업체 내에 노자협의회를 구성하여 운영에 관한 중요 사항을 협의하며 노자협의회의 판정이 없이는 노동자의 해고, 정직, 기타 처분을 하지 못한다. 노자협의회에 관한 사항은 국민경제회의의 결의를 통하여 법률로써 정한다"는 내용을 편입해줄 것을 국회에 요청했다. 대한상공회의소, 『대한상공회의소 3년사』, 1949, 200~202쪽.

61 국회사무처, 「제1회 제24차 국회속기록」(1948. 7. 3), 헌법안 제2독회 김준연(金俊淵)·김도연(金度演) 의원 발언(『제헌국회속기록』 1, 여강출판사, 1987, 409~410, 416쪽).

62 조선상공회의소, 「노자 문제에 관한 대한노총과 농총 등의 제의에 관한 비판서(1948. 7. 1)」, 『대한상공회의소 3년사』, 1949, 200~212쪽.

63 국회사무처, 「제1회 제26차 국회속기록」(1948. 7. 6), 헌법안 제2독회 황병규(黃炳珪)·박윤원(朴允源)·황두연(黃斗淵)·조봉암(曺奉岩)·조종승(趙鍾勝)·김웅진(金雄鎭) 의원 발언(『제헌국회속기록』 1, 여강출판사, 1987, 475~477, 480, 485쪽).

러나 우파 세력은 불가피한 경우 농지를 타 분야에 전용할 수도 있으므로 원안을 고수하거나 농지분배 조항 자체를 빼버리자고 했다. 그리고 산림과 수산자원에 대해서는 사영을 허용하자는 주장을 폈다.[64]

1948년 7월 17일 공포된 제헌헌법의 경제 분야에는 중간파가 주장한 진보적인 주장들이 적잖이 반영되었다. 헌법 경제조항의 구체적인 내용을 살펴보자.

> 제15조 재산권은 보장된다. 그 내용과 한계는 법률로써 정한다. 재산권의
> 행사는 공공복리에 적합하도록 하여야 한다. 공공 필요에 의하여
> 국민의 재산권을 수용, 사용 또는 제한함은 법률의 정하는 바에 의
> 하여 상당한 보상을 지급함으로써 행한다.
> 제18조 근로자의 단결, 단체교섭과 단체행동의 자유는 법률의 범위 내에서
> 보장된다. 영리를 목적으로 하는 사기업에 있어서는 근로자는 법률
> 의 정하는 바에 의하여 이익의 분배에 균점할 권리가 있다.
> 제84조 대한민국의 경제질서는 모든 국민에게 생활의 기본적 수요를 충족
> 할 수 있게 하는 사회 정의의 실현과 균형 있는 국민경제의 발전을
> 기함을 기본으로 삼는다. 각인의 경제상의 자유는 이 한계 내에서
> 보장된다.
> 제85조 광물 기타 중요한 지하자원, 수산자원, 수력과 경제상 이용할 수 있
> 는 자연력은 국유로 한다. 공공 필요에 의하여 일정한 기간 그 개발
> 또는 이용을 특허하거나 또는 특허를 취소함은 법률의 정하는 바

---

64 국회사무처, 「제1회 제26차 국회속기록」(1948. 7. 6), 헌법안 제2독회 조병한(趙炳漢)·남궁현(南宮炫)·김명동(金明東) 의원 발언(위의 책, 481, 483~484쪽).

에 의하여 행한다.

제86조 농지는 농민에게 분배하며 그 분배의 방법, 소유의 한도, 소유권의
　　　내용과 한계는 법률로써 정한다.

제87조 중요한 운수, 통신, 금융, 보험, 전기, 수리, 수도, 까스 및 공공성을 가
　　　진 기업은 국영 또는 공영으로 한다. 공공 필요에 의하여 사영을 특
　　　허하거나 또는 그 특허를 취소함은 법률의 정하는 바에 의하여 행
　　　한다. 대외무역은 국가의 통제하에 둔다.

제88조 국방상 또는 국민생활상 긴절한 필요에 의하여 사영기업을 국유 또
　　　는 공유로 이전하거나 또는 그 경영을 통제, 관리함은 법률의 정하
　　　는 바에 의하여 행한다.

제89조 제85조 내지 제88조에 의하여 특허를 취소하거나 권리를 수용, 사용
　　　또는 제한하는 때에는 제15조 제3항의 규정을 준용한다.[65](밑줄―인용
　　　자)

　　이처럼 제헌헌법의 경제조항에는 대한민국의 경제질서가 사회정의와 균
등경제의 실현에 근본을 둘 것이고, 개인의 경제상의 자유는 이 한계 내에서
보장될 것임이 명시되었다. 헌법은 자유경제를 원칙으로 하지만, 사회정의와
균등경제 정신에 입각하여 농지를 농민에게 분배하고, 영리를 목적으로 하
는 사기업은 노동자에게 이익균점권을 보장하도록 했다. 또한 자연력(지하자
원, 수산자원, 수력)과 공공성을 가지는 기업(중요한 운수, 통신, 금융, 보험, 전기, 수리, 수
도, 가스)은 국영 또는 공영으로 하고, 사영기업은 국가의 긴급한 필요에 의하

65　〈대한민국 헌법〉(1948. 11. 17 제정), 국가법령정보센터(www.law.go.kr).

여 국유 또는 공유로 이전할 수 있도록 규정했다.[66] 이러한 내용들은 일제하 민족해방운동 과정에서 제기된 삼균주의, 공익 우선의 전통과 함께 해방 후 한국인들이 일본제국주의 잔재의 청산과 사회개혁을 강력히 요구하면서 헌법으로 수렴되었다. 이러한 사회개혁의 요구는 북한에서는 토지개혁과 민주개혁으로 실현되었고, 남한에서는 농지개혁과 헌법 경제조항에 일부 반영되었던 것이다.

이렇게 재산권 행사와 운영에서 공공성 우선의 원칙이 수립되었지만, 우파 세력이 주장한 자유경제 원칙이 경제운영의 기본 원리로 반영되었고, 노동자의 경영참가권도 저지되었다. 대신에 중간파는 경제적 균등의 정신과 노동자의 이익균점권을 헌법에 성문화했다.

그러나 이러한 제헌헌법의 진보적 조항들을 구체적인 법률과 정책으로 실현하는 것은 또 다른 문제였다. 조선노동조합전국평의회, 전국농민조합총연맹 등 해방 직후부터 활동해온 노동자·농민의 기층조직이 미군정의 탄압 속에서 붕괴되고 노자협조주의에 기반한 대한노총, 대한농총만이 건재한 상황에서, 해방 후의 개혁 열망을 반영하여 제헌헌법에 진보적인 조항이 삽입되었다고 해서 노동자·농민 중심의 정책이 뿌리를 내리기는 쉽지 않은 일이었다. 또한 후술하는 바와 같이 계획경제 정책을 지지하고 있던 소장파 세력의 몰락과 전쟁으로 인한 이데올로기적 경색은 제헌헌법의 경제조항을 허구화시키는 결정적인 요인으로 작용했다.

---

66 국회사무처, 「제1회 제28차 국회속기록」(1948. 7. 12), 헌법안 제3독회(『제헌국회속기록』 1, 여강출판사, 1987, 521~522, 529쪽). 정상우는 제헌헌법의 경제질서를 서구에서 발전한 사회적 시장경제질서의 개념을 넘어서 강력한 통제경제의 원칙을 규정하고 있는 '이상적인' 것으로 평가했다. 그는 이러한 이상이 당시의 경제 사정에 적합하지 않았을 뿐 아니라 이를 실현할 수 있는 주체적 역량도 갖추어져 있지 않았다고 보았다. 그래서 농지개혁도 일관되게 추진되지 못했고 이익균점권도 실천되지 못했으며, 헌법상의 경제질서와는 상관없이 경제적 평등보다 경제적 자유를 중시하는 쪽으로 기울어졌다는 것이다. 정상우, 「1954년 헌법 개정의 성격에 대한 비판적 고찰」, 『법사학연구』 28, 2003, 231~232쪽.

2. 계획기관의 설치 및 위상 문제

우파 세력과 소장파는 정부조직법상 계획기관을 설치하는 문제, 계획을 추진할 국가기구의 위상 설정을 둘러싸고도 대립했다. 우파 세력은 자유경제를 원칙으로 하되 물자와 자금 공급을 통한 자본가 육성을 위해 경제계획을 필요로 했던 반면, 중간파는 생산과 분배 자체를 계획경제 체제로 운영하고자 했다.[67] 그러므로 똑같이 계획을 말한다 하더라도 그 내용에는 본질적인 차이가 있었다.

헌법 초안을 기안한 유진오(兪鎭午)는 각계각층의 경제적 요구를 협의·조정하여 정책화하고 국무회의에 자문하는 기관으로서 국민경제회의를 구상했다.[68] 그러나 당시 대부분의 자본가들과 적산기업체 관리인, 상인까지 대거 참여하고 있던 조선상공회의소는 1948년 6월 10일 제10차 의원총회를 열어 김용완(金容完), 김용주(金龍周), 현석호(玄錫虎), 백두진(白斗鎭), 김익균(金益均), 이선종(李亙鍾), 이태환(李泰煥), 주요한(朱耀翰), 황태문(黃泰汶), 이정재(李定宰), 장청길(張青吉), 권영원(權寧元), 전항섭(全恒燮), 이세현(李世賢), 이영상(李瑛祥), 이중재(李重宰)로 구성된 별도의 헌법초안기초위원회를 조직했다.[69] 조선상공회의소는 6월 21일 이를 통해 국민경제회의가 결의기관이 아니고 자문기관이므로 헌법에 넣을 필요가 없고, 그렇다고 이를 결의기관으로 한다면 국회의 권한

67 새한민보사, 『임시정부수립대강』, 1947, 26~27, 60, 63, 87, 90쪽 참조.

68 유진오, 『헌법기초회고록』, 일조각, 1980, 부록 II, 192쪽.

69 대한서울상공회의소, 『상공회의소 90년사』, 상, 1976, 476쪽. 상공회의소는 자체의 헌법초안기초위원회를 구성하기 전부터 일제하에 고등문관시험 합격자 또는 관리를 지낸 인물[임문환(任文桓), 차윤홍(車潤弘), 진의종(陳懿鍾), 현석호, 전예용(全禮鎔), 강명옥(康明玉), 주석균(朱碩均) 등 '행정연구회' 회원과 헌법 전문위원, 정부수립 후에 관료로 입각한 인물들 다수 참가]로 자문위원회를 구성하고 있었다. 대한서울상공회의소, 「회고좌담회」, 『상공회의소 90년사』, 하, 1976, 1124쪽.

을 침범할 염려가 있으므로 삭제하자는 헌법 초안 수정건의서[70]를 작성하여 국회에 제출했다. 헌법기초위원회는 이 의견을 받아들여 단순한 자문기구를 헌법에 명시하는 것은 불필요하다고 결정하고, 대신 정부조직법에 행정기구를 두는 방향으로 선회했다. 국회에는 자문기구를 두지 않는다 하더라도 행정부에 강력한 경제계획기관을 두자는 의견이 제출되어 있었으며, 김도연(金度演)은 경제기획원을 설치하자고 제안했다.[71]

소장파 의원들이 제기한 것으로 보이는 경제계획기관과는 달리, 김도연이 제기한 경제기획원은 강력한 중앙계획기관이 아니라 일찍이 임시정부수립대책협의회에서 제기한 이해 조정기관을 의미했던 것 같다. 그는 일제 시기 컬럼비아대학에서 신고전학파의 이론을 수용했다. 신고전학파의 이론은 경제에서 개인의 역할과 능력을 강조하고, 과학적 경영에 따른 생산증대 방법으로서 테일러주의의 도입을 적극 주장했으며, 사회경제 문제의 해결 주체로서 국가와 사회보다는 자본의 역할을 강조했다.[72] 김도연의 경제관과 한국민주당 중앙위원이라는 위치와 관련해서 볼 때, 그가 주장하는 경제기획원은 중간파가 주장하는 국가 주도의 경제계획기관과는 차이가 있었다.

계획기관을 설치하는 문제는 결국 행정부에 기획처를 설치하는 방안으로 귀결되었다. 헌법 및 정부조직법 기초위원회가 제출한 정부조직법 초안에서 기획처는 국무총리 직속기관으로 설치된 4처(총무처, 공보처, 기획처, 법제처) 중의 하나로서, 내부에 경제위원회를 두고 "국무회의에 제출하는 재정·경제·금융·산업·자재와 물자에 관한 종합적 계획의 수립과 예산편성에 관한 사

---

70 대한상공회의소, 「헌법초안 수정 건의서(1948. 6. 21)」, 『대한상공회의소 3년사』, 1949, 194~200쪽.

71 국회사무처, 「제1회 제19차 국회속기록」(1948. 6. 28), 헌법안 제1독회 전문위원 유진오 보고(『제헌국회속기록』 1, 여강출판사, 1987, 270쪽).

72 조명근, 「일제하 김도연의 경제사상과 사회 활동」, 『한국인물사연구』 22, 2014, 391~415쪽.

무"[73]를 장악·관리하는 '중앙 경제계획기관'으로 설정되었다.

기획처는 외형상으로는 중간파가 주장했던 것처럼 강력한 경제계획기관의 형태를 띠고 있었다. 그러나 기획처는 차관급으로서 기획처보다 직급이 높은 여타 경제부서의 정책을 진두지휘할 수 없었다. 또한 기획처 내의 경제위원회는 기획처장을 위원장으로 하지만 농림부·상공부·재무부·교통부·체신부·사회부·내무부에서 각 1인, 산업·금융계에서 4인, 학계에서 2인으로 구성함으로써 기획처의 정책이 관료 및 산업계와의 협의 과정 속에 조정되도록 규정되었다.[74] 노동계의 참여 또한 보장되지 않았다. 그러므로 기획처는 소장파와 우파 세력의 타협의 산물이자, 태생적으로 기획처의 독자적인 활동을 제약하는 요소를 가지고 있었다.

이상에서 살펴보았듯이 한국의 경제정책론은 계획경제를 얘기한다 하더라도 내용에 있어서는 편차를 보이고 있었다. 그 차이는 헌법과 정부조직법 제정 과정에서 명확하게 드러났다. 단독정부에 참여하는 이상 정국 운영은 의회 내의 합의와 조정을 통해 결정될 것이었고, 정책의 방향은 철저히 의회 내의 세력관계에 의해 규정될 수밖에 없었다. 우파 세력이 원내 다수를 점하고 있는 상황에서 소장파들이 제기하는 정책은 우파 세력과의 일정한 타협을 통해서만 구현될 수 있었기 때문이었다. 따라서 헌법에서는 소장파의 핵심적인 주장이었던 생산과 분배의 계획경제 원칙과 노동자 경영참가권이 누락되었고, 우파 세력의 자유경제 원칙이 채택되었다. 그리고 정부조직법에서 '중앙 경제계획기관'인 기획처는 관료와 산업계와의 협의를 통해 정책의 수위를 조절하도록 규정되었다. 자유경제의 틀 안에서 계획경제의 방법을 부

---

73 국회사무처, 「제1회 제29차 국회속기록」(1948. 7. 14), 정부조직법 초안(『제헌국회속기록』 1, 여강출판사, 1987, 538~539쪽).

74 국회사무처, 「제1회 제29차 국회속기록」(1948. 7. 14), 정부조직법 초안(위의 책, 538쪽).

분적으로 활용하는 방식이었다.

우파 세력과 소장파의 논의는 헌법 경제장과 정부조직법상의 계획기관 설립으로 성문화되었다. 하지만 이것은 고도로 추상화된 내용으로서, 국회의 경제관을 보여줄 뿐이었다. 이 법안의 실현 주체는 행정부였기 때문에 정부가 헌법과 정부조직법을 어떻게 해석하고, 어떠한 정책을 담아내느냐에 따라 법안 실현의 구체적인 현실도 달라질 수밖에 없었다. 정부는 한국이 추구하는 정책노선과 한반도에 강력한 영향력을 행사하는 외세의 정책노선 사이에서 갈등하면서 양자의 정책노선을 타협하고 조정하는 가운데 현실 정책을 수행할 것이었다. 이것이 우리가 행정부의 정책노선에 각별히 주목해야 하는 이유이다.

2부

정부수립 초기의 계획경제 정책과 자유경제 정책

1장
정부수립 초기의 경제관료진과
경제정책의 추이

1. 경제관료진 구성과 경제기구의 운용

1) 기획처·농림부의 계획경제론자들

이승만 정권의 관료진은 이승만 지지 세력과 일부 한민당 세력을 포함한 보수우익 진영이 주류를 형성하는 가운데 중간파 성향의 인물들이 기획처와 농림부 등 일부 경제부처에 기용되었다. 이승만(李承晩)이 중간파를 경제 각료진에 기용한 것은, 정치적으로는 극우 정권이란 이미지를 불식하는 한편[01] 단정 참가를 거부한 남북협상파를 견제하기 위해서였다. 그리고 경제적으로는 중간파들이 제기했던 계획경제 논의를 일부 수용해서 정부수립 초기의 당면한 사회경제적 과제를 해결하고자 했기 때문이었다.

특히 지주제를 청산하는 문제와 산업화를 추진하는 문제는 당시 가장 긴급한 시대적 과제였다. 농지개혁은 농민의 강렬한 토지소유 욕구를 해소하여 그들을 체제 내로 포섭함으로써 정권을 안정시킬 수 있는 핵심 사안이자,

---

01 「정보참모부 일일보고서(1948. 8. 3)」, 『미군정 정보보고서』 VI, 통일원 비상계획관실, 1993, 306쪽.

반봉건적인 경제구조를 청산하고 농업을 근대화하는 문제였으며, 국가와 농민의 일대일 관계를 형성하여 국가의 물적 기반을 확보하는 문제였다. 산업화의 출발점으로서 귀속기업체의 처리 문제는 근대화·산업화의 전체적인 구도를 결정하는 문제였다. 이 문제를 처리하는 원칙과 방식에 따라 경제 재건, 체제 운영의 방향이 결정될 것이었다.[02] 따라서 한국의 경제 재건은 농지개혁과 귀속기업체 처리를 통해 기반이 마련될 수 있었다.

이승만은 지주 계급을 기반으로 하고 있던 한민당에게 지주 계급의 번신을 전제로 하는 농지개혁을 맡길 수 없었다고 주장했지만,[03] 사실은 대다수 농민의 지지를 받는 농지개혁을 정치적 경쟁상대인 한민당이 수행하여 국민적 지지를 얻게 할 수는 없었다. 농지개혁의 성과와 그에 따른 국민적 지지는 온전히 이승만 정권이 누려야 하는 것이기 때문이었다. 이에 이승만은 조봉암(曺奉岩)을 농림부장관에 전격 기용했다. 기획처장에는 온건한 사회민주주의 성향을 갖고 있는 경제전문가 이순탁(李順鐸)을 발탁했다. 그리하여 경제관료진은 상공부, 재무부 등에 보수우익 진영의 인사들이 대거 포진하는 가운데 농업과 산업계획이라는 특수 분야에 계획경제론자들을 활용하는 방식으로 구성되었다.[04]

먼저 농림부와 기획처 인물진에 대해 살펴보자. 농림부장관 조봉암[05]은

---

02 김석주는 조선 경제의 근간인 적산불하는 곧 조선 경제의 재편성을 의미하는 것이라고 했다. 김석주, 「적산불하문제」, 『건국공론』, 3-4, 1947. 10, 1쪽.

03 「임영신」, 『재계회고』 7, 한국일보사, 1981, 22쪽 참조.

04 주요 경제관료진의 재직 기간과 경력에 대해서는 〈부표 1〉 참조. 당시 경제행정기관으로는 기획처, 농림부, 상공부, 재무부와 국무총리 부속기관으로서 귀속기업체를 관리하는 임시관재총국, 원조물자를 운영하는 임시외자총국이 있었다.

05 조봉암은 1899년 경기 강화에서 출생했다. 1919년 3·1운동에 참여하여 1년간 투옥되었다. 1921년 일본으로 건너가 주오대학 정치학과에 입학했으며, 무정부주의 사상 단체 흑도회 결성에 참여했다. 1922년 국내로 들어와 공산주의 비밀단체 중립당에 가담했다. 그해 10월 베르흐네우딘스크 고려공산당 통합대회에 참여했다가 모스크바로 가서 동방노력자공산대학에서 수학했다. 1923년 9월 귀국하여 코민테른 지시하에 결

1925년 조선공산당 창립 중앙간부를 지내고, 해방 후에는 민주주의민족전선 인천지부 의장을 역임하는 등 사회주의자로서 활동해왔다. 그러나 1946년 신탁통치를 절대시하는 조선공산당의 태도와 박헌영의 노선을 비판하면서 조선공산당과 결별하는 한편 "노동 계급 독재나 자본 계급의 전제를 반대한다"[06]는 내용의 성명서를 발표하면서 공산주의 노선으로부터 이탈하여 사회민주주의 노선으로 전향했다. 이후 조봉암은 중간파 성향의 민주주의독립전선 결성에 참여했다. 적잖은 중간파 세력이 남북협상에 참여하여 1948년 5월 제헌국회 선거에 불참한 데 반해, 무소속으로 출마하여 제헌국회의원에 당선되었다. 제헌국회에 참가해서는 소장파와 행보를 함께했다. 8월 농림부장관으로 발탁된 뒤에는 농림부차관에 강정택(姜鋌澤),[07] 농지국장에 강진국(姜辰國)[08] 등 계획경제론을 제기해온 인물들을 영입하여 농민 본위의 농지개혁, 농

성된 고려총국 내지부에서 활동했고, 1924년 조선청년총동맹 창립 중앙간부, 신흥청년동맹 집행위원 등을 역임했다. 1925년 조선공산당과 고려공산청년회 창립대회에 참여했다. 코민테른의 승인을 얻기 위해 모스크바로 파견되었고, 1926년 중국 상하이에서 조선공산당 임시상해부에 참여했다. 조선공산당 만주총국 책임비서, 조선유일독립당 상해촉진회 집행위원, 상하이 한인반제동맹 책임자 등을 역임했다. 1932년 일제 경찰에 체포되어 신의주형무소에서 7년간 복역하다가 1939년 출옥했다. 1945년 1월 예비검속으로 서대문형무소에 재구금되었다가 8·15해방 후 석방되었다. 대한민국 초대 농림부장관으로 취임했지만 불과 6개월 만에 사직했다. 정태영, 『조봉암과 진보당』, 한길사, 1991; 박태균, 『조봉암 연구』, 창작과 비평사, 1994; 윤상현, 「조봉암(1899~1959)의 정치 활동과 사회민주주의 사상」, 『한국사론』 52, 2006; 임경석, 『모스크바 밀사—조선공산당의 코민테른 가입외교(1925~1926년)』, 푸른역사, 2012 참조.

06   조봉암, 「비공산 정부를 세우자」, 『동아일보』 1946. 6. 26.

07   강정택은 1907년 경남 울산에서 출생하여 도쿄제대 농학부 농업경제학과를 졸업했다. 해방 후에는 조선학술원과 사회과학연구소 임원, 경성대 교수, 민주주의민족전선 토지농업문제연구위원회 총책임위원, 국립농사시험장 경영부장과 교도국 부국장 등을 역임했다. 송남헌의 회고에 의하면, 그는 '좌우합작 7원칙' 토지개혁안 입안자 중의 한 사람이었다고 한다. 『단기 4283년도판 대한민국인사록』, 내외홍보사, 1949; 송남헌, 「송남헌이 겪은 해방 3년」, 『정경문화』, 1985. 12, 397쪽 참조.

08   강진국은 1905년 경남 동래에서 출생하여 니혼대 법문학부를 졸업하고, 1931년부터 농촌 실태조사, 농촌 계몽과 협동화를 위한 평론 활동을 전개했다. 해방 후에는 자주관리 운동에 참여하여 삼척탄광을 포함한 삼척개발회사 관리위원장, 동 지배인을 역임했다. 이후 남조선과도입법의원 내 조선산업재건협회 상임이사로 활동하다가 조봉암, 박건웅의 적극적인 권유로 대한민국 농림부 농지국장을 맡게 되었다. 삼천리사 편, 『총선거정견집』 상, 1950; 방기중, 「해방정국기 중간파 노선의 경제사상—강진국의 산업재건론과 농업개혁론을 중심으로」, 『최호진박사 강단 50주년 기념논문집: 경제이론과 한국 경제』, 박영사, 1993 참조.

업협동조합 결성을 통한 농업개혁을 추진하고자 했다.

농지개혁의 주무자였던 강진국은 미군정기에 중간파 인사들과 함께 남조선과도입법의원 내의 산업재건협회에서 활동하면서 산업재건론을 구체화한 바 있었다.[09] 그가 구상한 경제 체제는 사적 소유권을 보장하되 귀속재산을 중심으로 중요산업을 국유화하여 국가자본의 주도성을 보장하고, 생산협동조합 운영을 통해 생산과 소비에 대한 종합적인 계획을 전 산업 분야에 관철시킴으로써 생산력을 증대하는 국가계획경제 체제, 생산협동조합 체제였다.[10]

그가 산업재건의 핵심으로 생각한 것은 귀속재산 처리를 통한 국가 주도의 '산업입국' 건설이었다. 그러므로 그가 구상한 농업개혁은 산업 전반의 발전과 관련하여 농민 전업을 계획적으로 추진하고, 농업 과잉인구를 다른 산업 분야로 이전함으로써 영농개혁을 달성하는 것이었다. 따라서 농지개혁의 방향도 개혁을 단행한 후 농업협동조합의 공동경작을 통해 자본주의적 대농경영을 추진하고, 농촌공업화를 전망하는 성격을 가지고 있었다.[11]

기획처장은 이순탁[12]이었다. 사실 기획처장으로 처음에는 한민당의 홍성하(洪性夏), 김준연(金俊淵)이 교섭을 받았다. 이승만이 대통령에 취임하여 인선문제를 장악하자 기획처의 중요성을 인지한 한민당 측이 이화장에 백남훈(白

---

09 강진국, 『조선 산업경제의 실태와 재건책』, 조선산업재건협회, 1948.

10 방기중, 앞의 글, 1993, 180쪽.

11 위의 글, 179, 181~182쪽.

12 이순탁은 1897년 전남 해남에서 출생하여 고베고등상업학교와 교토제대 경제학부를 졸업했다. 1923년 조선물산장려회의 창립발기인 및 이사, 1927년에는 신간회 발기인 및 간사를 역임했고, 연희전문 상과 교수로 재직했다. 1945년에는 한민당에서 활동했으나 탈당하여 1946년 12월부터는 중간파 정치단체에서 활동했고 1947년에는 민주독립당의 중앙집행위원이 되었다. 초대 기획처장에 취임해서 1949년 7월까지 11개월간 재직했다. 홍성찬, 「일제하 이순탁의 농업론과 해방 직후 입법의원의 토지개혁법안」, 『최호진박사 강단 50주년 기념논문집: 경제이론과 한국 경제』, 박영사, 1993; 『연세경제연구─효정 이순탁 교수 탄신 백주년 기념호』 IV-2, 1997에 실린 논문들과 연보 참조.

南薰), 김도연(金度演), 허정(許政)을 보내 교섭한 결과였다.[13] 한민당 중진이었던 이들은 당연히 내각 참여를 예상했던 한민당계 인물들이 인선에서 제외되자 기획처장직을 거절했고, 그 자리에는 친이승만 계열로 분류되는 이교선(李敎善)이 내정되었다.[14] 그러나 국무총리 이범석(李範奭)은 기획처가 국무총리 산하기관임을 내세워 기획처장에 이순탁을 추천했고,[15] 결국 기획처장은 이순탁으로 결정되었다.

당시 이범석은 조선민족청년단[16]을 휘하에 두고 우파·중간파 진영의 인물을 망라한 독자적인 정치세력화를 모색하고 있었다. 따라서 그는 정부관료진 구성에서 이승만의 측근으로 분류되는 미국 유학파가 국무총리 산하기관에 배치되어 자신을 견제하는 것을 경계했다. 그래서 국가 주도 계획경제론에 공감대를 가지고 있고 전문성을 갖춘 인물을 '중앙경제계획기관'에 배치하려 했고, 이승만과 거리가 있는 중간파의 이순탁을 적극 천거한 것으로 생각된다.

이순탁은 일제하 이래로 노자협조·민족협동론에 의한 국민경제 형성과 반독점 생산협동조합론, 중소농주의에 기반한 토지분배론을 제창해온 인물이었다.[17] 해방 직후에는 한민당에서 활동하다가, 1946년 하반기 좌우합작 운동에 대한 대응을 계기로 한민당이 분열하자 김병로(金炳魯) 등과 함께 한민

---

13 심지연, 『한국민주당연구』 I, 풀빛, 1982, 374쪽.

14 『동아일보』, 『서울신문』, 『조선일보』 1948. 8. 6.

15 「정보참모부 일일보고서」(1948. 8. 7), 『미군정 정보보고서』 VI, 통일원 비상계획관실, 1993, 323쪽.

16 조선민족청년단에 대해서는 임종명, 「조선민족청년단(1946. 10~1949. 1)과 미군정의 '장래 한국의 지도 세력' 양성 정책」, 『한국사연구』 95, 1996; 후지이 다케시, 『파시즘과 제3세계주의 사이에서—족청계의 형성과 몰락을 통해 본 해방 8년사』, 역사비평사, 2012 참조.

17 홍성찬, 「한국 근현대 이순탁의 정치경제사상 연구」, 『역사문제연구』 창간호, 1996, 83~98쪽. 일제하 이래로 그의 농업론은 소작료 인하에서 더 나아가 농민에 대한 토지분배까지 고려하는 민족·자본주의 진영 내 농민적 입장을 견지하고 있었다. 김용섭, 『한국근현대농업사연구』, 1992, 438~442쪽.

86 한국 경제의 설계자들

당을 탈당했다. 민중동맹 결성에 참여하고 남조선과도입법의원에서 활동하면서 중간파, 좌우합작파로서 중소농과 중소기업이 국가의 계획하에 경제를 운영해가는 계획경제 체제를 구상했다. 즉 상공업은 대기업을 국영으로 중소기업을 사영으로 운영하고, 농업은 토지개혁을 실시하여 중소농주의를 확립하고, 가산농지제를 도입하여 농지의 매매·저당·증여·소작·임대 등을 엄격하게 금지하는 농지의 국가관리 체제를 상정했던 것이다.[18] 그는 이후 기획처 비서실장으로 활동하게 되는 정현준(鄭顯準)[19]과 함께 이러한 토지개혁안을 남조선과도입법의원의 토지개혁안으로 제출한 바 있었다.

귀속재산 처리 문제를 산업재건의 핵심으로 생각한 강진국과 달리, 이순탁이 산업재건의 핵심으로 생각한 것은 토지 문제의 해결이었다.[20] 그는 적산은 이미 국가의 소유가 되어 있고, 상공업과 금융에 진출에 있는 자본가들은 세력이 미약하기 때문에 이후의 경제정책을 통해 '지도'할 수 있다고 생각했다. 그러나 지주 세력은 민족자본의 주력을 형성하고 있기 때문에 토지개혁을 통해 이들의 자본독점을 시정할 필요가 있다고 생각했다. 따라서 이순탁의 계획경제 구상에서 농업 부문은 치밀하지만 상공업 부문은 원칙만 있고 실제 운영 논리는 없었다. 이 문제는 이후 경제계획 추진 과정에서 이론적인 한계로 작용한다.

정부수립 초기에는 계획 혹은 통제경제, 자유경제라는 말이 일반적으로 통용되었다. 우선 계획경제는 사회주의 계획경제와 자본주의 계획경제로 나

---

18 홍성찬, 「효정 이순탁의 생애와 사상」, 『연세경제연구』 IV-2, 1997 가을, 141쪽 참고.

19 정현준은 전남 광주 출신으로 광주고보와 경성사범학교 연습과, 만주국 신징법정대학 법학과를 졸업했다. 일제 시기 만주국에서 토지입법·토지조사에 종사했고, 해방 후에는 남조선과도입법의원 전임비서 및 전문위원으로 활동했다. 이순탁이 기획처장으로 등용되자 그의 비서실장으로서 기획처의 정책을 내외에 해설하는 역할을 했다. 정현준, 『경지정리의 이론과 실제』, 미문사, 1964 참조.

20 이순탁, 「조선경제의 민주화」 (2), 『동아일보』 1946. 12. 5.

눌 수 있다. 사회주의 계획경제와 자본주의 계획경제는 생산과 분배 문제에 국가가 직접 개입한다는 점에서는 공통점을 가진다. 그러나 사회주의 계획경제가 소유관계와 생산의 사회화를 전망하는 데 반해, 자본주의 계획경제는 소유관계와 생산의 사회화에 대한 전망을 갖지 않는다. 즉 자본주의 계획경제는 사적 소유권의 보장을 전제로 하는 가운데 국가의 계획과 협동조합 운영 등을 통해 지주와 자본가의 독점적 수탈을 방지하고 부의 불평등을 시정하는 한편, 생산과 분배의 공동화·협동화, 생산력 증진을 지향하는 성격을 가진다. 반면 자유경제는 국가가 자유경쟁을 용인하면서도 재정·금융정책을 통해 자본가에 대한 물적·제도적 지원을 제공하여 궁극적으로 자본가를 한국 자본주의의 중심 계급으로 육성한다는 내용을 가진다. 여기서 말하는 자유경제는 고전적인 의미의 자유방임주의와 동일한 의미가 아니라, 자본주의 경제정책에서 국가권력의 주도적 역할을 전제한 것이다. 식민지로부터 해방된 당시 한국의 사회경제적인 조건, 일제 통치와 분단으로 인한 산업구조 불균형과 취약한 자본축적 상태를 시정하기 위해서는 일정하게 국가의 개입을 필요로 했기 때문이다.

이렇게 본다면 농림부와 기획처의 핵심 관료들은 모두 어느 한 계급이 권력을 독점하는 체제를 반대하고 자본주의와 사회주의의 절충을 시도하면서 계획경제를 통해 생산력 증대를 추구하는 자본주의 계획경제론자들이었다고 할 수 있을 것이다. 두 부서는 농지개혁과 종합적 경제계획을 담당한 기구였기 때문에 이들의 정권 참여는 사회민주주의자, 계획경제론자로서의 이상을 실현할 수 있는 기회이기도 했다.

2) 상공부·재무부의 자유경제론자들

다음으로 경제관료진의 주류를 형성하고 있던 상공부·재무부를 살펴보면, 상공부장관 임영신(任永信)[21]은 이승만의 측근으로서 반공 자유주의를 표방한 인물이었다. 교육자·정치가로서 활동했기 때문에 경제에는 문외한이었으나, 상공업 진흥과 경제발전의 담당 부서인 상공부를 경쟁상대인 한민당에게 맡길 수 없다는 이승만의 의지에 의해 전격 발탁되었다.[22] 따라서 그의 경제관료로서의 활동은 대통령의 의지를 충실하게 대변하는 것이었다고 해석할 수 있다.

내각 각료 중 유일한 한민당계인 재무부장관 김도연[23]은 일제하 이래로 조선 경제의 핵심은 보잘것없는 조선인 경제의 분배 문제가 아니라 생산 문제이며, 생산 능률을 향상하는 것이 "노자의 충돌, 불평등적 분배 등 문제를 해결함에 한 활로가 된다"[24]는 생산력 중심주의적 발상을 가진 인물이었다. 그는 생산력 증대의 주체로서 각 방면의 기업과 건전한 자본주의 윤리를 지닌 기업가를 상정했다. 김도연은 자신의 생각을 실천하기 위해 조선흥업주식회사를 창설하여 회사를 경영한 경험을 가지고 있었고,[25] 해방 후에는 기업가들의 대외무역을 지원하기 위한 단체인 한국무역협회 초대 회장을 역임하

---

21 임영신은 1899년 충남 금산 출생으로 서던캘리포니아대학을 졸업했다. 미국에서 이승만의 정치자금 모금 활동을 했고, 귀국 후에는 유엔총회에 참석하여 남한단선결의안 채택에 앞장섰다. 1945년에 여자국민당 당수, 1946년에는 중앙여대 총장을 역임했다. 초대 상공부장관에 취임하여 1949년 6월 독직 혐의로 사임할 때까지 10개월간 재직했다. 「임영신」, 『재계회고』 7, 한국일보사, 1981; 『대한민국 삼부 주역 역대의 인물』, 한국정경사, 1973 참조.

22 「임영신」, 『재계회고』 7, 한국일보사, 1981, 21쪽; 로버트 T. 올리버 저, 박일영 역, 『이승만비록』, 한국문화출판사, 1982, 281~282쪽 참고.

23 김도연은 1894년 경기도 김포 출생으로 일본 게이오대학 이재학부에서 수학했다. 1919년 2·8독립선언으로 2년간 옥고를 치른 후 도미하여 1927년 컬럼비아대학 경제학 석사, 1931년 아메리칸대학 경제학 박사학위를 취득했다. 귀국 후 연희전문 상과에 재직했으며 1945년 한민당 중앙위원, 1946년 민주의원, 1948년 제헌국회 재정분과위원장을 역임했다. 대한민국 초대 재무부장관에 취임하여 1950년 3월까지 19개월간 재직했다. 김도연, 『나의 인생백서』, 강우출판사, 1968; 이수일, 「1920~30년대 한국의 경제학풍과 경제 연구의 동향」, 『연세경제연구』 IV-2, 1997 참조.

24 김도연, 「산업의 과학적 경영에 대한 고찰」, 『우라키』 1, 1925, 101쪽.

25 김도연, 앞의 책, 1968, 126쪽.

기도 했다.

그리고 실무관료인 재무부 이재국장 김경진(金慶鎭),[26] 송인상(宋仁相)[27]과 임시외자총국장 백두진(白斗鎭)[28]은 각각 식산은행과 조선은행에 근무하면서 전시 통제경제의 실무진으로 활동했던 인물들이었다. 김경진·송인상·백두진은 다년간의 은행 근무 경험으로 금융 문제에 정통했으나, 또한 그러한 경험들로 인해 경제 문제를 금융과 자금의 문제로부터 출발하여 파악하는 이해 방식을 가지고 있었다. 따라서 재무부 인맥이 주장한 경제정책은 자유기업주의, 생산력 중심주의적 발상을 가지면서도 한편으로 금융과 자금통제를 정책수단으로 활용하는 방식으로 귀결될 소지를 다분히 내포하고 있었다.

이렇게 본다면 상공부와 재무부 등의 핵심 관료들은 자본가를 중심으로 한국 경제를 운영하며, 국가가 재정·금융의 수단을 통해 이들을 육성하는 정책을 구상하는 자유경제론자들이라고 할 수 있을 것이다. 두 부서는 한민당과 친이승만 계열로 분류되는 보수우익 진영의 인물들로 구성되었고, 이들의 계급적 기반은 지주·자본가 세력이었다. 지주제를 바탕으로 한 식민통치가 마감된 시점에서 보수우익 진영의 농업 문제 해결 방안은 유상매수·유상분배의 농지개혁으로 조정되고 있었다.[29] 보수우익 진영은 그것이 농민의 자

---

26 김경진은 1909년 경기도 개성 출생으로 경성고등상업학교를 졸업하고 식산은행 함흥지점장 대리, 조사역, 심사부장 대리, 계리부장 등을 역임했다. 남조선과도정부 재무부 이재국장을 역임했고, 초대 재무부 이재국장과 식산은행 이사를 겸했다. 『단기 4283년판 대한민국인사록』, 내외홍보사, 1949 참조.

27 송인상은 1914년 강원도 회양 출생으로 선린상업고등학교와 경성고등상업학교를 졸업했다. 1935년 식산은행에 입사한 후 수원지점에서 일했다. 1948년에는 심사부장을 역임했고, 1949년 11월 재무부 이재국장으로 발탁되었다. 『대한민국 삼부 주역 역대의 인물』, 한국정경사, 1973; 송인상, 『회남 송인상 회고록 부흥과 성장』, 21세기북스사, 1994 참조.

28 백두진(白斗鎭)은 1908년 황해도 신천 출생으로 휘문고등보통학교와 도쿄 상과대학 상학전문부를 졸업했다. 1934년 조선은행에 입사하여 진남포지점과 목포지점을 거쳐 광주지점 지배인 대리가 되었고, 1944년 본점 심사부원이 되었다. 해방 후 조선은행 이사를 역임했고, 1949년 1월 임시외자총국장에 취임했다. 1950년 식산은행장을 거쳐 재무부장관으로 입각했다. 백두진, 『백두진 회고록』, 대한공론사, 1975.

29 김용섭, 『(증보판) 한국근현대농업사연구―한말·일제하의 지주제와 농업 문제』, 지식산업사, 2000, 482~

가부담으로 이루어지고 국가가 지주들에게 적절한 토지보상을 하는 한, 농민경제와 남한 체제를 안정시킬 수 있는 최선의 방법이라고 생각했다. 이는 자본주의 산업화가 본격적으로 전개되면 산업의 중심이 공업으로 이동할 것이므로, 지주자본을 산업자본으로 이전하고[30] 농촌을 소농경제를 기반으로 한 자본주의 질서로 재편하고자 한 것이었다.

자본가들은 정부수립 전부터 한국 자본주의의 중심으로 성장하기 위해 주도면밀한 준비를 했다. 우선 이들은 미군정의 지원하에 상공회의소를 설립하여 재계를 정비하고,[31] 적산으로 일괄처리된 법인을 되찾는 작업에 착수했다.[32] 적산으로 분류된 기업 중에는 한국인이 주주로 참가하여 '합법적'인 경영을 해온 것, 한국인이 '건실하게' 운영해오다가 전쟁 수행을 위해 일제가 차압한 것 등 한국 내 본점을 둔 법인이 다수 포함되어 있으니 이를 돌려달라는 것이었다. 군정청은 이 의견을 받아들여 한국에 본점을 둔 모든 법인을 적산의 범주에서 분리하고 독자 경영을 인정했다.[33] 이로써 적산회사는 그 회사 내의 일본인 주식만이 적산귀속주로 취급되었다. 자본가들은 이 조치를 "한국 기업계에 재건의 활로를 열어준 것"[34]으로 평가했고, 이를 통해 한국 경제의 확고한 기반을 마련했다. 자본가들은 이러한 재력을 바탕으로 이승만을

485쪽.

30 함상훈·백홍균·정태식·윤행중·최홍규·고승제, 「좌담회: 정당 통일과 경제 대책」, 『춘추』 5-1, 1946. 2, 26~27쪽, 함상훈 발언.

31 대한서울상공회의소, 『상공회의소 90년사』 (하), 1976, 1121, 1123쪽; 대한서울상공회의소, 『상공회의소 90년사』 (상), 1976, 312쪽.

32 김용주, 『풍설 70년 김용주 회고록』, 석암사, 1976, 85쪽.

33 군정장관의 지시에 의해 군정청 재산관리관 미 육군 중좌 헤리·띠·삐숍, 「남조선과도정부 관재령 제10호 군정청 재산관리관이 주식 기타 이권을 소유한 조선 내에서 창립된 각종 법인 운영에 관한 건」(1947. 12. 6), 한국법제연구회 편, 『미군정법령총람』, 1971, 817쪽. 이는 상공회의소가 미 국무부에까지 건의를 올려 관철된 것이었다. 김용주, 앞의 책, 1976, 86쪽.

34 위의 책, 1976, 86쪽.

도와 남한 단독정권 수립을 지원했다.[35] 또한 상공회의소, 적산관리인연합회, 무역협회, 물자영단 등의 조직을 통해 국가의 정책 결정에 직·간접적인 영향력을 행사했다.[36] 따라서 상공부, 재무부의 정책은 개인의 성향뿐 아니라 이들의 이해와 일정하게 결합하면서 추진될 수밖에 없었다.

3) 경제기구의 운용

지주·자본가의 이해를 반영하고 있는 보수우익 진영의 인사들이 경제관료진의 다수를 점했기 때문에 정부수립 초기의 경제기구 역시 그런 기반 위에서 운용되었다. '중앙 경제계획기관'인 기획처의 정책은 앞서 언급한 바와 같이 경제관료, 금융·자본가, 학자들로 운영되는 경제위원회에서 조정하도록 규정되었다.[37] 경제위원회는 1949년 1월 26일 대통령령으로 임명되었을 당시 기획처장 이순탁을 위원장으로 하고 농림부차관 강정택, 상공부차관 김수학(金秀學), 재무부장관 김도연, 교통부차관 나기호(羅基瑚), 체신부차관 박용하(朴容夏), 사회부장관 이윤영(李允榮), 내무부차관 김효석(金孝錫)을 정부 측 위원으로, 대한상공회의소 회장 전용순(全用淳), 용산공작소 소장 유재성(劉在晟), 조선은행 총재 구용서(具鎔書), 신탁은행 대표이사 오위영(吳緯泳), 국회의원 홍성하, 서울공과대학 학장 리승기(李升基)를 민간 측 위원으로 하여 구성되었다.[38] 그리고 각 부처의 정책은 최종적으로 국무회의의 심의와 결정에 따르게

---

35 「공진항」, 『재계회고』 7, 한국일보사, 1981, 61~62쪽; 대한서울상공회의소, 『상공회의소 90년사』 (하), 1976, 1122~1123쪽.

36 대한상공회의소, 『대한상공회의소 3년사』, 1949, 67~394쪽, 제2부 사업편.

37 국회사무처, 「제1회 국회속기록 제29호」(1948. 7. 14), 정부조직법 초안, 『제헌국회속기록』 1, 여강출판사, 1987, 538쪽.

38 「시정상황—기획처」, 『시정월보』 3, 1949. 6. 30, 173쪽. 임시외자총국장 백두진, 법제처 경제법제국장 강명옥(康明玉), 외무부 통상국장 전예용(全禮鎔)은 위원이 아닌 옵저버 자격으로 참가했다. 「시정상황—기획처」, 『시정월보』 4, 1949. 7. 23, 90쪽.

되어 있었다. 따라서 일부 부서 장관과 기획처장에 진보적 성향의 인사가 입각하더라도 국무회의와 경제위원회의 다수를 점하는 보수우익 진영은 그들을 견제할 수 있었다.

더욱 주목할 것은 '중앙 경제계획기관'인 기획처가 경제기구 운영의 중심이 되지 못했다는 사실이다. 남조선과도정부의 중앙경제위원회, 중앙물자행정처, 중앙물가행정처, 재무부 사계국 및 중앙관재처와 그 소속 기관 일체는 1948년 9월 13일 대통령령 제3호 '남조선과도정부기구 인수에 관한 건'[39]에 의거하여 기획처에서 인수하도록 되어 있었다. 그러나 국무회의에서 국무총리 직속기관으로 임시관재총국을 분리 설치하기로 결의함에 따라, 귀속재산을 관리하는 중앙관재처는 기획처 소속이 아닌 별도의 기관으로 분리되었다.[40]

대통령령 제42호로 임시관재총국이 설립되었지만 여기서는 귀속기업체 운영방침만을 정했고, 귀속기업체의 운영, 관리감독, 불하권은 관련 각 부서에 이양되었다.[41] 귀속기업체 운영의 실권을 상공부(80%), 농림부, 재무부, 교통부가 가지게 된 것이다. 그리고 귀속기업체는 운영 과정에서 정부회계와 은행여신을 담당하는 재무부의 회계국·이재국과 긴밀한 연락체계를 가지게 되어 있었다.

원조에 대해서도 원래는 기획처가 계획을 수립하면 임시외자총국[42]은 운

---

39   조선은행조사부, 「경제법규」, 『4283년판 경제연감』 III, 23쪽.

40   「시정상황—기획처」, 『시정월보』 창간호, 1949. 1. 5, 115쪽.

41   식산은행조사부, 「국내경제개관(1948년 10, 11, 12월)」, 『식은조사월보』 4-1(통권 13호), 1949. 3. 15, 146쪽.

42   임시외자총국은 '대한민국 및 미합중국 간의 원조협정' 제3조 6항에 의거하여 설립되었다. 한국재정40년 사편찬위원회, 『한국재정40년사』 3, 한국개발연구원, 1991, 385쪽. 미국은 별도의 부서를 설치하고 이를 통해 미국의 원조 정책을 관철시키려 했지만 이승만은 이를 국에 머물도록 했고, 중요 사항에 관해서는 대통령에게 직접 재가를 받도록 했다. 로버트 T. 올리버 저, 박일영 역, 『이승만비록』, 한국문화출판사, 1982, 281 ~282쪽; 백두진, 『백두진 회고록』, 대한공론사, 1975, 89쪽 참조.

영 실무를 맡도록 역할을 분담했다.[43] 즉 기획처는 국가의 종합적 계획기관이자 수입계획기관이었고, 임시외자총국은 원조 면에서 계획을 보조하는 운영기관이었다. 그러나 그 후 임시외자총국은 대통령령으로 공포된 '원조물자 대금 취급 규정'[44]에 의해 원조의 배정권과 대행기관에 대한 감독권을 획득했으며, 임시외자총국의 사무 또한 기획처가 아닌 재무부에 직결되었다. 즉 원조물자대금의 조정, 징수 및 기록에 관한 사무를 담당하는 징수관[45]은 원조물자대금 조정보고서에 원조물자 송장의 부본을 첨부하여 매일 그 전 날의 조정액을 재무부장관에게 보고해야만 했다. 뿐만 아니라 매월분 원조물자대금 징수보고서를 작성하여 다음 달 15일까지 재무부장관에게 보고하도록 규정되었다. 그리고 원조물자대금에 관해 규정에 없는 사항은 재무부장관과 임시외자총국장이 협의해서 정하도록 했다.

대외협정에서도 상위 협정인 '대한민국 및 미합중국 간의 원조협정'[46]에는 재무부장관이 한국 측 대표로 참석했고, 하위 협정인 '외자 원조에 관한 계획안', '남북 교역 대책안', '한미석유협정' 등에 기획처장이 대표로 선임되었다.[47] 이는 기획처가 종합적 경제계획기관임에도 불구하고 상위 행정기관이 아니라 차관급 기관으로 설정되었기 때문이었다.

앞서 언급한 바와 같이 기획처·농림부는 계획경제론자들이, 재무부·상공부는 자유경제론자들이 중심이 됨으로써 정부수립 초기에는 입장을 달리하

---

43 조선은행조사부, 「국무총리 통첩(제1호) 단기 4281년 11월 27일」, 『4283년판 경제연감』, III, 25~26쪽; 「시정상황—임시외자총국」, 『시정월보』 3, 1949. 6. 30, 188~189쪽.

44 조선은행조사부, 『4283년판 경제연감』, III-25쪽.

45 징수관은 임시외자총국 경리국장의 직에 있는 자가 된다.

46 1948년 12월 10일 체결. 전문은 한국재정40년사편찬위원회, 『한국재정40년사』 제3권, 한국개발연구원, 1991, 383~388쪽 참조.

47 「시정상황—기획처」, 『시정월보』 2, 1949. 2. 30, 162쪽.

는 두 계통의 관료진이 공존하고 있었다. 그러나 상공부가 대부분의 귀속기업체를 관리했고 재무부가 특별회계 운영을 통해 임시관재총국·임시외자총국에 대한 주도권을 행사하는 등, 한국 경제 재편의 핵심적인 물적 토대인 관재와 원조 문제는 상공부와 재무부의 손에 장악되었다. 따라서 기획처·농림부가 산업계획과 농지개혁이라는 한정된 분야에서 강력한 계획경제 정책을 주장해도, 산업행정의 실권을 가진 재무부·상공부의 동의가 없는 한 경제계획을 각 부처에 시달·집행할 수 없었다. 자본주의 계획경제론자들이 주도한 농지개혁과 산업계획 정책은 이런 제약조건 속에서 추진될 수밖에 없었다.

2. 계획경제 정책의 추진과 좌절

1) 계획경제론자들의 경제개혁 구상

'중앙 경제계획기관'인 기획처에 부여된 임무는 산업재건을 위한 전반적인 계획을 입안하는 것이었다. 기획처는 산업재건 방침을 작성하여 대통령에게 제출했고, 1948년 9월 30일 국회에서 이승만은 이를 정부의 시정방침으로 천명했다.[48] 그 내용은 첫째, 종합적인 계획경제 체제를 수립하되 가능한 한 개인의 창의와 경영의 자유를 보장한다, 둘째, 소작제를 철폐하고 경자유전의 원칙을 확립하기 위해 농지를 농민에게 유상으로 분배한다, 셋째, 치밀한 연차계획을 세워 식량증산, 생필품 자급자족과 자원개발, 중요 공업 조성,

---

48 국회사무처, 「제1회 제78차 국회속기록」(1948. 9. 30), 대통령 시정방침 연설 국무총리 이범석 대독(『제헌국회속기록』 2, 여강출판사, 1987, 391~396쪽). 시정방침 연설 초안은 기획처에서 작성했다. 『시정월보』 창간호, 1949. 1. 5, 116쪽. 이종원은 그의 저서에서 정부수립 초기의 정책론 분화에 대해 천착하지 않고, 대통령의 시정방침을 곧 이승만, 이승만 정권 관료 일반의 입장으로 이해하고 있다. 李鍾元, 『東アジア冷戰と韓美日關係』, 東京大學出版會, 1996, 127~151頁.

교통·통신의 급속한 복구 등의 산업부흥을 도모한다, 넷째, 난립하고 있는 산업 단체의 이익추구를 지양하고 국가의 산업발전에 솔선 협력하는 협동조합 체제로 정비하여 정부 협력기구로 재편하고, 이를 통해 생산·분배계획을 구현한다는 것이었다.

이순탁, 정현준, 강진국은 이미 남조선과도입법의원 단계부터 토지의 유상분배와 중소기업체 불하를 수용했다. 이들이 사회혁명의 방식이 아니라 합의를 통한 정책 구현으로 개혁을 이루어갈 수 있다고 생각하는 이상, 현실 정치의 세력 판도에 따른 타협은 불가피했다.[49] 농림부와 기획처는 토지의 유상분배와 중소기업체 불하를 전제하는 가운데 대통령 시정방침에 준하여 구체적인 농업개혁, 산업계획안을 작성하기 시작했다.

(1) 농림부의 농지개혁과 농업협동조합론

농림부는 농업개혁을 통해 식량 문제를 해결하고 농지개혁을 실시하려 했다. 일제하 이래로 농민들의 원성을 사고 있던 식량 강제공출 문제는 민생 안정뿐 아니라 일제 잔재의 해결 차원에서도 시급히 해결해야 할 과제였다. 농림부장관은 지역별로 양곡 생산자·소비자 간담회를 개최하여 여론을 청취한 결과, 이를 폐지하고 양곡매입법을 시행하기로 결정했다.[50] 적정가격의 수매를 통해 농가소득을 보장하고 도시 소비자를 위한 충분한 식량 공급량을 확보하는 것이 이 법의 목적이었다.[51] 이로써 정부는 양곡을 국가가 전매

---

49 홍성찬, 앞의 논문, 1993, 154쪽 참고.

50 1948년 10월 9일 공포된 양곡매입법은 조봉암 농림부장관과 이순탁 기획처장이 원안을 작성했다. 한국 정부와 주한 ECA 측은 9월 10일의 '한미연석식량회의'에서 이 법안에 대해 원칙적인 합의를 보았고, 9월 14일 이를 국회에 회부했다. 「시정상황—기획처」, 『시정월보』 창간호, 1949. 1. 5, 116~117쪽.

51 양곡매입법의 근간이 되는 제3조는 곡류의 생산자와 지주는 자가용 식량 및 종곡을 제외한 양곡을 명령의 정하는 바에 의하여 정부에 매도할 것을 규정하고, 자유매매를 금지했다. 조선식산은행조사부, 「국내경제

하는 '식량 국가관리 방침'을 수립했다.

농지개혁 문제에 대해 농림부는 기획처가 세운 유상분배 방식에 의거해서 법안을 작성하면서도 농민의 상환능력과 자립화, 생산력 증진에 특히 주안점을 두었다. 농림부 초안이 당시 제시된 각종 농지개혁 법안 중 농민 상환액이 가장 낮은 12할을 주장하고, 빈농가와 소지주에 대한 3할 보조금 지급을 제안한 이유가 바로 이것이었다. 1949년 4월 27일 국회를 통과한 농지개혁안에서는 농림부안이 수용되어 지주 보상액 15할, 농민 상환액 125할과 빈농가와 소지주에 대한 3할 보조금 지급이 결정되었다.[52] 농지국장 강진국은 지주 보상액과 농민 상환액 간의 차액 규정을 귀속농지 상환액과 지주 보상 체감액, 지주 보상에 대한 3년간 거치 설정으로 해결할 수 있다고 자신했다.[53] 농민 부담을 최소화하겠다는 의지를 피력한 것이다.

하지만 이것만으로는 한국 농업이 안고 있는 토지소유의 영세성과 영농자금 부족 문제를 해결할 수 없었다. 농지개혁은 소작농에게 현소작지를 나누어주는 방식을 취할 것이기 때문에 농지소유 규모의 영세화를 막을 수 없었다. 흉작이 들면 자금 여유가 없는 농민들은 농지 상환액 지불과 생계유지를 위해 고리대를 빌려 쓰거나 심할 경우 토지를 방매할 것이고, 그렇게 되면 소작제의 재생과 고리대자본에의 예속이라는 악순환은 근절할 수 없었다.

농림부는 토지소유의 영세성 문제를 해결하기 위한 방도로 지주자본을 농업 관련 사업과 중소기업에 대한 투자로 유도하여 산업자본을 확충하고, 농업 과잉인구를 공업 인구로 흡수하고자 했다.[54] 즉 부재지주는 지주 보상증

개관(1948년 8월~9월)」, 『식은조사월보』 3-5, 1948. 12, 154쪽.

52 1949년 6월 21일 공포된 농지개혁법 제7조 2항, 제13조 1항. 『대한민국 관보』, 116, 253쪽.

53 강진국, 『농지개혁법 해설』, 문화출판사, 1949, 42, 51쪽.

54 위의 책, 28쪽.

권을 기업증권으로 교환하여 귀속관리 공장과 광산, 수산 등 산업 관련 사업으로 전업하도록 하고, 재촌지주에게는 과수원, 묘포, 상전, 약포, 임산, 개간 간척 등에 참여할 기회를 부여하며, 중소 재촌지주에게는 가공, 부업 생산 작업소와 같은 농촌 부업과 농업협동조합 운영에 주도적인 역할을 담당시킨다는 것이었다.[55] 이렇듯 농림부에서 지주의 전업에까지 관심을 기울인 것은 지주 전업을 보장함으로써 농지개혁에 대한 지주들의 반대 여론을 무마하고, 공업화를 위한 자본이 부족한 상황에서 산업 건설의 토대를 지주자본에서 마련하며, 농업 인구를 공업 인구로 이전하여 토지소유의 영세성 문제를 근본적으로 해결하고자 했기 때문이었다. 농지개혁을 산업구조 재편성의 일환으로서 구상한 것이다.

토지소유 규모의 영세성 문제와 영농자금 문제를 해결하기 위해 농림부는 금융조합을 농업은행으로 개편하여 영농대출을 전담하게 하는 한편, 농회·산업조합·산림회·금융조합 등 60여 개 단체가 담당해왔던 사업 부문을 총정리하여 농업협동조합을 조직한다는 방안을 내놓았다.[56] 농민 자치로 운영될 농업협동조합이 결성되면 정부는 집약적 공동경작을 장려하고, 기계화 영농의 적용, 농산가공 등을 지도하여 농업 증산에 힘쓸 것이었다.[57] 이를 통해 농민은 자연과 자본의 제약에서 벗어나 자본주의적 대농과 농촌 공업화의 전망을 가질 수 있었다. 이것이 농림부가 "농민을 구하는 최소한도의 유일한 방법"[58]으로 구상했던 농업협동조합안, 농업 자립화 방안이었다.

---

55 강진국, 「농지개혁과 지주대책 (중) 남한 농정의 의의와 특징」, 『동아일보』 1949. 4. 18; 식산은행조사부, 「국내경제개관(1949년 5월)」, 『식은조사월보』 4-5(통권 17호), 1949. 9. 5, 100~101쪽.

56 국회사무처, 「제1회 제82차 국회속기록」(1948. 10. 5), 각부 장관의 시정방침 연설, 조봉암 농림부장관(『제헌국회속기록』 2, 여강출판사, 1987, 491쪽).

57 강진국, 앞의 책, 1949, 53~54쪽.

58 국회사무처, 「제2회 제34차 국회정기회의속기록」(1949. 2. 18), 협동조합 추진 관련 질문에 대한 조봉암 농

(2) 기획처의 산업부흥계획안

기획처에서는 산업 전반에 대한 경제계획을 세우고 있었다. 해방 후 산업은 원료부족과 인플레이션으로 인해 황폐화되고 있었다. 일부 소비재는 생산과잉과 덤핑판매가 일어나는가 하면, 생산재 생산공장은 수요부족으로 폐업하는 상황이었다. 생산자들은 수요가 있는 곳으로 "게릴라전"하듯 몰려다니고 있었고,[59] 이들의 자본은 점차 생산 부문에서 이탈하여 "인플레 감가의 희생"을 면할 수 있는 유통 부문으로 이전되고 있었다.[60] 이것은 물자 취급체계와 생산체계가 연결되지 않고서는 시정될 수 없는 문제였다.

기획처는 산업부흥 5개년계획 수립을 결정하고, 농산·수산·광산·섬유 및 동력 계획을 세운 다음 물자 면에서 이를 뒷받침할 '물동 5개년계획'을 기안했다. 1949년 4월 17일 국무회의를 통과한 물동 5개년계획은 각 산업을 농업, 임업, 축산업, 잠업, 수산업, 광업, 제철업, 제련업, 기계기구공업(정밀공업, 공작기계, 공구기계, 전기기계, 원동기, 농기구, 방직기계, 광산기계, 운수기계), 섬유공업, 유지공업, 고무공업, 비료공업, 피혁공업, 연료공업(울산정유정제공장 재건을 위한 수급 계획 포함), 무기화학, 화약 및 기타 화학공업(폭약 및 화학약품, 의료약품, 양약, 한약), 제지공업, 식료품공업, 요업, 동력공업의 21개 부문으로 구분하고, 국내 수요량과 수출입 예정량, 생산 목표량을 수립한 방대한 물자 수급 계획이었다.[61]

계획은 우선 1차년도만 세워졌고 1차년도 계획이 순조롭게 완성되면 그 실적에 비추어 2차년도 계획을 세우는 방식으로 작성될 예정이었다. 계획은

림부장관 답변(『제헌국회속기록』 3, 여강출판사, 1987, 629쪽).

59 김용진, 「물자 면으로 본 산업 체제」, 『시정월보』 3, 1949. 6. 30, 198쪽.

60 한국산업은행조사부, 『한국산업경제10년사(1945~1955)』, 1955, 5~6쪽.

61 「시정상황—기획처」, 『시정월보』 3, 1949. 6. 30, 174~175쪽. 기획처에서는 이 계획안을 전문 600쪽, 설명서 6,000쪽으로 작성하여 국무회의와 국회에 제출했다고 하는데 현재 원안은 찾을 수 없다.

1차년도를 4분기로 나누고 이를 다시 월별로 구분하여 매월분의 생산 공급 상황과 계획안을 대비한 후 과부족의 원인을 분석하고 대책을 강구하여 차질없이 완료하기로 했다. 그에 필요한 재원은 인플레이션 문제를 고려하여 전액 원조물자 판매대금에서 구할 것이고, 자급이 불가능한 물자는 원조물자로 충당하는 것을 기본으로 했다.[62] 그외 물자부족분은 무역을 통해 입수하며 "민족 자주적 경제 확립"[63]을 위해 대북교역, 대일무역, 기타 지역 무역으로 물자 구입의 순위를 결정해두었다.

한국이 전시 통제경제 체제로 편입되기 전 최고 수준이었던 1938년의 생산수준으로 복귀하는 것을 목표로 한 이 계획은 첫째, 식량의 자급자족을 목표로 하고, 둘째 동력 자립을 도모했으며,[64] 셋째로는 연료 증산에 중점을 두었다. 넷째로 방직공업에 중점을 두어 피복의 자작자급에 주안점을 두었고, 다섯째로는 모든 공업의 근간이 되는 중공업시설을 확충하여 경공업의 자립을 꾀했다. 뿐만 아니라 국내에 원료가 풍부한 알콜, 시멘트, 식염, 카바이트 등 화학공업을 증산하여 5개년 후에는 자급자족할 것을 목표로 했다. 경제자립을 염두에 두고 급속한 생산력 발전을 추구한 계획이었다.[65]

기획처는 산업부흥 5개년계획을 실현할 단위로서 산업 전 분야의 협동조합을 상정했다.[66] 기획처에서는 협동조합법 초안을 작성하기 위해 농림부와

---

62   조선은행조사부, 「5개년 물동계획의 의의」, 『조사월보』 23, 1949. 6, 89쪽.

63   식산은행조사부, 「국내경제개관(1948년 10, 11, 12월)」, 『식은조사월보』 4-1(통권 13호), 1949. 3. 15, 134쪽.

64   당시 한국 정부의 전원개발 구상과 전력개발계획에 대해서는 정대훈, 「1948~1953년의 남한 전력 수급 대책―전원개발계획의 수립 과정을 중심으로」, 『사림』 74, 2020, 19~21쪽; 오진석, 『한국 근현대 전력 산업사 1898~1961』, 푸른역사, 2021, 299~301, 304쪽 참조.

65   기획처 물동계획국, 「물동5개년계획」, 『주보』 8, 1949. 5, 24~25쪽.

66   조선식산은행조사부, 「국내경제개관(1949년 3·4월)」, 『식은조사월보』 4-4, 1949. 8, 102쪽. 일제하 이래로 우파와 중간파의 인사들은 모두 협동조합의 필요성을 인정했다. 소생산자가 대자본가에게 대항할 수 있는 유력한 방법이었고, 특히 일제하의 협동조합은 한국인이 일본 자본가에게 대항해서 농업과 상공업을 발전시켜갈 수 있는 방법이었기 때문이다. 해방 후 우파 인사들이 판매·구매·신용·이용조합에 한정하는 자

대한농회, 조선금융조합연합회가 제출한 협동조합안을 참고했다. 이 가운데 금융조합연합회의 협동조합안은 농촌만을 대상으로 한 농림부·농회의 농업 협동조합안과는 달리 각계각층을 대상으로 한 것이었다. 기획처는 금융조합 연합회의 안을 참작해서 농업뿐 아니라 상업, 공업, 광업 등 산업 전 분야에 걸친 종합적 협동조합안을 작성했다.[67] 기획처가 상정한 협동조합은 조합원의 이익만 옹호하는 이익단체가 아니라 국영기업과 더불어 국가경제계획에 순응하고, 생산·분배 면에서 이를 수행함으로써 중소자본의 이익을 확보하는 산업 통제의 기본 조직이었다.[68] 산업 계획과 국영기업, 협동조합의 결합으로 관민협조 체제를 완성하고, 산업을 일체화된 목표와 계획 아래 유기적으로 운영한다는 것이 기획처 협동조합안의 핵심이었다.[69] 기획처는 물자 면에서 이를 보조하기 위한 방안도 마련해두고 있었다. 산업부흥 5개년계획과 물동계획에 부합하는 물자배급을 시행하기 위해 기획처는 국가종합계획기관의 지휘·감독을 받는 산업별 물자 대행기관의 설치를 제안했다.[70]

이렇게 본다면 계획경제론자들이 구상한 국가경제의 모습은 자본주의 체제 내 개혁, 즉 농지개혁과 대기업 국유화를 단행하여 지주와 자본가의 독점적 이윤수탈을 제어하는 체제였다. 그리고 국가의 강력한 계획에 국영기

본주의적 협동조합을 제기한 데 반해, 중간파 인사들은 협동조합을 생산협동조합으로 전환하려고 했다. 기획처장 이순탁은 후자의 입장에 서서 협동조합론을 제창한 바 있었다. 김용섭, 『(증보판) 한국근현대농업사연구—한말·일제하의 지주제와 농업 문제』, 지식산업사, 2000, 452~455쪽.

67 식산은행조사부, 「국내경제개관(1949년 3월·4월)」, 『식은조사월보』 4-4(통권 16호), 1949. 8, 102쪽.

68 기획처에서 작성한 협동조합법안 제10조 12항에 의하면, 조합은 주무장관의 명령 또는 인가를 받은 업무를 실행할 임무를 가진다. 조선식산은행조사부, 「국내경제개관(1949년 3·4월)」, 『식은조사월보』 4-4, 1949. 8, 103~104쪽.

69 기획처 협동조합안은 1949년 4월 26일 국무회의를 통과했다. 그러나 5월 28일 정부안으로 국회에 회부된 협동조합안은 국회에서 심의가 보류되었고, 제헌국회의 종료와 함께 자연 폐기되고 말았다. 대한민국 농림부, 『농림행정개관』, 1958, 243쪽.

70 식산은행조사부, 「국내경제개관(1949년 2월)」, 『식은조사월보』 4-3(통권 15호), 1949. 7. 10, 76~78쪽.

업과 농촌의 중소농, 도시의 노동자, 중소자본가가 협동조합을 매개로 생산력 증진을 위해 협조하는 관민협조 체제였다. 사회주의자들이 주장한 것과 같이 소유관계나 생산 체제의 사회화를 전망하는 것이 아니라, 사적 소유권의 보장을 전제한 생산의 공동화·협동화를 의미하는 것이었다.[71]

2) 계획경제 정책 추진의 난관 조성

이러한 수준의 계획경제 정책들을 실현하는 데도 정치·경제·행정적인 난관이 가로놓여 있었다. 한국의 계획경제는 각 계급의 이해를 반영한 정치세력이 의회 내에서 정책적 대결을 통해 정책의 방향을 결정하는 구조를 전제로 할 때 추진될 수 있었다. 따라서 국회에서 소장파의 활동은 농림부와 기획처의 계획경제 정책을 뒷받침할 수 있는 기반이었다.

그러나 1949년 5월 20일 '국회 프라치 사건'이 발생하여 국회부의장 김약수(金若水), 반민특위 위원장 노일환(盧鎰煥)을 비롯해 소장파의 핵심 강욱중(姜旭中)·김병회(金秉會)·김옥주(金沃周)·박윤원(朴允源)·배중혁(裵重赫)·서용길(徐容吉)·신성균(申性均)·이구수(李龜洙)·이문원(李文源)·최태규(崔泰奎)·황윤호(黃潤鎬) 의원이 구속되었다.[72] 잔류 의원들이 정치생명을 보전하기 위해, 혹은 신변의 위협을 피하기 위해 타 정파로 흡수되어 소장파가 사실상 붕괴됨으로써 계획경제 정책을 지지하던 한 축이 해체되었다. 이로써 국회 내, 정부와 국회 간에 형성되었던 계획경제 정책지지 세력과 자유경제 정책지지 세력 사이의 힘의 균형이 무너지고, 기획처·농림부는 계획경제 정책을 추진할 수 있는 중

---

71 방기중, 앞의 논문, 1993, 181쪽.

72 국회 프라치 사건은 여순 사건의 발발로 정권의 위협을 느낀 한국 정부가 국군조직법·국가보안법·우편 검열에 관한 임시법 통과에 이어, 의회 내에서 반이승만 세력을 축출하기 위해 벌인 정치공작이었다.

요한 정치적 기반을 상실했다.[73]

다음으로 계획경제 정책이 봉착한 난관은 기득권 세력의 반발이었다. 아무리 제한된 의미를 가지더라도 균등경제와 계획경제는 지주와 자본가의 자본축적에 일정한 견제장치로 작용할 수 있기 때문이다. 지주들은 양곡매입법과 농지개혁의 향방에 대해, 자본가들은 생산·분배의 주체 설정에 대해 특히 민감하게 반응했다.

한민당 역시 경제건설에서 국가계획의 필요성을 인식하고 있었다. 그러나 그것은 지주를 자본주의의 중심축으로 육성하기 위해서 요구되는 것이었다.[74] 정부가 지주보상액을 30할 정도의 고율로 책정하고, 지주보상액을 언제든지 자금으로 전환할 수 있는 정부보증부 융통식 증권으로 설정하며, 귀속기업체에 대한 우선권을 부여한다면 지주에게는 산업자본가로 성공적으로 변신할 길이 열릴 수 있었었다.[75] 지주들은 이러한 전업에 대한 보장을 법적으로 명시할 것을 요구했다. 그리고 위의 내용이 법제화되지 않은 상태에서 추진되는 양곡매입법을 지주의 자본축적에 대한 위협으로 받아들였다.

국회는 정부가 제출한 양곡매입법 제3조에 "단, 자가용 식량을 위한 소량의 운반과 매매는 차한(此限)에 부재함"이라는 단서를 삽입했다. 자유매매의 여지를 남겨두기 위한 것이었다. 식량의 국가관리를 시도하고 있던 농림부는 제3조의 단서 조항을 고려해달라고 요청했으나 국회는 이를 거부했다.[76]

---

73 백운선, 「제헌국회 내 '소장파'에 관한 연구」, 서울대 정치학과 박사학위논문, 1992, 215, 235~236쪽 참조. 정부 내에서 자신의 뜻을 관철하지 못한 계획경제론자들(강진국, 이순탁, 조봉암)은 2대 국회의원 선거에 출마했다. 이는 남북협상파의 선거 참가를 계기로 하여 중간파의 재결집과 의회를 통한 정부 견제를 도모한 것으로서, 이들의 의회에 대한 긍정적 인식을 보여준다.

74 함상훈·백홍균·정태식·윤행중·최홍규·고승제, 「좌담회: 정당 통일과 경제 대책」, 『춘추』 5-1, 1946. 2. 27, 32 ~33쪽. 함상훈 발언.

75 이지수, 「해방 후 농지개혁과 지주층의 자본전환 문제」, 연세대 사학과 석사학위 논문, 1994, 14~27쪽 참조.

76 식산은행조사부, 「국내경제개관(1948년 8월~9월)」, 『식은조사월보』 3-5(통권 12호), 1948. 12, 154쪽.

실제 양곡매상 실적조사를 한 결과, 소농은 정부 방침에 순응하는 데 반해 부농이 매도를 회피하고 시장거래를 하고 있음이 밝혀졌다. 농림부는 국회의 강력한 반대를 무릅쓰고 중·대농을 대상으로 '강권발동'이라는 비상조치를 취했다.[77] 그럼에도 불구하고 양곡매상은 여전히 부진했고, 1949년 2월 23일 조봉암 농림부장관의 경질을 계기로 양곡 정책의 전환이 예정된 가운데 국회는 4월 15일 하곡매상 폐지안을 통과시켰다.[78]

한편 자본가단체인 상공회의소와 무역협회는 상공부에 대한 정책 건의를 통해 다음과 같은 사항을 촉구했다. 첫째, 적산기업체는 조속한 기간 내에 전부 불하하여 민영화하고, 중소상공업에 대해서는 자금·원료에 대해 적극적인 조장 정책을 단행하는 '지도'를 행할 것, 둘째, 무역은 계획적으로 실시하고 그 실무는 무역협회에 일임할 것, 셋째, 물자배급권을 일원화하여 상공 단체인 물자영단에서 취급케 할 것 등이었다.[79] 계획에는 원칙적으로 동의하지만 그 계획은 자본가 육성을 위한 것이어야 하며, 계획의 주체가 협동조합이 아니라 자본가단체여야 한다는 주장이었다. 지주와 자본가들이 계획을 통해 얻고자 했던 것은 결국 자신들이 자본주의의 중심으로 확고한 위치를 차지하는 것이었다.

이러한 지주·자본가 세력의 여론이 존재하는 가운데 기획처·농림부의 계획경제 정책은 여타 부서의 반론에도 직면했다. 기획처의 산업계획은 생산·분배 조직을 국가가 장악한다는 데 그 핵심이 있었다. 따라서 협동조합은 국가의 생산계획을 실행할 말단 조직으로 구상되었고, 각 생산 단위에 공급할

---

77 식산은행조사부, 「국내경제개관(1949년 2월)」, 『식은조사월보』 4-3(통권 15호), 1949. 7, 60~61쪽.

78 식산은행조사부, 「국내경제개관(1949년 3월·4월)」, 『식은조사월보』 4-4(통권 16호), 1949. 8, 94~96쪽.

79 대한상공회의소, 「상공 정책에 관한 의견서(1948. 9. 20)」, 『대한상공회의소 3년사』, 1949, 222~225쪽; 한국무역협회, 「대일무역에 대한 건의(1949)」, 『무협 30년사』(상), 1977, 84~86쪽.

물자 역시 '중앙 경제계획기관'의 지휘 감독하에 배급되어야 했다. 따라서 기획처는 기획처 소관하에 물자를 할당·배급하려 시도했으나, 상공부는 이를 상공부 업무에 대한 침해라고 반발하면서 상공부가 소관하는 물자의 배급을 일방적으로 상인단체인 물자영단에 대행시켰다.[80]

한편 재무부는 농지개혁법안 처리 과정에서 국가재정을 내세워 지주보상금과 농민상환금 차액 규정에 대해 완강히 반대했다.[81] 결국 국회가 재무부의 수정 제의를 받아들임으로써 지주보상액과 농민상환액을 동률로 하는 법률안이 확정되었다. 농업협동조합안도 좌절되었다. 국회 농림분과위원회 의원들이 농업협동조합에 대해 극도의 거부감을 보이는 가운데[82] 농업협동조합안은 재무부의 반대로 국무회의에서 반려되었고, 기획처 자문기관인 경제위원회의 재심의 과정에서 안 자체가 폐기되었다.[83] 농림부는 지주 구제 대책에 대해서도 협조를 구했으나 임시관재총국 특별회계를 관장하던 재무부는 '귀속재산 고가입찰 경매 원칙'을 내세워 이를 거부했다.[84] 1949년 초 농림부 장관 조봉암이 관사 수리비 유용 사건으로 사임하고, 1949년 중반 기획처장 이순탁이 금융조합연합회장으로 자리를 옮긴 이후 농림부와 기획처는 더 이상 중간파의 정책론을 대변하는 부처가 아니었다.

이상과 같이 정부수립 초기 기획처·농림부의 계획경제 정책은 정부 내부의 견제와 반발에 의해 조기에 좌절되었다. 우파와 중간파는 이승만 정권 출

---

80 상공부, 「통제물자 취급 대행기관 일원화에 관한 통지(1948. 11. 20)」, 「대한상공회의소 3년사」, 1949, 136~137쪽.

81 국회사무처, 「제3회 국회임시회의속기록 제13호」(1949. 6. 6), 농지개혁법안 소멸 통고에 관한 건, 농림부장관 이종현(「제헌국회속기록」 5, 여강출판사, 1987, 262쪽).

82 강진국, 「혈뜯긴 '농지개혁법' 초안」, 「신동아」 1965년 10월호, 195쪽.

83 「시정상황—기획처」, 「시정월보」 3, 1949. 6, 173쪽. 6·25전쟁 후 농림부가 우려한 농가당 토지소유 규모의 영세화와 재생소작제, 고리채 문제는 현실화되었다. 한국은행조사부, 「경제연감」, 1955, I-5쪽.

84 강진국, 「혈뜯긴 '농지개혁법' 초안」, 「신동아」 1965년 10월호, 196쪽.

범 당시 농지개혁과 산업계획에 대해 합의했다. 그 합의는 농지개혁과 산업계획을 통한 생산력 증진으로써 인플레이션을 수습하고 자립경제의 토대를 마련한다는 것과, 이에 대한 국가의 주도적 역할을 인정한다는 것이었다. 그러나 농지개혁과 산업계획을 산업구조 재편의 방도로 이해했던 기획처·농림부와는 달리, 당시 정치적 주도권을 장악하고 있었던 국회의 보수우익 진영과 재무부·상공부는 이를 자본주의 체제 안정화, 자본가 중심의 산업 육성을 위한 조치로 이해했다.

따라서 농지개혁과 산업계획이 추진되는 과정에서 양자의 갈등은 노골화될 수밖에 없었다. 이는 자본주의 경제정책의 체제적 방향과 논리를 달리하는 두 입장이 상호 공존하고 있는 이승만 정권의 경제관료진 구성이나 경제기구 운용의 특질상 필연적인 귀결이었다. 농지개혁과 산업계획이 법제화되고, 계획경제론자들을 활용하고자 했던 정권의 이해가 어느 정도 충족되면서, 보수우익 진영의 입장을 대변하고 있었던 자유경제론자들의 본격적인 공세는 예정된 것이었다.

3. 성장론적 자유경제 정책의 전개

1) 재무부·상공부의 소농체제론과 자본육성책

재무부와 상공부는 경제운영에서 국가의 주도권을 인정했다. 그러면서도 농업은 소농경제를 기반으로 한 자본주의 질서로 재편하고, 상공업은 자본가와 기업에 자율성을 보장하는 한편 이들을 물자·자금 계획을 통해 육성함으로써 자본가 중심의 생산력 증대를 달성하고자 했다. 이러한 구상은 농지개혁과 귀속재산 처리방침, 산업계획론, 자본동원론 등에서 명확하게 드러나고 있었다.

농지개혁에서 재무부가 주안점을 둔 것은 농민 자가부담에 의한 소농 체제 확립과 체제 안정이었다. 농지개혁을 유상매수·유상분배 방식으로 시행할 경우, 막대한 국가재정이 필요했다. 재무부는 국가의 재정지출을 억제하고, 가능한 한 농민의 부담으로 이를 처리하고자 했다.

따라서 농림부의 지주보상금과 농민상환금 차액 규정에 대해 재무부장관은 "토지를 분배받은 사람에게 이러한 혜택을 주는 것은 사회 정책상 국가정책상 모순"[85]이라고 반박했다. 농림부는 일반회계로 전입하여 국가재정에 충당하던 귀속농지 상환금을 지주보상금과 농민상환금의 차액 보전을 위해 사용하고자 했으나 재무부는 이를 허가하지 않았다.[86] 매매 비용은 매매 당사자에게 부담시키겠다는 것이었다. 재무부에게 농지개혁은 농민에 대한 혜택의 문제가 아니라 농민의 자가부담으로 소농 체제를 확립하여 농촌에 자본주의적 질서를 정착시키는 문제였다. 농지개혁에서 국가는 다만 농민과 지주의 자유로운 채무관계를 대행하는 역할을 할 뿐이었다.

재무부는 농업협동조합을 설립하더라도 기존 금융조합의 기득권을 인정하는 가운데 소비·금융·판매의 역할만 담당하는 반관단체로 조직할 것을 주장했다.[87] 이것은 보수우익 진영이 일제하 이래 제기해온 자본주의적 협동

---

85 국회사무처, 「제6회 국회정기회의속기록 제21호」(1950. 2. 2), 농지개혁법 중 개정법률안 제2독회 계속, 재무부장관 김도연(『제헌국회속기록』 8, 여강출판사, 1987, 434~435쪽).

86 이 문제에 대한 농림부와 재무부의 대립을 극명하게 보여주는 대목은 국회사무처, 「제6회 국회정기회의속기록 제20호」(1950. 2. 1), 농지개혁법 중 개정법률안 제2독회 계속, 농림부차관 정구흥(鄭求興)(위의 책, 422~423쪽); 국회사무처, 「제6회 국회정기회의속기록 제21호」(1950. 2. 2), 농지개혁법 중 개정법률안 제2독회 계속, 재무부장관 김도연(위의 책, 434~435쪽)이다.

87 국회사무처, 「제2회 국회정기회의속기록 제34호」(1949. 2. 18), 협동조합 추진에 관한 질문, 재무부장관 김도연(『제헌국회속기록』 3, 여강출판사, 1987, 628~632쪽).

조합[88]에서도 후퇴한 것으로서, 오히려 일제의 '산업조합령'과 일맥상통하는 것이었다. 일제의 '산업조합령'은 산업조합을 설치함에 있어서 부·면, 군·도를 한 지구로 하여 산업조합을 설치하고, 상부 기구로서 도 단위에 산업조합 연합회를 두며, 총독의 허가와 총독·도지사의 감독을 받도록 했다. 그리고 그 사업은 금융조합과 긴밀한 관계를 갖는 가운데 판매조합, 구매조합, 이용조합으로서 활동하는 것이었다. 즉 행정적으로는 철저하게 관 주도의 산업조합, 자금상으로는 철저하게 금융조합 주도하의 산업조합이었다.[89]

재무부가 관 주도, 금융조합 주도의 협동조합을 제기한 것은 당시 이승만 정권의 농민 지배력 취약성을 반영하는 동시에 관 주도로 농민 지배 체제를 재구축하겠다는 의도였다. 지주를 통한 농민 지배가 불가능해지는 상황에서 자주적인 농업협동조합은 농촌경제 체제에 급격한 변혁을 초래할 수 있는 요소였다. 때문에 금융조합의 기득권을 인정하는 한편, 관의 행정적인 지도를 통해 금융조합의 통제하에 농민을 체제의 지지자로 포섭할 필요가 있었다. 따라서 '공동노동'과 '농민자치'를 핵심으로 하는 농림부의 협동조합안은 재무부의 반대로 국무회의에서 반려되었던 것이다.

다음으로 귀속재산 관리·처리방침을 살펴보면, 귀속기업체의 80%를 관리하게 된 상공부는 제일 먼저 "좌익 세력의 수중에 장악되어 있는 귀속기업

---

88 재무부장관 김도연은 아메리칸대학 박사학위 논문 "Rural Economic Conditions in Korea"(1931)에서 한국의 '계' 제도가 다른 나라의 협동조합과 비슷하다고 지적하고 농촌의 상호부조계는 공동구입과 공동판매의 경우가 있고 특히 관혼상제를 당했을 때의 부조계는 협동 정신에 의거한 것으로서 조직화 교육과 지도를 통해 능히 협동조합으로 발전할 수 있다고 했다. 따라서 김도연은 '집약적 공동경작'을 염두에 둔 강진국과는 달리 '구매·판매·신용조합'을 염두에 둔 자본주의적 협동조합을 제기한 것이었다. 김도연, 『나의 인생백서』, 강우출판사, 1968, 117쪽.

89 김용섭, 「일제강점기의 농업 문제와 그 타개 방안」, 『(증보판) 한국근현대농업사연구─한말·일제하의 지주제와 농업 문제』, 지식산업사, 2000, 434~435쪽.

체를 접수"[90]한다는 미명하에 귀속기업체의 통제를 강화했다. 정부수립 당시 전국의 7천여 공장은 정부가 지명한 관리인들이 경영하고 있었지만, 정부의 통제는 제대로 이루어지지 않고 있었다. 미군정기에 임명된 관리인들이 정부 정책에 비협조적인 경우도 많았고, 자주관리 운동의 경험을 가졌던 노동자들도 그러했다. 상공부장관 임영신은 공장 노동자들에게 반공 선무공작을 펴는 한편, 정부 시책에 동조하는 공장에 원료를 집중 공급하는 방식으로 관리인들과 귀속기업체에 대한 통제를 강화했다.

귀속재산 처리에 있어서 상공부는 국영을 기초산업에 한정하여 최소화하고, 기타 일반 산업체에는 민영을 확대한다는 방침을 세우고 있었다.[91] 이러한 정책방침을 반영하여 제28차 경제위원회는 1949년 11월 2일, 22개 기업체로 선정된 국영기업의 조직을 모두 반관반민 체제로 할 것을 의결하고, 국영기업체 운영 요강을 지시했다. 그것은 국유국영을 최소화하고, 가급적 민영으로 전환하라는 것이었다.[92] 그리고 그해 12월 19일에는 귀속재산 처리 법안이 통과되었다. 귀속재산 불하액수에 대해서 국회는 "불하받은 자 1인에 대한 가격을 귀속재산처리법 시행 당시의 시가로 1천만 원에 한정하자"는 수정안을 통과시켰다.[93] 그러나 정부 측은 하나의 기업체가 2인 이상의 합자에 의해 매수되는 경우가 많아지면 기업가의 창의와 활동력에 불필요한 제약을

---

90 「임영신」, 『재계회고』 7, 한국일보사, 1981, 26쪽.

91 국회사무처, 「제1회 국회속기록 제83호」(1948. 10. 6), 각부 장관의 시정방침 연설, 상공부장관 임영신(『제헌국회속기록』 2, 여강출판사, 1987, 512~515쪽).

92 「시정상황—기획처」, 『시정월보』 8, 1950. 1. 20, 121쪽. 1948년 12월 15일 내한한 ECA 처장 호프만(Hoffman)은 12월 17일 한국 실업계·경제계 인사들 앞에서 한 연설에서 기업 운영은 국영이 15%를 초과해서는 안 되며, 사영이 85% 이상 되어야 한다고 주장했다. 「한국 산업부흥의 기동력 1억 5천만 불 대한원조안 미국회 양원 외위를 통과하다」, 『시정월보』 5, 1949. 9. 15, 32~33쪽).

93 국회사무처, 「제5회 국회임시회의속기록 제41호」(1949. 11. 15), 귀속재산처리법안 제2독회(『제헌국회속기록』 7, 여강출판사, 1987, 951~958쪽).

가하게 되므로 "유능한 기업가가 국가 산업부흥에 기여함을 저해"하는 좋지 못한 결과를 초래한다고 주장하면서 거부권을 행사했다.[94] 계획경제론자들이 주장해왔듯이 중소지주와 종업원들이 합자한 자금을 귀속기업체 매수에 활용함으로써 자본 재분배를 실현하기보다, 자본가들의 자금력과 경험을 동원하여 생산력을 극대화하고자 하는 인식이 귀속재산 처리 방향을 규정하고 있었다.

또한 산업계획은 제1공화국이 합의하고 출발한 부분이었고, 상공부도 계획경제 시행에 찬성한다는 입장을 표명했다. 초대 상공부장관 임영신은 1948년 10월 6일 시정방침 연설에서 자유기업주의 원칙과 함께 계획경제·균등경제의 실현을 언급한 바 있었다.[95] 그러나 그는 계획경제를 물자부족의 비상사태를 극복하기 위한 잠정적인 것으로 이해했고, 균등경제도 생산력 증대를 위해 조정 가능하다고 생각했다.[96] 그러므로 일반 산업체를 민영화하고, 물자 취급을 상인단체에게 일임하는 자유상공업주의 원칙을 계획경제 강행, 균등경제의 실현과 동시에 언급할 수 있었던 것이다. 자유기업주의, 자유상공업주의 실현을 위해 일정 기간 동안의 물자동원 계획, 자금계획이 필요하다고 생각했기 때문이었다. 따라서 그가 생각하는 산업계획의 중심은 생산계획보다 자본가를 물자·자금 면에서 지원하는 물동계획과 자금계획에 있었다.

---

94 조선은행조사부, 「귀속재산처리법과 한국 경제」, 『조사월보』 29, 1949. 12, 91쪽. 이에 대한 조선관리인연합회의 건의는 주목할 만하다. "매각에 1인 일천만 원 제한(제9조)은 타당치 않음. 이유 1. 귀속재산 황폐의 원인은 망상적 적산관과 무주공동체인 관을 정하여 기 귀추가 불분명함으로 안심하고 차에 전력을 경주하지 못하게 한 데 있었다. 불하의 목적은 이 악인을 제거하고 전 기업 의욕을 발휘하여 사유재산을 무제한으로 투자하도록 유도함으로써 국가 산업발전을 기도함에 있다." 조선재산관리인연합회, 「귀속재산처리법에 관한 건의(1949. 12)」, 『국무총리실 참고서류철(관재 관계)』 3-4, 1949(김기원, 『미군정기의 경제구조』, 290쪽에서 재인용).

95 국회사무처, 「제1회 국회속기록 제83호」(1948. 10. 6), 각부 장관의 시정방침 연설 상공부장관 임영신(『제헌국회속기록』 2, 여강출판사, 1987, 512~515쪽).

96 위의 책, 513~514쪽.

강력한 산업계획을 추진하기 위해서는 생산계획에 근거한 물동계획이 수립되어야 함에도, 1949년 4월 17일 기획처가 기안하여 제출한 산업부흥 5개년계획과 물동 5개년계획 중 후자만이 국무회의를 통과했다.[97] 뒤이어 산업부흥 5개년계획이 수립되고 추진되었지만 2대 상공부장관 윤보선(尹潽善)은 "이것이 정부의 꼭 지키지 않으면 안 될 철칙은 아니"[98]라는 입장을 가지고 있었다. 생산계획을 수립하고 이에 준하여 생산부흥을 추진하지만, 자본가들에게 물자 생산을 강제하여 자율성을 침해할 수는 없다는 것이었다.

상공부는 물동계획을 추진하는 과정에서 통제물자와 원조물자를 가능한 한 저렴한 가격으로 자본가들에게 공급했고, 물자 대행권도 상인단체인 물자영단에 일임했다.[99] 당시 물자영단은 고율의 수수료 취득으로 사회적인 물의를 일으키고 있었음에도, 상공부는 물자영단을 공공기관화하여 '민국물자보급소'를 설립하고 대행사무를 총괄하도록 했다.[100] 그러나 운영상의 문제가 발생하자 상공부는 이를 해체하고, 다시 상무국의 감독하에 다수의 대행기관을 운영했다.[101] 따라서 공업용 물자의 경우 한미, 동면, 동방, 태양, 대원 등의 대행기관이 난립했다.

---

97 식산은행조사부, 「국내경제개관(1949년 3월·4월)」, 『식은조사월보』 4-4(통권 16호), 1949. 8, 142쪽.

98 국회사무처, 「제6회 국회정기회의속기록 제43호」(1950. 3. 3), 국정감사에 관한 질문 상공부장관 윤보선(『제헌국회속기록』 8, 여강출판사, 1987, 1017쪽).

99 상공회의소는 미군정기부터 통제물자 배급권을 상인들에게 환원할 것을 주장해왔다. 1948년 11월 20일 상공부는 통제물자 취급 대행기관을 일원화하여 상인조직체인 조선물자운영조합연합에게 그 권한을 부여했다. 대한상공회의소, 『대한상공회의소 3년사』, 1949, 107, 136~137쪽.

100 식산은행조사부, 「국내경제개관(1948년 10, 11, 12월)」, 『식은조사월보』 4-1, 1949. 3, 141쪽.

101 식산은행조사부, 「국내경제개관(1949년 1월)」, 『식은조사월보』 4-2(통권 14호), 1949. 8, 151쪽; 식산은행조사부, 「국내경제개관(1949년 3월·4월)」, 『식은조사월보』 4-4(통권 16호), 1949. 8, 128쪽 참조.

2) 원조에 의한 자본동원론

재무부·상공부가 추진하고 있는 자유경제 정책의 방향이 확고한 정부 정책으로 자리 잡기 위해서는 자본동원 문제가 선결되어야 했다. 자본동원 문제는 식민지에서 벗어나 자본주의를 선택한 신흥 국가들에서 산업부흥의 핵심이 되는 사안이었다. 사회의 물적 재원을 국가가 장악하게 되는 사회주의 국가와는 달리 이러한 국가들은 사적 소유를 인정하지만, 식민지 침탈로 인해 산업부흥을 추진할 만한 민족자본의 축적 정도는 취약하기 때문이었다.

재무부는 자본동원 방법으로서 저축증대 운동을 전개하여 민간의 부동 구매력을 흡수하고 은행 자유여신 한도액을 인상함으로써 산업 부문에 대한 융자를 활성화하고자 했다.[102] 그러나 당시 국내자본의 대부분은 지주자본에 집중되어 있었고, 지주들은 국가가 귀속기업체 불하를 통해 지주의 산업자본가화를 보장하라고 요구하고 있었기 때문에 민간저축만으로는 산업재건에 필요한 자금을 동원할 수 없었다. 국내자본 동원에 의거한 산업화에는 지주들의 협조가 반드시 필요했지만, 지주자본이 민간저축으로 적극 유입되리라는 것은 기대하기 힘든 일이다.

위의 방법이 활성화될 수 없다면 자금을 보조금이나 정부보증부 융자의 형태로 방출하여 기업의 자금 회전을 지원하는 방법이 있었다.[103] 이는 국가의 책임하에 자본가를 육성하는 방식이었다. 당시의 재정은 조선은행 차입금으로 유지되었고, 1949년 예산은 국방비와 치안유지비만으로도 국민의 담세능력을 넘어서고 있었다.[104] 따라서 보조금이나 정부보증부 융자의 방식으로 자금을 방출한다면 재정과 금융에 부담을 줄 수밖에 없었다.

102　식산은행조사부, 「국내경제개관(1949년 5월)」, 『식은조사월보』 4-5(통권 17호), 1949. 9, 95~97쪽 참조.

103　한국산업은행조사부, 『한국산업경제10년사(1945~1955)』, 1955, 368쪽.

104　이순탁, 「4282년도 예산내용 설명」, 『시정월보』 3, 1949. 6. 30, 12쪽.

그럼에도 불구하고 이러한 방식이 채택된 것은 경제관료진의 다수가 국방·치안유지와 경제재건의 동력을 국내자본이 아닌 원조에서 구했기 때문이었다. 원조에 의한 자본동원론은 자체의 생산력에만 의거하면 부흥이 되기까지 장시간이 필요하고, 정치적 안정의 토대를 마련할 수 없다는 데 근거를 두고 있었다.[105] 원조 도입의 목적이 "부강한 대한민국의 경제적 토대를 공고히 확립"하는 데 있다면 원조에 의한 자본동원이라는 수단은 정당화될 수 있었다.

당시 한미경제원조협정에 의해 제공되기로 한 원조액은 초년도 액수만으로도 조선은행 통화발행고를 능가했다.[106] 이 방대한 자금을 산업자금으로 활용할 수 있다면 지주들의 협조 없이도 자본동원 문제를 해결할 수 있었다. 이것은 농림부의 산업 재편에 의한 자본동원론[107]뿐 아니라, 지주자본을 민족자본으로 등치시키고 귀속재산 불하 우선권을 통해 지주의 산업자본가화를 달성하려고 한 한민당의 구상과도 달랐다. 그러나 원조에 의한 자본동원론이 설득력을 얻기 위해서는 안정적인 원조 도입이 전제되어야만 했다.

이처럼 한국의 경제계가 원조 도입의 지속성과 안정성에 주목하는 가운데 1949년 6월 30일 미국 하원 외교위원회는 국무부와 ECA(Economic Cooperation

---

105 백두진, 「한국 경제부흥과 외자 도입」, 『시정월보』, 4, 1949. 7. 23, 8쪽.

106 한미경제원조협정의 결과 미국 측은 우선 초년도분 1억 2천 6백만 달러 상당의 원조물자를 제공하기로 약정했다. 이를 한미 간의 잠정적인 환율인 450대 1로 환산하면 567억 원에 해당한다. 식산은행조사부, 「국내경제개관(1949년 2월)」, 『식은조사월보』, 4-3(통권 15호), 1949. 7, 57쪽.

107 농림부장관 조봉암은 필수불가결한 부분에만 원조를 조달함으로써 자생력 있는 경제를 확립하고 원조를 최소화해야 한다고 생각했다. "목전의 필요를 위해 급약처방식"으로 원조를 조달한다면 경제의 자주성은 보장될 수 없기 때문이었다. 김약수·김장열·조봉암·이문원, 「국회의원 좌담회」, 『민정』 1-1, 1948. 9, 48~49쪽. 농림부가 원조에 대한 의존을 주장하지 않고 내자축적과 자본재분배를 통해 산업발전을 해간다는 논리를 제기하는 이상, 국내에서 산업자본으로 전환할 수 있는 가장 유력한 수단은 토지자본이었다. 그 때문에도 토지개혁의 향방은 중요한 문제였다. 강진국, 『농지개혁법 해설』, 문화출판사, 1949, 46~47쪽.

Administration, 경제협조처)[108]가 제안한 1억 5천만 불 대한 원조법안을 심의하면서 코네티컷의 공화당의원 랏지(Lodge)가 제안한 수정안[109]을 가결했다. 이 수정안은 "이 법을 운영하는 당국자는 어떠한 기타 법률 조항에도 불구하고 대한민국에 1인 또는 1인 이상의 공산당원, 또는 현재 북한 정권을 지배하고 있는 정당의 당원을 포함한 연립정부가 조직되는 경우에는 이 법에 의한 원조를 즉시 중지한다"는 반공 규정이었다. 미 하원의 결정은 미국이 지지했던 국민당이 중국 본토에서 축출되고 중국의 공산화가 임박한 데 따른 불안감의 표출이었다.

한국 언론은 이를 대서특필했고 이승만 대통령은 수정안에 전폭적인 지지를 보내는 한편, 중국을 대신해서 한국을 동아시아 대공산 투쟁의 상징, 자본주의의 보루로 만들어가고자 했다.[110] 서구의 냉전은 교착 상태에 들어갔지만 동아시아는 중국에 이어 버마, 인도, 인도차이나에서 사회주의 세력과 자본주의 세력이 격돌하고 있었다. 바야흐로 동아시아가 냉전의 주 무대로 등장한 것이다. 이런 가운데 북한과 대치하고 있는 남한을 자본주의로 지켜 나가려면 반공 투쟁의 수위를 높이는 한편 원조에 의한 급속한 산업부흥으로 생산력 경쟁에서 승리해야 한다는 주장[111]이 여론을 선도했다.

미국 하원의 반공 규정은 원조에 의한 자본동원을 주장해온 논자들의 입

---

108 ECA는 유럽의 전후복구와 공산화 방지를 목적으로 마련된 유럽부흥계획, 흔히 '마샬플랜'이라 불리는 계획을 실행하기 위해 설립된 기구로서, 국무부 산하기관이다. 한국에도 ECA 원조를 적용하기로 결정함에 따라 육군성이 담당해왔던 구호사업은 1949년 1월 1일부로 ECA에 이양되었고, 초대 주한 ECA 처장에는 하지의 경제고문이었던 번스(Bunce)가 임명되었다.

109 원문은 "The Ambassador in Korea (Muccio) to the Secretary of State, July 2, 1949", *Forein Relations of the United States(1949)*(이하 *FRUS*로 기재) 7, p. 1057, 주석 1번을 보라.

110 「공산 세력을 방지 민주 보루 유지를 확신 원조안 통과에 이 대통령 담」, 『동아일보』 1949. 7. 2.

111 「사설: 미 대한원조와 방공태세」, 『동아일보』 1949. 7. 2; 종석, 「월요시평: 반공 규정의 추가 대한원조의 부대조건」, 『동아일보』 1949. 7. 4.

지를 강화시켰다.[112] 재무부가 지주전업에 대한 농림부의 협조 요청을 거절하고 '귀속재산 고가입찰경매 원칙'을 고수했던 것은 더 이상 지주자본에 의존해서 자본동원을 할 필요가 없었기 때문이었다.[113] 지주전업과 원조에 의한 자본동원 중 후자에 더 큰 비중이 두어졌고, 이제 한국의 자본동원에서 지주자본은 부차적인 의미를 지니게 되었다. 귀속재산처리법 시행령에서 지주가 귀속기업체 불하 순위의 최하위[114]로 밀려난 것은 바로 이러한 정책방침을 반영하고 있었다. 한민당은 귀속재산처리법에 지주의 우선권을 명시하는 데 성공했지만, 정부의 정책방침이 이러한 이상 지주의 산업자본가화가 순탄치 않을 것임은 이미 예고된 바였다.

한편 원조자금의 도입을 기대하고 편성된 1949년 예산은 국민의 담세능력을 크게 상회했다.[115] 인플레이션을 감수하고라도 산업부흥을 달성하겠다는 정부의 적극적인 의지가 관철되고 있었기 때문이었다.[116] 이로 인해 1949년 예산에서는 특히 국방과 치안유지비의 비중과 함께 부흥 관련 지출의 비중

---

112 7월 12일 미 상원은 이 추가 규정을 삭제했다. 기획처, 「한국 산업부흥의 기동력 1억 5천만 불 대한원조안 미 국회 양원 외위를 통과하다」, 『시정월보』 5, 1949. 9. 15, 47쪽. 그러나 반공 규정 삭제 소식은 한국 언론에 보도되지 않았다.

113 강진국은 지주전업에 대한 협조 요청을 거절한 재무부장관 김도연의 태도를 "토지자본이 우리 나라에 있어 민족자본의 대종인데 이 민족자본을 재편성하는 이상 산업구조의 재편성이 당연히 따라야 할 것인데 국가백년대계를 그르친 고집"이라고 비판했다. 강진국, 「헐뜯긴 '농지개혁법' 초안」, 『신동아』, 1965. 10, 196~197쪽.

114 귀속재산처리법시행령 제10조 1항은 기업체, 주식 및 지분의 처리를 임차인 및 관리인, 해당 기업체의 주주, 사원, 조합원 및 2년 이상 계속 근무한 종업원, 농지개혁법에 의하여 농지를 매수당한 자의 순위로 한다고 규정하고 있다. 강명옥, 『귀속재산처리법해의』, 명세당, 1950, 87쪽.

115 당시 재정적자는 약 280억 원에 달하고 있었다. 재무부 측은 이 중 140억 원을 경제원조자금으로 보충하고, 나머지 140억 원은 조세 수입과 관세, 전매사업 등으로 충당하겠다고 설명했다. 국회사무처, 「제2회 국회정기회의속기록 제88호」(1949. 4. 30), 단기4282년도 세입세출 총예산안, 재무부장관 김도연(『제헌국회 속기록』 4, 여강출판사, 1987, 760쪽).

116 한국산업은행조사부, 『한국산업경제10년사(1945~1955)』, 1955, 369쪽.

이 크게 늘어났다.[117]

이렇게 재정지출이 크게 증가하는 상황에서 자유경제론 내에서도 부흥과 안정의 논리가 대립하고 있었다. 부흥론은 다소의 인플레이션 경향이 있더라도 대공산 투쟁을 위한 국방군 창설과 산업부흥을 병행하기 위해서는 팽창적인 재정지출이 불가피하다는 입장이었다.[118] 반면 안정론은 산업을 부흥하기 위해서는 거대한 산업자금이 신규로 필요한데 이 자금을 금융기관의 수신범위 이상의 과도한 신용 창출에 의해 조달하게 된다면 현재의 악성 인플레이션 경향에 박차를 가하여 산업이 부흥할 수 있는 토대 자체를 파괴한다는 주장이었다.[119] 곧 통화안정이라는 전제조건 없이 생산부흥은 불가능하다는 주장이었다. 그러나 당시에는 정부와 국회 모두 산업부흥을 도모하여 물자와 통화의 간극이 메워지면 인플레이션은 자연 극복될 것이라는 낙관론이 지배하고 있었기 때문에 안정론은 설득력을 갖지 못했다.

부흥론에 기초한 자유경제 정책의 방향이 추진되는 가운데 이승만 대통령은 1949년 12월 23일 신문기자와의 회견에서 "통제경제를 자유경제로 전환"할 것을 천명함으로써[120] 자유경제 정책의 방향을 공식적으로 추인했다. 그리고 정부는 통제사회와 비통제사회를 구분하여 공무원들과 중요 사업장의 근로자들에게만 배급을 실시하고, 통제를 최소화하여 가능한 한 자유시장에 맡기고자 했다.[121]

---

117 김동욱, 「1940~1950년대 한국의 인플레이션과 안정화 정책」, 연세대학교 경제학과 박사학위논문, 1994, 68~69쪽.

118 로버트 T. 올리버 저, 박일영 역, 앞의 책, 1982, 303~304쪽; 김도연, 『나의 인생백서』, 강우출판사, 1968, 213쪽 참고.

119 백두진, 「한국 경제부흥과 외자 도입」, 『시정월보』 4, 1949. 7. 23, 10~11쪽.

120 「자유경제로 전환 행정 간소화에도 주력 대통령 담」, 『동아일보』 1949. 12. 24.

121 장기영·김경진·황종률·나익진·백두진, 「좌담회: 경제 재건의 요체—안정은 내핍에서」, 『동아일보』 1950. 1. 8. 당시 한 신문 사설은 생산과 소비가 균형되지 못한 한국 실정에서 돌연 자유경제로 전환한 결과는 부

이처럼 재무부·상공부의 자유경제 정책은 1949년 후반부터 정부의 정책으로 자리 잡았다. 농지개혁과 산업계획을 균등경제 실현을 위한 방도로 이해했던 소장파, 기획처·농림부와는 달리 당시 정치적 주도권을 장악하고 있었던 국회의 우파 세력과 재무부·상공부는 이를 자본주의 체제 안정화, 자본가 중심의 산업 육성을 위한 조치로 이해했다. 원조는 이러한 정책을 자금 면에서 뒷받침할 수 있는 중요한 재원이었다. 이승만은 동북아시아의 긴장 고조로 한국의 전략적 지위가 높아짐에 따라 한국에 대한 원조 증액을 요구했다. 재무부·상공부는 국영기업체 운영과 물자 배급에 대한 감독권을 국가가 가지고 물동계획을 추진하되, 경제 운용을 상공인들의 자율에 맡김으로써 자유경제의 원리를 확산시켜 나갔다.

익부와 빈익빈의 결과를 초래할 뿐이라고 지적했다. 「자유경제냐 통제경제냐」, 『조선일보』 1950. 4. 18.

2장
미국의 안정화 요구와 '경제안정 15원칙'

1. 산업부흥 5개년계획의 추진

정부 내 계획경제론자들이 탈락했음에도 불구하고, 산업부흥계획을 통한 정책수행이라는 원칙은 여전히 견지되고 있었다. 특히 산업부흥 5개년계획은 농지개혁과 더불어 전 산업 분야를 망라한 산업부흥계획의 핵심축이었다. 산업부흥계획의 목표는 국내 산업의 유기적 구성과는 상관없이 일본 중심으로 편성되었던 기형적인 산업구조를 극복하고 산업구조를 재편성하는 것이었다.[122] 따라서 이 계획은 한국 경제의 가장 취약한 부분인 연료와 동력, 중화학공업 14개 부문에 대한 5개년간의 집중적인 투자와 증산에 초점을 맞추었다. 농업국에서 공업국으로의 전환, 중화학공업 수준의 비약적 상승이 정부가 이 계획을 통해 기대하는 성과였다.[123]

〈표 1〉과 같이 정부는 산업부흥계획을 통해 발전, 선철 생산, 철강 생산, 조

---

122 조선식산은행조사부, 「국내경제개관(1949년 3·4월)」, 『식은조사월보』 4-4, 1949. 8, 137쪽.

123 조선은행조사부, 「국내경제동향(1949. 3~4)」, 『조선은행조사월보』 22, 1949. 5, 98쪽.

<table>
<tr><th colspan="9" style="text-align:center">〈표 1〉 산업부흥 5개년계획안</th></tr>
</table>

계획 부문	단위	1949(A)	1950	1951	1952	1953(B)	A/B(배)
발전	kw	245,300	263,300	282,700	340,200	349,500	1.42
선철생산	ton	6,500	13,800	25,000	45,000	50,000	7.69
철강생산	ton	3,500	9,000	33,500	62,500	88,000	25.14
산금	kg	1,300	2,500	4,000	6,000	8,000	6.15
어선 조선	척	1,441	2,200	2,465	2,540	-	1.76
연탄	ton	400,000	800,000	1,200,000	1,600,000	1,860,000	4.65
지류	ton	10,840	13,305	14,551	21,828	32,734	3.02
원동기·증기기관	기	20	28	39	43	51	2.55
무수주정	석	70,000	180,000	180,000	180,000	180,000	2.57
카바이트	ton	5,350	20,850	58,850	71,700	71,700	13.40
시멘트	ton	50,000	75,000	150,000	200,000	300,000	6.00
유지	ton	8,550	11,150	13,500	15,300	16,900	1.98

* 출전: 조선식산은행조사부, 「국내경제개관(1949년 3·4월)」, 『식은조사월보』 4-4, 1949. 8, 137~138쪽.

선공장 확충, 연탄 생산, 지류 생산, 원동기 제작, 무주수정 생산, 카바이트 생산, 시멘트 생산, 유지 생산, 석탄과 저온건류, 석유정제설비의 14개 부문을 1949년부터 1953년까지 5개년에 걸쳐 집중적으로 육성할 계획이었다.[124]

동력 부문을 살펴보면, 일제 시기 이래로 남한은 전력량의 85%를 북한으로부터 제공 받았다. 1948년 5·14 단전조치로 인해 전력 송전이 중단됨에 따라 남한 공업계는 치명적인 타격을 입었다. 전력 문제 해결은 남한 산업재건의 사활이 걸린 문제였다. 정부는 현존 수력발전소의 강화, 소규모 자가발전시설의 확충, 대규모 화력발전소의 건설을 계획 중이었다.

연료 부문을 살펴보면, 남한에서는 유연탄 생산이 거의 전무하다시피 해서 대부분을 일본으로부터 수입하고 있었다. 이를 방지하기 위해 집중적인

---

124 조선식산은행조사부, 「국내경제개관(1949년 3·4월)」, 『식은조사월보』 4-4, 1949. 8, 138~142쪽.

생산계획을 세우고 국책기업인 대한석탄공사 설립을 추진했다.[125] 국내산 유연탄은 특수공업용 연료에 부적당하기 때문에 석탄저온건류법에 의해 콜타르, 코크스, 피치 소요량을 보충할 계획이었다. 석유는 산유국이 아니므로 외국에 전적으로 의존할 수밖에 없었다. 정부는 그간 정유로 수입하던 관행을 버리고 직접 원유를 수입한 후 울산정유공장을 재건하여 정제할 계획을 세웠다.[126] 당시 운수기관용 액체연료를 국내에서 생산하는 방법은 석탄액화, 석유정제, 무수주정의 3가지 방법이 있었다. 그중 무수주정만이 원료를 외국에 의존하지 않을 수 있었기 때문에 무역수지 개선을 위해 무수주정 생산시설 또한 확장할 방침이었다.

중공업 부문 중 선철은 삼화제철소를 복구하여 점차 증가하는 선철 수요에 부응할 계획이었다. 한국의 철강 매장량은 북한이 99.9%를 점하는 가운데 생산액 또한 북한이 90%를 차지하고 있었기 때문에 증가하는 수요에 대응할 방안이 절실했다. 철강 생산계획은 삼화제철소에서 생산한 선철과 수입 원료에 의한 전로, 전기로, 고주파 전기로, 평로, 압연기와 재열로로 시설 계획을 마련하고 생산 목표량을 산출한 것이었다. 한편, 경제적 자립을 위해서는 필수적이면서도 일제 시기 이래로 한국인에 의한 생산이 극도로 취약했던 분야 중 하나가 기계기구 분야였다. 정부는 원동기와 증기기관 생산을 점진적

---

125 조선은행조사부, 「국내경제동향(1949. 2~3)」, 『조선은행조사월보』 21, 1949. 4, 91쪽.

126 울산정유공장은 연 20만 톤의 원유 처리 능력을 가진 한국 유일의 정유공장이었다. 일제 시기 착공된 이 공장은 해방 당시 70% 정도 공사가 진행된 상태였다. 대한민국이 수립된 후 정부는 이 공장을 정부 직영 정유공장으로 재건하기로 하고, 1950년 2월까지 준공을 완료한 후 1950년 4월부터 생산을 시작할 계획이었다. 정부는 부속 시설을 확충하여 1951년부터는 한국 석유 소요량 전량을 이 공장에서 공급함으로써 정유 수입으로 지출되었던 7백만 달러의 외화가 절약될 것으로 기대하고 재건 계획을 세웠다. 조선은행조사부, 「국내경제동향(1949. 11~12)」, 『조선은행조사월보』 30, 1950. 1, 111~112쪽. 1950년대 미국계 석유회사를 중심으로 한 동북아시아 석유시장 재편과 울산공유공장 재건 계획에 대해서는 곽경상, 「해방 후 남한 석유시장의 재편과 울산 정유공장 건설 계획」, 『동방학지』 176, 2016 참조.

으로 증가시켜 국내 수요에 대응할 방침이었다.

화학공업 부문 중 산소용접, 광산 갱내 조명, 어장 봉화용, 질소비료의 원료로 사용되는 카바이트는 국내 유일의 카바이트공장인 삼척화학공업소를 확충하여 국내 수요에 충당하도록 할 계획이었다. 토지개량, 도로공사, 하천 제방공사, 각종 토목건설 등 수요량은 20여만 톤에 달하는데도 시멘트 생산 능력은 7만 2,000톤에 불과했다. 이를 보강하기 위해 단양에 연생산량 30만 톤의 중앙시멘트공업주식회사를 건설할 계획이었다.[127]

그 외 산금 계획은 해방 후 축소된 생산량을 확보하기 위한 것으로서, 덕대제로 운영되는 현실을 반영하여 생산 목표량을 세웠다. 그리고 선체 수리조차 제대로 할 수 없을 정도로 빈약한 조선 시설의 현실을 타개하기 위하여, 5개년 계획을 세워 소규모나마 국내 조선소를 건설할 계획이었다.

1950년도 원조물자 수입 계획은 산업계획에 따른 물동계획에 의거해[128] 식량과 피복의 자급자족을 위한 원료와 산업 인프라 건설을 위한 시설재 도입에 집중되었고, 그간 수입의 대부분을 점했던 식량 수입은 최소한으로 억제되었다.[129] 산업 건설 자재를 도입하여 산업부흥의 기초를 정비, 확립하는 것이 산업부흥계획 제1차년도의 목표였기 때문이었다.[130] 1950년도 원조물자 수입 계획은 특히 연간 생산계획을 수립하고, 그 생산계획을 수행하는 데 필

---

127 조선은행조사부, 「국내경제동향(1949. 2~3)」, 『조선은행조사월보』 21, 90쪽; 조선은행조사부, 「국내경제동향(1949. 5~6)」, 『조선은행조사월보』 24, 1949. 7, 102쪽.

128 「백두진 임시외자총국장 원자물자취급 3원칙을 발표」, 『동아일보』 1949. 4. 2; 「백두진 임시외자총국장 1950년도 원조물자 청구서 작성 경위와 중점 목표에 대해 발표」, 『평화일보』 1949. 5. 1.

129 「1950회계년도 수입 예정인 대한원조물자의 종목별 예산 내용 중 해상운임이 최고액」, 『연합신문』 1949. 6. 19. 종목별 예산 내용을 살펴보면 해상수송비, 비료, 석유, 면화, 목재, 어선, 전력, 화학약품, 철로, 도로 및 교량 자재, 석탄, 철강 제품의 순이었고, 식량 수입은 1% 이하였다.

130 「백두진 임시외자총국장, 미국의 대한 경제원조로 산업부흥 기초를 확립하겠다고 담화」, 『동아일보』 1949. 6. 12.

요한 자재를 수배할 사업체명을 계획서에 명확히 기재하여, 원조물자가 도입되면 각 사업체에 물자가 신속히 배정될 수 있도록 했다.[131]

2. 미국의 안정화 요구와 한미경제안정위원회의 설치

이승만 정권이 부흥론에 의거한 산업부흥 정책을 추진하는 가운데 인플레이션은 1949년 중순 이후 급속한 상승곡선을 그리고 있었고, 민생고는 점차 심화되었다. 1947년을 기준으로 생산지수는 1948년 122, 1949년 222로 증가되었지만 1949년 12월 현재 통화량은 9월 말보다 218억 원이 증가했으며, 물가지수는 4월의 1,100에서 12월에는 1,710으로 55.5% 증가했다.[132] 물자 생산은 점진적으로 증가하고 있었지만, 물자의 생산 증가에 앞서는 통화팽창 때문에 물가도 하루가 다르게 상승했다. 1949년 후반기의 인플레이션은 정부자금의 대량 방출에 의한 재정인플레이션의 성격을 띠고 있었다.[133] 제주 4·3항쟁 진압, 빨치산 토벌 등으로 인해 국방비와 치안유지비가 급속히 증가했고, 이것은 계절자금, 산업자금의 방출과 함께 인플레이션을 가속화시켰다.

한국의 군사·경제정책은 원조 도입을 전제로 추진되었지만, 미 의회의 대한 원조안 통과는 계속 지연되었다. 원조가 수급되지 않는 상황에서 재정인플레이션이 가속화된다면 재정 파탄으로 말미암아 정치·경제·사회 제 분야

---

131 「백두진 외자총국장, 수입계획 원안 작성 완료 등에 대해 기자회견」, 『연합신문』 1949. 5. 29.

132 한국산업은행조사부, 『한국산업경제10년사(1945~1955)』, 1955, 369~370쪽 참조.

133 1940년대 후반기 한국 화폐경제의 특징을 보면, 물가상승이 점차 진정되는 가운데 통화량 변동에 의해 물가 변동이 상당한 영향을 받았으며, 통화량 증가의 가장 큰 요인은 정부 부문의 재정적자였다. 김동욱, 「1940~1950년대 한국의 인플레이션과 안정화 정책」, 연세대 경제학과 박사학위논문, 1994, 76쪽.

에 불안을 초래할 가능성이 있었다. 1949년도 세출예산은 전년 대비 3배를 넘었고, 세입에서 조세가 차지하는 비중은 15% 정도인 반면 조선은행 예상 차입금의 비율은 50%에 육박했다.[134] 이런 상황을 계기로 인플레이션을 수습함으로써 생산여건, 생산의 경제적 기반을 정비해야 한다는 안정론이 대두되기 시작했다.

임시외자총국장 백두진은 재정인플레이션을 해결하기 위해 원조물자의 판매가격을 시장가격에 접근시키고, 이를 현금으로 회수할 것을 주장했다.[135] 이렇게 함으로써 원조물자 판매대금의 수익률을 높여 재정적자를 보전하고, 인플레이션의 위험 없이 생산자금을 공급하며, 가급적 국제시장의 물가구조에 접근시켜 국제경제와 한국 경제를 연결시키려 한 것이었다.[136]

백두진은 지금까지의 원조물자 수급 체제가 자금회수 문제를 경시했기 때문에 원조물자의 비정상적인 저가가 유지되고 외상거래가 횡행함으로써 원조 수용 체제, 산업부흥 체제의 정비를 저해했다고 평가했다. 따라서 그는 재무부와의 긴밀한 연락하에 원조물자의 수용을 가능하게 하는 자금·유통 면의 체제 수립을 제일의 목표로 삼았다.[137] 그런 의미에서 안정론은 인플레이션 대책이자 미국의 안정화 요구에 적극 부응함으로써 원조를 안정적으로 공급받기 위한 논리였다.

당시 미국은 국민들의 생활상의 요구를 충족시키지 못하는 이승만 정권의 산업부흥 방식이 정치적인 불안으로 이어질 위험성에 대해 심각한 우려

---

134 위의 논문, 69쪽, 〈표 3-3〉 참조.

135 백두진, 「ECA 원조와 한국 경제부흥의 방향」, 『신천지』 5-1, 1950. 1, 41~44쪽.

136 백두진, 「한국 경제부흥과 외자 도입」, 『시정월보』 4, 1949. 7. 23, 11~12쪽; 백두진, 「ECA 원조와 한국 경제부흥의 방향」, 『신천지』 5-1, 1950. 1, 43쪽.

137 백두진, 「한국 경제부흥과 외자 도입」, 『시정월보』 4, 1949. 7. 23, 11쪽.

를 표명하고 있었다. 기획처 예산국에서 '방직공업 5개년 생산계획'에 따라 방직기계 및 연료품 제작 1차년도분 보조금으로 배정한 3억 8천만 원을 주한 ECA 측이 대폭 삭감하도록 지시한 것이나,[138] ECA 한국국장 존슨(Johnson)이 한국의 재건 실적을 높이 평가하면서도 '생활 향상이 곧 방공'이라는 점을 강조한 것 역시 같은 맥락이었다.[139]

미국에게 한국 문제는 단지 한국 자체의 문제가 아니라 냉전을 치르고 있는 아시아 전역의 문제였다. "한국은 미소가 나란히 실험했던 자본주의와 공산주의의 원리를 실험하고 있는 세계 유일의 지역"[140]이기 때문이다. 미국은 혁명 열기에 휩싸여 있는 아시아 민중들이 한국 정권의 안정을 통해 자본주의 원리의 우월성을 확신하리라고 생각했다.

미국은 중국의 공산화에 대비하여 1947년경부터 일본을 아시아 자본주의의 거점으로 지목하고, 한국을 일본의 공업 발전을 뒷받침할 배후지이자 이데올로기 전시장으로 설정하고 있었다. 따라서 미국은 한국에게 인플레이션에 의한 민생고와 정치불안을 감수하면서까지 취약한 생산시설을 복구하기보다, 국방과 치안유지에 치중하는 한편 일본 물자를 포함한 원조물자를 적극 활용하여 인플레이션을 억제함으로써 자본주의를 조기에 안착시킬 것을 요구했다.[141]

그러나 이승만 정권은 재정적자를 시정하고 인플레이션을 억제하라는

---

138 「시정상황—기획처」, 『시정월보』 5, 1949. 9. 15, 169쪽.

139 「부흥과 안정 가기(可期) 농, 공, 수, 전 개발에 치중 존슨 박사 경제원조 4원칙 천명」, 『동아일보』 1949. 11. 29.

140 "The Acting Secretary of State to the Director of the Bureau of the Budget (Pace), May 5, 1949", *FRUS(1949)*, p. 1025.

141 미 육군성 극동조사단의 보고서에서는 한국의 비료공장 건설을 일본 비료공장과의 중복투자로 비판했다. 李鍾元, 「戰後美國の極東政策と脫植民地化」, 『岩波講座 近代日本と植民地 8. アジアの冷戰と脫植民地化』, 岩波書店, 1993, 12쪽.

124　한국 경제의 설계자들

미국의 요구에 반하여 인플레이션 정책을 통한 대공산 투쟁과 산업부흥의 동시 병행을 추진했다. 재정인플레이션에도 불구하고 기획처가 제출한 1950년도 예산에서는 2천억 원을 초과하는 거액이 국방비와 치안유지비, 산업부흥자금으로 지출될 예정이었다.[142] 미국은 안정화 요구를 관철하기 위해서는 한국에 대한 좀 더 직접적인 개입과 재건 방향에 대한 수위 조절이 필요하다고 생각했다. 이는 1950년 1월 19일 미 하원의 원조안 부결을 계기로 한국 경제정책에 대한 직접적인 개입으로 나타났다. 주한 ECA 측이 인플레이션을 이유로 제1회 추가예산에 부흥투자계획의 재원으로 계상되었던 대충자금[143]의 사용을 보류했던 것이다.[144]

한국은 산업재건을 위한 국내 재원을 마련해놓지 않았을 뿐 아니라 조세로는 군사비와 치안유지비를 조달하기도 힘든 상황이었기 때문에, 원조가 차단된다면 산업부흥은 고사하고 정권 유지 자체가 불가능했다. 한국의 정·재계는 이제 인플레이션을 억제하고 안정을 도모하는 것을 당면 과제로 삼았다.[145] 그리고 이승만은 즉시 한미 간의 협의체를 조직할 것을 지시했다.

그에 따라 1950년 1월 26일 한미경제안정위원회가 설치되었다. 한국 측에서는 재무부장관 김도연을 위원장으로 상공부장관 윤보선, 농림부장관 윤영선(尹永善), 기획처장 김훈(金勳), 조선은행 총재 최순주(崔淳周)가 위원으로, 재무

---

142 조선은행조사부, 「국내경제동향(1949. 8~9)」, 『조선은행조사월보』 27, 1949. 10, 98쪽.

143 미국의 경제부흥 원조에서 원조자금 할당 방법은 차관, 증여, 조건부 할당의 세 가지였다. 피원조국은 이 중 증여의 형식으로 원조하는 부분을 ECA와 합의한 환율로 환산한 자국 통화로 그 중앙은행에 적립해야 했다. 이것을 대충자금(Counter account)이라고 한다. 이 계정은 수혜국이 ECA의 동의를 얻은 후에 경제부흥에 활용한다. 조선은행조사부, 「각국의 원조물자자금 운용 상황과 한국의 운용계획안」, 『조선은행조사월보』 33, 1950. 4, 154쪽.

144 한국산업은행조사부, 『한국산업경제10년사(1945~1955)』, 1955, 370쪽. 추가예산은 전액 대충자금 적립금에서 지출하기로 했다. 한국재정40년사편찬위원회, 『한국재정40년사』 제1권, 한국개발연구원, 1991, 36~40쪽.

145 한국산업은행조사부, 『한국산업경제10년사(1945~1955)』, 1955, 371쪽.

부차관 김유택(金裕澤)이 간사로 참가했고, 미국 측에서는 주한 ECA 아런 로렌(주한 ECA 재정담당 차관), 국무성 오웬 도우손, 주한 미군사고문단 크레어린스 히어를 위원으로, 주한 ECA 하버트 키니(주한 ECA 처장 번스의 특별보좌관)가 간사로 참가했다.[146]

한미경제안정위원회는 경제안정이라는 당면 목표에 맞추어 개별적인 사안에 대한 유효적절한 대책을 수립하기 위하여 산하에 예산, 식량, 외자가격 및 배정, 회계·세제, 은행여신 및 정부차입, 기업에 대한 정부보조금 제한, 세금, 기부통제, 귀속재산 처리, 공업시설 활용, 농지개혁, 외국환, 가격통제 및 배급, 외자 도입, 가솔린 대용품 등 15개 분과위원회를 운영하기로 합의했다.[147] 이로써 이후의 경제정책이 구체적인 사안까지 철저히 한미 간의 조율에 의해 결정되도록 했다. 동 위원회는 경제위원회를 대신하여 대통령과 국무회의에 경제정책을 건의할 수 있는 권한을 부여받았다. 이 위원회는 경제정책에 관한 한 한미 공동의 최고 의사조정기관이었다.

한미경제안정위원회는 1950년 1월 24일부터 이틀에 한 번씩 회의를 개최

---

146 「시사해설: 경제안정 십오원칙 책정」, 『경제월보』 11, 1950. 5. 7, 20쪽. 한미경제안정위원회는 가칭 '한국재정경제협의회'로 구성되어 1950년 1월 24일부터 회의를 개최했고, 1월 26일에는 '한미경제안정위원회'라는 이름으로 정식 발족했다.

147 「시사해설: 경제안정 십오원칙 책정」, 『경제월보』 11, 1950. 5. 7, 20~21쪽. 발족 시에는 13개 분과위원회가 설치되었으나 운영 과정에서 외자 도입, 가솔린 대용품 분과위원회가 추가로 증설되었다. 13개 분과위원회와 한국 측 위원은 다음과 같다. 1. 식량: 윤영선, 이순탁, 이홍(李泓), 김용진(金龍震), 2. 외자 가격 및 배정: 백두진, 김우평(金佑枰), 김용진(金龍震), 차윤홍(車潤弘), 3. 예산: 김훈, 이병호(李丙虎), 박희현(朴熙賢), 4. 회계 통제: 김도연, 이병호(李丙虎), 육진봉(陸鎭鳳), 김일환(金一煥), 5. 은행여신 및 정부 차입: 최순주, 김유택, 송인상, 6. 기업에 대한 정부보조금 억제: 홍헌표(洪憲杓), 한통숙(韓通淑), 김영년(金永年), 한인택(韓仁澤), 7. 세금: 김유택, 인태식(印泰植), 이병호, 8. 기부 통제: 장경근(張暻根), 이해익(李海翼), 최용덕(崔用德), 박종만(朴鍾萬), 9. 귀속재산 처리: 백남칠(白南七), 나정호(羅定鎬), 인태식, 김유택, 10. 공업시설의 이용: 한통숙, 송인상, 박승철(朴承哲) 11. 농지개량: 윤영선, 인태식, 김웅각(金雄珏), 강진국, 12. 외국환: 김도연, 최순주, 김훈, 박충훈(朴忠勳), 13. 가격 통제와 배급 제도: 김훈, 최순주, 김유택, 한통숙. 「한국재정경제협의회 구성, 대경협 연락 긴밀화, 부흥 기본 대책 수립, 십삼분과위원회를 설치」, 『동아일보』 1950. 1. 30.

하여 2월 14일경에는 '중간안정'을 지향한다는 합의를 보고 이를 언론에 공개했다.[148] 민생을 위협하는 인플레이션 극복을 초미의 급선무로 인정하고, 당면한 재정위기를 완화하여 '중간안정'을 이룩한 후에 생산부흥을 기도한다는 내용이었다. '중간안정'이란 통화개혁 등 일거에 인플레이션을 수습하는 방식이 아니라 재정금융 정책을 통해 점진적으로 인플레이션을 수습해가는 방식이었다.[149] '중간안정'의 논리는 인플레이션 상승의 원인은 생산감퇴와 통화팽창이지만 생산증가는 인플레이션의 극복을 통한 경제안정에 의해 촉진할 수 있는 결과적 목표이므로 우선 '재정균형'과 '금융건전'에 정책의 중점을 둔다는 것이었다.[150]

재무부차관이자 한미경제안정위원회의 간사역인 김유택[151]은 인플레이션 극복의 2대 방침으로 정부재정의 수지 균형 및 대출 통제를 들고, 조세증징에 최대한의 행정기능을 발휘하는 한편, 거액대출을 통제하여 정부지출의 균형을 유지하겠다고 했다. 적자재정의 주요 원인이 되어왔던 군사비와 치안유지비의 지출에는 손을 대지 않은 채 대출 억제, 조세증징을 통해서 미국이 요구한 안정화를 이루고, 생산부흥의 전제조건으로서 항상 통화량의 조절을 통한 '중간안정'을 염두에 두겠다는 방침이었다.

위에서 살펴보았듯이 재정인플레이션 정책을 통해 산업부흥을 추진하던

---

148 「중간안정 지향 한미경제공동위서 합의」, 『동아일보』 1950. 2. 15.

149 패전 후 일본에서도 인플레이션 대책을 둘러싸고 경제학자와 평론가 사이에서 일거안정과 중간안정의 논쟁이 전개되었다. 미와 료이치 지음, 권혁기 옮김, 『일본 경제사—근대와 현대』, 보고사, 2004, 265쪽.

150 백두진, 「경제안정 십오원칙과 외자 운영」, 『경제월보』 11, 1950. 5. 7, 152쪽; 김유택, 「금융정책의 당면 문제」, 『한국은행조사월보』 43, 1952. 2, 12쪽.

151 김유택은 1911년 황해도 해주 출생으로 해주고등보통학교와 경성고등상업학교를 졸업한 후 황해도 천태 금융조합 이사로 근무했다. 1935년 도일하여 규슈제대 법문학부를 졸업하고 조선은행에 입사하여 군산지점, 본점 서무과 경비심사계 및 해주지점 지배인 대리, 업무부 참사, 여신부장, 이사 등을 역임했다. 1949년 2월 재무부 이재국장이 되었고, 11월 재무부차관으로 승진했다. 『단기 4283년판 대한민국인사록』, 내외홍보사, 1950; 「김유택」, 『재계회고』 9, 한국일보사, 1981 참조.

이승만 정권은 원조 도입이 지연되는 상황에서 인플레이션으로 인한 재정 파탄, 정치불안의 위기를 맞았다. 이러한 상황을 계기로 안정론이 대두했고, 이는 미국의 안정화 요구와도 부합하는 논리였다. 한미 공동으로 설립된 한미경제안정위원회는 민생을 위협하는 인플레이션을 극복하고 재정위기를 완화하여 중간안정을 이룩한 후에야 생산부흥을 추진한다는 '중간안정론'에 합의했다.

3. '경제안정 15원칙'과 안정론적 자유경제 정책의 수립

1) '경제안정 15원칙'의 수립

'중간안정'을 지향하기로 합의한 한미경제안정위원회는 구체적인 정책 심의에 들어가 '경제안정 15원칙'을 정책기조로 정립했다. 재무부는 1949년 11월경부터 이미 재정과 금융에 관한 정책을 준비하고 있었다. 자유경제론으로 선회한 한국 정부 측의 입장은 다소의 인플레이션 경향이 있더라도 대공산 투쟁을 위한 국방군 창설과 생산력 극대화를 추진하기 위해 재정지출이 불가피하다는 것이었지만, 원조 당국인 ECA[152] 측에서는 경제안정을 최우선의 과제로 삼았기 때문에 한미 간의 견해차를 조정할 필요가 있었다.[153] 특히 재정과 금융에 관한 책임을 지고 있는 재무부로서는 인플레이션의 주원인인 재정적자에 대한 대책이 절실했다. 이런 점 때문에 경제안정 15원칙은 처음에는 재정과 금융에 국한된 정책으로 준비되었던 것으로 보인다.

---

152 ECA 원조가 한국에 적용된 이유와 그 운영에 대해서는 이현진, 『미국의 대한 경제원조 정책 1948~1960』, 혜안, 2009, 제2장을 참조할 것.

153 김도연, 『나의 인생백서』, 강우출판사, 1968, 213쪽.

재무부장관 김도연은 정책의 중점을 인플레이션 현상의 극복에 두어 재정균형, 금융 건전, 생산 증강을 도모한다는 대원칙을 정하고, 차관 김유택, 이재국장 송인상에게 정책 입안 실무를 일임했다.[154] 송인상은 경제정책의 기조를 경제안정책으로 설정하고, 인플레이션을 수습하기 위해 재정적자를 최대한 줄이고 금융 면에서는 '수신내여신'의 원칙을 지켜 통화 증발을 막으며, 귀속재산의 운영 합리화를 꾀한다는 정책 방향을 수립했다.[155] 그리고 사무관 이병언(李秉彦)이 주재하는 팀에게 일본의 '닷지라인(Dodge line)'[156]을 참고하여 정책안을 기초하도록 지시했다.

그러나 재무부가 정책을 기초하는 과정에서 미국 하원의 원조안 부결, 대충자금 사용금지라는 상황이 발생하자, 주한 ECA 측은 이를 번복하기 위해서는 한국이 인플레이션 극복에 노력하고 있다는 성의를 보여야 한다고 주문했다. 그에 따라 재정·금융정책으로 준비되고 있던 경제안정책은 경제정책의 중심으로 부상했다. 재무부의 초안은 로렌 재정관계 차장을 비롯한 주한 ECA 실무진과의 회합을 통해 다듬어졌고, 경제안정 15원칙으로 정리되어 1950년 2월 3일 국무회의에 상정되었다.[157] 이어 2월 5일에는 한미경제안정위원회에서 동 원칙에 대한 원칙적인 합의가 이루어졌다.[158] 각 분과위원회의 검토를 거쳐 1950년 2월 23일 국무회의를 통과한 경제안정 15원칙은 3월 4일

---

154 위의 책, 213~220쪽.

155 송인상, 『회남 송인상 회고록 부흥과 성장』, 21세기북스, 1994, 72쪽.

156 닷지라인은 미국의 은행가 닷지(Dodge)가 기초하여 1948년 12월 18일 총사령부 지령으로서 일본 정부에 통고한 경제안정 9원칙으로서 예산균형, 조세증징, 융자긴축, 임금안정, 물가통제, 외환관리 강화, 수출확대, 생산증대, 식량계획을 통한 인플레이션 억제를 우선적 과제로 삼았다. 이는 패전국으로서 봉쇄되어 있는 일본 경제를 단일환율 설정을 통해 미국 경제의 재생산 과정에 편입시키는 한편, 일본을 아시아의 공장이자 건설지로 재건하려는 시책이었다. 김용진, 「최근 일본 산업 실태」, 『경제월보』 12, 1950. 6. 20, 186쪽; 미와 료이치 지음, 권혁기 옮김, 『일본 경제사―근대와 현대』, 보고사, 2004, 271~275쪽 참조.

157 「경제 안정의 십오원칙, 작일 국무회의서 심의」, 『조선일보』 1950. 2. 4.

158 *Joint Weeka* 5, p. 215; 송인상, 『회남 송인상 회고록 부흥과 성장』, 21세기북스, 1994, 73쪽.

한국 경제정책의 기조로 내외에 발표되었다.[159]

경제안정 15원칙은 통화·재정·금융에 대한 8개의 항목에서 볼 수 있듯이 인플레이션을 극복하기 위한 방도로서 통화량의 조절, 금융 긴축, 귀속재산의 급속 불하·조세증징을 통한 세입 증대, 정부보조금 폐지, 통제 완화에 주안점을 두었다.[160] 이러한 조치는 실물경제에 대한 타격을 예상하면서도 ECA 원조의 지속을 기대하고, 이 자금으로 생산 증가를 볼 수 있을 것이라는 전제 하에서 취해진 것이었다.[161]

재무부장관 김도연은 이 정책으로 인해 자금력이 없는 중소상공업자들의 자금 압박이 심각할 것임은 인정했지만, 불건전한 기업을 차제에 도태시키고 경쟁력 있는 기업체를 육성하되 단기간 내에 안정을 달성함으로써 피해를 최소화하겠다고 생각하고 있었다.[162] 자력으로 산업재건을 할 수 없다는 사실을 인정하고 미국의 요구사항을 받아들여 수원 체제(受援體制)를 확립함으로써 원조를 통한 경제부흥의 길을 열자는 것이었다.[163]

이와 같은 경제안정 15원칙은 단기적인 인플레이션 수습책으로서의 의미를 갖지만, 또한 경제에 대한 국가개입 방식의 변화를 의미했다.[164] 그동안 국가는 자유경제 정책을 확대하면서도 산업 불균형을 시정하고 산업부흥을 추진하기 위해 물동계획·자금계획을 추진해왔다. 이는 국제 분업질서에 편입되기 위한 준비단계로서 국내 산업의 경쟁력을 확보하기 위한 것이었다.

159 「경제안정 15원칙 결정, '인플레' 극복에 주안 제반 애로를 강력히 타개」, 『동아일보』, 1950. 3. 5.

160 한국재정40년사편찬위원회, 『한국재정40년사』, 제3권, 한국개발연구원, 1991, 389~390쪽.

161 조선은행조사부, 「경제안정 15원칙의 관철을 위하여」, 『조선은행조사월보』 32, 1950. 3, 94쪽.

162 김도연, 『나의 인생백서』, 강우출판사, 1968, 215~216쪽.

163 공보처, 「경제안정 15원칙 공표, 김 재무부장관 담화」, 『주보』 49, 1950. 3. 15, 5~7쪽; 조선은행조사부, 「경제안정 15원칙의 관철을 위하여」, 『조선은행조사월보』 32, 1950. 3, 94쪽.

164 김동욱, 「1940~1950년대 한국의 인플레이션과 안정화 정책」, 연세대 경제학과 박사학위논문, 1994, 106쪽.

그러나 '중간안정론'에 의한 경제안정 15원칙은 국가의 직접적인 경제개입을 축소시키고 화폐 수량 조절에 주력함으로써 산업 일반에 자유경쟁의 원리를 확산하는 한편, 국내외 자본의 활동에 장애가 되는 제반 계획·통제적인 요소를 제거하는 것이 목표였다.

이러한 정책 방향에 대한 국내의 여론은 다양했다. 우선 자본가들을 대표한 대한상공회의소 회장 전용순은 귀속재산 불하와 통제 완화에는 적극적인 지지의사를 표명했다.[165] 그러나 금융을 긴축하고 보조금을 억제하며 단기일 내에 생산효과를 기대할 수 있는 수출품 생산업 외 몇몇 부문에 금융지원의 중점을 둔다는 조항에 대해서는 우려를 표명했다. 한국 산업의 후진성과 세계시장의 현실을 고려할 때, 산업 보호 정책이 적극적으로 모색되어야 한다는 것이었다. 식산은행장 장봉호는 이에 대한 방책으로 정부보조금을 대신하여 대충자금을 장기산업자금으로 전용함으로써 자본가들에 대한 자금지원을 계속할 것을 촉구했다.[166]

'중간안정론'을 지지해온 대표적인 논자인 조선은행 업무부 차장 이상덕은 적자재정을 축소하고 경제안정 15원칙을 관철하기 위해서는 행정기구의 축소, 징세의 강화, 국채의 소화, 급여 임금의 고정 등의 정책을 강력하게 추진해야 한다고 주장했다.[167] 금융 정상화를 최우선의 과제로 제기해온 은행인들에게는 조선은행 차입금으로 유지되어온 재정적자를 청산하고 차입금 외의 재원을 마련하는 것이야말로 경제 정상화를 위한 최선의 조치였다. 이상덕은 경제안정 15원칙의 시행으로 과거 정부의 자금지원에 의존해온 기관, 기업체가 심각한 타격을 받을 것이고, 여기에 금융기관의 대출마저 긴축된

---

165 전용순, 「경제안정 15원칙의 전망」, 『경제월보』, 11, 1950. 5. 7, 141, 143쪽.

166 장봉호, 「경제안정 15원칙과 금융」, 『경제월보』, 11, 1950. 5. 7, 154쪽.

167 이상덕, 「경제안정 15원칙 비판」, 『신천지』 5-5, 1950. 5·6, 122~123쪽.

다면 경제계 전반은 실업, 도산, 자금난, 구매력 감퇴, 생산 부진 등 불경기를 맞게 될 것이라고 예상했다. 하지만 이렇게 인플레이션을 수습하고 자유경제에 도달하는 과정은 필연적인 출혈인 만큼, 출혈을 최소화하고 단시일 내에 안정에 도달할 수 있도록 국민 모두가 고통을 감내하자고 주장했다.[168]

그러나 당시 한국 경제의 과제는 일본 및 서구와는 달리 파괴된 시설의 복구가 아니라 재건이었고, 인플레이션은 통화가 과다방출되어도 이를 흡수할 만한 물자가 고갈되어 악순환되고 있는 과소 생산, 물자부족의 문제였다. 그러므로 대출 억제로 산업자금 방출을 억제하고 세금 추가징수로 구매력을 감퇴시킴으로써 인플레이션을 수습한다 해도 생산 문제를 적극적으로 고려하지 않는다면 인플레이션은 해결된 것이 아니라 잠재해 있을 뿐이었다.[169] 경제안정 15원칙을 비판하는 논자들이 생산의 문제, 생산자금의 방출 문제를 제기한 것도 그런 맥락에서였다.[170]

이들은 정부보조금 폐지와 고통분담의 논리에도 다음과 같은 비판을 제기했다. 첫째, 정부 보조금으로 운영되는 기업체 중에는 자금이 부족한 민간에서 운영할 수 없는 중공업과 기간산업이 포함되어 있는데, 이는 보조금의 방식이 아니라도 장기시설자금 방출을 통해 지속적으로 육성되어야 할 부분이라는 것이었다.[171] 둘째, 정부 관리 기업이 채산성을 맞추지 못한 데는 국영기업에 대한 책임의식 없이 자본을 낭비해온 관리인[172]과 방만한 관리체계에

---

168 위의 글, 125쪽.

169 정부수립 직후 통화개혁 조치가 이루어지지 않은 것도 이에 대한 공감대가 형성되었기 때문이었다. 김경진·최호진·조기호·이건혁, 「좌담회: 인푸레와 통화개혁」, 『신천지』 3-9, 1948. 10, 46~58쪽.

170 배성룡, 「경제안정 15원칙 비판」, 『신천지』 5-5, 1950. 5·6, 115쪽; 고승제, 「경제안정 15원칙 비판」, 『신천지』 5-5, 1950. 5·6, 118쪽; 이창렬, 「한국 경제의 안정과 발전」, 『협동』 29, 1950. 5, 3쪽.

171 배성룡, 앞의 글, 1950, 110쪽; 이창렬, 앞의 글, 1950, 7쪽.

172 관리인은 관재위원회의 심사를 거쳐 해당 기업체를 관리하는 각부 장관이 임명한다.

주요한 원인이 있기 때문에 독립채산제와 경영 합리화에 앞서 이들을 교체하고 관리체계를 혁신하여 기업을 정상화하는 조치가 선행되어야 한다는 것이었다.[173] 셋째, 지금까지 방출된 세출은 반드시 화폐의 형태로서 국민의 소득을 형성하고 있을 것이나 모든 국민에게 고르게 분배되지 않고 편재되어 있다는 것이었다.[174] 따라서 과세로써 세출자금을 회수하더라도 편재된 자금을 재편하는 방향, 즉 인플레이션 수익층에게는 많이, 일반 근로 소득자층에게는 적게 걷는 방식으로 자금이 회수되어야 한다는 것으로서,[175] 인플레이션 수익금이 생산자금으로 전용되면 경제안정의 폭이 넓어질 수 있다는 주장이었다.[176]

2) '경제안정 15원칙'의 파급효과

이러한 여론이 존재하는 가운데 한국의 재정, 금융, 산업 등 모든 경제 부문은 경제안정 15원칙에 준하여 재편성되어갔다. 경제안정 15원칙은 실물경제에 즉각적인 파급효과를 미쳤다. 우선 2월부터 금융 동향은 비교적 건전한 추이를 보여 연초 이래 통화 수축 경향을 견지했고 물가상승도 멈추었다.[177]

---

173 이창렬, 「한국 경제의 안정과 발전」, 『협동』 29, 1950. 6쪽.

174 물자부족으로 인해 소비재 가격이 급등했으므로 소비재 생산자에게 자금이 집중되어 있다는 것이다. 조선은행조사부, 「'인플레이숀'의 진행 과정」, 『조사월보』 31, 1950. 2, 165쪽.

175 당시의 과세법은 오늘날과 같이 개인의 소득을 종합하여 소득세를 부과하는 종합소득세법이 아니라 개별소득과세 방법과 추정과세법에 의거했다. 개별소득과세 방법은 재산이나 영업·노동 등에서 발생하는 개별 소득에 대해서 각각 소득세를 부과하는 방법이었고, 추정과세법은 외형 표준에 의하여 소득액을 추정하여 그에 따라 소득세를 부과하는 방법이었다(지방세인 호별세에 적용). 이러한 방법은 납세자의 최저생계비나 누진세 등을 적용하여 인세로서의 의의를 충분히 발휘하지 못하는 단점을 가지고 있었다. 『경제학대사전』, 박영사, 1964, 852쪽.

176 배성룡, 「경제안정 15원칙 비판」, 『신천지』 5-5, 1950. 5·6, 112쪽; 이동욱, 「경제안정 15원칙 비판」, 『신천지』 5-5, 1950. 5·6, 130쪽.

177 조선은행조사부, 「국내경제동향」, 『조사월보』 33, 1950. 3, 106쪽.

각 은행들이 자금 방출을 극도로 억제한 반면, 조선은행의 특수자금 회수분, 세입금, 원조물자 판매대금, 국채 소화 대금의 흡수가 거액에 달하여 발행고가 감축된 것이다. 다음으로 2월 중 세입 총액 538억 원, 세출 총액은 484억 원으로 54억 원의 흑자를 내 차입금의 감축을 보였다.[178] 이러한 추세는 3, 4월까지 계속되었고, 그에 따라 재정자금이 금융 면에 주는 압력이 제거됨으로써 재정과 금융의 건전성이 어느 정도 확보되었다.[179]

하지만 간접세와 공공요금·관영요금의 인상으로 국민들의 구매력은 현저하게 감퇴했다. 그리고 인플레이션 극복을 지상목표로 하는 경제안정 15원칙의 실시에 호응한 은행들이 재할인 긴축 및 거액 국채 인수를 감행함으로써 각 금융기관의 자금 사정도 악화되었다. 이는 연쇄적으로 업계, 특히 중소기업 융자의 전면적인 축소로 이어져, 중소기업의 자금난이 심각한 양상을 띠었다. 일반 기업체의 채산성 악화와 국민소득 저하는 현저했고, 각 지역 중소기업의 대량휴업과 부도수표 증가는 불경기가 재래하고 있음을 보여주는 증표였다.[180]

이와 같이 경제안정 15원칙으로 통화 공급량이 수축되어 인플레이션은 수습되어갔으나, 한편으로는 중공업·기간산업, 중소기업의 위축과 자금이 집중된 소비재공업, 대기업의 확대라는 산업구조 불균형 문제가 발생했다. 그리고 다른 한편으로는 간접세 확충, 전매사업 요금인상이라는 대중과세 방식[181]으로 인해 일반 서민층에 고통이 전가되었다.

---

178 위의 글, 109쪽.

179 조선은행조사부, 「국내경제동향」, 『조사월보』 34, 1950. 4, 96~97쪽.

180 조선은행조사부, 「주요 지방 금융경제 개황(1950. 2)」, 『조사월보』 33, 1950. 3, 122쪽; 조선은행조사부, 「주요 지방 금융경제 개황(1950. 3)」, 『조사월보』 34, 1950. 4, 112쪽 참조.

181 이동욱은 국민 각층의 조세부담을 검토하면서 조세 수입 410억 원 중 직접세가 117억 원(29%), 간접세가 293억 원(71%)이므로 재정이 대중과세에 의존해 있음을 지적했다. 직접세 중에서도 법인세 11억 원, 지세

한편 주한미대사 무쵸(Muccio)는 한미경제안정위원회를 운영하면서[182] 한국 측의 정책 실행 의지에 대해 의구심을 표명하고,[183] 미 국무장관에게 강제조치를 취해줄 것을 요구했다. 한국 정부의 1950년 예산이 인플레이션을 의식하여 균형예산으로 편성되었음에도, 재정적자를 전액 특별회계 전입금으로 충당하기로 하는 등 실제로는 많은 적자 요인을 안고 있었기 때문이었다.[184]

3월 23일 호프만(Hoffman) ECA 장관은 "인플레이션 대책을 강구하지 않는 한 본인은 현재 구상 중인 대한 원조안의 범위 내지 성격을 정당화할 수 없으며, 원조 삭감을 의회에 요구하게 될지도 모른다"[185]고 경고했다. 4월 3일 미 국무장관 애치슨(Acheson)도 "만일 한국 정부가 인플레이션 경향을 제지하기 위해 만족스럽고 효과적인 조치를 강구하지 않는다면 ECA 원조의 적용을 재검토할 것이다"라는 경고성 공한을 발송했다.[186]

12억 원, 영업세 28억 원, 상속세 2억 8천만 원, 광업세 6백만 원 등 53억 8천 6백만 원을 제외한 나머지 62억이 소득세에서 염출되지만 자본가가 부담해야 할 1, 2, 3종 소득세는 8억밖에 안 되니 나머지는 저소득층의 몫으로 고스란히 돌아간다는 것이었다. 이동욱, 「경제안정 15원칙 비판」, 『신천지』, 5-5, 1950. 5·6, 127쪽.

182 주한 ECA, 주한미군사고문단, 주한미대사관 등으로 나뉘어 있던 미국의 대한 행정체계는 1949년 3월 22일 국가안전보장회의(NSC) 8/2의 결정에 의해 주한미대사관으로 통합되었다. "Report by the National Security Council to the President 1949. 3. 22", *FRUS 1949*, Vol. 7, The Far East and Australasia, Part 2, United States Government Printing Office, Washington, 1976, p. 978.

183 무쵸는 두 달 동안 한미경제안정위원회를 운영한 결과 식량 수집 프로그램의 시행, 귀속재산 처분, 농지개혁 실시, 원조 공급 가격의 인상, 국·공영기업체에 대한 보조금 철폐, 균형예산의 수립, 대한석탄공사 설립에 대한 합의를 보았으나 그 과정에서 상당한 갈등이 있었다고 보고했다. "The Ambassador in Korea(Muccio) to the Secretary of State, 1950. 3. 29", *FRUS 1950*, Vol. 7 Korea, United States Government Printing Office, Washington, 1976, pp. 37~38.

184 김동욱, 「1940~1950년대 한국의 인플레이션과 안정화 정책」, 연세대 경제학과 박사학위논문, 1994, 95쪽.

185 조선은행조사부, 「국내경제동향(1950. 3)」, 『조선은행조사월보』 33, 1950. 4, 118~119쪽; 한국산업은행조사부, 『한국산업경제10년사(1945~1955)』, 1955, 550~551쪽.

186 "The Secretary State to the Korean Ambassador(Chang), 1950. 4. 3", *FRUS 1950*, Vol. 7 Korea, United States Government Printing Office, Washington, 1976, p. 44. 이 서한은 주한미대사관을 경유하여 이승만 대통령에게 전달되었다.

그에 따라 한국 정부는 적자 요인을 완전히 불식한 추가경정 예산안을 편성해서 3월 27일 국회에 제출했고,[187] 이 예산안은 4월 22일 국회를 통과했다. 무쵸는 4월 27일 미 국무부 극동국의 부처 간 회합에서 한국인들이 워싱턴의 전문에 충격을 받았으며 이제 한미경제안정위원회의 모든 권고를 받아들이고 있다고 보고했다.[188]

미 하원은 수지 균형을 맞춘 예산이 수립되고서야 5,000만 달러의 대한 원조 증원을 승인했고, 주한 ECA도 부흥사업에 사용할 수 있도록 대충자금으로 적립된 100억 원을 방출했다. 주한 ECA 단장 번스(Bunce)는 이 기회에 인플레이션이 수습되지 않는 한 부흥사업에 대한 지원은 있을 수 없으며, 반대로 인플레이션이 수습된다면 미국은 한국의 부흥사업을 전폭적으로 지원할 것이라는 사실을 한국의 경제관료들에게 분명히 각인시키려고 했다.[189]

이와 같은 미국 측의 안정화 요구는 단지 한국에만 국한된 것이 아니었다. 조건은 달랐지만 각국에 대한 미국의 ECA 원조 운용, 특히 대충자금 운용에는 일관된 정책이 적용되었다.[190] 대충자금 적립금은 주로 각국의 채무 변제나 적자 보전을 위한 안정기금으로 사용되었고, 미국의 원조물자가 공급되었을 경우에만 사용이 허가되었다.[191] 즉 원조자금과 수원국의 생산이 연결

---

187   국회사무처, 「제6회 제63차 국회속기록」(1950. 3. 27), 단기 4283년도 세입세출 추가경정예산안 제출에 관한 건(『제헌국회속기록』 9, 여강출판사, 1987, 407~408쪽).

188   "Memorandum by Mr. W. G. Hackler of the Bureau of Far Eastern Affairs, 1950. 4. 27", *FRUS 1950*, Vol. 7 Korea, United States Government Printing Office, Washington, 1976, pp. 48~49.

189   「민국복리를 위하야 대충자금의 사용결정」, 『주보』 61, 1950. 6. 7, 9쪽.

190   조선은행조사부, 「각국의 원조물자 자금 운용 상황과 한국의 운용계획안」, 『조사월보』 33, 1950. 4, 154~161쪽 참조. 1948년 8월 미국에서는 이 계정을 국내 통화와 재정의 안정, 생산부흥의 촉진, 신 자원의 조사 개발, 기타 부흥 목적에 사용한다는 원칙을 수립한 바 있었다.

191   대충자금 사용인가를 얻어 편성한 1950년도 부흥예산을 보면 세출 총액 945억 원의 69%에 해당하는 655억 원이 재무부에 배정되었고, 본 예산의 집행이 수지균형을 얻고 통화가 안정되면 집행하기로 했다. 한국산업은행조사부, 『한국산업경제10년사(1945~1955)』, 1955, 373쪽.

되어 원조가 수원국의 자립을 위한 보조 역할을 하는 것이 아니라 원조자금과 원조물자 도입이 연계되어 원조물자에 의존한 산업재건을 추진하도록 방향이 설정되었다.[192]

제2차 세계대전 후 전화를 입은 유럽이나 식민지에서 해방된 아시아 지역은 모두 재건자금 부족에 시달렸다. 대충자금은 주요한 재원이었으나, 모든 투자계획은 ECA 운용계획에 부합되어야 사용허가를 받을 수 있었다. ECA 투자계획의 근본적인 목적은 공산주의 봉쇄를 위해 각국의 자본주의 체제를 안정시키고 수원 체제 확립을 통해 미국 중심의 세계자본주의 질서로 편입시키는 데 있었기 때문에, 각국의 독자적인 산업재건계획은 인정되지 않았다.[193]

1949년 중국이 공산화되면서 미국의 아시아 정책도 크게 변화했다. 당시 미국은 개별적인 원조 방식을 종합원조 방식으로 변경하고, 하나의 지도 계통을 수립한 후 비공산주의 아시아 전역을 단일체 경제 블록으로 운영하는 체제를 구상하고 있었다.[194] 일본을 '아시아의 공장'이자 종합원조의 중심으로 설정한 미국의 동북아시아 자본주의 재편 구도하에서 한국은 일본의 생산재와 연결되는 시장, 식량·원료의 공급지로 간주되었다. 미국은 대공산 투쟁이라는 명목하에 일본으로 미곡을 수출하고 일본의 물자를 수입하여 경제를 안정시키도록 한국에 요구했다. 당시 미국이 적극적으로 한일통상협정을 알선한 것은 동북아 단일 블록 구상을 구체화하는 작업이었다.[195] 산업부흥의

---

192 한국에 대한 ECA의 원조는 발전시설과 채탄시설에 집중되었고, 산업시설 자재는 거의 없었다. 위의 책, 552~553쪽, 〈제5표〉 'ECA 원조의 실적' 참조.

193 일본의 닷지라인 실행 과정에서도 이런 점을 볼 수 있다. 김용진, 「최근 일본 산업 실태」, 『경제월보』 12, 1950. 6. 20; 박승완, 「전후 일본의 경제 양상」, 『경제월보』 12, 1950. 6. 20, 196~202쪽.

194 공보처, 「미 극동 정책과 대한민국」, 『주보』 54, 1950. 4. 19, 27~28쪽.

195 기획처, 「한국 산업부흥의 기동력—1억 5천만 불 대한원조안 미 국회 양원 외위를 통과하다」, 『시정월보』

논리가 중간안정론으로 조정되고 경제안정 15원칙이 확립된 것 또한 일국 정책에 대한 개입 문제를 넘어서는, 이러한 동아시아 자본주의 질서 재편 프로그램의 일환이었다.

따라서 이승만 정권의 경제정책론이 중간안정론으로 조정되고 경제안정 15원칙이 수립된 것은 대내적으로는 대기업·소비재공업 위주의 산업정책과 국민부담의 과중을, 대외적으로는 미국을 중심으로 한 동북아 자본주의 질서로의 편입이라는 결과를 가져오는 것이었다. 경제안정 15원칙은 전쟁기에 수정·보완되지만 이승만 정권의 경제정책기조로서 전 기간을 통해 관철되었다. 미국 원조에 의존한 한국 자본주의 발전 경로가 마련된 것이다.

5, 1949. 9. 15, 45쪽. ECA 장관 호프만의 대한원조안에 대한 미 하원 외교위원회 연설 참조.

3부

6·25전쟁기의 인플레이션과 '관리경제' 정책

1장
전쟁 인플레이션과 경제통제

1. 전쟁 인플레이션과 인플레이션 수습론

1) 인플레이션 재발과 물가고

6·25전쟁이 일어나면서 제대로 실현되지는 못했지만, 정부는 전쟁 발발 직전까지도 경제안정 15원칙을 통해 재정인플레이션을 수습하면서 다른 한편으로는 산업부흥 정책을 추진하고자 했다. 즉 방출된 대충자금 100억 원 중 철도건설 및 탄광개발, 전력 확보, 시멘트 및 비료, 제철공업의 증강을 위해 97억 원을 방출할 예정이었다. 자금의 제한에 따라 식량의 자급자족, 동력·피복·화학공업의 자립 및 중공업 발전을 동시에 추진할 수 없었기 때문에, 정부의 정책은 우선 산업기반시설을 구축하고 중화학공업 분야의 기초산업을 발전시키는 방향으로 나아가고 있었다.[01]

전쟁의 발발은 이런 산업부흥 정책의 추진을 불가능하게 만들었다. 전쟁

---

01   정부가 전쟁 전 구상했던 산업건설계획은 언론에도 보도되었다. 「대충자금의 계속 방출을 통한 경제부흥 촉진」, 『서울신문』, 1950. 11. 17.

〈표 2〉 통화량과 물가의 추이

연도	통화량(백만 환)			서울 도매물가(1947=100)		
	연말 현재	전년 대비 증가	증가율(%)	연말 현재 지수	전년 대비 증가	등귀율(%)
1949	1,211	515	74.0	289.9	104.9	56.7
1950	2,831	1,620	133.8	831.1	541.2	186.7
1951	7,304	4,473	158.0	2,599.2	1,768.1	212.7
1952	14,325	7,021	96.1	5,256.8	2,657.6	102.2
1953	30,316	15,991	116.3	6,635.0	1,378.2	26.2

* 출전: 한국은행조사부, 『4290년판 경제연감』, 1957, I-1쪽.
* 1950년과 1951년 연말 현재 통화량은 추정치이고, 1951에서 53년까지의 도매물가지수는 서울이 아닌 임시수도 부산의 도매물가지수이다.

으로 인해 치안유지를 위한 국방비와 치안유지비가 급증했다. 전쟁으로 인한 생산시설 파괴로 물자가 품귀현상을 보이면서 물가가 가파르게 상승했고, 그에 따라 경제안정 15원칙의 시행을 통해 수습되는 듯했던 인플레이션이 다시 재발했다. 〈표 2〉에서 보듯이 물가가 통화량 팽창의 5, 6배 이상으로 폭등하는 악성 인플레이션 상황이었다.[02] 물자는 턱없이 부족한데 전쟁 비용과 유엔군 대여금이 시장에 풀리면서 인플레이션은 걷잡을 수 없이 확대되고 있었다. 6·25전쟁 직후 558억 원이었던 통화발행고는 1950년 11월 30일 현재 5,250억 원으로 증가했다. 그 증발 요인은 재정 부문이 7.2%, 유엔군 대여금이 80.1%, 은행신용이 10.7%, 기타 2.0%를 점했다.[03] 전쟁 비용, 특히 유엔군 대여금이 통화팽창의 주요 원인이었다.

경제안정 15원칙은 전쟁기에도 '원칙'이라는 측면에서는 여전히 유효했다.[04] 하지만 변화된 조건에 맞는 구체적인 방안이 새로이 마련되어야 했다.

---

02 한국은행조사부, 「한국 인푸레의 특성과 그 대책」, 『한국은행조사월보』 48, 1952. 7·8, 106~107쪽.

03 국회사무처, 「제12회 제7차 국회속기록」(1952. 1. 16), 13쪽.

04 국회사무처, 「제8회 제44차 국회속기록」(1950. 11. 6), 188쪽.

유엔군의 참전에 따라 한미 양측은 1950년 7월 28일 '유엔군 경비지출에 관한 협정'을 체결했다.[05] 정부는 국군뿐 아니라 유엔군이 요구하는 신용 일체를 조달할 책임을 지게 되었다. 자금조달 능력이 없었던 정부는 한국은행의 발권력에 의존하여 유엔군 대여금을 지급했다. 좁은 지역에서 갑자기 다량의 통화가 증발되었기 때문에 급격한 인플레이션 상황은 필연적이었다. 따라서 전시경제 운영의 급선무는 증발된 통화를 회수하여 인플레이션을 억제하고, 폭주하는 국방비와 유엔군 대여금을 일정하게 감당할 수 있는 자금을 확보하는 일이었다.

이에 최순주(崔淳周) 재무부장관은 1950년 12월 1일을 기해 '지세에 관한 임시조치령', '임시조세증징법', '임시관세증징법'을 공표했다.[06] 재무부는 지세현물화로써 1950년산 미곡 수집 목표량 520만 석 중 180만 석을 일반 매상으로 수집하고, 농지개혁 상환곡 200만 석과 지세 140만 석을 현물로 거두어 수집 비용 절감과 수집 목표량 달성이라는 효과를 동시에 얻겠다는 의지를 피력했다.[07] 또한 임시조세증징법으로 주세, 유흥세, 소득세, 지세를 수익의 15~50%로 인상하는 한편, 임시관세증징법에 의해 그동안 면제되었던 ECA 원조물자의 무관세 상품들에 대해 10%의 관세를 부과하여 재정 확충의 효과를 거두도록 했다. 그러나 이는 임시적인 조치에 불과했다.

1950년 예산은 원래 수지균형으로 편성되었으나 전쟁 발발로 인해 재정 균형은 지켜질 수 없었다. 국방비와 치안유지비가 폭증했고, 세입 대책을 마

05 협정의 정식 명칭은 '대한민국 정부와 미합중국 정부 간의 국제연합 가맹국 연합군 총사령부 휘하부대에 의한 경비지출에 관한 협정'이다. 협정 전문은 한국재정40년사편찬위원회, 『한국재정40년사』, 제3권, 한국개발연구원, 1991, 392~393쪽 참조.

06 『서울신문』 1950. 12. 4; 『민주신보』 1950. 12. 5.

07 김소남, 「1950년대 임시토지수득세법의 시행과정 연구」, 『역사와 현실』 43, 2002, 282쪽.

런하지 못했던 정부는 추가예산을 모두 한국은행에서 차입했다. 1951년 1월 현재 정부가 파악한 바에 의하면, 전쟁 비용이 추가예산의 85%를 점했고, 3월 까지 2천억 원의 재정적자가 예상되었다.[08]

이를 수습하기 위해 재무부는 1951년 2월부로 원조물자를 시가로 판매하여 현금으로 회수하고 건국국채를 발행했으며, 인플레이션을 격화시키지 않고 재건자금을 마련한다는 취지에서 부흥저축 기간을 설정하여 300억 원 저축 운동을 전개하기도 했다. 전매품과 철도요금 등 관영요금이 잇달아 인상되었고, 정부 재원을 확보하기 위해 귀속재산 불하사업도 적극적으로 추진되었다.[09]

하지만 아직 재무부는 재정적자를 어떻게 수습해 나갈 것인지 구체적인 방안을 마련하지 못한 상태였다. 단지 세입을 가능한 한 늘리고, 세출은 한 푼이라도 줄이면서 원조물자 판매대금 또는 외국의 원조에서 이를 보충하겠다는 구상만 하고 있을 뿐이었다.[10]

재무부가 세입을 늘리겠다고 했지만 전쟁 피해와 전선 이동으로 인해 조세에서 관업 수입에 이르기까지 많은 세입의 결함이 발생하고 있었다.[11] 특히 조세수입의 40%를 점하고 있던 서울 지역으로부터의 철수와 피해 상황은 재정수입에 심각한 타격을 주었다. 세출을 줄이겠다고 했지만 전쟁 수행을 위한 경비 지출은 막을 수가 없었다. 1951년 3월 추가경정예산이 편성된 지 2개월 만에 다시 추가경정예산이 제출된 것이 그 증거였다. 국방비와 치안유지

08 김유택, 「제6회 추가경정예산안 제안설명」(1951. 1. 27)(한국재정40년사편찬위원회, 『한국재정40년사』 제1 권, 한국개발연구원, 1990, 66쪽 재수록).

09 『동아일보』 1950. 11. 12; 『부산일보』 1950. 12. 2·13·30, 1951. 2. 1.

10 김유택, 앞의 글(1951. 1. 27)(한국재정40년사편찬위원회, 『한국재정40년사』 제1권, 한국개발연구원, 1990, 67쪽 재수록).

11 장면, 「제7회 추가경정예산안 제안설명」(1951. 3. 22)(위의 책, 1990, 67~68쪽 재수록).

비 외에도 전쟁 수행에 필요한 교통·통신시설의 복구자금은 공급하지 않을 수 없었다. 여기서 발생하는 적자도 모두 한국은행에서 차입했다. 농지대가 상환금에서 일부 흑자가 발생했으나 그 전액이 지주보상금으로 지출될 재원이라서 임의로 전용할 수 없었다. 게다가 재무부가 의욕적으로 추진했던 지세의 현물납부 조치도 국회의 반대로 표류 중이었다.[12]

그런 와중에도 유엔군 대여금은 계속 방출되어 인플레이션을 악화시키고 있었다. 유엔군 대여금이 해결되지 않는다면 한국 경제는 인플레이션의 악몽에서 벗어날 수 없었다. 주로 유엔군 생활비로 지출되는 유엔군 대여금은 생산 부문과 전혀 무관한 철저한 소비자금으로서 시중에 살포되어 인플레이션을 악화시키고 있었다.[13]

대규모 전쟁 비용의 지출은 남한 민중을 극심한 물가고 속으로 몰아넣었다. 피난 생활과 인플레이션으로 인해 국민의 생활 수준은 급격히 하락했다. 정부는 군량미와 도시·공무원에 대한 배급미를 확보하기 위해 1950년산 추곡 520만 석을 수집하겠다는 계획을 발표하고 양곡 수집만 시행하고 있을 뿐이었다.[14]

2) 전시경제 운영 방안을 둘러싼 논의

1951년 초, 급박하게 오르내리던 전선은 현재의 휴전선 부근에 형성되었고 전황은 교착상태에 들어갔다. 당시 한국은 '일면 전쟁'을 하면서도 '일면

---

12 김소남, 「1950년대 임시토지수득세법의 시행 과정 연구」, 『역사와 현실』 43, 2002, 283쪽 참조.

13 최호진, 「전시경제의 당면 과제」, 『국제신보』 1951. 2. 22(『최호진 교수 한국 경제 50년 논선』 (상), 세경사, 2001, 38~39쪽에 재수록).

14 「도시에만 일반배급, 공 농림장관 식량수급대책 천명」, 『부산일보』 1951. 2. 11; 「좌담회: 전시경제를 어떻게 건설」 (1), 『동아일보』 1951. 4. 18.

재건'을 해서 전쟁을 경제적으로 뒷받침해야 하는 상황이었다. 전쟁을 계속하기 위해서도 전쟁을 수행하기 위한 경제력의 마련은 절실한 문제였다. 전쟁이 발발한 지 7~8개월을 넘어서면서 전시 한국 경제가 봉착한 문제를 검토하여, 이후 전시경제 운영의 방침을 마련해야 한다는 문제의식이 성숙되고 있었다. 이에 전시수도 부산에서 전시경제 운영을 둘러싼 논의가 시작되었다.

정부는 전쟁이라는 급박한 현실에 따라 경제운영 방식을 일부 조정했다. 자유경제 원칙을 고수하더라도 전쟁물자 조달과 전쟁 수행을 위해 일정한 통제는 불가피했다. 국회에서는 이교선(李敎善) 외 15명의 국회의원들이 "산만적인 자유경제를 강력한 전시 통제경제로 전환"시켜 생산을 기획하고 배급을 통제하고 물가를 조절하며 도탄에 빠진 민생 문제를 해결하라는 건의안을 발의했다.[15]

세계대전의 경험으로 인해 전시 통제경제는 전쟁 수행에서 필수불가결한 요소로 인식되고 있었다. 일반적으로 전쟁을 수행하는 국가는 군수 산업을 중심으로 여타 산업들을 전시 체제로 개편하고 인력과 자원을 총동원했다. 특히 일제의 식민지였던 조선이 경험한 전시 통제경제는 군사력뿐 아니라 물자, 인력을 총력 동원하여 전시의 필요에 따라 배치하는 총력전 체제로서, 이 과정에서 국가의 지도와 통제는 한층 강화된 바 있었다.[16]

정부는 좌담회 등을 통해 전시경제 운영에 대한 여론을 수렴하고자 했다.[17] 1951년 3월 15일 이승만이 정부가 경제정책을 시행할 때는 민간인들의

---

15 「강력한 통제로 물가를 조정함이 약하(若何), 국회서 정부에 건의 제출」, 『조선일보』 1951. 2. 24.

16 小林英夫, 『帝國日本と總力戰體制―戰前·戰後の連續とアジア』, 有志舍, 2004.

17 1951년 상반기에는 재무부, 대한상공회의소, 각 신문사 등이 주최한 좌담회가 많이 열렸다. 이들 좌담회에 대해서는 「경제재건과 금융재정 정책」, 『부산일보』 1951. 2. 18~22; 「관리냐? 통제냐?」, 『동아일보』 1951.

자문을 거쳐 정책적 비전을 제시해야 하고, 국민들이 납득할 수 있도록 그 지도 원칙을 알려주어야 한다고 언급하면서[18] 논의가 활성화되기 시작했다. 각 좌담회에는 재무관료, 금융통화위원회 위원, 자본가 대표, 은행 관계자, 학자 등이 참석하여 현안에 대한 토론을 벌였다. 인플레이션을 수습하고 전쟁 수행을 위한 생산력을 갖출 방안을 모색하는 것이 좌담회의 핵심 의제였다. 정재계, 학계의 핵심들을 두루 아우른 이들 좌담회에서는 이 문제에 대한 각계의 의견이 다양하게 표출되었다.

우선 인플레이션의 주원인인 전비 지출에 대해서는 불가피하다는 것이 참석자들의 중론이었다. 남한은 전쟁 당사자였음에도 전쟁에 필요한 물자 중 식량과 피복만 담당했고, 그 외 군수물자는 전량 유엔군이 지원했다.[19] 그러므로 참석자들은 외국의 예에 비하면 전쟁 부담이 무거운 편이 아니므로 그 정도 부담은 국민들이 분담하는 것이 당연하다고 주장했다.[20] 그렇다면 전비 지출로 인한 물가고를 어떻게 억제하는가 하는 것이 문제였다. 이 문제에 대해 참석자들은 통화증발 억제와 증발된 통화의 회수, 유엔군 대여금 상환, 통제경제 실시, 원조 요청 등 네 가지 방안을 제시했다.

첫째, 전비 지출로 인한 통화증발이 불가피했기 때문에 통화증발 억제 및 회수책과 관련해서는 주로 통화 회수책에 논의가 집중되었다. 통화 회수를 위한 방법으로는 저축 운동과 세율인상, 국채 혹은 통화안정증권 발행 등이

---

3. 22;「재정경제 대책 좌담회를 보고」,『부산일보』1951. 3. 22·23·25·27·28;「상당한 이론(異論) 전개, 구련 주최 인푸레 방지책 간담회」,『부산일보』1951. 3. 23;「좌담회: 전시경제를 어떠케 건설」,『동아일보』1951. 4. 18·19·22·23;「재정경제 간담회」,『부산일보』1951. 4. 28·29, 5. 1~3;「전시재정 간담회 개최」,『민주신보』 1951. 7. 23 참조.

18 「사설: 지도원칙은 무엇」,『동아일보』1951. 3. 17.

19 「사설: 한국 전시경제의 특징」,『동아일보』1951. 4. 8.

20 「좌담회: 경제재건과 금융재정 정책」(1),『부산일보』1951. 2. 18;「좌담회: 전시경제를 어떠케 건설」(2),『동아일보』1951. 4. 19.

제시되었다.[21] 금융기관은 1952년 3월 말까지 300억 원을 목표로 한 필승 저축 운동을 전개함으로써 과잉살포된 통화를 회수하고자 했다. 한국은행 총재 구용서(具鎔書)와 식산은행장 백두진(白斗鎭)은 금융기관이 추진하고 있는 저축 운동에 대해 국민들에게 협조를 구했다.[22]

금융통화위원회 위원 홍성하(洪性夏)와 민주국민당 국회의원 주요한(朱耀翰)·김영선(金永善), 상업은행장 윤호병(尹皥炳)은 통화회수책으로서 저축 운동뿐 아니라 소득세율 인상을 통한 전시이익 흡수를 강조했다.[23] 홍성하는 전시이익 회수를 위해서 어느 정도 강제성도 필요하다고 주장했다. 또한 홍성하와 민주국민당 국회의원 김영선, 서울대 교수 최호진(崔虎鎭)은 귀속재산 불하자에게 재산세를 부과하여 전시이익을 흡수함으로써 전쟁 피해를 균등화해야 한다고 주장했다. 6·25전쟁의 체제전적인 성격을 인식하고 있었던 이들은 "이번 전쟁이 만든 빈부의 차이는 앞으로 국민사상에 중대한 영향을 미칠 것"이므로 전시이익 흡수를 위한 재산세 부과가 불가피하다는 입장을 가지고 있었다.[24] 그러나 대한상공회의소 회장 전용순(全用淳), 대한상공회의소 위원 서형석(徐亨錫)과 나상근(羅相謹)·최성현(崔聖鉉)을 비롯한 기업인들은 전시이익층이 늘어난 것으로 생각하지만 실제로는 징세 대상이 줄었고, 영업세율이 너무 과해서 기업을 유지할 수 없다며 세율 인상에 반대했다.[25]

---

21 「좌담회: 경제재건과 금융재정 정책」 (1), 『부산일보』 1951. 2. 18; 「좌담회: 전시경제를 어떠케 건설」 (5), 『동아일보』 1951. 4. 24; 「전시재정 간담회 개최」, 『민주신보』 1951. 7. 21. 이날 정부 측은 징세 사무를 시행하는 데 있어 체납자에 대해 강권을 발동하고, 국채 소화 비협력자에 대해서는 행정적인 제재 조치를 가할 것이라고 언명했다.

22 「좌담회: 경제재건과 금융재정 정책」 (1), 『부산일보』 1951. 2. 18.

23 「좌담회: 경제재건과 금융재정 정책」 (5), 『부산일보』 1951. 2. 22; 「좌담회: 전시경제를 어떠케 건설」 (2), 『동아일보』 1951. 4. 19; 「좌담회: 전시경제를 어떠케 건설」 (6), 『동아일보』 1951. 4. 25; 「좌담회: 세금 문제와 불화환율」 (중), 『민주신보』 1951. 6. 4.

24 「좌담회: 전시경제를 어떠케 건설」 (5), 『동아일보』 1951. 4. 24.

25 「좌담회: 경제재건과 금융재정정책」 (5), 『부산일보』 1951. 2. 22; 「좌담회: 세금 문제와 불화환율」 (상), 『민주

둘째, 인플레이션 악성화의 주요 원인이었던 유엔군 대여금 문제에 관해서, 구용서는 종전 후 각국의 분담률에 의해 상환될 것이나 종전 전에 그 대여금을 상환받을 것이라고 기대하는 것은 시기상조라는 의견을 개진했다.[26] 그러나 구용서의 의견과는 달리 유엔군 대여금 지출 협정 전문에는 연합군 총사령관이 언제든지 한국 정부에게 제공된 한국 통화의 전부 또는 일부를 상환할 수 있다는 점이 명시되어 있었다.[27] 이를 근거로 홍성하는 유엔 사령부 측에 유엔군 대여금의 중간청산을 요구할 것을 주장했다.[28]

셋째, 통제경제의 실시 여부와 그 수위는 가장 논란이 분분한 문제였다. 전용순은 국민들의 통제 혐오증을 내세우며 통제 문제를 전쟁 종료 시점까지 유보하자고 주장했다. 그는 미군정기와 정부수립기의 일부 물자통제에 대해서도 국민의 반감이 컸던 데다 행정력이 미비하여 통제의 실효를 보지 못했다고 평가하고, 민심에 반하는 통제를 굳이 시행할 필요가 없다는 입장을 피력했다.[29] 구용서 또한 통제의 효율성에 의문을 제기하면서 통제를 시작하면 가격에서 생산에 이르기까지 전면 통제해야 하는데, 통제경제는 보조금 등의 재정부담을 각오해야 할 뿐 아니라 원활한 경제순환을 저해하므로 오히려 자유경제보다 손실이 크다고 주장했다. 경제법칙에 따라 원활히 순환하는 것이 "생산증진의 요체"라고 주장하기도 했다.[30] 군이 통제를 시행할

신보』 1951. 6. 3;「좌담회: 세금 문제와 불화환율」(중),『민주신보』 1951. 6. 4.

26　「좌담회: 경제재건과 금융재정 정책」(2),『부산일보』 1951. 2. 19.

27　한국재정40년사편찬위원회,『한국재정40년사』제3권, 한국개발연구원, 1991, 392쪽, '대한민국 정부와 미합중국 정부 간의 국제연합 가맹국 연합군 총사령관 휘하 부대에 의한 경비지출에 관한 협정' 전문 제2조. 한국 통화의 상환과 신용의 해약 참조.

28　「좌담회: 전시경제를 어떻게 건설」(2),『동아일보』 1951. 4. 19.

29　「좌담회: 경제재건과 금융재정 정책」(2),『부산일보』 1951. 2. 19.

30　「좌담회: 경제재건과 금융재정 정책」(2),『부산일보』 1951. 2. 19.

필요 없이 시장에 맡기자는 주장이었다.

반면, 최호진과 김영선, 홍성하, 백두진, 국회 전문위원 김용갑(金容甲)은 전쟁 수행과 인플레이션 수습을 위해 일정한 통제가 필요하다고 주장했다. 이들은 전쟁에서 승리하기 위해서는 모든 물자를 결집시켜야 하므로 전시에 통제경제가 등장하는 것은 필연적인 수순이라고 생각했다. 그러나 통제의 수위에 대해서는 논자마다 의견이 달랐다. 김용갑은 상공부가 지정한 생필품 9종목에 대한 가격통제와 물자관리면 충분하다고 보았다.[31] 백두진은 미곡과 생필품에 대한 물자통제와 자금통제를 주장했다. 그는 특히 미곡과 같이 국민 생활과 물가에 지대한 영향을 주는 물자에 대한 통제 없이는 전쟁 수행과 인플레이션 수습이 불가능하다는 점을 강조했다.[32] 최호진과 홍성하는 미곡과 생필품 및 기타 긴요한 물자의 가격과 생산, 분배, 소비에 이르는 전 과정을 통제해야 한다고 주장했다. 이들은 무질서한 자유경제 방식을 극복하고, 전시라는 비상시국에 최소한의 비용으로 최대한의 효과를 얻을 수 있는 합리적인 경제운영 방식으로서 통제를 인식하고 있었다.[33] 한편 김영선은 일제 말기와 같이 생산, 분배, 물자, 자금, 가격, 임금을 포괄하는 강력한 통제경제의 실시를 주장했다.[34] 그러나 그의 의견은 극소수의 의견에 불과했다.

넷째, 원조를 요청하는 방법이 있었다. 전용순과 부산상공회의소 회장 김지태(金智泰)는 통제를 시행해야 한다고 주장하는 이유가 물자부족이라면, 통제가 아니라 원조를 적극적으로 요청하고 기업 운영자금을 방출하여 해결하

31 「좌담회: 전시경제를 어떠게 건설」(4), 『동아일보』 1951. 4. 23.
32 「좌담회: 경제재건과 금융재정 정책」(2), 『부산일보』 1951. 2. 19.
33 최호진, 「전시경제의 당면과제」, 『국제신보』 1951. 2. 22~3. 3(최호진, 『한국경제 50년 논선』(상), 세경사, 2001에서 재인용).
34 최호진, 위의 글; 「좌담회: 경제재건과 금융재정 정책」(2), 『부산일보』 1951. 2. 19; 「좌담회: 전시경제를 어떠게 건설」(1), 『동아일보』 1951. 4. 18; 「좌담회: 전시경제를 어떠게 건설」(4), 『동아일보』 1951. 4. 23.

자고 제안했다.[35] 이에 백두진은 외국의 원조를 받더라도 거기에는 기본조건
이 있다는 점을 지적하고, 기본조건을 충족시키기 위해 만전을 다해야 한다
는 점을 강조했다. 미국이 원조 도입의 기본조건으로 요구하는 것은 재정균
형을 통한 인플레이션 수습이므로 인플레이션 수습이 선행되어야 한다는 주
장이었다.[36] 백두진과 구용서는 원조 도입의 선결과제로서 물자의 배급기구
와 수입체계 정비를 강조했다.[37]

　　경제운영에 관한 논의 과정을 살펴볼 때, 전쟁 전과 가장 크게 달라진 점
이 있다면 통제와 계획 및 미국의 원조에 대한 인식이었다. 전쟁 전 생산력
증대를 통해 분배와 계급 문제의 해결을 추구했던 자본주의 계획경제론의
문제의식은 전쟁이라는 상황 속에서 현저히 약화되었다.[38] 전쟁기의 통제경
제론은 인플레이션 수습과 생산력 증대책으로서 제기되었다. 전시이익 흡수
를 통한 전쟁 부담의 균분, 빈익빈 부익부 현상의 완화 등 전쟁 전 자본주의
계획경제론이 제기했던 문제의식의 흔적을 엿볼 수 있으나, 그것 또한 체제
전 승리라는 국익에 종속되고 있었다. 즉 이 시기의 통제는 생산과 분배, 소비
에 이르는 전 과정을 통제함으로써 분배와 계급 문제를 해결한다는 내용이
아니라, 비정상적인 물가폭등을 적정선에서 억제하는 가격통제와 적재적소
에 원료를 배정하는 물자통제를 시행함으로써 자본가를 측면 지원하고 전쟁
승리라는 국익을 실현하기 위해 생산력을 극대화한다는 '국가주의적' 성격

35　「좌담회: 경제재건과 금융재정 정책」(2), 『부산일보』 1951. 2. 19; 「좌담회: 경제재건과 금융재정 정책」(5),
　　　『부산일보』 1951. 2. 22.

36　「좌담회: 경제재건과 금융재정 정책」(2), 『부산일보』 1951. 2. 19.

37　「좌담회: 경제재건과 금융재정 정책」(2), 『부산일보』 1951. 2. 19.

38　조석곤·오유석은 6·25전쟁을 계기로 군사력을 중심으로 한 국가 형성이라는 주제가 한국 사회에 폭력적
　　　으로 나타났으며, 휴전은 사회경제 체제 형성을 둘러싼 사회적 갈등과 논의를 일거에 종식시키는 효과를
　　　가져왔다고 지적했다. 조석곤·오유석, 「압축성장을 위한 전제조건의 형성—1950년대 한국 자본주의 축적
　　　체제의 정비를 중심으로」, 『동향과 전망』 59, 2003, 292쪽.

을 갖고 있었다.

전쟁은 한반도 전역에서의 격렬한 계급투쟁을 의미했다. 남한에서 좌파는 물론이고 중립적인 입장을 견지했던 지식인들, 그리고 전쟁통에 본의 아니게 부역자로 낙인찍혔다가 목숨을 보전한 사람들은 주위의 따가운 눈총을 받으며 침묵을 강요당했다.[39] 이런 상황에서 분배와 계급 문제 해결을 위한 통제와 계획을 논하기란 사실상 어려운 상황이었다.

전쟁 전 남한의 지식인들은, 미국의 원조를 받아들이면서도 미국의 정치적 개입과 미국 자본의 유치가 또 다른 종속을 불러올 수 있다고 경계했다. 식민지배의 경험을 잊지 않았기 때문이다. 이런 경계의식을 잘 드러내주는 것이 미국 제너럴일렉트릭사의 자본 도입을 둘러싼 논란이었다. 1948년 북한의 5·14 단전조치로 전력 수급에 애로를 겪고 있던 정부는 1949년 5월 27일 기획처 기획관실에서 전기 관련 정재계, 학계의 인사가 모두 모인 가운데 미국 최대의 전기 업체인 제너럴일렉트릭사로 하여금 남한에 전기기계제작소를 설치하게 하자는 안건을 논의했다. 이 토론에서는 일부 찬성 의견도 나왔으나, 절대 반대한다는 의견이 대세를 점했다. 당시 상공부 공업국장 유한상(柳漢相)은 ECA 원조를 받고 있는데 외국 자본까지 들어온다면 산업부흥 5개년계획이 붕괴할 것이라는 강경한 의견을 제시했다. 상공회의소의 서형석은 자립자결 원칙에 입각하여 부족한 원자재는 물동 5개년계획에 의해 수입함으로써 외국 자본의 시장이 되는 것을 막고, 기술자 부족은 양성 프로그램을 마련하여 단기일에 양성하며, 그간의 문제는 미국 등지로부터 몇몇 기술자를 초빙하면 가능할 것이라면서 절대 반대라는 의견을 피력했다. 경성전기 사장도 외자 도입은 불찬성이지만, 만약 설치해야 한다면 미국 회사는 원자

---

39 김동춘, 「한국전쟁과 지배 이데올로기의 변화」, 『한국전쟁과 한국사회변동』, 풀빛, 1992, 152, 157쪽.

재와 기술진만 제공하고, 한국인이 절반 이상의 투자로 공장을 자유롭게 운용할 수 있어야 하며, 기술자를 양성할 수 없다면 절대 반대라고 주장했다.[40]

그러나 전쟁이 발발하자 이승만 정권은 남한에 대한 미국의 군사 전략적 이익과 자신의 이익을 일치시켰다. 뿐만 아니라 반공 보루인 남한을 군사적·경제적으로 강화하는 것이 미국의 이익, 자유민주주의 진영의 이익을 실현하는 것이라고 국내외 여론을 선도했다. 이 과정에서 미국의 개입에 대한 경계심리는 희석화되었고, 미국 자본의 유치를 반대하던 논리는 자취를 감추었다. 이제 미국의 지원은 남한 경제를 재건할 수 있는 유일한 방안으로 간주되었다.[41] 이후 당당하게 원조를 요구하고, 본격적으로 원조 의존을 통한 경제 재건을 추구했던 이승만 정권이 발상은 바로 이렇게 형성되고 있었다.

2. '관리경제' 정책의 시행과 한계

6·25전쟁은 군사전일 뿐 아니라 체제전의 양상을 띠고 있었다.[42] 북한은 점령 지역에서 무상몰수 무상분배의 토지개혁을 시행하여 민심을 얻고자 했다.[43] 그러므로 이승만 정권으로서도 농지개혁은 더 늦출 수 없는 시급한 과제였다. 이승만 정권의 입장에서 농지개혁은 농민을 자본주의 체제 내로 포

---

40 「미국 제네럴일렉트릭사의 자본 도입을 둘러싸고 찬반 양론」, 『수산경제신문』 1949. 5. 29.

41 「좌담회: 경제재건과 금융재정 정책」 (4), 『부산일보』 1951. 2. 21.

42 6·25전쟁을 체제전의 성격을 띤 '남북전쟁'으로 규정한 연구는 다음과 같다. 김용섭, 『(증보판) 한국근현대 농업사연구』, 지식산업사, 2000; 김성보, 『남북한 경제구조의 기원과 전개』, 역사비평사, 2000.

43 김태우, 「한국전쟁기 북한의 남한 점경지역 토지개혁」, 『역사비평』 70, 2005; 기광서, 「한국전쟁 시기 북한의 남한지역 토지개혁」, 『한국근현대사연구』 62, 2012; 조석곤, 「피점령지 토지개혁에 관한 연구—보은군 회남면 사례」, 『대동문화연구』 108, 2019 참조.

섭할 뿐 아니라,[44] 상환곡으로 전시 식량을 확보하며, 지가증권을 귀속재산 불하에 적극 활용함으로써 귀속재산의 가동률을 높일 수 있는 일석삼조의 효과를 지니고 있었다. 정부는 이에 농지개혁을 "민간시정 중 가장 중대한 과업"으로 인식하고 적극적으로 추진했다.[45] 전쟁 전에 이미 일부 지역에서 농지분배 예정통지서가 발부되는 등 농지개혁이 진행되고 있었다.[46] 전쟁 발발 후에도 이승만 정권의 농지개혁 추진의사가 강력했기 때문에 농지개혁은 워커라인 내에서부터 시작하여 전선의 이동에 따라 점차 확대되었다.

식량 조달은 민생안정과 군량미 확보를 위해 가장 시급히 해결해야 할 현안이었다. 전쟁이 발발하자 정부는 지세 현물세로 140만 석, 농지개혁 상환곡으로 200만 석, 농가매입분 180만 석 등 총 520만 석을 수집하겠다는 추곡매상안을 국회에 회부했다.[47] 매상된 양곡은 일반 배급될 예정이었다. 1950년도 양곡에 대해 정부는 처음에는 군경 및 특수 부문에는 중점배급을 병행하고, 그 외에는 시장조절하는 방식을 채택한다는 방침을 세웠다. 그러나 전쟁이 진행되면서 전쟁을 수행하는 군경들의 식량 외에 파괴된 산업을 재건할 도시

---

44 이승만 정권이 농지개혁을 완수하고자 한 이유는, 농지개혁이야말로 농민의 프티 부르주아적 의식을 기반으로 반공산주의적 정서를 온존시킬 수 있는 유력한 도구였기 때문이었다. 홍성찬, 「농지개혁 전후의 대지주 동향」, 『농지개혁 연구』, 연세대학교출판부, 2001, 220쪽.

45 한국은행조사부, 「6·25사변 전후의 국내 경제 실정」, 『한국은행조사월보』 35, 1951. 3, 155쪽. 정병준과 김태우는 이승만 정권이 농지개혁의 의지가 없었으나, 미국의 압력으로 마지못해 이를 추진했다고 주장했다. 정병준, 「한국 농지개혁 재검토―완료 시점·추진 동력·성격」, 『역사비평』, 2003년 겨울호; 김태우, 앞의 논문, 266쪽. 그러나 전쟁으로 인해 중지된 농지개혁 사무를 서두르라는 정부의 강한 정책시행 의지는 신문과 정책 자료 곳곳에 나타나고 있다.

46 장상환, 「농지개혁 과정에 관한 실증적 연구―충남 서산군 근흥면의 실태조사를 중심으로」(상), 『경제사학』 8, 1984, 195~272쪽; 장상환, 「농지개혁 과정에 관한 실증적 연구―충남 서산군 근흥면의 실태조사를 중심으로」(하), 『경제사학』 9, 1985, 13~90쪽; 류기천, 「농지개혁과 토지소유관계의 변화에 관한 연구―충남 연기군 남면의 사례를 중심으로」, 『경제사학』 14, 1990, 147~198쪽; 하유식, 「농지개혁 후 울산군 상북면의 정치지배층과 토지소유구조의 변화」, 『지역과 역사』 27, 2010, 325~366쪽; 조석곤, 「농지개혁 진행 과정과 정부, 지주, 농민의 입장―경기도 광주군 남종면 사례를 중심으로」, 『대동문화연구』 75, 2011, 358~360쪽.

47 「정부 추곡매상안 국회 회부」, 『서울신문』 1950. 11. 2.

노동자들의 식량 확보도 필수적이었다. 이에 정부는 양곡의 시장조절과 중점통제 방식을 폐지하고, 수집된 양곡을 일반 배급하는 전면통제 방식을 수립했다.[48] 동시에 국회가 현금제로 수정한 지세를 '당분간' 현물세로 받기로 결정했다.[49]

식량에 집중된 통제는 농민들의 반발을 초래했다. 1951년 5월 10일 개최된 전국 읍면장 회의에서 읍면장들은 농민들의 목소리를 대변하여 정부 시책이 농촌보다 도시에 편중되어 있고, 인플레이션 억제만을 고집해서 농민 생활에 커다란 위협을 주고 있다는 점을 지적하고, 공산품에도 식량과 같은 통제 방식을 단행할 것을 촉구했다.[50]

한편 인플레이션 수습 또한 미룰 수 없는 과제였다. 이에 정부는 귀속재산을 조속히 불하함으로써 민수물자를 국내에서 조달하는 방안을 모색했다. 귀속기업체 불하방침에 따라 전쟁기에 가장 많은 수의 기업체가 불하되었다.[51] 이는 물자조달뿐 아니라 기업체 불하를 통해 급팽창된 통화를 거둬들여 인플레이션을 억제하고, 농지개혁에 따른 지주 대책을 강구하며, 전시의 적자재정을 보전하기 위한 방책이었다.

귀속재산 매각의 경우 연고자, 종업원, 농지개혁법에 의해 농지를 매수당한 지주의 순으로 우선권이 부여되어 있었다.[52] 최고액 입찰자가 있더라도 연고자(관리인, 임차인 혹은 해당 기업의 이사회)가 최고입찰액을 내고 사겠다는 의사를 밝힐 경우, 최고입찰자가 아닌 연고자에게 불하한다는 것이 정부의 방침

48 「양곡 강력 통제」, 『서울신문』 1950. 11. 14.

49 「통제양정 해제 시까지 지세 현물 납부」, 『부산일보』 1950. 12. 6.

50 『부산일보』 1951. 5. 16.

51 김윤수, 「'8·15' 이후 귀속기업체 불하에 관한 일연구」, 서울대 경제학과 석사학위논문, 1988, 47~48쪽.

52 강명옥, 『귀속재산처리법해의』, 명세당, 1950, 39쪽.

이었다.[53] 하지만 수익성이 높은 기업의 경우 경쟁입찰자들은 자금 동원능력을 이용하여 정부사정가격의 2~6배나 되는 가격으로 입찰에 응함으로써 연고자의 우선매수권에 도전했다. 동양제관(東洋製罐), 대영제재(大榮製材), 삼화고무(三和고무) 등에서는 정부사정가격에도 미치지 못하는 가격을 제시한 관리인과 정부사정가격의 2~6배에 달하는 가격을 제시한 경쟁입찰자가 경합을 벌였다.[54] 연고자들이 우선매수권을 지키려면 높은 낙찰가를 써내는 수밖에 없었다.

이처럼 귀속재산 공매 과정에서는 경쟁입찰자가 턱없이 높은 입찰가격을 적어내 사회적 물의를 빚기도 했고, 반대로 경쟁입찰자가 없는 경우에는 연고자가 정부사정가격에도 못 미치는 낮은 입찰가를 적어내 사회적 지탄을 받기도 했다.[55] 그러나 정부사정가격이 대부분 시가의 1/3~1/4에 불과했기 때문에 턱없이 높은 입찰가격이라 해도 결코 높은 것이 아니었다. 또한 불하대금은 분할납부할 수 있었고, 시중에서 액면가의 20~70%의 금액으로 구입한 지가증권으로 불하대금을 납부할 수도 있었다. 결과적으로 극심한 인플레이션 상황에서 귀속재산 불하인들은 막대한 이득을 취했다.

국가 행정력의 미비와 재정의 한계 속에서 국가의 체계적인 지원과 지도가 부족했던 국공영기업체에서는 관공리와 관리인의 결탁에 의한 부정이 만연했다.[56] 또한 설비투자 지원 및 사적 소유권 보장 등 경영능력 제고를 위한 경제적 유인은 주어지지 않고 책임만 강조하는 귀속기업체의 구조에서, 관

---

53 『자유신문』, 1950. 5. 6.

54 「심술궂진 경쟁자 전술에 우선매수권자는 비명, 비양심적인 입찰은 쌍방이 삼가라, 귀재 불하에 애로 있다!」, 『부산일보』, 1950. 12. 31; 「우선매수자가 비명, 귀재 불하에 엄청난 경쟁입찰」, 『부산일보』, 1951. 2. 15.

55 김기원, 『미군정기의 경제구조』, 푸른산, 1990, 174~175쪽.

56 박희진, 「귀속기업의 불하와 경제발전—1945~1960년 대구 섬유산업의 사례 분석을 중심으로」, 영남대 경제학과 박사학위논문, 1996, 60~65쪽.

리인들은 설비 능률의 저하를 노동시간을 늘리는 방식으로 보충하고자 했다. 이로 인한 노동자들의 반발은 노동쟁의로 발전했으며,[57] 단위당 생산력을 떨어뜨리는 요인으로 작용했다.

정부는 귀속재산을 조속히 불하하여 전시재정을 확충하려 했지만, 그 과정에서 연고자와 경쟁입찰자들 간의 매수권 논란이 끊이지 않았다. 부산상공회의소 회장 김지태는 귀속재산 불하가 인플레이션 방지 대책으로만 간주되는 상황을 비판했다. 그는 자본가의 입장에 서서 산업 재편성과 경제재건의 견지에서 귀속재산을 처리해야 한다는 점을 강조했다.[58]

정부는 식량 확보와 인플레이션 수습을 위해 양곡통제와 귀속기업체 불하라는 정책을 시행했다. 그러나 일방적인 희생을 강요받는 농민들의 반발은 거셌고, 귀속기업체 불하를 둘러싼 논란은 큰 혼란을 초래했다. 이에 정부는 식량과 피복 등 민생안정의 거점이 될 부문에 한정해서 국가가 물자와 자금을 알선·통제하고, 그 외의 부문은 자유로 하는 '관리경제' 방침을 발표했다.[59] 이는 생활필수물자 외의 부분은 자유로 하여 자본가들의 생산의욕을 고취함으로써 생산력 발전을 추동하려는 의도였다. 정부는 기업체에 긴급대출을 허용함으로써 전쟁으로 인해 위축된 자본가의 이윤추구욕을 고취시켜 생산을 증가시키고자 했다. 생산은 자본가에게 맡기고 가격책정과 배급에 정부가 일부 개입하는 방식이었다.[60]

통제경제론과 자유경제론이 양립하는 가운데, 정부는 '관리경제' 방침을

57 中尾美知子, 「1951~1952년의 조선방직 쟁의」, 고려대 사학과 석사학위논문, 1990.

58 「좌담회: 전시경제를 어떠케 건설」 (5), 『동아일보』 1951. 4. 24.

59 국회사무처, 「제10회 제34차 국회속기록」(1951. 2. 26), 국무총리 장면의 1951년도(단기 4284년도) 예산안에 대한 시정연설(한국재정40년사편찬위원회, 『한국재정40년사』 제1권, 한국개발연구원, 1990, 88~89쪽에서 재인용).

60 「관리경제제 채택, 인프레 억제로 산업부흥」, 『동아일보』 1951. 2. 27.

밝힘으로써 통제를 최소화하고 전쟁 전의 '경제안정 15원칙'의 기조를 계승하려고 했다.[61] '관리경제'는 생산과 분배, 소비에 이르는 전 과정을 통제하는 것이 아니라, 전시라는 특수 상황을 감안하여 생활필수품의 비정상적인 물가폭등을 적정선에서 억제하는 가격통제와 적재적소에 원료를 배정하는 물자통제만을 시행한다는 성격을 갖고 있었다.

반면 통제의 영역을 벗어난 공간에서는 자유기업주의가 확산되었고, 자유경쟁의 논리가 관철되었다. 통제 대상 기업체를 제외하고 기업 운영의 자유가 보장된 개인기업은 자기 자금력을 동원하여 설비투자를 증설하는 한편, 운전자금을 융자받아 빠른 속도로 생산력을 상승시켰다. 동업조합 및 협회를 통해 기술개발을 적극 추진함으로써 품질을 제고하려는 노력도 전개되었다.[62] 이러한 자본가들의 움직임에 수반하여 가능한 범위 내에서 소규모 귀속기업체의 불하를 통해 조업 가동력을 높이기로 한 정부의 조치는 전쟁 동안 지속적으로 확대되고 있었다.[63] 그 결과 생산효율성 면에서, 또한 투자 및 노무관리 등 경영 합리화라는 측면에서 개인기업의 성장과 국공영기업체의 부진이 명확히 대비되기 시작했다.[64]

---

61 정책 담당자들은 경제안정 15원칙의 기본 방향이 전쟁기에도 여전히 유효하다는 점을 강조했다. 국회사무처, 「제10회 제44차 국회속기록」(1950. 11. 6), 187쪽, 재무부장관 최순주 발언; 「경제안정위원회 회의록」, 『단기 4282년 경제안정위원회 관계서류철』(1951. 3. 2~1951. 4. 18); 국회사무처, 「제10회 제34차 국회속기록」(1951. 2. 26), 국무총리 장면의 1951년도(단기 4284년도) 예산안에 대한 시정연설(한국재정40년사편찬위원회, 『한국재정40년사』, 제1권, 한국개발연구원, 1990, 88~89쪽에서 재인용). 『한국산업경제10년사』는 관리경제를 "반자유 반통제라는 사회관리의 요소가 강한" 체제라고 규정했다. 한국산업은행조사부, 『한국산업경제10년사(1945~1955)』, 1955, 6쪽.

62 김양화, 「1950년대 제조업 대자본의 자본축적에 관한 연구—면방, 소모방, 제분공업을 중심으로」, 서울대 경제학과 박사학위논문, 1990, 25쪽.

63 「6·25사변 직후의 국내 경제 실정」, 『한국은행조사월보』 35, 1951. 3, 162~163쪽. 김윤수에 의하면 전쟁 전과 전쟁기, 전후를 비교할 때 전쟁기에 가장 많은 수(43%)의 귀속기업체가 불하되었다고 한다. 김윤수, 「8·15 이후 귀속기업체 불하에 관한 일 연구」, 서울대 경제학과 석사학위논문, 1988, 46쪽.

64 박희진, 앞의 논문, 1996, 79~83쪽.

2장
'백재정'의 인플레이션 수습과 마이어협정

1. 전시경제팀의 경제정책론

1) '백재정'의 담당자들

인플레이션이 기승을 부리는 가운데 이승만 대통령은 최순주 재무부장관을 전격 경질하고, 1951년 3월 백두진[65]을 재무부장관으로 발탁했다. 인플레이션 수습과 원조기관과의 의사조정이 그가 맡게 된 주요 임무였다. 백두진은 강력한 통화흡수, 재정안정의 방향에서 인플레이션을 수습하고자 했다. 그러므로 그의 재정안정 정책은 재무부, 그중에서도 정부회계를 담당하는 회계국, 통화조절과 은행여신을 담당하는 이재국을 중심으로 운영되었다. 재무부장관 백두진, 차관 김유택(金裕澤), 이재국장 송인상(宋仁相), 회계국장 박희현(朴熙賢)이 '백재정'의 핵심라인이었다.

백두진은 일제 시기 조선은행의 몇 안 되는 한국인 중진이었다. 해방 후 '조선은행운영위원회'를 조직하여 구용서와 함께 조선은행의 재편 과정을

---

65 백두진의 이력에 대해서는 이 책 2부의 각주 28번 참조.

주도했다. 이 과정에서 경제적 식견과 실력을 인정받았고, 임시정부 세력, 조선민족청년단, 이승만으로부터 주목을 받았다.[66] 백두진은 조선민족청년단 재정분과위원장으로도 활동했는데, 이범석(李範奭)이 초대 대한민국 정부에서 국무총리가 되자, 그를 임시외자총국장에 기용했다.[67]

김유택[68]은 해방 후 조선은행 이사로 재직했다. 김도연(金度演) 초대 재무부장관과 친분이 두터웠던 당시 조선은행 총재 최순주의 추천으로 재무부 이재국장으로 발탁되었다.[69] 이후 최순주가 재무부장관에 기용되자 재무부 차관으로 승진했다. 백두진과는 조선은행 재건 과정에서 만났는데, 백두진이 업무부장을 역임할 당시 업무부 참사로 같이 일했다. 그런 인연으로 최순주 재무부장관이 경질된 후에도 백두진 밑에 남아 그를 보좌했다.

이재국장 송인상[70]은 일제 시기 식산은행 수원지점에서 10년 이상 근무하면서 토지감정, 어음할인, 담보대출 방법 등 실무에 잔뼈가 굵은 인물이었다.[71] 해방 후 간부급의 한국인 행원들이 은행의 재건 과정을 주도하는 가운데 심사부장을 담당했다. 그는 경성고등상업학교 선배 김유택이 차관으로 발령을 받으면서 이재국장으로 발탁되었다. 김유택과는 선후배로서 친분이 두터웠고, 백두진과는 해방 후 금융기관의 상호 연락과 정책 건의를 위한 모임인 '수요회'에서 만나 교분을 쌓았다.[72] 1952년 1월 송인상은 한국은행으로 자리를 옮기게 되는데, 이는 통화개혁을 위해서는 재무부와 한국은행의 긴

---

66 위의 책, 67~87쪽.

66 위의 책, 67~87쪽.

67 박희현, 『오봉 80년』, 성원사, 1990, 107쪽. 당시 임시외자총국은 직제상 국무총리실 산하였다.

68 김유택의 이력에 대해서는 이 책 2부의 각주 151번 참조.

69 김유택, 『회상 65년』, 합동통신사출판부, 1977, 82쪽.

70 송인상의 이력에 대해서는 이 책 2부의 각주 27번 참조

71 송인상, 앞의 책, 1994, 47~50쪽 참조.

72 백두진, 『백두진 회고록』, 대한공론사, 1975, 71쪽; 송인상, 앞의 책, 1994, 60쪽.

밀한 협조가 필요하니 현 이재국장이 그쪽으로 자리를 옮겨 차질 없이 통화개혁을 준비하라는 백두진의 명령 때문이었다.[73]

박희현[74]은 일제 시기 평안북도 초산군과 도청, 조선총독부 재정과에서 근무했다. 그는 이런 이력으로 지방행정과 지방재정에 밝아서 해방 후 지방재정 및 정부의 회계를 담당하는 부서에 배치되었다. 정부수립 후 미군정기 관료 출신이 대거 교체되는 분위기 속에서도 재무부에서 유일하게 유임되었을 정도로 말단에서부터 축적된 업무능력을 인정받았다. 미군정기 이래로 재무부 관료였기 때문에 백두진이 조선은행 이사 시절부터 만나 재정과 관련된 실무를 논의했다. 박희현은 '백두진의 신복(信僕)'으로 분류될 정도로 충실하게 '백재정' 운영을 뒷받침했다.[75]

2) 원조수용체제론과 경제안정론

백두진은 정부수립기 임시외자총국장 시절에 이미 원조를 토대로 한 경제재건의 방향을 제시한 바 있었다. 그는 조선은행에 몸담았던 경험으로 인하여 인플레이션을 유발하지 않는 자금 확보가 경제부흥의 핵심이라고 생각했다. 해방 후 그가 가장 큰 경제 문제로 생각한 것은 일제 말의 무분별한 대출 및 귀국자금 살포, 해방 후의 적자재정으로 인한 통화팽창과 그로 인한 원화의 가치하락이었다.[76] 백두진은 우선 일제잔재 청산 차원에서 조선은행권을 정리하고 원화를 안정된 외국 통화(달러화)에 연결시키는 것이 급선무라고

---

73 송인상, 앞의 책, 1994, 90쪽.

74 박희현은 1911년 평안북도 선천 출생으로 신의주고등보통학교를 졸업하고 조선총독부 행정관습소를 수료했다. 霞關會 編·日本外務省アジア局 監修, 『現代朝鮮人名辭典』, 世界ジャーナル社, 1962; 박희현, 『오봉 80년』, 성원사, 1990 참조.

75 한철영, 『오늘의 인물 백두진』, 문화춘추사, 1953, 54~55쪽; 박희현, 앞의 책, 1990, 107~109쪽 참조.

76 백두진, 「해방 후 금융 정세의 추이」, 『새한민보』 1-5, 1947. 8, 31쪽.

생각했다. 다음으로 그는 무분별한 대출과 귀국자금 살포로 통화팽창의 책임이 있는 일본에게 대일배상을 받는 한편, 외국 차관을 유치함으로써 경제부흥자금 문제를 해결해야 한다고 판단했다. 백두진은 그중 대일배상이야말로 한국 경제가 기사회생할 수 있는 방책이라고 생각했다.[77] 하지만 대일배상이 난항에 부딪히자, 이후 그의 논의는 주로 원조 문제에 집중되었다.

미국은 제2차 세계대전 중에 생산력이 비약적으로 상승했다. 전후에도 미국이 경제적 번영을 유지하기 위해서는 수출시장의 확보가 필수적이었다. 하지만 미국의 주요 수출 상대국이었던 자본주의 국가들은 전쟁 피해로 인해 수입능력을 상실했고, 미국은 판로를 잃었다. 미국은 이를 해결하기 위해 당분간 수입자금이 부족한 자본주의 국가들에게 무상원조를 제공하여 경제부흥을 돕는 한편, 부흥에 따른 수입 수요에 따라 자국의 상품을 수출한다는 전략을 세우고 있었다. 각국의 산업부흥이 이루어지면 미국의 원조는 폐지되고 국제무역은 정상화되어 미국 중심의 자본주의 무역질서가 확립될 것이다. 이것이 백두진이 이해한 미국 대외 경제정책의 핵심이었다.[78]

백두진은 한국 또한 수입능력이 부족하므로 미국의 무상원조를 '기동력'으로 하여 경제부흥을 달성해야 한다고 생각했다.[79] 박희현 역시 무상원조가 도입되는 것은 "천재일우의 호기"이니 이를 잃지 않도록 총력을 경주해야 한다고 역설했다.[80] 물론 미국의 무상원조를 받으려면 '경제원칙상' 그들의 요구조건을 받아들여서 원조수용 체제를 수립해야 한다는 것이 이들의 생각이

77 위의 글, 31쪽.

78 위의 글, 40쪽.

79 백두진, 「원조물자와 한국 경제」, 『국회보』1, 1949. 11, 44쪽.

80 박희현, 「한국 재정의 전망」, 『법정』4-1, 1949. 1, 38쪽.

었다.[81]

전후 원조 문제에 대한 미국과의 협의를 담당하고 있던 백두진은 자유경제의 확립을 통한 원조 도입으로 한국 경제를 부흥시키려고 생각했다. 그는 처음에는 원조가 부흥의 한 조건이라고 생각했지만,[82] 점차 경제운영에서 원조가 갖는 절대적인 비중을 강조하기 시작했다. 전쟁이 발발하기 전부터 그는 이미 한국의 경제자립이 '독력(獨力)'으로는 불가능하다고 판단하고 있었다. 그가 외국 원조의 도입을 강조하는 이유는 경제자립이 독자적으로는 불가능하다는 것을 인정하고, 원조를 활용하여 자립경제를 건설하기 위한 것이었다.[83] 이러한 그의 생각은 더욱 강화되어 재무부장관으로 임명된 후 정책 운영의 기본 논리가 되었다. 그는 안정적으로 원조를 확보할 수 있도록 원조 수용 체제를 갖추자고 주장했다.[84]

백두진이 생각하는 원조수용 체제는 미국의 요구에 따라 일본식 통제경제의 잔재를 청산하고, 통화안정과 재정균형의 방향에서 인플레이션을 수습하여 자유경제의 토대를 마련하는 것이었다.[85] 우선 안정적으로 원조를 확보한 후에 원조물자를 시가로 판매하여 통화흡수·재정증가의 효과를 얻는 한편, 가격 구조의 왜곡을 막는다. 그리고 원조물자가 무분별하게 살포되는 것을 막기 위해 임시외자총국이 상인을 대신하여 원조물자를 생산 부문의 실

---

81 백두진, 「ECA 원조와 한국 경제부흥의 방향」, 『신천지』 5-1, 1950. 1, 40쪽. 미국은 원조를 제공하기에 앞서 자국의 영향력하에 있는 유럽과 동아시아 국가들에게 인플레이션을 수습하여 자본이 자유롭게 이동할 수 있는 기반을 마련하라고 요구했다. 안림, 「통화개혁과 국민경제의 지향」, 『자유세계』 9, 1953. 3, 238쪽. 특히 일본의 지배하에 있던 동아시아에서 미국은 인플레이션을 억제하는 한편, 강력한 국가주의적 성향을 불식하고 자유경제의 기반을 마련하는 데 주력했다.

82 백두진, 「외자 도입 공급의 실상」, 『협동』 24, 1949. 9, 31쪽.

83 백두진, 「경제안정 15원칙과 외자 운영」, 『경제월보』 11, 1950. 5, 154쪽.

84 백두진, 「ECA 원조와 한국 경제부흥의 방향」, 『신천지』 5-1, 1950. 1, 39~40쪽.

85 백두진, 앞의 글, 1950. 1, 40쪽; 백두진, 「경제안정 15원칙과 외자 운영」, 『경제월보』 11, 1950. 5, 152쪽.

수요자에게 직접 배급한다. 소비재 생산 부문은 자본가에게 맡기고, 정부는 도로, 항만, 철도, 발전 등 사회간접자본과 제철, 시멘트 등 기간산업을 정부투융자로 건설하여 생산기반을 정비하는 데 주력한다. 백두진은 이 과정을 거치면서 한국이 자본가가 주도하는 자유경제로 나아갈 수 있을 것이라고 전망했다. 철저히 원조에 기반한 산업부흥책이었다.

재무부차관 김유택과 이재국장 송인상은 경제안정 15원칙의 입안자로서 이미 1949년 11월경부터 재정인플레이션 수습을 위한 대책을 마련하고 있었다.[86] 재정적자를 최대한 줄이고, 금융 면에서는 '수신내여신'의 원칙을 지켜 예금한도 내로 대출을 억제하며, 귀속재산에 대한 보조금을 폐지하여 운영 합리화를 꾀함으로써 통화증발을 억제한다는 정책 방향이었다.[87]

이들이 주창한 경제안정의 논리는 이른바 '중간안정론'이었다. 한국 경제의 궁극적인 방향은 산업부흥이지만, 민생을 위협하는 인플레이션 극복을 초미의 급선무로 인정하고 당면한 재정위기를 완화하여 일정한 안정선(중간안정선)을 확보한 후에 산업부흥을 꾀하자는 논리였다.[88] 물론 인플레이션의 수습은 통화흡수만으로 달성되는 것이 아니라 물자 생산의 확대를 수반해야만 했다. 하지만 인플레이션이 극심한 현 시점에서는 우선 통화증발을 억제하여 통화에 대한 가수요를 제거하는 중간안정이 필수적이라는 것이었다.[89]

김유택은 인플레이션 극복의 2대 과제로 재정균형 및 대출통제를 들고, 세금 징수를 위해 최대한 노력하는 한편, 거액대출을 통제할 방침이라고 발

86 김도연, 『나의 인생백서』, 강우출판사, 1968, 213~220쪽; 송인상, 『부흥과 성장』, 21세기북스, 1994, 68~76쪽 참조.

87 송인상, 앞의 책, 1994, 72쪽.

88 『동아일보』, 1950. 2. 15.

89 김유택, 「금융정책의 당면 문제」, 『한국은행조사월보』 43, 1952. 2, 12쪽.

표했다.[90] 김유택과 송인상은 한미경제안정위원회 내에서 은행여신과 정부 차입금, 귀속재산 처리, 세금과 가격조정 부문에 관여하면서[91] 광범위하게 살 포된 통화의 회수책을 중심으로 중간안정의 실현에 주력했다.

　박희현은 재무부 회계국장이라는 지위로 인해 정부재정적자 문제에 대 한 근본적인 해결책을 고민했다. 그는 재정적자를 근본적으로 해결할 수 있 는 방법은 원조뿐이라고 생각했다.[92] 산업부흥에 필요한 자재가 무상으로 수 입되므로 자본가가 원조물자를 활용하여 부흥사업에 매진하면, 정부는 산업 부흥자금 방출의 부담을 덜게 되어 재정균형을 달성할 수 있다는 논리였다. 그는 현재 19%에 불과한 조세징수 비율을 더욱 높이고, 정부의 경비부터 긴 축하는 방법을 제안했다.[93] 재정 부문에 한정되기는 하지만 백두진, 김유택, 송인상과 일맥상통하는 논리였다.

　전술한 바와 같이 백두진, 김유택, 송인상, 박희현은 일제 시기 조선·식산 은행 및 총독부의 경제기관에 근무하면서 전시 통제경제의 실무진으로 활동 했다. 그런 경험으로 인해 이들은 국가의 경제운영에서 자금의 조달 문제를 가장 중시했다. 해방 후 이들이 자금조달 방법으로서 미국의 원조에 주목한 것은 자연스런 결과였다.

　일본의 패망으로 통제경제의 한계를 실감한 이들은 해방 후 정부의 직접 적인 개입보다 금융과 자본의 주도하에 운영되는 자유주의 경제 시스템을 지향했다.[94] 자유경제를 실현하기 위해서 이들은 통화안정, 재정균형으로 그

---

90 『동아일보』 1950. 2. 15.

91 『동아일보』 1950. 1. 30.

92 박희현, 「한국 재정의 전망」, 『법정』 4-1, 1949. 1, 38쪽.

93 박희현, 「4282년도 정부예산의 귀추」, 『법정』 5-1, 1950. 1, 37~38쪽.

94 송인상 1차 인터뷰, 2002. 10. 10, 효성그룹 고문 사무실.

기반을 마련해야 한다고 생각했다. 그러므로 이들이 추구하는 경제정책은 금융과 자금통제를 정책수단으로 활용하는 방식으로 귀결될 소지를 안고 있었다.

재정금융의 실무에는 정통했지만 일제 시기 이들에게서 한국 경제의 전반적인 운영에 대한 고민은 찾아볼 수 없다. 이들에게 일제의 정책은 전제된 규정력이었기 때문이었다. 해방 후에도 역시 이들은 미국의 원조를 한국 경제를 생존시킬 수 있는 유일한 힘으로 전제하고[95] 그에 부응하여 원조수용 체제를 만들어 나가고자 했다. 이들은 원조 도입을 위해서는 반드시 미국이 원하는 경제안정책이 선행되어야 한다고 생각했다. 그러므로 전쟁이 발발하면서 원조물자가 쏟아져 들어오고 극심한 인플레이션에 시달리는 상황에서 이들의 재정금융 정책이 더욱 강력한 안정 드라이브로 회귀하리라는 것은 예견하기 어렵지 않은 일이었다.

2. '백재정'의 등장과 초긴축 정책

백두진은 임명 전 인플레이션 해결책을 묻는 이승만에게 '수입내지출'이라는 해법을 제시했고, 이승만은 이를 승인했다.[96] 이승만은 예산 외의 추가예산이나 기타 명목으로 국고 재정을 만 원 이상 사용하려면, 사전에 국무회의를 거친 후 대통령 인준과 서명을 받되, 그렇지 않고는 어떤 명목으로도 지출하지 말라고 엄명함으로써 그의 정책에 힘을 실어주었다.[97]

---

95 송인상 2차 인터뷰, 2004. 2. 27, 효성그룹 고문 사무실.

96 백두진, 『백두진 회고록』, 대한공론사, 1975, 113쪽.

97 『부산일보』 1951. 4. 8.

이승만의 절대적인 지지 속에서 예산 운영을 관장하는 재무부가 '수입내지출' 원칙을 고수하는 이상, 어떠한 부처도 이 원칙에서 자유로울 수 없었다. 이미 재무부차관 김유택, 이재국장 송인상 주도로 금융 분야에서 '수신내여신' 원칙을 수립하는 한편, 저축 운동, 국채 소화, 귀속재산 임대료 인상 등 인플레이션 수습을 위한 대책이 마련되고 있었다.[98] 백두진은 취임 후 '수입내지출' 원칙을 재정 부문까지 확대했다. 지출 규모를 예상하고 그에 따른 예산을 책정하는 것이 정상적인 재정 편성이지만, 백두진은 수입 한도 내에서 지출 규모를 정하는 비정상적인 방식을 사용해서라도 재정인플레이션을 수습하겠다는 의지를 천명했다. 이른바 '백재정'의 시작이었다.

이렇게 하여 1951년과 1952년의 예산은 수지균형의 원칙하에 편성되었다. 예산 집행은 일반회계와 특별회계를 막론하고 실질적인 수입이 있는 경우에 한해서만 지출을 허가했고, 정부부처 간의 회계 유용을 엄금했다. 재무부 회계국은 월별 계획으로 이를 점검했고, 이러한 재정 원칙을 '재정법'으로 제도화했다.[99] 정부부처 상호 간의 지출이나 민간 지출에 대해서는 '대체 제도'를 강화했다. '대체 제도'는 장부상으로 대금결제를 종료함으로써 현금거래를 방지하는 방법이었다. 재무부는 총예산의 80%를 점하는 물건비를 '대체 제도'로 해결할 수 있다면 인플레 방지에 큰 도움이 될 것이라고 판단했다.[100]

98 「귀속재 임대료 대폭 인상호, 기업체는 30할, 주택 24할」, 『부산일보』 1950. 11. 17; 「통화팽창을 억제, 일대 저축 운동을 전개, 한은 정 지점장 담」, 『부산일보』 1950. 12. 13; 「통화팽창 억제책, 재무부에서 계속 토의」, 『부산일보』 1951. 1. 10; 「당면 재정책, 최 장관 기자단에 담화」, 『부산일보』 1951. 1. 13; 「3백억 저축 운동, 한은 구 총재가 강조」, 『부산일보』 1951. 2. 7; 「성전 완수 위한 국채 경남북 제주도에 할당, 재무장관 담화」, 『부산일보』 1951. 2. 9; 「국채를 완전 소화하자 기대되는 각종 기업체, 재무부서 감독 각부에 추진을 의뢰」, 『부산일보』 1951. 2. 15.

99 한국은행조사부, 『경제연감』, 1955, I-393~404쪽; 김홍기 저, 박희현 감수, 『재정법 및 동 시행령의 해설과 연구』, 1952.

100 국회사무처, 「제10회 제67차 국회속기록」(1951. 4. 28), 24쪽, 재무부장관 백두진 발언.

다음으로 백두진은 대통령령으로 공포되었으나 국회의 반대로 실효를 거두지 못하고 있던 지세 현물납부의 입법 조치인 임시토지수득세법을 추진했다.[101] 임시토지수득세법은 정부관리양곡을 전액 현물로 걷겠다는 야심 찬 계획이었다. 자금 수요가 많은 연말에 방출되는 양곡, 면화, 고공품, 비료 등의 수집 및 배급자금은 인플레이션을 고조시키는 주요 원인이었다. 이러한 계절자금 중 양곡수집자금은 가장 큰 부분을 차지하고 있었다. 양곡수집자금이 연말에 대거 방출된다면 현재 진행되고 있는 재정안정 정책에 큰 차질을 빚을 수밖에 없었다.[102] 재무부는 임시토지수득세법의 관철에 사활을 걸었다. 농지개혁으로 인하여 농촌이 자급자족할 수 있게 되었다고 판단했던 '백재정' 담당자들은, 전쟁이라는 위기 상황에서는 잉여가 있고 전쟁의 피해를 상대적으로 덜 입은 농촌이 재정의 많은 부분을 감당해야 한다고 생각했다.[103]

하지만 국회의 반대는 극심했다. 백두진은 재정 운영상의 막대한 이익을 가져오는 임시토지수득세를 단행하는 대신 농촌잡부금을 일소하고 지세, 소득세, 호별세, 교육세 등 농촌세를 단일화하여 농민에 대한 부담을 최소화하겠다고 약속함으로써[104] 국회 재정경제분과위원회와 농림분과위원회의 양해를 얻어냈다. 임시토지수득세법의 시행으로 정부는 양곡의 일반매상을 중지하고, 농촌세 현물징수와 농지대가 상환곡으로 정부관리양곡을 충당했다.[105] 이로써 정부는 2,000억 원에 달했던 양곡수집자금을 원천적으로 봉쇄하면서 군량미와 구호미, 공무원 및 피난민과 도시민에 대한 배급미를 안정적으로

---

101 재무부, 「제2차 재정금융에 관한 공한」(1951. 8)(한국재정40년사편찬위원회, 『한국재정40년사』 제3권, 한국개발연구원, 1991, 426~427쪽에서 재인용).

102 1951년 8월 현재 통화발행고는 4,500억 원이었고, 양곡수집자금으로 책정된 액수는 2,000억 원이었다.

103 『부산일보』 1951. 5. 2.

104 국회사무처, 「제11회 제61차 국회속기록」(1951. 9. 8), 7~8쪽.

105 농수산부, 『한국양정사』, 1978, 247쪽.

확보할 수 있게 되었다.

또한 재무부는 전임 최순주 장관 재직 당시부터 추진했던 납세조합 설립을 통한 조세징수, 400억 원 국채 발행, 원조물자의 시가판매, 예금한도 내 대출, 귀속재산 불하사업도 강행했다. 재무부는 특히 원조물자의 시가판매, 귀속재산의 경쟁입찰 방식으로 다량의 통화를 회수할 수 있을 것이라고 기대했다. 원조물자의 판매대금은 대충자금 계정으로 적립되어 재정적자를 메우는 데 사용되었다.

정부는 1951년 10월 귀속재산 처리에서 우선권을 폐지하고 일반공매로 최고 입찰자에게 매각한다는 귀속재산처리법 개정안을 국회에 제출했다.[106] 연고자들의 반대로 '우선권 삭제'는 관철되지 못했지만, 논란이 일고 있던 일반공매는 법적으로 명시되었다. 이는 연고자의 우선권을 인정하더라도 매수자의 자금 동원능력을 전제로 하겠다는 정부 의지의 표현이었다.[107] 연고권자의 우선매수권을 규정한 귀속재산처리법 자체에 대한 위반이라는 반발이 있었지만, 정부는 국고 수입을 증대시키고 국민경제의 안정을 도모하는 정당한 방침이라고 일축했다. 산업재건과 재정확보를 위해 전쟁기에 전체 귀속기업체의 43%가 불하되었고,[108] 1951년 8월부터는 중앙 직할 기업체의 일시불 판매도 증가했다.[109] 이렇게 해서 들어온 불하대금은 일반회계에 적립되어 정부재정자금으로 사용되었다.

이러한 재무부의 강력한 긴축 정책은 정부 내에서조차 인기가 없었다. 재무부는 예금한도 내 대출, 원조물자의 시가판매 강행으로 상공업자들의 기

---

106 이지수, 「해방 후 농지개혁과 지주층의 자본전환 문제」, 연세대 사학과 석사학위논문, 1994, 54~55쪽 참조.
107 공보처, 『대통령 이승만박사 담화집』, 1953, 203~204쪽 참조.
108 김윤수, 「'8·15' 이후 귀속기업체 불하에 관한 일연구」, 서울대 경제학과 석사학위논문, 1988, 46쪽.
109 재무부 관재국, 『법인대장』, 연도미상 참조.

업에 대한 융자 확대, 원조물자의 원가판매 주장을 수용하고자 한 상공부와 마찰을 빚었다.[110] 또한 재무부는 농지개혁 재추진에 따른 지주보상금 방출 건으로 농림부와도 갈등했다.[111] 1951년분의 지주보상금을 지불유예했다가 월 30만 원으로 제한했기 때문이었다. 백두진은 정부는 농지개혁 대금을 지주에게 지불할 의무가 있지만 "우리나라의 경제 사정이 법으로만 가지고 따질 수도 없는" 중대한 단계에 있으며, 중동에서는 국가비상 시에 "지불유예를 한 실적도 있다"고 하며 지주보상금 방출에 부정적인 입장을 표명했다.[112] 1951년 3월부터 6월까지 287억 원의 세입초과가 발생했는데 그중 131억 원이 농지대가상환금이었다.[113] 하지만 재무부는 이를 지주보상금으로 지불하지 않고 일반회계에 편입시켜 재정자금으로 사용했다.

증세와 국채 발행의 편중성에 대한 국회와 여론의 원성도 드높았다.[114] 서민층에게는 세금납부와 국채소화가 집중되면서도 혜택이 돌아가지 않는 반면, 기업체에게는 국채를 담보로 한 생산대부 혜택이 주어졌기 때문이었다. "강제로 영세한 사람의 돈을 빼앗아 자본가에게 주는 방식"이라는 비판이 제기되었다. 그러나 백두진은 "영세한 사람의 자금을 모아서 기업하는 사람에게 제공하는 것이 바로 금융기관의 역할"이라고 응수했다.[115] 농민들이 납부한 농지대가 상환곡과 토지세도 시장가격의 40%에도 못 미치는 법정가격으

---

110 『민주신보』 1951. 5. 26.

111 국회사무처, 「제10회 제81차 국회속기록」(1951. 5. 14), 26쪽; 국회사무처, 「제10회 제86차 국회속기록」(1951. 5. 19), 10~11쪽; 『부산일보』 1951. 6. 9 참조.

112 국회사무처, 「제10회 제86차 국회속기록」(1951. 5. 19), 10쪽.

113 한국재정40년사편찬위원회, 『한국재정40년사』 제3권, 한국개발연구원, 1991, 414쪽.

114 『동아일보』 1951. 8. 6.

115 국회사무처, 「제11회 제46차 국회속기록」(1951. 8. 18), 13쪽.

로 환산하여 납부하도록 했다.[116] 농민들의 부담은 현금으로 납부할 때와 비교해서 한층 무거울 수밖에 없었다.

재무부의 초긴축 정책으로 1951년 4월 이래 재정적자는 더 이상 발생하지 않았다. 하지만 이는 결과적으로 귀속기업체를 자금 동원능력이 있는 자본가에게 이전하고 융자의 폭을 극도로 제한함으로써 자본이 없는 중소자본가를 도태시키는 정책이었다. 그리고 지주에게는 생활비 정도의 자금만을 방출하여 중소지주가 자본가로 전환할 수 있는 길을 차단했다. 무엇보다도 농민에게는 세금과 상환곡, 국채소화의 부담을 가중하는 농민 희생 정책의 성격을 띠고 있었다.[117]

'백재정'은 원조 도입을 위한 단기적인 인플레이션 해법이었다. 당시의 인플레이션은 통화의 팽창뿐 아니라 화폐가 흡수될 수 있는 물자생산이 태부족하기 때문에 발생한 현상이었다. 생산 면을 도외시하고 통화수축에만 주력할 경우 경제 전반이 위축될 것이고, 이는 통화수축의 한계를 드러내면서 다시 인플레이션이 폭발하는 악순환을 피할 수 없었다. '백재정' 담당자들은 원조물자로 이를 해결하겠다고 생각했지만, 원조가 제때 공급되지 않는다면 '백재정'은 총체적 위기에 봉착할 수밖에 없었다. 때문에 '백재정' 담당자들은 유엔군 대여금의 상환과 원조 획득에 매달렸다.

---

116 이대근, 『한국전쟁과 1950년대의 자본축적』, 까치, 1987, 174쪽.

117 이대근은 전쟁 수행과 전후복구사업의 재원 조성 과정에서 농민 희생을 통한 자본축적이 이루어졌음을 밝혔다. 위의 책, 제5장 참조.

3. 마이어협정과 한미합동경제위원회의 조직

1) 마이어협정과 한미 간의 협의체 구축

재무부는 재정과 금융의 초긴축 정책을 단행하는 한편, 미국 측에 유엔군 대여금의 조기상환을 촉구했다.[118] 원조물자를 시가로 판매하고 재정적자를 축소하여 인플레이션에 대한 자구책을 마련하라고 요구한[119] 미국 측은 권고사항을 충실히 이행하는 재무관료진의 정책을 높이 평가했다.[120] 미국은 증세, 원조물자의 시가판매 등으로 여론의 집중적인 포화를 받고 있는 '백재정'에 대한 지지 의사를 표명하여 '백재정' 담당자들의 정치적 입지를 확보해줘야 한다고 생각했다. 미국은 유엔군 대여금의 부분청산이 '백재정' 담당자들의 반인플레이션 정책수단을 강화하는 정치적·심리적 지렛대 역할을 할 것이라고 기대했다.[121] 이에 1951년 10월 14일 유엔군 대여금 12,155,714달러가 상환되었다. 1951년 12월에 들어서는 청산에 따른 물가하락 효과가 나타나기 시작했다. 백두진은 이에 고무되어 유엔군 대여금의 전액청산을 미국에 요구했다. 미국은 유엔군 대여금에 대한 한국의 요구를 들어주면서 그것을 매개로 한국 정부와 새로운 경제협정을 체결하고자 했다.[122] 그것은 6·25전쟁이

---

118 국회사무처, 「제11회 제46차 국회속기록」(1951. 8. 18), 12쪽; 백두진, 『백두진 회고록』, 대한공론사, 1975, 128~130쪽 참조.

119 "The Acting Officer in Charge of Economic Affairs in the Office of Northeast Asian Affairs (White) to Mr. Emerson Bifelow, Office of the Secretary of Defense(1951. 5. 28)", *FRUS 1951*, Vol. VII, pp. 466~467.

120 "The Ambassador in Korea (Muccio) to the Secretary of State(1951. 6. 9)", Ibid., p. 528.

121 "The Acting Secretary of State to the Secretary of Defense (Marshall)(1951.9.8.)", Ibid., pp. 891~892. 미국 내에서도 국방부는 조기 청산에 반대했던 반면, 미 대사관과 국무부는 한국의 반인플레이션 정책을 견인하기 위해서라도 부분 청산이 필요하다는 입장이었다.

122 "The Secretary of State to the Embassy in Austria(Mayer)(1952. 3. 28)", *FRUS 1952~1954* Vol. XV, p. 122 참조. 백두진은 릿지웨이 사령부가 1951년 4월부터 신협정을 체결하자는 제의를 해왔으나, 한국 측이 매번 유엔군 대여금 청산을 전제조건으로 내세웠고, 이에 대한 견해 차이로 인해 회담이 번번이 결렬되었다고 회고했

발발하고, 유엔이 한국에 대한 모든 군사·경제원조를 미국이 관리하는 유엔군 총사령부를 통해 제공하기로 결의함에 따라[123] 한국에 적용되었던 ECA 원조가 1951년 6월부로 종결되었고, 1950년 1월 설립되었던 한미경제안정위원회의 활동도 중지되었기 때문이었다. 그에 따라 환율, 원조의 이용, 인플레이션 완화 등을 둘러싼 한미 간의 갈등이 노정되고 있었다.

미국이 한국의 경제 현안에 직접 개입하기 위해서는 유엔군 총사령부와 한국 정부 사이에 별도의 협정이 필요했다.[124] 미국은 이 문제를 해결하기 위해 1952년 5월 13일 미 대통령 특사 마이어(Clarence E. Meyer)를 파견했다. 한국과 미국 양측 정부를 대표하여 백두진과 마이어는 1952년 5월 24일 '대한민국과 통일사령부 간의 경제조정에 관한 협정'(이른바 마이어협정)을 체결했다. 한미 양측은 유엔군 총사령부와 한국 정부 사이의 경제 문제를 조정할 기구로서 한미합동경제위원회를 신설하고, 유엔군 대여금을 전액청산하기로 합의했다.[125] 한국의 관점에서 보면 협상의 주목적은 유엔군 대여금의 상환이었고, 미국의 목표는 유엔군 총사령부의 경제적인 권한을 한국 정부가 받아들이도록 하는 것이었다. 협상을 통해 한국은 유엔군 대여금 청산을 약속받았고,[126] 미국은 한미합동경제위원회를 통해 원조 계획과 관련된 한국 정부의 모든

다. 백두진, 『백두진 회고록』, 대한공론사, 1975, 129~130쪽 참조.

123 홍성유, 『한국 경제와 미국 원조』, 박영사, 1962, 38쪽.

124 "Memorandum by the Director of the Office of Northeast Asian Affairs(Young) to the Assistant Secretary of State for Far Eastern Affairs(Allison)(1952. 4. 4)", *FRUS 1952~1954* Vol. XV, p. 140 참조.

125 협정 전문과 공동발표문은 한국재정40년사편찬위원회, 『한국재정40년사』 제3권, 한국개발연구원, 1991, 439~445쪽 참조.

126 '백재정' 담당자들은 유엔군 대여금의 상환으로 재정·금융·산업의 진정한 안정을 이룰 수 있는 기반이 마련될 것이라고 크게 기대했다. 백두진, 「창간에 기함」, 『재계』 창간호, 1952. 8, 13쪽; 박희현, 「전시재정과 국민의 각오」, 『지방행정』 1-3, 1952. 9, 10~11쪽; 송인상, 「한미경제협정과 금후의 금융 정세」, 『지방행정』 1-1, 1952. 7, 19~20쪽 참조.

사항을 검토할 권한을 가지게 되었다.[127] 합동경제위원회의 설립 취지에 따라 합동경제위원회 본회의는 1952년 6월 27일의 예비모임을 시작으로 1952년 7월 3일의 제1차 회의부터 1953년 3월 23일 제13차 회의까지 14번의 회합을 가졌다.

미국은 합동경제위원회 내에 다양한 위원회를 조직하고 그들에게 정책 입안 권한을 부여하고자 했다. 미국은 한국 경제운영에 합동경제위원회와 산하의 분과위원회가 일정한 권한을 갖고 다양한 분야에 개입할 수 있기를 원했다. 그러나 한국 정부는 분과위원회를 공식화하고 이들 위원회에 정책 입안의 권한을 부여하는 것에 반대했다.[128] 단지 최소한의 상설 분과위원회 설치에만 동의했을 뿐이다.[129] 합동경제위원회가 경제에 대한 쌍방의 주요 협의체지만 조정 및 자문기관일 뿐 운영기관이 아니듯이,[130] 산하의 분과위원회 또한 조정 및 자문기관일 뿐이라는 게 한국 정부의 일관된 생각이었다. 따라서 세부 분야에까지 위원회가 구성될 필요는 없다고 판단한 것이다.

1952년 7월 설치된 이래 계속 변경되었던 합동경제위원회 산하 상설분과위원회의 조직과 인원 편성은 1953년 3월 23일 합동경제위원회 제13차 회의에서 〈그림 1〉, 〈표 3〉과 같이 마무리되었다.

---

127 밋첼은 마이어협정으로 한국 정부가 자신의 경제주권을 미국에게 넘겨주었다고 평가했다. Tony Michell, "Control of Economy During the Korean War: The 1952 Co-ordination Agreement and its Consequences", *The Korean War in History*, Humanities Press International, 1989, pp. 158~159.

128 "Minutes of Conference Preliminary to Completion of Organisation Combined Economic Board, 1952. 6. 27", RG 469, Mission to Korea, Office of the Controller, Combined Economic Board Secretariat, 1952~61, Board Meeting Minutes, Box 1; "Standing Operating Procedure for Combined Economic Board, 1952. 7. 1", RG 469, Mission to Korea, Program Coordination Office, Combined Economic Board Secretariat, 1952~61, Basic Documents, Box 1.

129 "Minutes of First Meeting of Combined Economic Board, 1952. 7. 3", RG 469, Mission to Korea, Program Coordination Office, Combined Economic Board Secretariat, 1952~61, Board Meeting Minutes, Box 1.

130 한국재정40년사편찬위원회, 『한국재정40년사』 제3권, 한국개발연구원, 1991, 440쪽, '대한민국과 통일사령부 간의 경제 조정에 관한 협정' 중 제1조 위원회 관련 조항 3 참조.

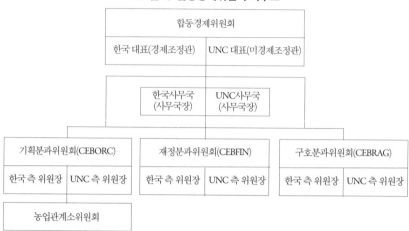

〈그림 1〉 합동경제위원회 기구표

* 출전: U.S Government Printing Office, *Relief and Rehabilitation in Korea, Hearing before a Subcommittee of the Committee on Government Operations*, House of Representatives, Eighty-Third Congress, 2nd Session(1953), Washington D.C., 1954, p. 19(공제욱, 『1950년대의 자본가 연구』, 백산서당, 131쪽에서 재인용).

합동경제위원회 본회의는 1953년 3월, 제13차 회의 이후 개최되지 않았다. 다만 산하의 상설분과위원회가 원조 운영에서 한미 간에 공조가 필요한 부분을 논의하기 위해 비정규적인 회합을 가졌을 뿐이다.[131]

2) 통화개혁과 유엔군 대여금의 청산

마이어협정과 한미합동경제위원회의 활동에도 불구하고, 한국의 기대와 달리 유엔군 대여금의 청산은 지지부진했다. 반면 증가된 병력유지비, 전쟁

---

131 합동경제위원회 본회의 재개 전 합동경제위원회 활동의 중심이 되었던 기획위원회와 재정위원회의 활동에 대해서는 RG 469, Mission to Korea, Program Coordination Office, Combined Economic Board Secretariat, 1952~61, Combined Economic Board Over-All Requirements Committee Minutes, Box 1; RG 469, Mission to Korea, Program Coordination Office, Combined Economic Board Secretariat, 1952~53, Combined Economic Board Fiscal Committee Minutes, Box 1; RG 469, Mission to Korea, Program Coordination Office, Combined Economic Board Secretariat, 1953~60, Combined Economic Board Finance Committee Minutes, Box 1·2 참조.

역할	한국 측	유엔 사령부 측
경제조정관	백두진 국무총리 겸 재무부장관(한국 대표)	Tylor C. Wood(미국 대표)
상설사무국(Combined Economic Board Permanent Secretariat, CEBSEC)	부완혁(夫琓爀) 기획처 물동계획국장(사무국장 대리)	Emory D. Stoker 대령(사무국장), 미군병참관구사령부 Donald J. Dodson (유엔 사령부 사무국장보) 소령
재정분과위원회(Combined Economic Board Finance Committee, CEBFIN)	김유택 한국은행 총재(의장), 박희현 재무부차관, 서재식(徐載軾) 기획처 예산국장, 송인상 한국은행 부총재, 이한빈(李漢彬) 기획처 예산국 제2과장	미군병참관구사령부(Korean Communications Zone, KCOMZ) 민사담당 차장 J. G. Reynold 대령(의장), Prayard Buranasiri 한국은행총재 고문, 유엔 민사처 민사부 경제국 재정과 J. J. Henry, G. N. McCaffrey 유엔 민사처 민사부 경제국 재정과장, 미군병참관구사령부 계획정책부 G-5 참모부 James G. Smith
기획분과위원회(Combined Economic Board Overall Requirements Committee, CEBORC)	이재형(李載灐) 상공부장관(의장), 정재설(鄭在卨) 농림부차관, 한홍이(韓虹伊) 외자구매차 차장, 서재식 기획처 예산국장(3·15일자로 복귀), 김종대(金鍾大) 기획처 물동계획국 제3과장	미군병참관구사령부 G-5 참모부 계획정책부 소속 경제학자 William R. C. Morrison(의장), 유엔 민사처 민사부 계획국장 John H. Scott 대령, 미군병참관구사령부 G-5 참모부 T. K. Tindale, 미군병참관구사령부 G-5 참모부 C. L. Routh 소령
구호분과위원회(Combined Economic Board Relief and Aid Goods Committee, CEBRAG)	박술음(朴術音) 사회부장관(의장), 황종률(黃鍾律) 외자구매처장 겸 임시외자관리청장, 임정규(任禎奎) 상공부차관, 서재식 기획처 예산국장, 김경수(金景洙) 농림부 양정국장	유엔 민사처 공급부장 R. C. Rose 대령(의장), E. D. Armagost 유엔 민사처 민사부 경제국 상공과장, 유엔 민사처 민사부장 대리 William R. Dayton 대령, A. K. Tigrett 미군병참관구사령부 G-5 참모부 계획정책부 사무관, 유엔 민사처 민사부 경제국장 Charles D. Williams 대령
기획분과위원회 농업관계소위원회(Combined Economic Board Agriculture Sub-Committee of Overall Requirements Committee, CEBORC-Agri)	정재설 농림부차관(의장), 김용택 사회부차관, 김종대 기획처 물동계획국 제3과장	유엔 사령부 본부 J-5 참모부 R. E. Culbertson(의장 대리), 유엔 민사처 민사부 경제국 농수산과 Hugh S.Carroll

* 출전: "Appointing and Terminations of Appointment of Members of the Subordinate Organization of the Combined Economic Board(CEB) by the CINCUNC and ROK Representatives on the CEB, 1953. 3. 23", RG 469, Mission to Korea, Office of the Controller, Mission to Korea, Office of Controller, Combined Economic Board Secretariat, 1952~61, Board Meeting Minutes, Box 1.
* 비고: 재정위원회는 이전의 회계위원회(Fiscal Comittee, CEBFISC)에서 재정위원회로 개명되었고, 1953년 1월 23일 합동경제위원회에 의해 새로운 헌장이 제공되었다. 1월 23일까지 한 번도 미팅이 개최되지 않았던 외국환위원회(Foreign Exchange Comittee, CEBFEC)는 기능을 마치고 폐지되었고, 종결되지 않은 사업과 기록들은 재정위원회로 이관되었다.

수습비, 공무원의 봉급인상, 유엔군 대여금 등 정부의 경비는 크게 늘어났다. 그렇지만 조세와 국채의 소화가 한계점에 도달했고, 1952년의 흉작으로 미곡도 수입해야 하는 상황이었다.[132]

또한 물자생산을 위한 자금 수요도 억제할 수 없는 형편이었다.[133] 한국 정부의 2년에 걸친 초긴축 정책의 궁극적인 목적은 원조수용 체제를 확립하는 것이었다. 원조를 안정적으로 도입하고, 도입된 원조를 산업 면에 주입하여 부흥을 꾀한다는 것이 '백재정' 담당자들의 구상이었다.[134] 하지만 재정적자를 보충한 후 잔액이 있는 경우에만 예금과 원조자금에서 염출하기로 하면서 기업대출의 길이 막히자, 이는 심각한 기업자금 경색으로 이어져 경기를 더욱 침체시키고 있었다. 생산자금의 방출도 불가피했다.

그 결과 1952년 말 한국 정부는 더 이상 유엔군 대여금을 지불할 능력이 없다고 미국에 통보했다.[135] '백재정' 담당자들은 미국 측이 한국 경제의 심각성을 인식하지 못한다고 생각했다. 이에 이들은 1952년 12월 한미합동경제위원회와 협의하여 한국의 재무관료, 유엔군 민사처, 운크라 대표가 참여하는 종합예산분석단을 구성하고,[136] 예산분석단의 보고서를 토대로 1953년 예산안을 편성했다.[137]

---

132 한국산업은행조사부, 『한국산업경제10년사』, 1955, 384쪽; 『동아일보』 1952. 9. 9 참조.

133 『동아일보』 1952. 12. 27; 『동아일보』 1953. 3. 20 참조.

134 송인상, 「한국 경제의 부흥책」 『자유세계』 1-1, 1952. 1, 112~113쪽.

135 국회사무처, 「제15회 제5차 국회속기록」(1953. 1. 14), 9쪽; "Memorandum by the Director of the Office of Northeast Asian Affairs(Young) to the Assistant Secretary of State for Far Eastern Affairs(Allison)(1952. 11. 14)", *FRUS 1952~1954* Vol. XV, p. 628.

136 이한빈, 『일하며 생각하며』, 조선일보사, 1994, 78~79쪽; 『동아일보』 1952. 11. 17, 1952. 12. 2 참조. 한국 측 대표는 백두진·김유택·박희현·이한빈, 유엔군민사처 대표는 캐러웨이(William E. Carraway)·맥캐프리(George H. McCaffrey), 운크라 대표는 리드(Eugene M. Reed)였다.

137 국회사무처, 「제15회 제5차 국회속기록」(1953. 1. 14), 9~10쪽.

예산분석단은 재정적자와 유엔군 대여금, 원조 수입 등 한국 정부의 수입과 지출요인을 모두 분석한 후, 국가 총수요의 부족분을 예산에 반영시키고 부족량을 보충하기 위해 필요한 외환을 산출했다. 제출된 예산총액 7조 2,606억 원 중 세입총액은 2조 9,676억 원으로 총수요의 약 40%에 불과했다. 수지균형 원칙은 지켜지지 못했다. 재무부는 나머지 60%에 해당하는 4조 2,930억 원을 원조로 충당할 수밖에 없다고 생각했다.

한편 재무부는 1952년 말 현재 1조 원을 초과하고 있는 통화량을 수축하기 위해 1953년 2월 15일 100원을 1환으로 하는 통화개혁을 단행했다.[138] 통화개혁은 편재된 과잉구매력을 봉쇄하여 산업자금으로 전환한다는 표면적인 목표를 가지고 있었지만, 그 이면에는 통화발행고의 6할 이상을 차지하고 있었던 유엔군 대여금의 회수라는 목적이 있었다.[139] 한국 정부가 인플레이션을 극복하려는 확고한 정책을 단행할 때, 유엔군 대여금 미청산분을 상환하겠다는 한미 간의 묵계가 있었기 때문이었다.[140] 또한 4조 2,000억 원이라는 방대한 적자폭을 420억 환으로 축소시킴으로써 환화 가치의 안정을 꾀하고, 이후 도입될 원조를 통해 환화의 신뢰도를 뒷받침하고자 한 것이었다.

통화개혁은 1952년 하반기부터 미국과 교감하에 준비되었다.[141] 미국은 서독에서 이미 통화개혁을 단행한 경험이 있었다. 김유택 한국은행 총재의[142] 지휘 아래, 한국은행 도쿄지점에 파견되어 일본과 독일의 경제정책과 통

---

138 「대통령 긴급명령 제13호」(1953. 2. 5); 한국재정40년사편찬위원회, 『한국재정 40년사』, 제3권, 한국개발연구원, 1991, 517~521쪽; 국회사무처, 「제15회 제29차 국회속기록」(1953. 2. 25), 2~11쪽 참조.

139 공보처, 『대통령이승만박사 담화집』, 1953, 218쪽.

140 김정렴, 『한국경제정책30년사』, 중앙일보사, 1995, 62쪽.

141 김정렴 인터뷰, 박정희대통령기념사업회 사무실, 2009. 11. 9. 김정렴은 한미합동경제위원회 미국 측 대표 핸론(B. Hall Hanlon) 소장이 직접 백두진 재무부장관에게 통화개혁을 통해 인플레이션을 수습하라는 미국 측의 요구를 전달했다고 구술했다.

142 김유택은 1951년 12월 재무부차관에서 한국은행 총재로 옮겼고, 1956년 12월까지 재임한다.

화개혁을 조사한 바 있는 김정렴과 배수곤이 통화개혁안을 마련했다. 한국이 준비한 통화개혁안이 완성되자, 한미합동경제위원회 미국 측 대표 핸론(B. Hall Hanlon)은 일본 연합국 최고사령부의 재정금융과장 리드를 초빙해서 통화개혁안을 검토하도록 했다.[143] 통화개혁은 이렇게 한미 간의 논의와 검토 속에서 단행되었다.

1953년 2월 25일 한미합동경제위원회 미국 대표 핸론과 한국 대표 백두진의 회합이 열렸다. 이 자리에서 핸론 소장은 한국 정부의 통화개혁을 높이 평가하면서 유엔군 대여금의 미결제분 청산을 약속했다. 6,000원 대 1달러로 환산한 총액 8,580만 달러의 유엔군 대여금이 완전히 청산됨으로써 유엔군 대여금 문제는 일단락되었다.[144]

이제 남은 문제는 휴전을 앞두고 재정적자 문제를 근본적으로 해결할 수 있는 원조를 획득하는 것이었다. 420억 환의 적자가 원조가 아닌 한국은행 차입금으로 보전될 경우, 화폐남발로 인한 인플레이션은 피할 수 없었다.[145] 초긴축 정책과 통화개혁, 유엔군 대여금 상환으로 겨우 인플레이션을 진정시킨 재무관료진에게 이는 양보할 수 없는 문제였다.

특히 민간구호 원조와 운크라 원조를 통해 재건계획은 조금씩 진행되고 있었지만, 예산의 80%에 육박하는 군사비 문제는 여전히 해결되지 않고 있었다. 전쟁은 종전이 아니라 휴전으로 끝났기 때문에 체제보장을 위한 군사비 지원이 더욱 절실했다. 군사원조가 확보되지 않는다면 군사비는 늘 경제의

---

143 김정렴 인터뷰, 2009. 11. 9, 박정희대통령기념사업회 사무실; 김정렴, 『한국경제정책30년사』, 중앙일보사, 1995, 52쪽.

144 국회사무처, 「제15회 제30차 국회속기록」(1953. 2. 26), 5쪽.

145 국회사무처, 「제15회 제43차 국회속기록」(1953. 3. 31), 20쪽.

안정과 재건을 압박하는 악재로 작용할 것이었다.[146] 군사원조와 경제원조의 분리, 군사원조에 대한 확답이 한국 정부가 요구하는 바였다. 이 문제의 해결은 이후 타스카 사절단의 방한을 통한 한미 상호 간의 의사조정과 상호방위 조약의 체결로 현실화되었다.[147] 이제 한국 경제는 재정과 재건자금, 경제운영에 대한 전반적인 문제를 외국 원조와 원조기구에 전적으로 의존하게 되었다.

---

146   국회사무처, 「제15회 제43차 국회속기록」(1953. 3. 31), 22쪽.

147   타스카 보고서의 구체적인 내용과 성격에 대해서는 이현진, 「타스카 사절단의 방한과 그 보고서의 성격」, 『역사와 현실』 49, 2003; 정진아, 「해제: 한국 경제재건을 바라보는 유엔과 미국의 시선―네이산 예비 보고서와 타스카 보고서」, 『한국경제정책자료 8. 번역·통계편』, 국사편찬위원회, 2013 참조.

4부

헌법 개정과 자유경제 정책기조의 강화

1장
전후재건 논의와 경제부흥계획

이승만(李承晩)은 6·25전쟁이 발발하여 유엔군이 개입하자 승공통일을 주장했다. 그는 남한 단독의 힘으로는 불가능한 '국토완정'의 꿈을 세계 최강대국 미국과 유엔의 힘을 빌려 실현하고자 했다. 그러나 전선은 1951년 초 이래로 38선 부근에 머물렀고, 전쟁 이전 상태인 38선을 회복한 유엔군과 중국군은 더 이상 전쟁을 지속할 의사가 없었다. 1951년 6월 23일 유엔주재 소련 대표 말리크(Jacob Malik)가 휴전을 제안하면서 시작된 휴전회담은 1953년 6월 8일 유엔군과 조선인민군, 중국인민지원군이 포로송환협정을 체결함으로써 급물살을 탔다. 이승만은 자신의 의사에 반하는 휴전회담 진행에 강한 불만을 갖고 있었다. 그의 불만을 반영하듯 남한에서는 연일 휴전 반대 시위가 열렸다.[01]

아이젠하워(Dwight David Eisenhower)의 휴전 동의 요구에 이승만은, 미국은

---

01 「우리에게 통일을 달라 통일 없는 휴전 반대 절규, 5개조 관철 서울시민대회」, 『조선일보』 1953. 4. 8; 「유화는 자살행위, 통일 없는 휴전 반대 투위 성명」, 『조선일보』 1953. 4. 20; 「7천 회를 돌파, 한국 각지의 휴전반대대회」, 『조선일보』 1953. 5. 15; 「한국민의 총의로 휴전을 단호 반대」, 『동아일보』 1953. 6. 12. 한국 정부는 휴전회담 반대뿐 아니라 작전지휘권을 회수하고 단독으로 북진하겠다는 의사를 표명하는 등 극단적인 공세를 펼쳤다. 정병준, 「한국전쟁 휴전회담과 전후 체제의 성립」, 『한국문화연구』 36, 2019, 259쪽.

1950년 '한국은 미국의 방위 지역 외부에 있다'는 선언(애치슨선언)을 해서 공산주의자들이 남한을 공격하도록 고무한 책임이 있다고 지적하고, 한국은 휴전에 앞서 방위조약의 이익을 받아야 한다고 주장했다. 이승만은 미국이 한미상호방위조약을 체결하여 한국의 안전을 보장해주기 전에는 휴전에 동의할 수 없다는 입장을 고수했다.[02]

며칠 후 아이젠하워는 이승만에게 상호방위조약과 경제원조를 제공할 용의가 있다는 답신을 보냈다.[03] 서신에는 상호방위조약을 체결하기 위한 협상은 "휴전협정이 체결된 후" 시작될 것이라는 단서가 붙어 있었다. 이 문제를 협의하기 위해 미국을 방문한 백두진(白斗鎭) 국무총리에게[04] 아이젠하워 대통령과 로버트슨(Walter S. Robertson) 국무차관보는 번갈아가며 휴전협정 체결에 협조할 것을 설득했고, 휴전·경제원조·한미상호방위조약에 대한 설명을 담은 외교각서를 보내 휴전에 동의할 것을 종용했다.[05]

이승만은 1953년 6월 18일 새벽 0시를 기하여 남한에 수용 중인 북한 및 남한 출신의 반공포로를 석방했다. 포로송환협정에 정면으로 위배되는 행위였다. 공산 측의 비난이 빗발쳤고, 전 세계 여론도 들끓었다. 미국은 국제적인 합의를 위반한 이승만의 행동에 경악했다. 결국 미국은 로버트슨 극동담당

---

02 "Memorandum of Conversation, by the Director of the Office of Northeast Asian Affairs (Young), 1953. 6. 17", *FRUS 1952~1954*, Vol. 15 Korea, Part 1, United States Government Printing Office, Washington, 1984, p. 1192; 「적 재침 시에 안전보장, 이 대통령 대미방위협정 체결요청 담」, 『조선일보』 1953. 6. 4; 「한미방위조약 체결이 선결, 휴전 문제에 한국 측 대안 발표」, 『조선일보』 1953. 6. 8.

03 "The Ambassador in Korea(Briggs) to the Department of State, 1953. 6. 7", *FRUS 1952~1954*, Vol. 15 Korea, Part 1, United States Government Printing Office, Washington, 1984, p. 1148, footnote; 「한미방위협정 체결, 이승만 대통령에 아이젠하워 대통령이 확약 서한」, 「통일 목표 달성에 전력, 재건 부흥에 경제원조를 계속」, 『조선일보』 1953. 6. 9.

04 초긴축 정책을 통해 이승만과 미국의 신뢰를 공고히 한 백두진은 1952년 10월부터 1953년 4월까지 국무총리 서리를 겸임했고, 1953년 4월 24일 국무총리로 승진했다. 1953년 9월 9일까지는 재무부장관을 겸임하다가 이후 국무총리로 1954년 6월 17일까지 재임했다.

05 백두진, 『백두진 회고록』, 대한공론사, 1975, 195~196쪽 참조.

국무차관보를 급파하여 사태수습에 나섰다.[06] 이승만은 로버트슨에게 휴전협정에 동의하는 대가로 상호방위조약을 체결하고 경제원조를 해달라고 요구했다.[07]

로버트슨은 상호방위조약은 의회의 인준을 얻어야 하는 사안이므로 행정부에서 섣불리 대답할 수 있는 문제가 아니며, 의회가 열리는 6월 말이 되어야 겨우 상원에 상정될 수 있을 것이라고 말했다. 이승만은 미국 상원이 대통령에 의해 합의된 조약들을 항상 비준하지는 않는다는 점을 잘 알고 있었다. 이승만은 한국 국민들이 한미상호방위조약을 기정사실로 믿을 수 있도록 상호방위조약을 상원에서 급히 통과시켜달라고 재차 촉구했다.[08]

한미 간의 이견은 수차례 회담을 거치면서 조정되었다. 미국은 아이젠하워 대통령과 덜레스(John Foster Dulles) 국무장관이 상호방위조약을 반드시 통과시키도록 하겠다는 약속을 하고서야 이승만의 휴전 동의를 얻어낼 수 있었다.[09] 1953년 7월 27일 판문점에서 휴전협정이 체결되자, 8월 8일에는 덜레스

---

06 "Memorandum by Director of the Office of Northeast Asian Affairs(Young), 1953. 6. 22", *FRUS 1952~1954*, Vol. 15 Korea, Part 1, United States Government Printing Office, Washington, 1984, pp. 1236~1237; 「로버트슨 25일 내한」, 『조선일보』 1953. 6. 26; 「로버트슨 씨 입경, 한미 간 의견 조정이 목적」, 『조선일보』 1953. 6. 27; 「한미 양국의 목적은 동일, 로버트슨 미 특사 내한 제일성」, 『조선일보』 1953. 6. 27. 로버트슨은 아이젠하워 대통령의 개인 특사 자격으로 방한했다.

07 "Memorandum of Conversation, by the Assistant Secretary of State for Far Eastern Affairs (Robertson), 1953. 7. 4", *FRUS 1952~1954*, Vol. 15 Korea, Part 1, United States Government Printing Office, Washington, 1984, pp. 1326~1329. 이승만과 로버트슨 회담에서 한국 정부는 한미상호방위조약 체결과 경제원조에 초점을 맞춘 반면, 미국은 한국군에 대한 지휘권을 확보하는 데 주력했다. 김보영, 「한국전쟁 시기 이승만의 반공포로 석방과 한미교섭」, 『이화사학연구』 38, 2009, 197~198쪽.

08 "The Assistant Secretary of State for Far Eastern Affairs (Robertson) to the Department of State, 1953. 7. 7", *FRUS 1952~1954*, Vol. 15 Korea, Part 1, United States Government Printing Office, Washington, 1984, p. 1338.

09 "The Assistant Secretary of State for Far Eastern Affairs (Robertson) to the Department of State, 1953. 7. 10", ibid., p. 1362; 「통일 조속 완수에 공동노력호 한미 간에 의견 접근, 로버트슨 미 특사 12일 오전 이한」, 「한미방위조약 체결 보장 시 한국 정부는 양보, 변장관 시사」, 『조선일보』 1953. 7. 13.

국무장관이 내한하여 한미상호방위조약을 가조인했고,[10] 11월 17일에는 워싱턴에서 한미 양국이 비준서를 교환함으로써 법적 효력이 발생했다.[11] 미국은 또한 한미공동성명서에서 향후 3~4년간 10억 달러의 경제원조를 하겠다고 약속했다. 한미상호방위조약과 한미공동성명서의 조인으로 이승만 정권은 침략을 방어할 수 있는 군사력과 전후재건사업을 뒷받침할 수 있는 경제원조를 보장받았다고 생각했다.

원조의 구체적인 액수는 매년 미 의회의 검토와 승인을 거쳐야 했기 때문에 확정된 것은 아니었다. 그럼에도 당시 이승만 정권은 10억 달러의 순조로운 도입을 낙관했다. 성명서 전문에 구체적인 액수가 명시되었기 때문이다.[12] 재건자금이 확보된 이상 이승만 정권 앞에 놓인 경제적 과제는 전쟁으로 급격히 팽창한 군사력을 유지할 수 있는 경제력을 어떻게 확보할 것인가, 전쟁으로 파괴된 국토를 어떻게 재건할 것인가 하는 문제였다. 따라서 휴전협정이 체결된 1953년 중반부터 '재건기획팀'이 정비되었고, 전후재건의 원칙과 방법을 둘러싼 논의가 본격적으로 전개되기 시작했다.

---

10 「한미상호방위조약 수(遂) 성립, WELCOME! MUTUAL DEFENSE TREATY BETWEEN ROK & USA」, 『조선일보』 1953. 8. 9.

11 상호방위조약 체결 과정 및 내용에 대해서는 차상철, 「이승만과 1950년대 한미동맹」, 문정인 외, 『1950년대 한국사의 재조명』, 선인, 2004; 유영익, 「한미동맹 성립의 역사적 의의―1953년 이승만 대통령의 한미상호방위조약 체결을 중심으로」, 『한국사시민강좌』 36, 일조각, 2005; 이동원, 「이승만 정권기 '한미합의의사록'의 체결과 개정」, 『역사와 현실』 107, 2018; 정병준, 「한국전쟁 휴전회담과 전후 체제의 성립」, 『한국문화연구』 36, 2019 참조.

12 주한미대사 브리그스(Ellis O. Briggs)는 미 의회에 선입견을 주지 않도록 10억 달러라는 수치는 밝히지 말아 달라고 한국 정부에 요청했다. 그러나 국무총리 백두진은 미국이 휴전의 대가로 경제원조를 제공할 것이며, 그것은 10억 달러 이상이 될 것이라고 언론에 공개적인 성명을 냈고, 이는 미국을 "매우 언짢게" 만들었다. "The Ambassador in Korea (Briggs) to the Department of State, 1953. 7. 23", FRUS 1952~1954, Vol. 15 Korea, Part 1, United States Government Printing Office, Washington, 1984, p. 1420.

1. 독자적인 경제부흥계획의 준비

전쟁 전 이승만 정권은 1950년 3월 4일 발표된 '경제안정 15원칙'에 의한 안정화 정책을 추진하는 한편, 제한적이긴 하지만 ECA(Economic Cooperation Administration, 경제협조처) 대충자금에 의한 산업부흥계획을 추진했다.[13] 정부는 1950년 4월부터 6월까지 철도건설과 탄광개발, 전력 확보, 시멘트·비료·제철 공업의 증강, 수리사업과 교량 건설 등의 사업을 추진하기로 했다. 사업 추진을 위해 97억 원의 대충자금을 방출하기로 결정하고, 그에 관한 예산 조치도 완료했다.[14] 전쟁 전 책정되었던 1950년 예산이 1,055억 8,500만 원이었음을 감안하면 예산의 약 10%에 해당하는 금액을 부흥계획자금으로 방출할 계획이었던 것이다.[15]

그러나 6·25전쟁이 발발하자 경제협조처장 포스터는 "국민에게는 전쟁의 피해 다음 가는 것이 인플레이션이 주는 피해"[16]라고 지적하고, 한국 정부

---

13 김점숙과 이현진, 권혁은은 1950년과 1951년 ECA 예산 중 각각 28.3%, 25.1%에 해당하는 금액이 '부흥계획'에 사용되었지만, 미국의 의도는 한국이 경쟁력을 갖춘 농업을 기본으로 하면서 필요한 범위에서 공업화를 추구하여 국제수지 적자를 해소하는 것이었으므로 당시의 ECA 대한 원조계획이 적극적인 부흥원조계획의 성격을 가졌다고 할 수는 없다고 주장했다. 김점숙, 「대한민국 정부수립 초기 경제부흥계획의 성격」, 『사학연구』, 73, 2004. 3, 204쪽; 이현진, 「대한민국 정부의 ECA 원조 도입과 운영에 관한 고찰(1948~1951)」, 이화여대 사학과 석사학위논문, 1995, 49쪽; 권혁은, 「1950년 한미경제안정위원회의 설립과 안정화 정책의 성격」, 『한국사론』 58, 2012, 287~288쪽. 반면 이철순은 농업을 기본으로 하면서 일본 경제와 직결시키려는 미육군성·SCAP과 달리 주한ECA는 수출입 균형을 통한 한국 경제의 자립을 강조했기 때문에 원조자금을 비료공장 건설에 집중했다고 주장했다. 이철순, 「이승만 정권기 미국의 대한 정책 연구(1948~1960)」, 서울대 정치학과 박사학위논문, 2000, 147~152쪽.

14 「대충자금의 계속 방출을 통한 경제부흥 촉진」, 『서울신문』 1950. 11. 17.

15 한국재정40년사편찬위원회, 『한국재정40년사』 제1권, 한국개발연구원, 1990, 69쪽, 1950년도 예산내역 참조.

16 「포스터 미 경협처장, 한국민에 대한 성명서 발표」, 『경향신문』 1950. 11. 13. 그는 또한 "우리의 자유로운 생활양식이 공산주의의 통제정치보다 한국인 남녀에게 훨씬 좋다는 것을 증명할 수 있는 기회에 봉착"했다고 언급하고, 농지개혁을 완성시키고 민간자본의 투자를 장려할 수 있는 경제적 기초를 달성해야 한다고 강조함으로써 전쟁의 체제전으로서의 의미를 강조했다.

에게 건전한 재정 정책을 추진할 것을 권고했다. 이로 인해 부흥사업에 쓰기로 했던 ECA 대충자금의 방출은 구호와 복구사업에 한정되었고, 부흥계획은 전후로 미루어졌다.[17] 철도건설과 수리사업을 위해서 겨우 23억 원이 방출되었을 뿐이었다. 전쟁을 맞아 부흥계획의 재원을 조달해왔던 ECA 측의 원조사업 방향이 인플레이션 수습과 구호 및 복구사업으로 이동하면서 부흥계획에는 큰 차질이 빚어졌고, ECA 원조사업이 중단됨에 따라 산업부흥계획 또한 좌절되었다.[18]

게다가 1951년 4월에는 한국의 산업부흥계획을 지원해왔던 ECA 원조가 중단되고, 주한 ECA도 해체되었다. 주한 ECA의 사업은 UNKRA(United Nations Korean Reconstruction Agency, 유엔한국재건단)와 UNCACK(United Nations Civil Assistance Command in Korea, 유엔 민사처)로 이관되었고, 원조사업에 대한 관할권은 주한미대사에서 유엔군 사령관에게 넘겨졌다. ECA 원조가 중단됨에 따라 한국의 경제 현안을 논의하고 조정하던 한미경제안정위원회의 운영에도 차질이 빚어졌다. 파트너인 주한 ECA가 해체됨에 따라 한미경제안정위원회의 운영 또한 중단될 수밖에 없었다. 주한 ECA의 해체로 한미 간뿐 아니라 미국 정부와 원조기관들, 유엔군 사령부 상호 간에 각자의 경제적 기능과 역할 수행에 대한 혼선이 일어나기도 했다.[19]

주한 ECA의 해체로 한미경제안정위원회의 운영은 중단되었지만, 정부는 '일면 전쟁, 일면 건설'의 구호 아래 전쟁 수행을 뒷받침할 물동계획과 생산

---

17 「한미경제안정위원회 래구(來邱)」, 『대구매일신문』 1951. 2. 22.

18 박태균, 「미국의 대한 경제부흥 정책의 성격(1948~1950)」, 『역사와 현실』 27, 1998.

19 주한 ECA 해체 이후 한국과 미국과 UNKRA, 미국과 UNKRA, 미군과 미국 의회, 한국 현지와 워싱턴, 워싱턴 각 부처 사이에서 나타난 갈등과 그 원인에 대해서는 이현진, 『미국의 대한 경제원조 정책 1948~1960』, 혜안, 2009, 123~125쪽 참조.

계획을 작성하기 시작했다. 그리고 국무총리와 경제 장관들로 기구를 재구성하여 생산계획 및 물동계획과 원조사업에 대한 한국 정부의 입장을 정리하는 한편, UNKRA와 유엔 사령부 등 군사 및 경제원조기관과의 관계를 재정립하고자 했다.[20]

경제 문제에 대한 한국과 미국 정부, 원조기관 및 유엔 사령부의 의견을 조정하기 위한 쌍방의 노력은 1952년 5월 24일 '대한민국과 통일사령부 간의 경제조정에 관한 협정'으로 결실을 맺었다.[21] 이 협정에 의거하여 한미 간에 경제 문제를 논의할 공식적인 기구인 합동경제위원회가 설치되었다. 이제 원조와 관련된 한국의 경제 현안은 한국 정부와 유엔 사령부의 협의하에 결정될 것이었다. 그간 원조계획은 UNKRA, CRIK(Civil Relief in Korea, 유엔한국민간구호원조) 계획 담당 기관 등을 통해 각각 독자적으로 작성되었다. 이 모든 계획을 통일적이고 종합적으로 운영하기 위해, 이후에는 합동경제위원회에서 각 기관이 작성한 계획을 검토하고 합의하여 시행하기로 했다. 이로써 ECA 원조가 중단되면서 혼선이 빚어졌던 원조기구 운영과 책임선에 관한 문제는 일단락되었다.

이에 한국 정부는 부흥계획의 작성에 몰두했고, 1952년 상공부와 기획처는 각각 그 결과물을 '상공생산종합계획'과 '부흥물동계획'으로 제출했다. 상공부와 기획처가 작성한 두 계획은 성격이 서로 다른 두 가지의 계획이었다. 상공부가 작성한 1952년도 상공생산종합계획[22]은 당면한 전쟁물자의 생산을 밑받침하기 위한 단기 계획이었다. 긴급한 민수물자의 증산을 최우선의 과제로 삼은 이 계획에서는 1순위로 거대한 자재와 자본을 필요로 하지 않고

20 『경향신문』 1951. 5. 5.
21 협정 전문은 한국재정40년사편찬위원회, 『한국재정40년사』 제3권, 한국개발연구원, 1991, 439~447쪽 참조.
22 상공부, 「단기 4285년도 상공생산종합계획 개요」, 『상공생산종합계획』, 1952.

단시일 내에 복구와 증산을 할 수 있는 방직, 발전시설 복구, 중석·석탄 등의 분야에 자금을 할당했다.[23] 즉 방대한 전재복구계획은 포함되지 않았고, 전시 경제 운영에 필요한 설비계획과 생산계획에 자금이 우선 할당되었다.

그에 반해 기획처 물동계획국이 제출한 1952년도 부흥물동계획은 전쟁으로 파괴되었거나 ECA 사업의 일환으로 추진되다가 중단된 기간산업의 복구를 위한 장기 부흥계획이었다.[24] 하지만 전쟁피해가 극심한 상황에서 부흥계획의 목표가 전쟁 전과 같을 수는 없었다. 전쟁 전의 산업부흥 5개년계획이 중화학공업 부문에 대한 집중적인 투자와 증산을 목표로 했다면, 부흥물동계획은 전쟁피해를 복구하고 생산능력을 전쟁 전 수준으로 회복하는 데 주력했다.

물동계획국은 한국을 전쟁 전의 상태로 회복시키기 위해서는 최소한 총액 24억 달러의 재원이 필요하다고 판단했고, 부흥계획을 1951년부터 5개년에 걸쳐 추진한다고 할 때 소요되는 복구사업비를 매년 5억 달러 정도로 추산했다.[25] 이에 물동계획국은 각 부처와의 협의 속에 부처별 부흥계획을 종합·심의하고, 이를 뒷받침할 물동계획안을 작성했다. 기획처 물동계획국은 물자 총수요액을 국내 생산 공급물자 6억 555만 348달러와 외국 물자 공급액 3억 6,208만 6,600달러, 도합 9억 6,763만 6,948달러로 책정했다. 1952년도 부흥물동계획에서 국내 생산 공급물자와 외국 공급물자가 차지하는 비중은 62.6% 대 37.4%였다.

---

23 「민수물자 단기 증산에 중점, 산업부흥계획 성안」, 『경향신문』 1951. 4. 26.

24 「부흥계획위원회, 기간산업 복구에 필요한 자금조달 문제 협의 예정」, 『동아일보』 1951. 6. 4; 「부흥물동계획서 완성」, 『민주신보』 1951. 7. 6; 「기획처 물동계획국장, 부흥물동계획안은 5개년 전재 완전 복구안이라고 언명」, 『서울신문』 1951. 7. 7.

25 「부흥계획위원회, 기간산업 복구에 필요한 자금조달 문제 협의 예정」, 『동아일보』 1951. 6. 4.

한국 정부가 당면한 문제는 1952년도 부흥물동계획의 소요자금으로 책정된 9억 달러 중 내자로 해결할 6억 달러 외에 외자로 조달할 예정인 3억 6,000여만 달러를 어떻게 확보할 것인가 하는 문제였다. 정부는 1951년 7월 1일부터 1952년 6월 말까지 2억 5천만 달러의 원조물자와 1억 6천만 달러 등 총액 4억여 달러의 유엔군 민간구호물자가 도입될 것으로 기대하고 있었다.[26]

1952년도 부흥물동계획안은 경제부흥위원회에 회부되어 수차례 검토되었고, 1951년 7월 3일 국무회의를 통과했다.[27] 하지만 한국 정부의 기대와 달리 1951년 7월부터 1952년 6월까지 실제로 도입된 원조액은 2억 4,500만 달러에 그쳤다. 자금 부족으로 인해 부흥계획은 첫해부터 차질을 빚었고, 장기적인 계획의 추진 또한 불투명해졌다.[28]

이에 정부는 다시 기획처 명의로 '한국경제부흥계획서'[29]를 작성하여 부흥계획의 조정에 들어갔다. 이 계획은 1953년부터 1957년까지 5개년계획의 1차년도 계획으로 책정되었다. 1952년 부흥물동계획이 기대 이하의 원조 도입으로 차질을 빚었기 때문에, 기획처는 1952년 7월 1일부터 1953년 6월 30일까지의 기간 동안 도입이 확실한 원조자금 2억 7천만 달러를 재원으로 부흥사업을 추진할 계획이었다.[30]

1953년도 '한국경제부흥계획'에는 첫째, 최대한 국민의 기본 수요를 충족시키기 위한 필수품과 수출물자를 생산한다, 둘째, 생산을 뒷받침하기 위한 원료 조달과 시설 복구사업을 한다, 셋째, 국내 생산으로 수요를 충족시킬 수

---

26 「1952년도 대한 원조 총액 약 4억 불 예상」, 『동아일보』 1951. 6. 7.

27 「국무회의 부흥물동계획안 의결」, 『경향신문』 1951. 7. 5.

28 「정부 부흥물동계획 달러 부족으로 곤란 초래」, 『민주신보』 1951. 10. 8.

29 기획처, 『1953년도(1952. 7. 1~1953. 6. 30) 한국경제부흥계획서(안)』, 1952.

30 「초년도엔 2억 7천만 불, 5개년 경제부흥계획 각의에 상정」, 『조선일보』 1952. 11. 10.

없는 부분은 한국이 보유한 외환으로 수입한다, 넷째, 한국 자력으로 수요를 공급할 수 없는 부분은 외국 원조에 기대한다는 내용이 명시되었다. 한국경제부흥계획은 조속한 시일 내에 통일이 실현되지 않을 것이라는 전제하에, 전쟁으로 파괴된 시설을 복구하고 물자를 최대한 조달하여 전쟁경제를 유지하는 데 1차년도 계획의 목표를 두었다. 소강상태에 접어들었다고는 하지만 전쟁이 진행되고 있었기 때문이다. 그러나 당시 한국 정부는 군사비와 유엔군 대여금 지출로 인해 엄청난 재정적자를 안고 있었고, 도입된 원조는 부흥계획을 위해서가 아니라 정부재정적자를 메우는 데 전액 충당되었다. 따라서 1953년 한국경제부흥계획은 1952년 부흥물동계획과 마찬가지로 제대로 추진될 수 없었다.

2. '재건기획팀'의 경공업-기간산업 동시발전 노선

1) 백두진계의 중용과 원조수용 체제론

휴전회담 전후 자유당은 주도권을 둘러싸고 당내 갈등이 첨예했다. 1952년 7월 발췌개헌안을 주도한 이범석(李範奭)의 성장에 위협을 느낀 이승만은 8월 부통령선거에서 무소속의 함태영(咸台永)을 지원해서 당선시켰다. 수세에 몰린 이범석의 조선민족청년단(이른바 족청) 세력은 1953년 5월 자유당 전당대회를 통해 당내 주도권을 장악하려고 했다. 이에 이승만은 이범석을 반강제로 외유를 보내고, 신형식(申亨植)·양우정(梁又正) 등 족청계 핵심 인물들을 반역 혐의로 구속했다. 9월에는 족청계 각료인 진헌식(陳憲植) 내무부장관과 신중목(愼重穆) 농림부장관, 이재형(李載瀅) 상공부장관을 연이어 파면했다. 1954년 1월에는 이범석, 이재형, 진헌식, 신태악(申泰嶽), 원상남(元尙南) 등 족청계 거물급 인사들이 자유당에서 제명 처분되었다. 이로써 자유당에서 족청계 세력은 완전히 제거되었다.[31] 족청계 제거 후 자유당은 이기붕(李起鵬) 중심으로 재편되었다. 국무총리 겸 재무부장관 백두진은 족청계 출신이었고, 재무부차관 박희현(朴熙賢)은 '백두진의 사람'으로 알려져 있었기 때문에 자유당의 견제를 받고 있었다. 그럼에도 이승만은 백두진과 박희현을 중용했다. 1953년 9월 박희현을 재무부장관에 승진시키면서, 백두진을 국무총리에 전념하도록 했다. 이는 자유당의 상황을 볼 때 이례적인 인사였다.[32]

이승만이 백두진을 국무총리에 유임시킨 이유는 크게 두 가지였다. 하나는 이승만이 2인자를 만들지 않고 자신을 중심으로 상호 견제하는 권력 시스템을 선호했기 때문이다. 그는 자유당 인사들을 각료로 등용하기도 했지만, 각료진의 일부는 당과 관련이 없는 인물들을 등용하여 이승만 직계 라인을 형성하도록 했다. 자유당이 정비된 이후에도 당에 전권을 위임하지 않았다.[33] 특히 이승만은 전후재건을 지휘하는 경제조정관에는 자유당과 일정한 거리를 유지할 수 있는 인물을 배치하고자 했고, 환율 및 한일관계 등의 문제에는 직접 간여하기도 했다.[34]

다른 하나의 이유는 미국과의 협상을 염두에 두었기 때문이었다. 전쟁기의 어려운 상황에서 재무부장관을 맡게 된 백두진은 정부 내외의 반대에도

---

31 이기하·심지연, 『한국의 정당』, 한국일보사, 1987, 258~259쪽; 후지이 다케시, 『파시즘과 제3세계주의 사이에서—족청계의 형성과 몰락을 통해 본 해방 8년사』, 역사비평사, 2012, 428~456쪽; 이혜영, 「제1공화국기 자유당과 '이승만 이후' 정치 구상」, 이화여대 사학과 박사학위논문, 2015, 104~109쪽. 후지이 다케시는 미국이 냉전적인 진영 논리를 강화하면서 파시즘적 민족주의의 성격을 가진 족청의 동원정치가 설 자리를 잃었다고 평가했다. 한편, 이혜영은 이승만의 족청계 제거가 "한국 정치가 동원의 정치에서 의회정치로 이동"하는 것을 상정하며, 본격적으로 분단 체제하의 국가 운영 단계로 진입했음을 의미한다고 평가했다.

32 백두진, 『백두진 회고록』, 대한공론사, 1975, 208쪽; 「백두진」, 『재계회고』 7, 한국일보사, 1981, 145쪽.

33 이기하·심지연, 앞의 책, 1987, 261쪽.

34 「박희현」, 『재계회고』 7, 한국일보사, 1981, 180쪽.

불구하고 '수입내지출'이라는 파격적인 정책을 단행하여 인플레이션을 진정시켰다. 통화개혁을 단행하여 인플레 수습에 대한 강력한 의지를 보임으로써 미국에게 유엔군 대여금을 상환받았고, 한미경제협정도 성공리에 이끌어냈다.[35] 앞으로 진행될 미국과의 지난한 원조협상을 위해서는 그처럼 뚝심 있는 인물이 필요했다. 이승만은 박희현을 재무부장관에 발탁하여 백두진에게 힘을 실어주었다.

기획처장과 상공부장관에도 백두진과 호흡을 맞출 수 있는 인물들이 임명되었다. 기획처장 원용석(元容奭)[36]은 식량 문제, 물자유통 부문의 전문가였다. 식량영단 퇴직금과 관련한 스캔들로 수감되었을 때[37] 백두진이 그의 석방을 청원한 인연으로[38] 백두진의 외자총국장 시절 외자총국 업무를 보좌하며 비서실장과 차장을 역임했다. 그 후 농림부차관을 거쳐 기획처장에 임명되었다.[39] 상공부장관에는 안동혁(安東赫)[40]이 임명되었다. 그는 백두진과 휘문고등학교, 원용석과는 경성고등공업학교 선후배 사이로서 당시 중앙공업연구소 소장을 맡고 있었다. 이승만은 전후재건사업을 맞아 상공부에 사계의 전

---

35 정진아, 「6·25전쟁기 '백재정'의 성립과 전개」, 『역사와 현실』 51, 2004 참조.

36 원용석은 1906년 충남 당진 출생으로 1929년 경성고등공업학교를 졸업하고, 평안남도 산업기수, 조선금융조합연합회 부참사, 조선식량영단 부참사를 지냈다. 해방 후에는 조선식량영단 업무부장을 역임했고, 1951년 6월부터 1952년 10월까지 농림부차관을 지냈다. 霞關會 編, 『現代朝鮮人名辭典』, 1962, 45쪽.

37 식량영단과 관련된 스캔들이란 식량영단이 해체되면서 간부들이 퇴직금조로 수백만 원씩 착복한 사건을 말한다. 이 문제가 불거지자 서울지방검찰청은 이동제, 원용석, 권녕구, 박홍근 4명을 횡령 혐의로 구속했다. 「이동제 등 4명 수감」, 『조선일보』 1949. 2. 4.

38 백두진, 『백두진 회고록』, 대한공론사, 1975, 88~89쪽.

39 전쟁기에는 재무부장관이 기획처장을 겸임했다가 전후에 기획처장이 다시 임명되었다. 당시 한 신문은 원용석이 기획처장이라는 중책에 오른 이유는 백두진의 신임을 얻었기 때문이라고 지적했다. 「시대의 표정」, 『연합신문』 1953. 8. 16.

40 안동혁은 1906년 서울 출생으로 휘문고등보통학교와 경성고등공업학교, 구주제대 공학부 응용화학과를 졸업하고, 경성공업학교 교수 및 중앙시험소 기사가 되었다. 해방 후 중앙시험소 및 중앙공업연구소 소장 겸 경성공업전문학교 교장을 역임했다. 霞關會 編, 『現代朝鮮人名辭典』, 1962, 3쪽; 안동혁, 『계상(繼像)』, 안동혁선생팔순기념문집간행위원회, 1986, 341~346쪽.

문가를 발탁하고자 했고, 백두진은 공업 전문가로 손꼽히는 안동혁을 천거했다.[41]

백두진이 한국 경제부흥의 경로를 제시했다면, 상공부장관 안동혁은 공업 방면에서 그것을 구체화하는 임무를 맡았다. 안동혁은 경제재건사업을 수행하는 데 있어서 자립경제의 관점에서 장기적이고 종합적인 국토계획을 마련하고, 그 일환으로 공업 건설을 계획적으로 추진해야 한다고 주장했다. 그가 제시하는 공업 건설의 방안은 다음과 같았다.

첫째, 유기적이고 종합적인 경제정책을 확립한다. 둘째, 일관되고 안정적인 재정 정책을 확립한다. 셋째, 자금이 정상적으로 조달되도록 금융기관을 정비하고 증권시장을 개설한다. 넷째, 농업을 위시한 원료산업을 강화한다. 다섯째, 기간산업 및 전기, 석탄, 교통, 통신을 정비한다. 여섯째, 기업의 운영 능력을 향상시킨다. 마지막으로 해외시장을 개척하고 소비를 지도한다. 그는 이렇게 한다면 공업화가 순조롭게 이루어질 것이라고 생각했다.[42] 그는 특히 그중에서도 의식주를 최소한도로 자급자족하기 위해 필요한 방직, 비료, 시멘트, 판유리공장 및 이러한 공업의 토대가 되는 철강공업과 화학공업의 건설을 공업행정의 기본으로 삼고자 했다.[43]

즉 안동혁 공업화론의 핵심은 종합적이고 장기적인 경제부흥계획을 작성하여 공업 건설을 계획적으로 추진하는 것이었다. 그 중심이 되는 분야는 민생구제를 위한 방직, 비료, 시멘트, 판유리공장과 그가 경제자립의 핵심이라고 생각했던 화학공업 및 제철공업 등 중화학공업 분야였다. 그는 적어도

---

41 「안동혁」, 『재계회고』, 7, 한국일보사, 1981, 166쪽; 대한화학회, 『우리 회학계의 선구자 제1편 안동혁 선생』, 자유아카데미, 2003, 48쪽.

42 안동혁, 「공업이 잘 안 되는 원인 또는 공업 건설 방책에 관한 보고」, 『한국은행조사월보』 68, 1954. 7, 7쪽.

43 안동혁, 「4287년 상공행정의 전망」, 『주간경제』 24, 1954. 1, 22쪽.

이 분야에 대해서만큼은 국가가 조성 정책을 취하여 건설을 촉진해야 한다고 생각하고 있었다. 공업 분야에 정통한 전문가로서 연구 활동을 바탕으로 제시한 그의 공업화론은 일제 시기 이래 민족·자본주의 진영의 공업화 지향을 집약한 내용이자, 후진 자본주의 국가의 경제운영에 대한 고민을 오롯이 담고 있었다. 1950년대 이승만 정권의 공업화 정책은 바로 그가 제시하고 정립한 내용을 토대로 했다.

한편 기획처장 원용석은 식량 문제 전문가로서, 해방 직후 미군정이 자유경제 정책을 시행하자 식량 문제를 해결하기 위해서는 미곡을 자유화하고 미곡시장 및 미곡상을 육성해야 한다고 주장했다.[44] 통제사회였던 한국이 자유경제 정책을 시행하려면 미곡의 경우 미곡시장의 육성이 필수조건이며, 미곡시장을 육성하기 위해서는 미곡상들에게 적극적인 융자책을 펼쳐야 한다는 논지였다.[45] 그는 자신의 주장을 실천하기 위해 1952년 10월 농림부차관을 사임한 후 중앙양곡시장회사 사장에 취임하기도 했다.[46] 따라서 원용석이 기획처장으로서 산업 전반을 관장하게 되었을 때, 상공인의 육성을 통한 자유경제 실현이라는 그의 생각은 농업에 한정되지 않고 전 산업 분야로 확대

---

44 원용석은 일제 말기 미가, 미곡수급 문제가 발생했을 때 미곡의 국가관리 체제와 협동조합을 통한 유통통제, 양곡의 소비절약을 해결방안으로 제시했다. 元原正憲, 「米價の研究」, 『金融組合』 1941. 6, 39~44쪽. 그는 식량 문제를 생산 문제와 결부시켜 생각하지 않고 수급조절의 문제로 접근했고, 이를 국가관리 체제의 강화로 해결하고자 했다. 이경란은 원용석의 논리 속에는 농업정책을 물가 정책의 한 부분으로 인식하는 견해가 있다고 지적했다. 당시 조선인들이 공출로 인해 고통을 받고 있었지만 원용석에게서 미곡 반출량의 과다나 공출을 위한 사전할당제의 실시 등 미곡수급 문제가 발생했던 일제의 경제통제 자체에 대한 문제제기는 찾아볼 수 없으며, 경제통제라는 정해진 정책 테두리 내에서 매우 실무적인 논의를 진행했을 뿐이라는 점 또한 지적했다. 이경란, 「경제전문가 집단의 경제 인식과 경제관」, 『일제하 지식인의 파시즘 체제 인식과 대응』, 혜안, 2005, 264쪽.

45 「쌀값 폭등 대책에 대한 각계의 의견」, 『상공일보』 1950. 6. 18.

46 대한민국건국10년지편찬위원회, 『대한민국건국10년지 인사록』, 1956, 1045쪽; 「사장이 원용석 씨, 양곡회사 진용 결정」, 『조선일보』 1953. 1. 9.

될 가능성을 가진 것이었다.[47]

이렇듯 '재건기획팀'은 전후 생산력 증대의 기본 방향을 공업화로 설정하고, 자유경제 확립을 통한 원조수용 체제에서 그 길을 찾고 있었다. 일제 시기 통제경제의 실무진이었던 이들은 일제의 통제경제에 부응했던 것처럼, 남한의 경제정책 방향이 자유경제로 가닥을 잡자 자유경제에 순응하면서 자기 논리를 만들어갔다. 또한 자유경제 정책을 추진하면서도 전후재건을 기획하는 과정에서 상공인의 육성과 국가 주도의 기간산업 건설과 같은 방법을 활용하고자 했다. 후진국은 국내 산업에 대한 적절한 육성책 없이 경제적 자립을 이룰 수도, 선진국과 대항할 수도 없다고 생각했기 때문이다. 그러나 농업 문제를 식량의 수급과 가격조절 문제로만 파악하고, 농지개혁으로 농촌경제는 자급자족하게 되었지만 공업 발전이 취약한 것이 한국 경제의 문제[48]라는 이들의 인식 속에서 농업발전은 늘 공업화와 재정안정의 후순위로 밀려날 소지를 안고 있었다.

2) '재건기획팀'의 전후재건론

(1) 원조 의존을 통한 자립경제론

백두진을 수장으로 하는 '재건기획팀'은 전쟁이 끝나자 본격적으로 자본주의 재건의 방향을 모색했다. 전쟁으로 피폐해진 경제를 원조에 의지해 복구해야 하는 현실에서, 그의 주장은 힘을 얻어가고 있었다. 앞서 살펴본 바와 같이 전쟁 전의 자유경제와 자본주의 계획경제의 정책 대립은 자유경제로

---

47 이후 미가안정을 위해 한국이 잉여농산물 도입을 먼저 제안(「정운갑」, 『재계회고』 7, 한국일보사, 1981, 312쪽)하게 되는 배경에는 농업정책을 미곡의 수급조절 문제로 인식하고, 농업정책을 물가 정책의 한 부분으로 인식한 정책 담당자들의 농업 문제 인식이 큰 영향을 미쳤다.

48 백두진, 「원조물자와 한국 경제」, 『국회보』 1949. 11, 48쪽.

정리되었다. 경제 현실 역시 이미 자유경제로 전환하고 있었다. 그러나 군납과 인플레이션 수습 등 전시경제 운영의 현실적인 필요성 때문에 생활필수품을 비롯한 일부 물자에 대한 물자통제와 가격통제가 지속되고 있었다. 소수의견이긴 하지만 전후의 급속한 경제발전을 위해서 생산에 대한 통제가 필요하다는 주장도 제기되었다.[49]

백두진은 모든 계획과 정책은 민영기업의 원리 속에서 구현될 것이며, 귀속재산의 조속한 불하를 통해 원조물자와 국내자본이 가장 능률적으로 결합할 수 있는 경영 체제를 확립할 것이라고 천명했다.[50] 원용석 기획처장은 구래의 "관리경제 체제를 탈각하고 합리적 경제주의를 관철할 수 있는 자유경제 체제를 점차 확립"하도록 할 것이라고 경제정책의 기본 방향을 제시했다.[51] 안동혁 상공부장관도 가격 정책에 있어서 자유경제 원칙으로 가격이 결정되도록 그 장애요소의 제거에 노력할 것이며, 따라서 현재 시행하고 있는 물자의 통제도 점차 해결할 예정이라고 밝혔다.[52]

안동혁 상공부장관은 취임 직후 면사·면포 등의 사후관리를 철폐하고 무역법규를 완화하는 한편, 해태 수출에 융통성을 발휘하는 등 정책의 전환을 꾀했다.[53] 이는 전임 상공부장관 이교선(李敎善), 이재형 두 사람이 견지해왔던 통제경제 정책의 잔재를 청산하고, 상공업 정책을 자유경제의 방향으로 전환하는 획기적인 조치로 평가되었다.[54] 한국 경제는 이제 정책과 현실 모두

49 국회사무처, 「제18회 제28차 국회속기록」(1954. 3. 2), 정남국(鄭南局) 의원 발언.

50 국무총리 백두진, 「87년도 시정방침」, 『주보』 93, 1954. 2. 17, 12쪽.

51 기획처장, 「신년도 예산설명」 (하), 『주보』 95, 1954. 3. 3, 12쪽.

52 상공부, 「신년도 시정방침—상공행정」, 『주보』 99, 1954. 3. 31, 13쪽.

53 「계사 경제, 무시당한 자유경제 원칙」 (하), 『동아일보』 1953. 12. 31.

54 「계사 경제, 무시당한 자유경제 원칙」 (하), 『동아일보』 1953. 12. 31. 『동아일보』는 계사년의 경제정책을 평가하는 이 글에서 이전과 달라진 신임 안동혁 상공부장관의 자유경제 정책을 "일대 영단"이라고 평가했

명실공히 자유경제의 방향으로 가닥을 잡기 시작했다.

전후재건사업의 급선무는 1949년 수준으로의 생산회복으로 표방되었지만, 이승만 정권이 구상한 전후재건사업의 궁극적인 목표는 단순히 전쟁 전 수준으로의 복구에 그치지 않았다.[55] 1954년 12월 경제부흥위원회[56]는 앞으로 한국 경제를 육성해갈 목표를 '경제국시'로서 구체화했는데, 그 내용이 바로 "농공병진으로 자주경제를 달성한다"[57]는 것이었다. 이는 과거의 경제원조 수용 과정을 비판적으로 검토한 결과였다. 경제부흥위원회는 한국이 1945년 이후 미국으로부터 많은 경제원조를 받았지만 식량과 생활필수품 외에 공업 부문에서는 이렇다 할 성과가 없다고 보았다. 따라서 앞으로는 관민이 협력하여 자립을 달성하기 위해 노력해야 한다는 결론을 내렸다.

'자주경제'는 일차적으로는 자본주의 국가들과 국제무대에서 상호교역을 하면서 살아갈 수 있는 수준, 즉 국제수지의 균형상태를 의미했다.[58] 즉 한국의 자원으로는 생산이 곤란하지만 국민경제에 꼭 필요한 물자는 수입하고, 수입한 물자의 대가를 지불하는 데 필요한 재원은 수출로 획득한 외화로 지불하되, 수입과 수출의 규모가 동일한 수준을 유지해야 했다.[59] 이러한 과정을 거쳐 한국이 국제수지 균형에 도달한다고 하더라도 그에 안주할 수는 없

다. 그리고 "앞으로의 산업정책에 대한 업계의 기대는 크다"는 말로써 통제 철폐에 대한 자본가들의 환영 의사를 대변했다.

55 원용석, 「FOA 원조와 한국 경제」, 『현대공론』 2-10(통권 12호), 1954. 12, 19쪽.

56 1951년 5월 국무총리를 위원장으로 하고 부위원장을 기획처장으로 하며, 내무·재무·농림·상공·사회·교통·체신 각 장관을 위원으로 하는 경제부흥위원회가 구성되었다. 경제부흥위원회의 역할은 유엔의 대한 경제원조 및 구호사업에 관하여 한국 정부가 표시하는 종합적 의사를 조종 또는 통합하고, 부흥사업에 관한 심의 결정을 하는 것이었다. 「경제부흥위원회 조직」, 『경향신문』, 1951. 5. 5.

57 「부흥위서 경제국시 제정, 농공병진으로 자주경제 달성」, 『동아일보』, 1954. 12. 12.

58 원용석은 이를 "국제적인 유무상통주의에 입각한 자립경제"라고 표현하기도 했다. 원용석, 「FOA 원조와 한국 경제」, 『현대공론』 2-10(통권 12호), 1954. 12, 19쪽.

59 위의 글, 19쪽.

었다. 장기적으로는 국내에서 생산되지 않는 석유와 고무 등을 제외하고 국민의 소비를 충족시킬 만한 기본적인 원자재와 소비재는 우리의 자본과 노동력으로 만들어 쓸 수 있어야만 했다.[60] 그것은 각국이 기본적으로 갖추고 있는 자급자족의 기본선이었다.

오랜 식민지 경험은 한국인들의 자립 열망을 부추겼다. 분단과 전쟁으로 인해 경제적 자립의 가능성은 희박해졌으나, 미국이 약속한 10억 달러 원조는 불가능을 가능으로 만들 수 있는 절호의 기회로 간주되었다. 당시 제공되는 원조는 시한과 도입량이 정해져 있었지만 '무상원조'였다. 한국의 경제관료들은 원조가 끝나기 전에 자립의 토대를 만들 수 있다면 한국의 경제적 자립은 불가능한 것만은 아니라고 생각했다. 이들에게 재건의 다음 단계는 다름 아닌 자립이었고, 원조는 자립까지 가기 위한 징검다리였다.

물론 원조가 조달된다 해도 한국 경제자립에는 큰 난관이 앞길을 가로막고 있었다. 바로 군사비 부담이었다. 20개 사단을 유지하기 위해서는 막대한 군사비가 필요했다. 1954년 예산에서 국방비는 국가재정의 61.8%를 차지하고 있었다.[61] 미국의 원조자금 또한 고스란히 국방비와 전란 수습비로 충당되고 있었다. 원조자금과 재정자금을 전후재건사업에 투입하기 위해서는 군사비 문제를 해결해야 했다. 전후 원조사업이 전개된 직후부터 한국은 끊임없이 미국에게 군사원조와 경제원조의 분리를 요구했다. 즉 한국군의 유지와 보충에 필요한 예산은 모두 한국 재정에서 완전히 분리시켜 유엔군이 담당하고, 현재 도입되는 경제원조를 경제재건에 집중할 수 있도록 해달라는 것이

---

60 원용석, 「대한 원조에 대한 기망(冀望)」, 『산업경제』 30, 1955. 6, 3쪽; 원용석, 「후진국과 외자 문제」, 『산업경제』 37, 1956. 5, 23쪽.

61 한국재정40년사편찬위원회, 『한국재정40년사』 제1권, 한국개발연구원, 1990, 219쪽, 1954년도 일반회계 성질별 세입과 기능별 세출 참조.

었다.[62]

(2) 기간산업 육성론

전후재건사업의 재원을 원조로 조달한다 하더라도, 후발 자본주의국가
인 대한민국은 국내 산업에 대한 적절한 육성책 없이는 선진국과 경쟁할 수
없었다. 국내 산업이 성장할 때까지는 이에 대한 국가의 적절한 보호 정책이
필요했다. '재건기획팀'은 자유경제의 원칙을 확보하여 기업 활동을 장려하
고 기업의 국가경쟁력을 높이는 한편, 국가가 집중적으로 육성하고자 하는
산업 분야에 대해서는 적극적인 조성 정책을 취해야 한다고 생각했다.[63] 이러
한 방법을 사용하는 이유는 자본을 집중하여 방만한 낭비를 피하기 위함이
었다. 원조는 미국의 규제를 받고 있었고, 한국 정부의 재정기반은 취약했기
때문에 모든 산업 부문을 고루 육성할 수는 없었다. '재건기획팀'은 한정된
자원의 효율적인 배분이 필요하다고 생각했다.[64]

안동혁은 전문가들을 상공부에 위촉하고,[65] 이들과의 논의를 통해 재건사
업에서 가장 역점을 두어야 할 분야를 결정했다. 상공부의 논의 결과는 1954
년 5월 22일 '생산 및 부흥건설계획 개요'로 국무회의에 제출되었다.[66] 부흥계
획 개요에서 가장 역점을 둔 분야는 ① 전기, ② 연료(주로 석탄), ③ 비료, ④ 시

---

62 원용석, 「재정과 통화」, 『사상계』 13, 1954. 8, 14쪽; 국회사무처, 「제19회 제25차 국회속기록」(1954. 7. 16), 재
무부장관 이중재(李重宰) 발언, 9쪽.

63 안동혁, 「공업이 잘 안 되는 원인 또는 공업 건설 방책에 관한 보고」, 『한국은행조사월보』 68, 1954. 7, 조-6
쪽.

64 한국의 경제관료들은 원조를 '캄풀주사'(마약)에 비유하곤 했다. 조봉암, 「국회의원 좌담회」, 『민정』 1,
1948. 9; 원용석, 「FOA 원조와 한국 경제」, 『현대공론』 2-10, 1954. 12. 단기적으로는 즉효를 나타내지만, 이것
에만 의존한다면 자립의 길은 요원할 수밖에 없다는 경계의식의 표현이었다.

65 「안동혁」, 『재계회고』 7, 한국일보사, 1981, 196~197쪽.

66 상공부, 『생산 및 부흥 건설계획 개요』, 1954. 5. 22.

멘트, ⑤ 판유리, ⑥ 철강의 이른바 중화학공업이었다.[67] 자본주의 운영을 위한 토대 구축이 가장 중요하다는 판단에서였다. 비료와 시멘트, 판유리, 제철 등의 국내 조달이 가능하다면 이를 위해 사용되었던 막대한 양의 외화를 다른 건설 분야에 전용하거나 국내에서 전혀 생산되지 않는 석유, 생고무, 약품류 등의 도입에 사용할 수 있었다.[68] 이는 자립의 1단계인 국제수지 개선에도 크게 기여할 것이었다. 다행히 한국에는 발전에 필요한 무연탄과 건설에 필요한 시멘트, 비료공장 건설을 위한 석회, 마그네슘 등의 매장량이 풍부했다.

안동혁은 이러한 분야에 역점을 둔 정책을 펴 나가는 한편, 귀속기업체를 조속히 불하하고 원조물자를 원가로 방출하여 자본가의 생산의욕을 드높이려고 했다.[69] 또한 전쟁으로 활동이 정지된 특허국, 중앙공업연구소, 중앙지질광물연구소, 중앙도량형소, 중앙수산시험장, 중앙수산검사소 등의 전문 기술기관을 복구, 강화하여 부흥건설계획을 뒷받침할 수 있도록 조치했다.[70] 체계적인 자원 조사와 연구야말로 하루빨리 공업 발전, 생산력 증대를 이룰 수 있는 전제조건이기 때문이었다.

정부는 상공부의 논의 결과를 수용하여 전후재건사업 과정에서 원조와 재정자금을 산업발전의 대동맥 역할을 하는 전기, 농업의 토대를 세우기 위한 비료, 장기 건설의 필수물자인 시멘트와 판유리, 제철 등의 분야에 집중 투

---

67 고승제(高承濟)는 장관 시절 안동혁(安東赫)이 "상공부가 지녔던 행정 체제를 상역 중심에서 광공 중심으로 정비하는 일에 주력"했다고 평가했다. 고승제, 『경제학자의 회고』, 경연사, 1979, 135쪽.

68 원용석, 「대한 원조에 대한 기망」, 『산업경제』 30, 1955. 6, 3쪽.

69 상공부, 상비(商秘) 제5131호, 「생산 및 부흥 건설계획 개요」, 1954. 5. 22, 11~12쪽; 안동혁, 「4287년 상공행정의 전망」, 『주간경제』 24, 1954. 1. 1; 신현학(상공부 공정과장), 「생산 여건의 변동으로만 공업은 부흥된다」, 『주간경제』 24, 1954. 1. 1.

70 상공부, 「생산 및 부흥 건설계획 개요」, 1954. 5. 22, 14쪽. 그는 일제 시기부터 기초 자원 조사를 강조했다. 안동혁, 「현하 급선 문제는 과학종합연구소 설치」, 『과학조선』 3-2, 1935. 3, 12쪽.

입하기로 결정했다.[71] 상공부는 이러한 산업이 "전체 공업을 조종해서 그 발전을 좌우할 수 있"[72]기 때문에 "우선순위를 가지고 먼저 착공 완성을 보아야 할"[73] '기간산업'이라고 보았다. 기간산업은 원조가 단절되었을 때 그전과 다름없는 동등한 생활을 영위하고, 한국 경제를 자립으로 이끌 수 있기 때문에 집중적으로 육성해야 할 분야로 이해되었다.[74]

하지만 기간산업은 수익성이 적고, 건설을 위해서는 거대한 자금이 필요했다. '재건기획팀'은 대충자금을 국가에서 정한 우선순위에 따라 재정투융자의 명목으로 산업 각 분야에 투자할 계획이었다. 기획처장 원용석은 이러한 정부의 의지를 다음과 같이 표현했다.

> 2억불 원조에 대해서 한국과 미국은 경제재건을 위해서 약 35%의 자금을 배정을 하고 재정안정을 위한 용도로서 65%의 자금을 배정하기로 합의하였지만, 원조자금을 소화하는 과정에서 기간산업을 먼저 해야 하겠다는 그러한 논의가 있어서 비료공장의 건설, 석탄 개발, 전력 개발 등 기간산업에 더 많이 자금을 배정하여 50% 정도가 기간산업에 소화가 되고 나머지 50% 정도가 원재료와 소비재에 소화되게 된 것입니다.[75]

---

71 국회사무처, 「제18회 제45차 국회속기록」(1954. 3. 30), 5쪽, 국무총리 백두진 발언; 상공부, 『생산 및 부흥 건설계획 개요』, 1954. 5. 22.

72 원용석, 「대한 원조에 대한 기망」, 『산업경제』 30, 1955. 6, 4쪽.

73 원용석, 「기간산업의 추진책」, 『새벽』 2-5, 1955. 9(한국농촌경제연구원, 『농정사관계자료집』 4, 1987, 374~375쪽에서 재인용).

74 전후재건사업의 자금 창구였던 조선식산은행은 이를 다음과 같이 표현했다. "부흥계획은 평면적으로 병진 실시할 것이 아니라 가장 중요한 기간산업을 정점으로 하여 원자(援資)를 효율적으로 수입함으로써 경사적 생산방식에 의한 경사적 부흥 방식을 취하여야 할 것이다." 조선식산은행조사부, 「대한 경제원조의 회고와 전망」, 『식은조사월보』 8-1, 1953. 3, 92쪽.

75 국회사무처, 「제19회 제25차 국회속기록」(1954. 7. 16), 12쪽, 기획처장 원용석 발언. 이러한 '재건기획팀'의 시도는 관철되지 못했다. "국내 인플레이션을 억제하기 위해서 (…) 제1차로 4천 5백만 불을 주로 물가억제

〈표 4〉 금융기관 융자 우선순위

갑종자금	광업	금, 중석, 철, 석탄
	금속기계공업	선철제품, 철선, 양수기, 농기구, 원동기, 방직기계, 차량
	화학공업	판초자, 유산, 시멘트, 초자, 비료, 양지, 농약, 카바이트, 특수고무, 제당, 전분, 무수주정
	섬유공업	면사, 견직물, 화학섬유, 모방직
	농림업	영농, 상묘, 잠종, 양잠, 잠, 염, 연초, 면화, 전주, 침목, 고공품 수리사업
	수산업	해태, 한천, 건착망, 저예망, 권현망, 안련망, 포경
	전업	발전, 배전
	무역업	수출품 집하
	기타 업종	창고업, 연탄 제조업, 군납품, 제련업, 건축용 시멘트, 제재업, 내화연와
을종자금	갑종 및 병종자금 외의 자금	
병종자금	금속기계공업	주방도구, 사무용구
	화학공업	화장품, 일반 양조, 완구
	섬유공업	기성복, 장식포
	기타 업종	미용업, 재단업, 세물업, 소매상업, 중개업, 목공업, 소운반업, 요리업, 오락, 여관, 흥행업, 등사업, 대서업, 무업(소비자금)

* 출전: 금융통화위원회, 「제3·4반기 보고서」, 『한국은행조사월보』, 1954. 3, 조-26~27쪽.
* 갑종자금은 한국은행 재할인 취급에 있어서 가장 우대하는 자금, 을종자금은 원칙적으로 금융기관이 자기자금으로 취급하되 한은재할인 적격성이 부여되는 자금, 병종자금은 한은재할인 적격성이 없는 자금을 말한다.

〈표 4〉에서도 알 수 있듯이 기간산업은 금융기관 융자에서도 갑종자금으로 분류되어 우선적으로 자금을 배정받았다.

기간산업은 거대한 자본이 필요한 분야다. 단기 상업자금을 주로 취급하는 일반은행은 재원을 조달할 수 없었다. 국가정책의 방향에 따라 중장기 자금을 지원할 국책은행과 재정지원이 필요했다. 이에 긴축 정책을 주도했던 재무부도 정책 방향을 선회했다.

전후 소비 수요가 증가하고, 복구사업이 시급한 상황에서 '수입내지출'이

를 도모하는 원자료와 소비재에 충당하기로 스타센 장관에게서 한국 정부에 통고가 와서 이것은 8월, 9월 양 개월간에 물가억제를 위한 자재도입에 충당"하기로 되었기 때문이다. 국회사무처, 「제19회 제45차 국회속기록」(1954. 9. 16), 23쪽, 기획처장 원용석 발언 참조.

라는 소극적인 정책에만 머물러 있을 수는 없었다.[76] 재무부장관 박희현은 원조자금이 확보된다면 그것을 재원으로 정부가 나서서 적극적인 투융자 정책을 시행함으로써 재건사업을 선도할 필요가 있다고 생각했다. 즉 인플레이션을 유발하지 않는 재원인 대충자금에서 산업자금을 염출하고, 정부가 국책적으로 중요하다고 생각하는 분야에 자금을 계획적으로 투입하는 방식이었다. 박희현은 국회에서 지금껏 추구해온 재정안정 정책과 전후재건사업의 관련성을 묻는 질문에 다음과 같이 답했다.

> 과거에 여러 가지 소위 여신이니 수입 범위 내의 지출이니 이러한 여러 가지 각도로 볼 때에는 모든 것을 소극적으로 해온 이러한 재정금융 정책과 어떠한 관련이 있느냐 (…) 우리의 지금 6억 2,800만 불이 관계되는 재정계획에 있어서는 통화증발이라는 것은 물론 어느 정도 용인해가면서 물가의 안정선을 봐가면서 이 물가가 증가됨에 따라서 필요한 자금의 공급이라는 것은 그렇게 두려울 것이 없습니다. 물론 이것은 급속히 되므로 말미암아서 인플레 방지나 건설에 저해되거나 그 효과를 내지 못한다고는 생각되지 않고 있습니다. 이제 이런 면에 있어서 재정자금과 대충자금을 투입한다는 것은 과거에 하던 그런 방향과 중대한 점의 전환이 아닌가 생각하고 있습니다.[77]

일종의 '방향전환 선언'이었다. 상공 정책이 전시통제의 틀을 벗고 자유경제 정책으로 전환했듯이, 재정 정책도 산업재건을 뒷받침하기 위해 국책산업에 재정자금과 대충자금을 적극 방출하는 방향으로 가닥이 잡혔다.

---

76 국회사무처, 『제17회 제10차 국회속기록』(1953. 11. 21), 19쪽, 재무부장관 박희현 발언.
77 국회사무처, 『제17회 제10차 국회속기록』(1953. 11. 21), 19~20쪽, 재무부장관 박희현 발언.

박희현은 전후재건사업을 제도적으로 뒷받침하기 위한 제도정비에도 나섰다. 먼저 국내자본 동원을 위한 증권거래소법과 대충자금과 정부투융자의 효율적인 운영을 위한 한국산업은행법의 제정을 서둘렀다.[78] 그에 따라 한국산업은행이 1954년 4월 1일 발족했다.[79] 이후 정부는 산업은행을 통해 섬유·식품 등 소비재산업과 비료, 시멘트, 판유리 등 기간산업의 신설과 고도화를 위해 재정투융자를 단행했다. 기간산업은 최우선순위로 자금이 배정되었다. 기간산업의 건설과 운영에는 방대한 자금이 필요했고, 정부는 이 자금을 인플레이션의 위험이 없는 원조자금에서 염출하고, 국책은행인 한국산업은행을 통해 방출하고자 했기 때문이었다.

미국은 국가가 산업재건을 주도하는 방식을 비판했지만, 이승만 정권은 한국 경제의 현 단계에서는 중요산업의 국가소유와 그에 기반한 국가 주도의 산업화 외에 달리 방법이 없다고 주장했다. 이승만은 경제의 불안정과 전쟁 경비, 높은 세율로 인해 기업가들이 대규모 산업의 소유와 운영을 담당할 수 없고, 이들이 성장하기를 기다리기에는 시일이 오래 걸리기 때문에 정부가 생산을 주도한 후 이들에게 인계하는 방식을 취하려고 하는 것이며, 한국의 경제발전을 위해서는 달리 방법이 없다는 점을 강조했다.[80]

기간산업 외의 부분은 민간기업에 일임할 생각이었다. "경제의 부흥과 재건의 성과란 결국에 가서는 모든 것이 그를 담당하는 실업가들이 어떠한 재

---

78 「박희현」, 『재계회고』 7, 한국일보사, 1981, 185~186쪽.

79 한국산업은행법 기초 과정은 『민주신보』 1951. 7. 3, 7.17; 『동아일보』 1951. 7. 19; 『부산일보』 1951. 7. 22; 한국산업은행10십년사편찬위원회, 『한국산업은행10년사』, 한국산업은행, 1964, 43~57쪽 참조. 1951년 재무부는 금융통화위원회의 통제를 받지 않는 재무부 직할 기관으로 산업은행 설립을 추진했다.

80 "Amendment of Economic Articles of the ROK Constitution From Sydney L. W. Mellen to the Department of State, 1954. 3. 5", Enclosure "Excerpt from letter from President Syngman Rhee to Mr. Edgar M. Queeny, 1954. 1. 12 about Amendments to the Constitution of the Republic of Korea", RG 469, Office of Far Eastern Operations, Korea Subject Files, 1953~59, Box 20.

정적 기초와 경제적 경험으로써 '기업화의 단계'를 밟아 나가느냐의 반영으로서 나타날 것"[81]이기 때문이었다. '재건기획팀'의 생각은, 정부가 국내 산업의 "신경이 되고 혈액이 될" 기간산업 재건에 먼저 손을 대면서 원면, 펄프, 인조견 등의 원료를 들여와서 국내에서 운영되고 있는 민간기업의 생산력 증진을 북돋는다는 것이었다.[82] 또한 기업 운영에 대한 의욕을 높이기 위해 귀속재산을 적극 불하하고[83] 원조물자도 염가로 방출할 계획이었다.[84] '재건기획팀'은 이 계획이 성공한다면 원조가 마감되는 시점에 한국 경제는 국가자본으로 건설한 기간산업, 민간기업을 통해 성장한 경공업이 조화를 이루는 자립경제 구조를 달성할 수 있을 것이라고 생각했다.

(3) 개량적인 농촌사업의 실시

정부 지원이 집중되고 있는 공업 분야와 달리, 농업 분야는 정책의 지원을 거의 받지 못했다. 농지개혁만으로는 농촌 문제를 해결할 수 없었다. 농지개혁이 영농개혁으로 이어져야만 농업의 근대적 개편과 생산성 향상, 안정적인 생산구조를 확립할 수 있었다. 정책 당국자들 역시 이를 모르는 것은 아니었지만, 농업 분야는 전후재건 과정에서 후순위로 밀려나고 있었다. 정부는 농공병진을 통한 자주경제를 표방했지만, 그 실체는 농지개혁으로 '자급자족'을 이룬 농업과 '발전도상'에 있는 공업의 균형을 이루기 위해 농업잉여를 공업 부문으로 이전한다는 내용을 가지고 있었다. 증산을 통한 쌀 수출로

81 원용석, 「경제계획과 민간기업의욕」, 『산업경제』 26, 1955. 1, 11쪽.

82 원용석, 「부흥사업은 어떻게 되어가나」(원용석, 『한국재건론』, 삼협문화사, 1956, 47~48쪽에서 재인용).

83 국회사무처, 「제19회 제25차 국회속기록」(1954. 7. 16), 23쪽, 상공부장관 강성태(姜聲邰) 발언.

84 안동혁, 「4287년 상공행정의 전망」, 『주간경제』 24, 1954. 1. 1; 신현확(상공부 공정과장), 「생산여건의 변동으로만 공업은 부흥된다」, 『주간경제』 24, 1954. 1. 1. 귀속재산의 불하에 관해서는 김윤수, 「'8·15' 이후 귀속기업체 불하에 관한 일 연구」, 서울대 경제학과 석사학위논문, 1988 참조.

원자재를 획득하여 공업발전을 지원하고 외화를 절약하는 한편, 사업장과 마을 단위에서 자활과 자립의 주체가 되는 것이 전후재건 과정에서 부여된 농민의 임무였다.[85] 이렇듯 농민들은 정부 정책으로 인한 수탈구조 속에 놓여 있었고,[86] 농촌은 날이 갈수록 피폐해졌다.

농촌의 위기에 대해 이승만과 '재건기획팀'은 금융조합을 산업조합으로 재편하고, 금융조합의 세포조직인 식산계를 산업조합의 하부조직으로 운영하는 것으로 민심을 수습하고자 했다. 이에 식산계 부흥사업이 전국적인 규모로 전개되었다.[87] 식산계 부흥사업은 식산계로 조직된 농촌마을의 유지·중심인물을 농촌지도자로 육성하여 농촌을 협동조직화하려는 사업이었다. 이를 통해 생산력 증대와 농민문화 향상을 위한 영농개선과 생활개선을 도모함으로써 전후 피폐한 농촌경제를 재건하고, 농민 생활의 자립을 추구하고자 한 영농개선·생활개선 협동조합 운동이었다. 그러나 식산계 부흥사업은 생산구조와 영농구조의 협동조직화에 기반한 농업협동화의 방향에서 생산성 증대를 추구하는 구조적 농업개혁 운동이 아니었다. 생산과 영농의 구조적 개혁은 제외한 채, 축산장려와 공동이용시설 확대, 부업장려 및 생활개선을 통한 수입증대에 주안점을 둔 제한적이고 개량적인 농촌사업이었다.

더구나 이러한 개량적인 농촌사업을 추진하는 데 있어서도 국가의 지원이 제대로 이루어지지 않았다. 정부 지원 없이 현물저축과 같은 농업잉여의

---

85 1950년대 정부의 농업정책은 가능한 한 정부 부담을 최소화하고 지역 내 자원을 최대한 활용하는 것이었다. 정부의 자립경제론은 노동자, 농민에게는 스스로의 노력과 의지에 따라 작업장과 마을 단위에서 자립하라는 요구로 나타났다. 큰 틀에서 본다면 농업희생, 농촌수탈 정책이지만, 일방적인 희생이라기보다는 최소한의 원조와 지원을 제공하고 자립과 자활을 강조함으로써 농민을 성장에 효율적으로 동원하는 방식이었다. 김아람, 「한국의 난민 발생과 농촌 정착사업(1945~1960년대)」, 연세대 사학과 박사학위논문, 2017.

86 이대근은 이를 '농업희생축적론'으로 정식화했다. 이대근, 『한국전쟁과 1950년대의 자본축적』, 까치, 1987 제5장 참조.

87 방기중, 「1953~55년 금융조합연합회의 식산계 부흥사업 연구」, 『동방학지』 105, 1999, 221~222쪽.

강제축적으로 사업이 추진되었다. 식산계 부흥사업은 농촌재건, 경제자립을 강조하고 있었지만, 그 사업의 본질은 농업을 원조와 국가자본의 집중투자 대상에서 배제하고, 농촌사업자금을 직접적인 농민수탈을 통해 해결한다는 농촌 희생의 재건 정책이었다.[88]

이렇듯 '재건기획팀'이 구상한 전후 한국 경제의 재건 방향은 농지개혁을 통해 자립하게 된 농민과 자본가가 중심이 되어 전후재건사업을 담당하되, 후진국의 특수성을 감안하여 정부가 기간산업 부문에 개입한다는 내용을 갖고 있었다. 농업 부문의 잉여를 공업 부문으로 이전하고, 수입 원료의 실수요자 직접배급과 금융지원으로 자본가들을 측면 지원하며, 기간산업은 정부가 나서서 건설을 지원하는 방식, 즉 농업 희생을 담보로 경공업은 자본가가 자율적으로 운영하고, 기간산업은 정부가 투융자를 통해 조성하는 국가 주도의 산업화 정책이자 '경공업-기간산업 동시발전 노선'이었다.

이는 북한의 '중공업 우선, 경공업·농업 동시발전 노선'과 비견되는 것이었다. 북한은 1956년 4월 개최된 제3차 당대회에서 "중공업의 우선적인 발전을 보장하면서 경공업과 농업을 동시적으로 발전시킨다"는 전후 경제발전의 총노선을 정식화했다. 동시발전이라고 했지만 철저히 기계제작공업과 금속가공공업 등 중공업을 우선하는 정책이었다. 북한 지도부는 남한과의 체제경쟁을 본격화하는 시점에서 높은 경제성장률을 달성하기 위해서는 소비재 부문보다 생산재 부문에 투자재원을 우선해야 한다고 판단했다. 1954~1960년 북한은 공업 투자 과정에서 80% 이상을 점하는 압도적인 중공업 우선 투자를 추진했다. 이로 인해 그동안 낙후되었던 중공업 부문이 급속히 성장했

88 위의 글, 249~250쪽 참조.

다.[89] 이렇게 식민지와 전쟁을 경험한 남북한은 체제를 달리하면서도 중공업·기간산업에 대한 열망을 분출시키고 있었다.

한국 정부가 이러한 정책을 추진하기 위한 핵심 재원은 원조였다.[90] '원조 의존을 통한 자립경제'의 논리는 이미 전쟁 전부터 제기되었다. 급속한 경제 성장을 위해서는 생산 부문에 대한 과감한 투자가 필요했고, 한국 정부는 대충자금을 재원으로 하는 재정투융자로 이 문제를 해결하려 했다. 6·25전쟁 전후 한국 정부는 '대공산 투쟁의 선봉대', '자유 진영의 보루'라는 점을 내세워 미국에 보다 공세적으로 원조를 요구하고, 국가 주도의 산업화 정책을 추진해갔다.

3. 한국경제부흥계획의 추진과 한계

1) 경제부흥계획의 수립과 조정

휴전협정이 체결되고, 미 의회에서 2억 달러 대한 원조가 승인됨에 따라 한국의 전후재건사업을 추진하기 위한 원조기관과 한국 정부의 행보가 빨라졌다. 미국은 1953년 8월 21일 아이젠하워 대통령의 특사이자 1953년 7월 1일 발족한 FOA 원조를 수행할 유엔사령부 측 경제조정관으로 타일러 우드(Tylor C. Wood)를 파견했다. 우드의 파견 직후 미국은 경제조정관의 활동을 뒷받침하고, 한국의 경제정책을 재검토할 경제조정관실(Office of Econimic Coordinator, OEC)

---

89 김연철, 『북한의 산업화와 경제정책』, 역사비평사, 2001, 84~88쪽; 서동만, 『북조선 사회주의 체제 성립사 1945~1961』, 선인, 2005, 603~626쪽 참조.

90 북한 또한 초기에는 중공업을 자체적으로 건설하기보다 상당 부분을 소련 및 사회주의 국제분업구조에 의존해서 해결하려 했지만, 소련과의 갈등이 심화되는 과정에서 자력갱생 노선으로 전환했다. 김연철, 앞의 책, 2001, 86쪽.

을 설치했다.[91] 그리고 그간 개별화되었던 원조기관 FOA,[92] UNKRA, KCAC 의 활동을 합동경제위원회 산하로 수렴했다.[93]

원조기관이 정비됨에 따라 한국 측 경제조정관 백두진과 유엔 사령부 측 경제조정관 우드는 전후재건의 틀을 짜기 위한 본격적인 협상에 들어갔다. 협상이 시작되자 기획처는 합동경제위원회에 1954년도 한국경제부흥계획서를 제출했다. 기획처의 부흥계획은 합동경제위원회의 합의하에 이승만 대통령의 결재를 얻어 1953년 9월 24일 공식 발표되었다.

기획처에서 마련한 1954년도 한국경제부흥계획은 휴전이라는 상황을 맞아 '재건기획팀'의 노선에 기초해서 작성된 본격적인 전후재건계획이었다. 이 계획은 군사원조 및 경제원조액으로 5억 2천 8백만 달러를 예상하고, 국내에서 1억 달러를 조달하는 총액 6억 2천 8백만 달러 규모였다.[94] 재원의 81%를 원조에 의존하는 철저히 원조 의존적인 계획이었지만 한국 정부는 이 정도의 원조는 충분히 조달이 가능하다고 생각했다. 기획처는 금액이 확정된 FOA 2억 3,500만 달러, CRIK 5,800만 달러, UNKRA 1억 1,700만 달러, AFAK(CRIK 중 미8군 장병의 한국구호계획 배당분) 1억 2,300만 달러, DEPTA(육군성 예

---

91 경제조정관실의 설치와 운영에 대해서는 이현진, 「1950년대 미국의 대한 원조 구상과 경제조정관실」, 『한국사상사학』, 26, 2006, 364~370쪽 참조.

92 한국산업은행조사부, 『한국산업경제10년사(1945~1955)』, 1955, 12쪽.

93 6·25전쟁으로 미국 원조의 중심이 군사원조로 옮아가고 아시아 지역 원조의 필요성이 증대하자, 미국은 1951년 ECA를 해체하고 상호안전보장처(Mutual Security Agency, MSA)를 설립하여 유럽과 아시아 지역에 대한 원조를 관장하도록 했다. 그러나 MSA가 창설된 후에도 군사원조는 국방부, 경제원조는 MSA, 기술원조는 국무부가 취급하는 등 원조 운영이 통일되지 않았다. 이에 미국은 1953년 대외활동본부(Foreign Operation Administration, FOA)를 설립했고, 이후 원조는 FOA에서 일원적으로 운영했다. 그러나 미국의 세계 정책을 주관하는 국무부와 FOA의 조정이 원활하게 이루어지지 않자, 미국은 1955년 다시 FOA를 폐지하고 국무부 내에 국제협조처(International Cooperation Administration, ICA)를 신설하여 관련 부서와 원조기관의 지휘계통을 명확히 했다. 홍성유, 『한국 경제와 미국 원조』, 박영사, 1962, 34~45쪽; 정진아, 「RG 469 미해외원조기관 문서철 중 Korea Subject Files, 1955~1957 자료에 대한 연구 해제」, 『미국소재 한국사 자료 조사 보고』 IV, 국사편찬위원회, 2004, 490쪽.

94 대한민국 기획처, 『1954년도(1953. 7. 1~1954. 6. 30) 한국경제부흥계획서』, 1953, 1쪽.

(단위: 천 달러)

항목	기금별 수입			
	UN원조	자력 수입	계	기금 내 비율(%)
1. 농업 및 자연자원	19,950	2,600	21,950	3.5
2. 보건 및 후생	3,200		3,200	0.5
3. 문교	11,400		11,400	1.8
4. 교통·체신 및 전력	101,150	1,000	102,150	16.3
5. 광공업	42,600	11,500	54,100	8.6
6. 공공시설	3,200	2,000	5,200	0.8
7. 구호사업	59,015		59,015	9.4
8. 상품 및 원재료(판매물자)	155,485	83,500	238,985	38.1
9. 군사원조	132,000		132,000	21.0
합계	528,000	100,000	628,000	100.0

* 출전: 대한민국 기획처, 『1954년도(1953. 7. 1~1954. 6. 30) 한국경제부흥계획서』, 1953을 참고하여 재작성.

산 중 한국군사보급지원으로 책정된 금액), SUN 원조 1,500만 달러 등으로 소요 외화 경비를 조달하고, 그 외 환화자금 수요액 510억 환은 원조물자 판매대금 325억 환과 민간자본 동원 30억 환, 저축성예금 10억 환, 통화증발 150억 환 등으로 조달할 계획이었다.[95] 1954년도 한국경제부흥계획을 항목별로 살펴보면 〈표 5〉와 같다.

미국의 의견을 반영해 자금의 38.1%는 상품 및 원재료 도입에 사용하고, 16.3%는 교통 체신 및 전력을 위해, 군사원조 명목으로 도입되는 직물, 원면, 전신주, 타이어, 판지 등의 원자재는 부흥사업에 전용할 계획이었다.[96] 사업시설의 우선순위와 배정자금을 세부항목별로 살펴보면 〈표 6〉과 같다.

---

95 위의 책, 21쪽.

96 위의 책, 18쪽.

〈표 6〉 1954년도 한국경제부흥계획 사업시설 명세

(단위: 천 달러)

항목	순위	기금별 수입		
		UN원조	자력수입	계
1. 농업 및 자연자원		19,950	2,000	21,950
토지개량	A	5,200		5,200
농업조사연구비	C	1,350		1,350
미곡창고 복구	A	2,000		2,000
도정공장 복구	A		1,000	1,000
제분공장 복구	C	500		500
수리	B	4,400		4,400
산림	B	800		800
어선 건조	A		1,000	1,000
어선	C	3,400		3,400
제빙공장 복구	B	700		700
통조림공장 복구	B	500		500
어항시설	B	600		600
어항시설	C	400		400
제강공장 복구	A	100		100
2. 보건 및 후생		3,200		3,200
병원 복구	B	900		900
병원 복구	C	500		500
방역연구소 복구	B	600		600
사회복지시설	B	1,200		1,200
3. 문교		11,400		11,400
문교시설	B	7,200		7,200
문교시설	C	4,200		3,200
4. 교통·체신 및 전력		101,150	1,000	102,150
철도 신설	A	3,500		3,500
철도 복구 용품	A	2,800		2,800
차량 및 차량 용품	A	13,100		13,100
차량 및 차량 용품	B	10,000		10,000
차량 및 차량 용품	C	1,000		1,000
묵호항 탄운반 시설	A	300		300

역 창고	A	1,000		1,000
전차	C	2,100		2,100
수송선	C	1,500		1,500
철도 호텔 복구	C	1,000		1,000
통신시설 복구	A	3,600		3,600
통신시설 복구	B	2,900		2,900
항만 준설시설	A	1,000		1,000
항만 준설시설	B	6,900		6,900
철로 교량	A	4,800		4,800
철로 교량	C	2,700		2,700
도시 상수도	A	2,500		2,500
도시계획	B	1,200		1,200
도시계획	C	800		800
발전시설 복구	A	7,300		7,300
발전시설 확충	B	13,000		14,000
발전시설 확충	C	7,000		7,000
송배전 및 변전소 복구	A	4,450		4,450
5. 광공업		42,600	11,500	54,100
연초공장 복구	A		2,500	
염전 개발	A	500		
비료공장 신설	A	12,000	150	
면 방직시설 복구	A	3,200	3,200	6,400
모 방직시설 확충	A			
기타 방직시설 복구	C	700		700
시멘트공장 신설 및 확충	A	5,500		5,500
판초자공장 신설	A	1,000		1,000
권련지공장 신설	A		1,400	1,400
조폐지공장 신설	A	1,500		1,500
일반 제지공장 개수	C	700		700
자동차 타이어공장 증설	B	400		400
자동차 타이어공장 복구	C	500		500
제강공장 복구	A		1,000	1,000
조선기계제작소 복구	B	1,500		1,500
기계공구공장 복구	C	550		550

동양화학공장 복구	B	400		400
자동차 수리공장 확충	B	1,000		1,000
화약공장 복구	B	400		400
오토바이 제작공장 신설	C	400		400
통신기계 제작공장 신설	B	1,000		1,000
소규모 공업시설 복구	C	1,550	3,250	4,800
슬레이트공장 복구	C	200		200
연와공장 복구	C	200		200
인쇄공장 복구	C	300		300
셀룰로이드공장 복구	C	400		400
고무공장 복구	C	300		300
피혁공장 복구	C	300		300
탄광 복구	A	6,500		6,500
기타 광산 복구	B	1,600		1,600
6. 공공사업		3,200	2,000	5,200
정부건물 복구	C	1,200	1,000	2,200
방송시설 복구	B	2,000	1,000	3,000
7. 합계		181,500	16,500	198,000

* 출전: 대한민국 기획처, 『1954년도(1953. 7. 1~1954. 6. 30) 한국경제부흥계획서』, 1953, 3~10쪽.

표면적으로 보면 상품 및 원재료 도입에 치중된 계획인 것 같지만 사업시설비가 1억 9,680만 달러로 부흥사업계획의 31%에 달하는 사업시설 중심의 계획이었다. 이 계획에서는 사업 추진의 긴급성과 중요도에 따라 각 부문을 다시 A, B, C의 3단계로 구분하여 착수 순위를 책정했다. A급에 속하는 사업의 자금은 3억 9,400만 달러였고, 여기에 소요되는 비용은 1억 3,200만 달러의 군사원조비 전액과 1억 달러의 사업시설비, 1억 6,200만 달러의 상품 도입비로 조성될 계획이었다.[97]

---

97 안림, 「경제부흥계획과 대충자금」, 『동란 후의 한국 경제』, 백영사, 1954, 280~281쪽.

〈표 6〉을 다시 부문 내 순위별로 살펴보면, 농업 및 자연자원 자금은 주로 토지개량과 미곡창고 복구, 어선 건조 및 수리 비용으로 지출될 예정이었다. 교통·체신 및 전력자금은 철도 신설과 차량 복구, 항만 준설과 발전시설 확충에 우선 배정되었으며, 광공업자금은 비료·시멘트·판유리공장의 신설과 방직시설·기계제작소·탄광의 복구 비용 등에 집중되었다. 즉 교통과 체신, 전력 등 산업발전에 필요한 사회간접자본을 확충하고 기간산업을 건설하는 데 자금이 집중되었던 것이다. 이 계획은 1953년 12월 14일 발표된 '경제재건과 재정안정계획에 대한 합동경제위원회 협약'의 방침에 의해 1954년 1월 14일 〈표 7〉과 같이 조정되었다.[98]

〈표 7〉 1954년 한국경제부흥계획 주요항목별 총괄표(1954년 1월 14일 현재)

(단위: 천 달러)

항목	기금별 수입			
	UN원조	자력 수입	계	기금 내 비율(%)
1. 농업 및 자연자원	11,950 (8,000 ▼)	1,000 (1,600 ▼)	12,950 (9,600 ▼)	2.2 (1.3 ▼)
2. 보건 및 후생	6,115 (2,915 ▲)	-	6,115 (2,915 ▲)	1.0 (0.5 ▲)
3. 문교	7,200 (4,200 ▼)	-	7,200 (4,200 ▼)	1.2 (0.6 ▼)
4. 교통 체신 및 전력	87,100 (14,050 ▼)	5,000 (4,000 ▲)	92,100 (10,050 ▼)	15.6 (0.7 ▼)
5. 광공업	35,650 (6,950 ▼)	12,500 (1,000 ▲)	48,150 (5,950 ▼)	8.2 (0.4 ▼)
6. 공공시설	(3,200 ▼)	(2,000 ▼)	(5,200 ▼)	0 (0.8 ▼)
7. 구호사업	57,520 (1,495 ▼)	-	57,520 (1,495 ▼)	9.8 (0.4 ▲)
8. 상품 및 원재료(판매물자)	180,465 (24,980 ▲)	103,500 (20,000 ▲)	283,965 (44,980 ▲)	48.2 (10.1 ▲)
9. 군사원조	81,000 (51,000 ▼)	-	81,000 (51,000 ▼)	13.8 (7.2 ▼)
합계	467,000 (61,000 ▼)	122,000 (22,000 ▲)	589,000 (39,000 ▼)	100

* 출전: 대한민국 기획처, 『1954년도(1953. 7. 1~1954. 6. 30) 한국경제부흥계획서』, 1953, 1쪽; 한국산업은행조사부, 『한국산업경제10년사(1945~1955)』, 1955, 560~561쪽에서 재작성.
* 괄호 안의 수치는 계획 원안과 비교한 증감액이다.

98 한국산업은행조사부, 『한국산업경제10년사(1945~1955)』, 1955, 560쪽; 「총액 5억 8천 9백만 불 합경위 부흥 물동계획안에 합의」, 『조선일보』 1954. 1. 14.

한국 측은 자본재와 소비재 비율을 7대 3으로 해서 소비재 판매대금을 자본재의 보강과 운영자금으로 사용하려고 했으나, 미국 측은 경제안정을 산업부흥에 우선하기 위해 한국 측이 작성한 자본재, 소비재 비율을 7대 3에서 48대 52로 수정했다. 한미 간의 조정 과정에서 한국 정부는 1954년 부흥계획을 협약의 부록으로 집어넣음으로써 그 실행을 보장받으려고 했으나, 협약문에 부흥계획을 수렴하려는 한국 측의 노력은 실패로 돌아갔다.

〈표 7〉에서 드러나듯이, 조정된 부흥계획은 기획처 원안에 비해 총액이 3천 9백만 달러 삭감되었다. UN 원조에 의한 자금조달액은 6천 1백만 달러 대폭 삭감된 반면, 한국 정부의 자력 수입에 의한 자금조달액은 2천 2백만 달러 증가되었다. 계획자금이 삭감됨에 따라 각 항목별 삭감이 불가피했지만, 그 중 특히 군사원조와 농업 등 자연자원과 공공시설 부문에 대한 자금 삭감의 폭이 컸다. 반면에 판매물자인 상품 및 원재료의 비율은 10% 이상 큰 폭으로 늘어났다.

한국은 경제계획의 운영에 있어서 소비재 도입보다 시설재 도입에 치중함으로써 국민경제의 기초가 되는 산업기반시설과 기간산업을 재건하려고 했다. 국내 산업의 기반을 조성함으로써 전쟁 전의 생활수준을 회복하고 경제성장의 토대를 마련하고자 한 것이다. 그러나 미국은 만성적인 악성 인플레이션을 극복하기 전에는 산업자금으로 제공되는 재정자금조차 생산효율을 증진시키기는커녕 상업자금으로 투기자금화하여 생산효과를 무효화할 것이라고 주장했다.[99] 계획 조정에서 소비재를 다량 도입하여 그 판매대금으로 통화를 흡수하는 방법이야말로 경제안정의 지름길이라는 미국의 주장에

---

99 한국산업은행조사부, 『한국산업경제10년사(1945~1955)』, 1955, 561쪽; 「재건 선행조건에 한미 간 합의, 세출 세입을 재조정, 부흥물동계획안 불일 내 성안」, 『조선일보』 1953. 9. 7.

따라 부흥계획에서 판매물자의 비중이 급증했다.

한편, 1954년 7월 이승만 대통령은 아이젠하워 미 대통령과 만난 수뇌회담에서 '경제부흥 5개년계획안'을 제시했다.[100] 이 계획의 목표는 1954년에서 1958년까지 5년간 계획을 추진하여 자립 수준을 확보하는 것이었다. 한국 정부는 자립 수준을 확보하기 위하여 계획기간 중에 총 23억 3백만 달러의 외자를 도입하여 목표연도인 1958년에는 국민총생산을 30억 8천 달러로, 1인당 국민소득을 111달러로 끌어올리고자 했다. 부족액은 원조로 보전할 계획이었다. 각 연도별로 보면 제1차 년도에는 8억 3백만 달러, 제5차 년도에는 1억 6천만 달러의 외자 도입이 책정되어 있었다. 계획을 시작하는 시점에서는 국민경제 운영에서 부족한 부분을 거의 원조에 의존하지만, 점차 그 의존도를 줄여간다는 계획이었다. 이 계획은 원조에 대한 의존도가 높아 미국의 전폭적인 지원이 없는 한 실천 가능성이 희박했지만, 한국 정부가 경제자립의 수준을 스스로 설정한 최초의 계획이었다.[101]

2) 독자적인 경제부흥계획의 추진

이승만 대통령이 제시한 경제부흥 5개년계획은 비록 미국의 승인을 얻지 못했지만, 한국 정부는 합동경제위원회 협약의 방침에 따라 부흥계획을 추진했다. 그러나 부흥계획은 한국 정부의 의도대로 진행되지 않았다. 그 원인은 첫째, 잦은 계획 변경 때문이었다. 계획 변경은 자금 배정에 대한 한미 간의 의견차이로 인한 것이었다. 전술한 바와 같이 미국은 민간필수물자의 도입을 통한 경제안정에, 한국은 공업과 교통·통신물자의 도입을 통한 경제부

---

100 「한국 경제부흥을 위한 재정금융 정책을 논함」, 『한국은행조사월보』, 80, 1955. 7, 조-5쪽 제3표 참조.

101 김기표, 「한국 경제개발계획의 사적 고찰」, 서울대 행정대학원 석사학위논문, 1968, 95쪽.

흥에 주안점을 두고 있었다. 그러므로 양자의 의견을 조정하는 과정에서 계획도 수차례 변경되었다. 1954년 계획에서 2억 3,500만 달러로 책정되었던 FOA 원조계획의 경우 2억 달러로, 수정계획에서는 다시 1억 7,876만 5,000달러로 조정되었다.[102]

둘째는 원조 도입의 불안정성으로 인한 것이었다. FOA 원조의 경우 한국 정부가 각 부처의 계획을 수렴하여 정부안을 작성하고, 그것을 미국에 제출하여 미 의회의 승인을 받는 과정을 거쳐야 했다. 이때 한국이 제출한 계획액은 미 의회 승인 과정에서 대폭 삭감되기 일쑤였고, 계획은 삭감된 원조액에 따라 다시 재조정되었다. 뿐만 아니라 계획액이 확정되었다 하더라도 구매 승인액과 계약액의 차이, 물자가 도착하기까지 발생하는 시간적 지체 때문에 도착액은 계획액에 훨씬 못 미쳤다. 또한 UNKRA 원조의 경우에는 비용을 분담하는 각국의 자금 거출이 지체되면서 계획자금 확보에 어려움을 겪기도 했다.[103]

셋째로는 항만, 철도, 수송, 창고 등 사업시설과 원조물자 배정 대상자의 사업운영자금 미비 등 원조 수입 태세가 완비되지 않아 원조가 지연되거나 낭비되는 문제가 있었다. 한국에는 미국으로부터 도입되는 물자를 수송할 수 있는 선박과 차량이 부족했고, 원조물자를 보관할 창고시설도 태부족이었다. 자가자금주의가 강조되고 있었지만, 원조물자를 인수할 기업체들의 자금사정 또한 열악했다.

〈표 8〉에서 살펴볼 수 있듯이 부흥계획의 가장 큰 재원인 1954년 FOA 원조계획은 1954년 6월 말에는 16.8%, 10월 말 현재 32%, 1955년 4월 말 현재 58%

---

102 한국은행조사부, 『경제연감』, 1959, I-124쪽.

103 「원조 각출금 부족, 웅크라 단장 한국 재건 부진을 호소」, 『조선일보』 1954. 11. 3.

<⟨표 8⟩ 1954년도 FOA 원조계획 진행 상황>

〈표 8〉 1954년도 FOA 원조계획 진행 상황

(단위: 천 달러)

부문	계획액(A)	계약액	도착액(B) (1954. 6. 30)	B/A(%)	도착액(C) (1954. 10. 31)	C/A(%)	도착액(D) (1955. 4. 30)	D/A(%)
1. 농업	23,070	21,936	8,452	36.6	14,493	62.8	20,187	87.5
2. 보건	3,104	2,392	132	4.3	255	8.2	1,459	47.0
3. 교육	752	752	-	0	2	0.3	7	0.9
4. 교통··통신	62,873	50,093	141	0.2	3,288	52.3	28,065	44.6
5. 공업	23,890	796	-	0	-	0	-	0
6. 공공행정	1,710	2	-	0	-	0	2	1.2
7. 민간필수물자	83,861	75,043	24,779	29.5	45,718	54.5	66,462	79.3
계획 부문 총액	199,260	151,014	33,504	16.8	63,750	32.0	116,182	58.3
기타	740	410	-	0	410	55.4	410	55.4
총계	200,000	151,424	33,504	16.8	64,166	32.0	116,592	58.3

* 출전: 기획처, 『FOA 자금에 의한 한국경제재건계획 추진상황 보고서(1954. 6. 30 현재)』, 1954; 한국산업은행조사부, 『한국산업경제10년사(1945~1955)』, 1955, 563~564쪽; 「입하액은 32%, 미 원조계획 불진전」, 『조선일보』 1954. 12. 15 등을 참조하여 재작성.
* 기타에 포함되는 항목은 계획운영비, 계획예비비, 행정비이다.

의 진전을 보이고 있었다.

가장 원활하게 진행된 부문은 농업과 민간필수물자 분야로서 1954년 6월 말 36.6%, 29.5%, 1954년 10월 말 62.8%, 54.5%, 1955년 4월 말 현재 87.5%, 79.3%의 진행 양상을 보이고 있었다. 반면에 교육, 공공행정 부문은 1955년 4월 말에도 1% 전후의 저조한 실적에 머물렀다. 특히 이승만 정권이 가장 역점을 두었던 사업 분야인 공업 부문에 대한 원조는 전혀 들어오지 않고 있었다. 정부의 부흥계획은 시행도 해보기 전에 차질이 빚어지고 있는 셈이었다.[104] 이러한 현상은 1955년 원조계획도 마찬가지였다.

---

104 「탁상서 잠자는 재건계획안, 제 시일에 불착으로 지장 교량가설재 등 170만 불 물자」, 『조선일보』 1954. 5. 2.

<표 9> 1955년도 FOA 원조계획 추진 상황

(단위: 천 달러)

부문	계획할당액(A)	구매승인액	계약액	도착액(B) (1955.4.30 현재)	B/A
1. 농업 및 자연자원	5,262	4,941	99	99	1.9
2. 광공업	21,368	16,767	-	-	0
3. 교통	59,630	51,118	5,858	5,858	9.8
4. 취락 발전·주택	32,649	19,226	17,370	17,370	53.2
5. 보건·위생	2,457	2,434	-	-	0
6. 교육	1,500	-	-	-	0
7. PA9000(군잉여물자)	-	14,637	14,637	11,500	
8. 기술원조	4,259	1,737	59	59	1.4
계획 부문 소계	127,125	110,860	38,023	34,536	27.2
비계획 부문 소계	107,308	95,995	60,135	29,942	27.9
총계	234,433	206,855	98,158	64,478	27.5

* 출전: 한국산업은행조사부, 『한국산업경제10년사(1945~1955)』, 1955, 566~568쪽에서 재작성.

정부는 민간필수물자 판매대금을 대충자금으로 적립하여 산업자금으로 공급하려 했으나, 원조물자의 도입이 지연됨으로써 대충자금 적립이 부진했다. 뿐만 아니라 적립된 대충자금조차 합동경제위원회 협약의 합의사항에 의해 대부분 국방비 보전을 위해 지출되었다.[105]

원조 도입의 불안정성으로 인하여 전후재건사업에 차질이 빚어지자, 정부는 1954년 3월 31일부터 1957년에 이르기까지 8회에 걸쳐 총액 61억 6,700만 원의 산업부흥국채를 발행했다.[106] 그리고 산업부흥국채와 대충자금을 재원

---

105 합동경제위원회 협약 부록에는 원조자금의 판매대금을 "대한민국 정부의 한국은행에 대한 차입금 상환 및 상호 합의되는 기타 제 목적을 위하여 사용한다"고 명시되어 있었다. 한국재정40년사편찬위원회, 『한국재정40년사』, 제3권, 한국개발연구원, 1991, 525쪽. 한국 정부가 한국은행 차입금으로 국방비를 보전하면서 정부의 재정적자 폭이 커지자, 미국 측은 협약대로 대충자금을 한국은행 차입금을 상환하는 데 사용하라고 요구했다.

106 한국산업은행10년사편찬위원회, 『한국산업은행10년사』, 한국산업은행, 1964, 66쪽.

〈표 10〉 1955년도 정부 일반 산업자금 공급 실적

(단위: 백만 환)

		예산	실적	예산 대비 실적(%)	실적 총액 대비 비율(%)
기간산업	전력	15,027	5,652	37.6	31.3
	비료	7,983	1,046	13.1	5.8
	시멘트	2,022	1,586	78.4	8.8
	판유리	793	325	41.0	1.8
	소계	25,825	8,609	33.3	47.7
화학		3,627	1,513	41.7	8.4
기계		3,093	1,147	37.0	6.4
섬유		1,733	868	50.0	4.8
농업 식량		1,408	559	39.7	3.1
수산		2,706	454	16.8	2.5
운수		2,912	169	58.0	0.9
토건 자재		699	490	70.1	2.7
기타		7,211	4,242	58.8	23.5
계		49,214	18,051	36.7	100

* 출전: 한국은행조사부, 『4290년도 경제연감』, 1957, I-20~21쪽에서 재작성.

으로 과감한 재정투융자를 단행했다. 정부는 재정투자를 통해 관개, 항만, 도로, 교통, 통신시설을 정비하는 한편, 재정융자를 통해서는 기간산업 건설을 통한 산업구조의 정비와 강화에 역점을 두었다.[107] 정부는 미국 원조에 의한 경제부흥을 기대했지만, 그동안 미국과의 교섭 결과 원조에 조건을 붙이는 미국의 태도로 보아 거의 실패했다는 것을 자각하고 독자적인 행보를 모색한 것이다.[108]

정부의 재정융자는 일반 산업자금으로 가장 많이 지출되었다. 〈표 10〉에

---

107 한국은행조사부, 『4290년도 경제연감』, 1957, I-20~21쪽, 4288년도 일반 산업자금 공급 실적; 한국은행조사부, 『4291년도 경제연감』, 1958, I-16쪽, 재정투융자계획 각 항목 참조.

108 「자립부흥계획 모색, 정부 국민의 자주 노력을 촉구」, 『조선일보』 1954. 9. 22 참조.

서 명백하게 드러나는 것처럼, 일반 산업자금은 방직·식품 등의 소비재산업과 비료, 시멘트, 판유리 등 기간산업의 신설 및 화학, 기계 등에 집중되었다.[109] 이로써 1954년에 일반재정 부문의 14.6%에 불과했던 재정투융자는 1955년 20.9%로 늘어났다.[110]

정부는 재정투융자를 통해 산업기반시설을 구축하고, 기간산업을 지원·육성함으로써 정부가 의도하는 부흥계획을 추진하고 민간필수물자 도입에 편중된 원조계획을 보완하고자 했다. 이에 1954년에서 1957년까지 재정자금과 금융자금을 포함한 금융 공급에서 차지하는 재정자금의 비중은 35.4%, 35.6%, 1957년 말에는 44.5%까지 증가했다.[111]

한편 항만, 철도, 수송, 창고 등 사업시설과 원조물자 배정 대상자의 사업 운영자금 미비 등 원조 수입 태세가 완비되지 않아 원조가 지연되거나 낭비되는 문제에 대해서, 정부는 재정투자를 통해 사업시설을 정비하는 한편 산업은행을 통한 중점융자와 실수요자 배정을 통해 대기업체에 자금과 원조물자를 독점적으로 배정하는 방법으로 대응했다.[112]

1953년 12월 체결된 합동경제위원회 협약에서는 부흥계획이 재정안정 달성과 일치되도록 하기 위해 재건투자의 총비용 중 가능한 부분을 여신에 의하지 않고 기업 자체의 자본축적에 의해 조달한다는 데 합의했다. 개별 투자

---

109   정부의 재정투융자가 경제발전의 기동력이 된 대표적인 예는 일본이다. 일본에서는 메이지유신 이래 근대적인 산업의 거의 대부분이 정부에 의해 신설되었고, 일본 정부는 이러한 산업이 어느 정도 육성된 후 그것을 민간에 불하하는 방식을 취했다. 김명윤, 『한국 재정의 구조』, 고려대학교 아세아문제연구소, 1964, 153~154쪽. 후진국들은 이러한 일본의 경험을 참고하여 경제개발을 촉진하기 위한 방법으로 재정투융자를 활용했다.

110   한국재정40년사편찬위원회, 『한국재정40년사』, 제6권, 한국개발연구원, 1991, 151~152쪽.

111   한국산업은행10년사편찬위원회, 『한국산업은행10년사』, 한국산업은행, 1964, 69쪽.

112   노중기, 「1950년대 한국 사회에 미친 원조의 영향에 관한 고찰」, 『현대 한국의 자본축적과 민중생활』, 1989, 78쪽; 공제욱, 『1950년대 한국의 자본가 연구』, 백산서당, 1993, 제4장.

대상의 선정에 있어서도 "총사업비 중 자기자금과 축적금을 가장 많은 비율로 염출할 수 있는 기업체에 우선권을 부여"하고, "투자비용 총액 중 합의된 최저한도(15%)의 부분을 염출할 수 없는 기업체는 신규 투자 대상의 지정을 받을 자격이 없다"[113]는 강력한 규제 조항을 삽입하여 기업의 '자기자금주의'를 강조했다.

정부는 '자기자금주의'로 인한 기업의 자금압박을 완화하기 위해 실수요자 제도를 적극 활용했다. 이승만은 휴전 직후 기계화, 공업화를 강조하면서 "만일 우리가 필요한 부면에 이런 일을 추진하는 데 자기 힘이 모자랄 때는 그런 종목을 적어오면 정부에서 도울 수도 있을 것"[114]이라고 하여 자본가들에 대한 적극적인 지원의사를 표명한 바 있었다.

삼백산업의 예를 통해 그 실상을 살펴보면 다음과 같다. 당시 삼백산업에는 대한방직협회, 대한모방협회, 한국제분공업협회, 한국제당공업협회 등의 원료 카르텔이 조직되어 있었다. 정부는 이들을 '실수요자'로 선정하여 원조물자를 시가보다 싼 가격으로 배정했다. 이들 협회는 정부에서 일괄적으로 원조물자를 배정받아 각 회원 기업체에 '보유 시설 능력'에 따라 불하했다. 이로써 중소기업은 배제되고, 대기업이 원료뿐 아니라 저환율, 인플레이션에 의한 이익을 독점하는 구조가 형성되었다.[115] 원조물자 배정 자체가 엄청난

---

113 한국재정40년사편찬위원회, 『한국재정40년사』 제3권, 한국개발연구원, 1991, 524쪽. 경제재건과 재정안정계획에 관한 합동경제위원회 협약(1953. 12. 1) 부록 제1 재건투자계획의 재원조달.

114 이승만, 「일용품을 자족자급하라, 수공업 기계화에 대하여(1953. 8. 15)」, 『대통령이승만박사담화집』, 공보처, 1953, 221쪽.

115 노중기, 앞의 글, 1989, 79~80쪽. 이상철은 실수요자 제도로 인해 기업들이 품질개선이나 원가절감 등의 노력을 기울이기는커녕 오히려 보다 많은 원자재를 배정받기 위해 효율성에 대한 고려 없이 낡은 시설을 온존시키는 정책을 취했고, 그 결과 생산 과정의 효율성을 증진시키기 위한 기업의 기술 노력은 미비했다고 평가했다. 이상철, 「수입대체공업화 정책의 전개, 1953~1961」, 『한국경제성장사』, 2001, 478쪽.

특혜였기 때문에[116] 정치권력과 대기업 간에는 자연스럽게 원조물자 배정을 둘러싼 유착관계가 형성되었다. 자유당의 장기집권하에서 자본가들 사이에는 원조물자를 배정받거나 산업은행의 대부를 받을 경우 암묵적으로 자유당에 10~15%의 정치자금을 제공하는 것이 불문율이었다.[117]

1951년부터 한국 정부는 부흥계획을 준비하고 의욕적으로 추진했다. 그러나 부흥계획은 한국 정부의 의도대로 진행되지 않았다. 전후재건사업에 차질이 빚어지자, 정부는 산업부흥국채와 대충자금을 재원으로 한 정부투융자를 단행하여 산업 인프라를 구축하고 기간산업 건설에 주력했다. 또한 사업운영자금이 부족한 자본가들에게는 산업은행 대출을 통해 시설자금을 지원하고, 실수요자 배정을 통해 원료를 집중 공급하는 등 자본축적을 측면 지원했다. 이는 사회기반시설의 확충과 기간산업의 성장, 사적 대자본의 형성에 크게 기여하는 한편, 정부와 자본가의 유착관계를 심화시키고 있었다. 생산력 증대를 위한 자본가 본위의 경제정책이었다.

4. 경제계획 심의기구의 정비

정부는 경제부흥계획의 작성과 아울러 재건계획을 심의할 수 있는 기구를 정비했다. 이 기구는 이원적인 구조로 편성되었다. 먼저 1951년 5월 정부 내에 국무총리를 위원장으로 하고 기획처장을 부위원장으로 하며, 내무·재

---

116 이병철은 당시 제일모직이 실수요자로 선정되어 정부의 지원을 받은 과정을 다음과 같이 회고했다. "정부가 발주한 기계는 자체 수입가보다 40%나 비쌌지만 정부가 내외자를 전부 지원하겠다고 하였기 때문에 실수요자로 선정되면 자기 자본이 전혀 들지 않는 구조였다." 「이병철」, 『재계회고』 1, 한국일보사, 1981, 328쪽.

117 「김현철」, 『재계회고』 7, 한국일보사, 1981, 388쪽; 송인상 2차 인터뷰, 2004. 2. 27, 효성그룹 고문 사무실.

무·농림·상공·사회·교통·체신 각 장관을 위원으로 하는 경제부흥위원회가 구성되었다.[118] 위원회는 유엔의 대한 경제원조 및 구호사업에 관하여 한국 정부가 표시하는 종합적 의사를 조정 또는 통합하고, 부흥사업에 관한 심의 결정을 하기 위한 기구였다. 경제부흥위원회는 이후 1952년도 부흥물동계획을 심의하는 등 정부 정책을 심의하는 중심기구로 자리잡았다.

전쟁이 끝난 후에는 전쟁 발발 이후 공전을 거듭하고 있던 경제위원회가 재발족되었다.[119] 이승만은 1954년 2월 28일 기획처장 원용석을 위원장으로 하고 농림부차관 김원태(金元泰), 상공부차관 윤인상(尹仁上), 재무부차관 강성태(姜聲邰), 체신부차관 김의창(金義昌), 교통부차관 김윤기(金允基), 사회부차관 김용택(金容澤), 내무부차관 김형근(金亨根)을 관계를 대표하는 정부 측 위원으로, 한국은행 부총재 김진형(金鎭炯)과 한국식산은행 이사 김영휘(金永徽)를 금융계, 한국무역협회 회장 임문환(任文桓)과 고려방적 이사장 현근(玄權)을 산업계, 서울상과대학 교수 최호진(崔虎鎭)과 고려대학 교수 고승제(高承濟)를 학계를 대표하는 민간 측 위원으로 임명했다.[120] 국무총리 주재하에 장관급 위원들로 구성된 경제부흥위원회와 달리, 경제위원회는 기획처장 주재하에 차관급 위원들과 금융계, 기업계, 학계의 중진들로 구성되었다.

1954년 5월 28일 제정된 경제위원회 규정에 따라 경제위원회는 "국무원의 자문에 응하여 국무회의에 제출할 종합적 재정·경제계획에 관한 사항을 조

---

118 「경제부흥위원회 조직」, 『경향신문』 1951. 5. 5; 「경제부흥위원회, 기획처 물동국에서 작성한 부흥계획안 검토」, 『민주신보』 1951. 5. 27.

119 경제위원회, 『제1차 경제위원회 회의록』(1954. 3. 20).

120 기입비(企入秘) 제8호, 「경제위원회 위원 임명에 관한 건」(1954. 3. 4); 총비(總秘) 제509호, 「경제위원회 위원 임명의 건 상신(남봉순 외 12명 발령안)」(1954. 3. 6). 정부수립 초기의 경제위원회 구성과 역할에 대해서는 정진아, 「제1공화국 초기(1948~1950)의 경제정책 연구」, 연세대 사학과 석사학위논문, 1998, 20~21쪽 참조.

사·심의"하는 기능을 수행하도록 규정되었다.[121] 1948년 12월 7일 대통령령 제
38호로 제정된 경제위원회 사무규정에 의하면, 경제위원회는 국무총리 감독
하에 행정 각부로부터 제출되는 재정·경제계획을 심의 종합하며 국무회의
에 제출할 국가의 종합적 재정·경제계획을 수립할 사무책임을 가지고 있었
다.[122] 그러나 정부에서 수립되는 계획에 관한 한 심의, 종합뿐 아니라 계획 수
립까지 담당하는 사무책임을 가졌던 경제위원회 사무규정은 1954년 5월 28
일의 경제위원회 규정 부칙에 의해 폐지되었다. 이제 경제위원회는 계획 수
립 기능이 삭제된 채 각계의 여론을 반영하여 정부의 정책을 심의하는 기관
으로 정착되었다.

　　1955년 국무총리제가 폐지되고 정부조직법이 개정되면서 기획처와 경제
위원회 운영에 큰 변화가 생겼다. 국무총리실 산하기관이었던 기획처가 폐
지되고 부흥부가 신설된 것이다. 부흥부의 신설로 경제계획기관은 '처'에서
'부'로 격상되었다. 그간 경제운영이 차질을 빚을 때마다 경제계획기관을 둘
러싼 기구 재편 논의가 있었다.[123] 기획처는 계획 수립기관이었으나 차관급이
었기 때문에 장관급 기관인 각 부서가 계획을 집행하도록 강제할 수 없는 근
본적인 한계를 갖고 있었다. 그 때문에 경제계획기관이 적어도 각 부서와 동
등하거나 혹은 상위 기관으로 승격되어야 한다는 주장이 있었다. 부흥부의
신설로 경제계획기관은 각 부서와 동등한 자격으로 계획을 추진할 수 있게

121　경제위원회, 「경제위원회 직제안」, 『제1차 경제위원회 부의안』, 1954. 3. 20; 경제위원회, 『제1차 경제위원
회 회의록』, 1954. 3. 20. 직제에 의하면 경제위원회는 국무원에 경제계획에 관한 건의도 할 수 있었다.

122　법제처 종합법령정보센터(http://www.klaw.go.kr/), 경제위원회사무규정 제정 1948. 12. 7, 대통령령 제38호.

123　전쟁 전부터 제기된 기획처 기구 개편설의 내용은 다음과 같다. 첫째는 기획처를 대통령 직속기관으로 하
는 한편 이를 강화하여 일본의 경제안정본부와 같이 종합적인 경제행정을 장악하게 하자는 것이었다. 둘
째는 기획처의 예산국을 재무부 소관으로 이관시키고 물동계획국·경제계획국 및 외자관리청·외자구매
처, 그리고 상공부의 무역국을 모두 통폐합하여 통상부를 신설하자는 것이었다. 셋째는 예산국을 독립된
기구로 두자는 것이었다. 「기획처 개편론이 강하게 대두」, 『경향신문』, 1950. 5. 22 참조.

되었다.

부흥부로 개편되면서 기획처 산하 조직이었던 비서실, 예산국, 경제계획국, 물동계획국은 총무과와 기획국 및 조정국 체제로 재편되었고, 기획처 산하에 있던 예산국은 재무부로 이관되었다.[124] 기획처 단계에서는 타 부서의 예산을 기획처 예산국이 총괄하여 물동계획과 자금계획을 수립함으로써 계획의 일관성과 종합성을 가질 수 있었지만, 예산수립기관과 예산집행기관이 기획처 예산국과 재무부 회계국으로 분리되어 있었기 때문에 예산집행상의 차질이 생기곤 했다. 이 문제는 예산국이 재무부로 이관됨으로써 일단락되었다.

예산국이 재무부로 이관됨에 따라 예산편성과 집행에 이르는 재무행정이 일원화되고, 예산집행상의 효율성도 높아졌다. 하지만 계획기관이 가졌던 예산편성 기능이 상실됨으로써 계획과 예산편성 사이의 유기적인 관계는 단절되었다. 부흥부는 계획 수립만 담당할 뿐 예산편성에는 개입할 수 없었기 때문에, 계획의 일관성과 종합성을 담보할 수 없었다. 그리고 계획이 수립되더라도 여타 부서, 특히 재무부의 협조 없이는 계획을 집행할 수 없었다.

이에 부흥부는 계획기관으로서, 재무부는 예산집행기관으로서 효율성을 높이면서 계획과 예산집행이 유기적인 관계를 이룰 수 있도록 보완조치가 마련되었다. 경제위원회가 폐지되고 경제부흥위원회가 부흥위원회로 공식 발족한 것이다.[125] 1955년 3월 25일 국무회의는 정부조직법 제20조에 의한 부

---

124 법제처 종합법령정보센터(http://www.klaw.go.kr), 부흥부직제(제정 1955. 2. 17, 대통령령 제1001호) 항목 참조.

125 1951년 5월 발족된 경제부흥위원회 사무규정은 국무회의를 통과하는 즉시 대통령령으로 공포될 예정이었으나, 경제부흥위원회는 그러한 절차를 밟지 못하고 비공식적인 기구로 활동했다.

흥위원회 규정을 대통령령으로 공포하기로 결정했다.[126] 정부는 1955년 4월 2일 대통령령 제1025호로 부흥위원회 규정을 반포하고, 부흥부 산하에 부흥위원회를 둘 것을 선포했다.

부흥위원회 규정 제1조는 위원회가 국무회의에 제출될 산업경제의 부흥에 관한 종합적 계획 및 이에 관계된 사항을 심의한다고 하여 기존 경제위원회의 역할을 계승하는 조직임을 밝혔다. 그러나 이는 단순한 계승은 아니었다. 국무원의 자문에 의해 이미 마련된 정책을 '사후' 심의했던 경제위원회와 달리, 부흥위원회는 국무회의에 제출될 모든 경제계획과 관계 사항을 '사전' 조정하고 심의하는 기관이었다. 차관급과 민간의원으로 구성된 경제위원회와 부흥위원회의 역할은 동일했지만, 부흥위원회는 경제위원회가 가졌던 소극적인 자문기관의 성격을 벗어나 경제부처 장관들의 명실상부한 협의체로서 정부의 제 계획을 총괄하는 기구로 자리매김했다.[127]

또한 부흥위원회 규정 제2조는 부흥부장관을 위원장으로, 재무부장관, 국방부장관, 농림부장관 및 상공부장관을 위원으로 구성하도록 하여[128] 차관급의 각료와 민간 측 위원으로 구성되었던 경제위원회보다 그 위상을 높이고 정책심의의 실질적인 권한을 갖도록 했다. 경제부흥위원회 단계와 달라진 점이라면, 위원을 내무·재무·농림·상공·사회·교통·체신부장관에서 경제 4장관으로 압축하고 국방장관을 포함시켰다는 점이다. 한국의 휴전 상황으로

---

126 「부흥위 규정 공포 의결」, 『조선일보』 1955. 3. 26.

127 법제처 종합법령정보센터(http://www.klaw.go.kr), 부흥부직제(제정 1955. 2. 17, 대통령령 제1001호) 항목 참조.

128 부흥위원회 규정 제8조와 제9조에 의해 위원회의 심의사항과 관련이 있는 행정 각부 장관 또는 각 실장, 청장은 회의에 출석하여 발언할 수 있었고, 위원회는 그 회의에 학식, 경험이 있는 자를 초청하여 의견을 청취할 수 있었다. 이에 내무부장관이 회의에 자주 참석했으며 주원(朱源)이 민간 대표로, 고승제가 학계 대표로 참석했다. 고승제, 『경제학자의 회고』, 경연사, 1979, 106쪽.

인해 국방비는 예산의 30% 이상을 차지했다. 국방부에서 필요로 하는 예산과 군수물자 역시 경제정책 결정에서 간과할 수 없는 중대한 고려 사항이었다. 국방부장관의 부흥위원회 참가는 이러한 한국적 특수성을 반영하고 있었다.

부흥위원회는 산하에 분과위원회와 고문 약간 명을 둘 수 있었다. 위원회는 운영 과정에서 기획·농림·상공·재정·건설의 5개 분과위원회를 두었고, 기획분과위원회는 부흥부장관이, 농림분과위원회는 농림부장관이, 상공분과위원회는 상공부장관이, 재정분과위원회는 재무부장관이, 건설분과위원회는 국방부장관이 각각 위원장을 맡았다.[129]

이처럼 부흥위원회는 설립규정에 따라 정부위원인 경제부처 장관들이 분과위원회의 위원장을 맡았고, 소관 부처 공무원이 분과위원회 위원을 담당했다. 분과위원회의 논의가 부흥위원회로 수렴되도록 하고, 부흥위원회에서 논의된 결과가 각부 장관의 책임하에 정부 정책에 직접 반영되도록 한 조치였다. 다수의 고문이 임명되었지만[130] 고문의 역할은 자문에 한정되었다.

한국의 경제계획은 전쟁 전에는 경제위원회, 전쟁기에는 경제부흥위원회를 통해 검토되었다. 전후 경제위원회가 재건되었으나, 본격적으로 전후 재건사업을 추진하기 위해 정부는 부흥부를 신설하고 부흥위원회의 역할을 강화함으로써 정책운영의 효율성을 제고하고자 했다. 효율성 제고의 방향은 경제계획기구와 운영을 철저히 행정부 중심으로 재편하는 것이었다. 이러한 기구개편으로 행정의 효율성은 높아졌지만, 경제정책이 행정부 독단으로 흐를 가능성 또한 높아지고 있었다.

---

129 「민간인 고문 26명 부흥위에서 선정 방침」, 『조선일보』 1955. 4. 13.

130 「부흥위 민간고문 19일 정부서 임명」, 『조선일보』 1955. 5. 20.

2장
헌법 개정과 시장경제 원리의 강화

1. 통제경제론의 쇠퇴와 자유경제론자들의 공세

1) 자본 중심의 생산력 증대론 확산

1953년 6월 8일 휴전협정이 가조인되면서 인플레이션 수습을 위한 통제경제론은 급격히 쇠퇴하기 시작했다.[131] 전투가 중지됨에 따라 전쟁물자 동원을 위한 통제의 유인이 반감했기 때문이다. 통제경제를 이야기했던 논자들은 국공영기업체가 경제통제의 주축이 되어 물자수급을 담당해야 한다고 주장했다. 그러나 통제의 중심축이 되어 생산을 주도할 것으로 기대되었던 국공영기업체는 생산 부진을 면치 못했다. 국공영기업체의 생산 부진과 관리인의 부패는 오히려 국공영기업체 운영에 대한 문제의식을 확산시키는 결과를 낳았다.

통제경제를 주장했던 논자들조차 이제 '증권시장'을 활성화한 후 기업의 규모를 막론하고 "기업 정신이 왕성한 민간에게 불하하는 것이 시급"하다고

---

131 합동통신사, 『합동연감』, 1959, 67쪽.

주장했다.[132] 생활필수품을 중심으로 물자통제와 가격통제가 시행되고 있었지만, 허다한 문제를 발생시키는 부분적인 통제 방식보다는 시장의 조절 작용을 통한 생산력 증진이 오히려 나을 수 있다고 판단한 것이다.

통제경제론이 후퇴하는 가운데 자본가들의 입장을 대변한 '자유경제론자'들의 공세가 강화되었다. 통제경제론의 중요한 근거였던 전쟁 상황이 휴지기에 접어들자 자본 중심의 생산력 증대를 지향하는 논자들은 통제의 비효율성에 대한 문제제기에 그치지 않고 체제 운영 방식 자체의 변화를 요구했다. 이들의 주장 곳곳에는 자본주의냐 사회주의냐, 자유경제냐 계획경제냐를 분명히 선택하라는 냉전 논리가 횡행했다.[133]

'자유경제론자'들은 자본 중심의 생산력 증대론을 확산하기 위해서는 우선 자본주의 운영의 주도층인 자본가가 이윤추구욕을 최대한 발휘하도록 법적·제도적으로 지원하는 한편, 자본가의 이윤추구를 비판적으로 바라보는 여론에 대한 대응 논리를 마련할 필요가 있다고 생각했다. 이에 이들은 한국 경제가 자유경제론에 기반하여 재건되어야 함을 강조하는 동시에 자본가들의 이윤추구욕을 합리화하는 작업을 시작했다.

식민지배와 해방 후의 경험 속에서 한국인들은 자본가에게 비판적인 시각을 갖고 있었다. 일부 자본가들은 일제 식민지배의 파트너이자 충실한 조력자였다. 해방 후 국민들이 갖고 있던 자본가의 이미지는 권력과 결탁하여 부를 축적하고, 자신의 사리사욕을 위해 모리 행위도 서슴지 않는 '모리배'의 모습, 바로 그것이었다.[134] 이 때문에 앞서 살펴본 바와 같이 제헌헌법은 자본

---

132 최호진, 「한국 경제와 증권시장론」, 『주간경제』 9, 1952. 10. 1, 3쪽.

133 이동욱, 「자본주의와 사회주의의 대결—한국 경제의 진로」(상), 『주간경제』 6, 1952. 8. 15, 5쪽.

134 「사설: 경제경찰 강화하라」, 『동아일보』 1946. 2. 9; 「모리간상배의 부정축재를 3등급으로 구분 조사」, 『조선일보』 1946. 4. 9.

가의 이윤추구욕보다 공익을 우선하며, 개인의 재산은 공공의 필요에 의해 수용될 수 있다고 명시했던 것이다. 자본주의사회를 이끌어갈 자본가에 대한 불신을 불식시키고 자본가의 이윤추구욕을 긍정적으로 받아들일 수 있도록 하기 위해서는 자본가의 역할에 대한 적극적인 재평가가 필요했다. 그리고 궁극적으로 자본가들의 재량권을 확대하기 위해서는 공공의 필요에 의해 사유재산권을 제한할 수 있도록 규정한 제헌헌법 경제조항의 수정이 불가피했다.

제헌헌법 제6장 경제장 제87조는 중요한 운수, 통신, 금융, 보험, 전기, 수리, 수도, 가스 및 공공성을 가진 기업은 국영 또는 공영으로 할 것을 명시했다. 제84조는 대한민국의 경제질서는 모든 국민이 생활의 기본적 수요를 충족할 수 있게 하는 사회정의의 실현과 균형 있는 국민경제의 발전을 기함을 기본으로 삼는다, 각인의 경제상의 자유는 이 한계 내에서 보장된다고 규정했다.[135] 헌법 경제조항이 신설된 이유는, 전술한 바와 같이 사유재산권 불가침의 자유방임주의로부터 연유하는 폐단 때문이었다. 즉 자본주의 발전의 필연적 산물인 부의 편중 및 노농 계급의 빈궁화, 국민경제의 불균형과 계급투쟁의 격화 등을 미연에 방지하고 조정하기 위해 재산권을 제한하고, 중요 자원을 국유화하며, 중요기업체를 국공영으로 운영하기로 하는 등 사회화규정을 명시한 것이다.

전쟁으로 인해 국민의 생활이 피폐해진 상황에서 국회의원들은 헌법에 근거해 관영요금의 인상을 반대하고 있었다.[136] 정부는 가능한 한 재정지출을 축소하고 자본가의 자본을 동원하며, 그들의 재량권을 확대하는 가운데

---

135 국회사무처, 「제1대 국회 제28차 본회의 속기록」(1948. 7. 12), 헌법안 제3독회.

136 국회사무처, 「제2대 국회 제18차 본회의 속기록」(1952. 11. 11), 오위영(吳緯泳)·임영신(任永信) 의원 발언 참조.

재정의 위기를 극복하고 생산력을 증진시키고자 했다. 그러므로 정부로서도 헌법 규정과 이에 대한 해석 문제는 반드시 풀어야 하는 숙제였다.

'자유경제론자'들은 사유재산권의 폐단은 고사하고 "사유재산권이 너무 침해받고 제한되는 것이 생산력 발전을 가로막는 장애물"이라고 하면서 헌법 경제조항 공격의 포문을 열었다. 그들은 이제 자본주의를 시작하려는 "남한에서 무제한한 자유방임주의의 폐단이라는 말은 성립하지 않는다"고 하여 자유방임주의의 폐해를 시정하고자 한 제헌헌법의 전제 자체를 부정했다.[137] 이들에 의하면 자본주의가 독점 단계로 들어서기 이전에는 마약이나 사치 물자의 수입만을 제한하면 수요공급의 법칙에 의해 사익 증진은 자연스럽게 공익의 증진과 일치하게 마련이었다.[138] 또한 이들은 "남한이 공산주의와 구별되는 이유가 사유재산권에 있는데 이를 침해한다면 입국의 기본을 어디에 둘 것이냐"라고 반문했다.[139]

2) 유진오의 헌법관 변화

다음은 제헌헌법 초안을 기초한 유진오(兪鎭午)[140]가 1950년과 1953년에 각각 헌법의 특징을 해설한 대목이다.

---

137 유진오, 「헌법과 우리 경제의 현실」, 『주간경제』 6, 1952. 8. 15, 2쪽.

138 이동욱, 「자본주의와 사회주의의 대결」 (하), 『주간경제』 7, 1952. 9. 1, 10쪽.

139 유진오, 「헌법과 우리 경제의 현실」, 『주간경제』 6, 1952. 8. 15, 2쪽.

140 유진오는 일제하에 경성제국대학 내 마르크스주의 연구 서클인 '경제연구회'와 '조선사회사정연구소' 결성을 주도하는 등 사회주의 사상에 심취했다. 그는 '생산의 사회적 성질과 소유의 사적 성질'로 인해 자본주의는 필연적으로 위기를 맞을 수밖에 없다는 마르크스와 레닌의 테제에 동의하고, 이를 방지하기 위해서는 일정하게 국가가 개입해야 한다고 생각했다. 그의 일제 시기 사상 전력에 대해서는 이수일, 「1930년대 사회주의자들의 현실 인식과 마르크스주의 이해」, 『한국 근현대의 민족 문제와 신국가 건설』, 지식산업사, 1997; 이수일, 「1930년대 전반 '성대그룹'의 반관학 이념과 사회운동론」, 연세대 사학과 박사학위 논문, 2013 참조.

구식 자유주의에 의하면 소유권은 '신성불가침'이며, 따라서 각인의 경제적 활동은 사회의 '질서'를 침해하지 않는 한 자유이었으나, 우리 헌법상으로는 만일 어떤 사람의 경제적 활동으로 인하여 다른 사람이 생활의 기본적 수요를 충족시킬 수 없게 된다 하면, 그러한 경제적 활동은 당연히 국가권력의 간섭을 받게 되는 것이다. (…) 우리의 경제는 무원칙, 무계획하게 방임되는 것이 아니라, 국민적 기초 위에서 일정한 국가적 계획하에 설계되고 발전되어야 한다는 계획경제의 원칙이 이곳에 전시되어 있는 것이다.[141] (밑줄—인용자)

그러나 아무리 각인의 기회를 균등히 하여도 각인의 능력을 최고도로 발휘시키지 못한다면 그 사회는 도리어 정체되고 말 것이므로, 우리는 각인의 기회를 균등히 한다 하여 각인에게 기계적 평등을 강요하는 우를 취하지 않고, 타인의 자유를 침해하는 정도에 이르지 않는 한 각인의 능력을 최고도로 발휘시키는 합리적 제도를 취하려 하는 것이다.[142] (밑줄—인용자)

헌법 기초 과정에서 유진오는 개인의 자유를 무제한 허용하면 강자의 횡포를 야기하므로 진정한 민주주의를 위해서는 정치적 민주주의뿐 아니라 경제적 민주주의를 실현할 수 있는 조항을 만들어야 한다고 주장했다. 그런 의미에서 그는 1950년까지만 해도 공익을 우선하여 개인의 사유권을 제한한 우리의 헌법은 18세기와 19세기의 자유주의와 개인주의의 만능시대에는 도저히 상상도 하지 못하던 조항이라면서 그 의의를 자부하고 있었다.[143]
그렇지만 6·25전쟁을 거치면서 그의 인식은 변화하기 시작했다. 위에서

---

141 유진오, 『헌법의 기초 이론』, 명세당, 1950, 115쪽.
142 유진오, 『신고 헌법해의』, 일조각, 1953, 42~43쪽.
143 유진오, 『헌법의 기초 이론』, 명세당, 1950, 11, 78쪽.

인용한 1953년 헌법 해설에서 보이듯이, "각인의 기회를 균등히 하여도 각인의 능력을 최고도로 발휘시키지 못한다면 그 사회는 도리어 정체"된다면서, 사회정의와 균등경제에 기반한 헌법의 기본 정신에 대해 회의하고 있었다. 대신에 그는 "각인의 능력을 최고도로 발휘시키는 합리적 제도를 취"할 것을 주장하기에 이르렀다.

그는 한 걸음 더 나아가서 자유방임주의의 합리성을 인정하자고까지 주장했다. 자본가의 노동자 착취 운운하지만, 국공영기업체 운영의 불합리와 부패에 비하면 사적 자본가는 자기자본을 투하하여 위험을 감수할 뿐 아니라 다른 자본가와 자유롭게 경쟁하여 이윤을 올리는 것이므로, 그가 취득한 이윤은 경쟁에 대한 정당한 대가로서 비난받을 이유가 없다는 논리였다. 이는 자본가가 "눈을 부릅뜨고 이래라 저래라 진두지휘하지 않는다면 경영 합리화와 생산비 절하를 통한 생산력 증진을 이룰 수 있는가"[144]라는 '자유경제론자'들의 논리와 일맥상통했다. 이처럼 '자유경제론자'들의 논리 속에서 국공영기업체의 문제는 운영의 불합리가 아니라 국공영이라는 운영 방식 자체의 한계로 확대해석되고 있었다.

이들은 사유재산권을 제한하는 것이 아니라 배타적으로 보장함으로써만이 생산력을 증진할 수 있으며, "자본가의 이익은 곧 국익"이라는 전제를 세우고자 했다.[145] 자본가단체인 대한상공회의소 역시 지금까지의 상공 정책이 실효를 거두지 못한 이유는 "긴 안목으로써 본다면 사익은 공익과 일치"한다는 사실을 무시했기 때문이라고 지적했다.[146] 이들에게 국민경제의 발전 법칙

---

144 이동욱, 「자본주의와 사회주의의 대결」 (하), 『주간경제』 7, 1952. 9. 1, 6쪽.

145 위의 글, 10쪽 참조.

146 대한상공회의소, 「신임 상공장관의 제일성」, 『주간경제』 12, 1952. 11. 15, 8쪽.

이란 "국민들의 호주머니에서 돈을 꺼내다가 기업체에 주는 것"이었다.[147]

자본 중심의 생산력주의는 일제 시기 이래 존재했으나[148] 해방 후에는 그것이 만개할 수 있는 조건이 아니었다. 전술한 바와 같이 한국인들은 일제의 수탈구조와 공황, 파시즘 체제에 대한 경험으로 인해 이윤추구를 제일의 목표로 한 자본주의에 대해 강한 반감을 갖고 있었기 때문이다. 그러나 대표적인 노동자·농민조직이었던 조선노동조합전국평의회, 전국농민조합총연맹이 미군정의 좌파 탄압 속에 무력화되고, 이어 등장한 대한노동총연맹·대한농민총연맹이 노자협조주의에 경도되는 가운데, 생산력 증대 중심의 자본주의 건설론이 전면에 대두했다. 생산력 증진을 주도하고 있는 "개인기업의 확대와 번영이야말로 이 나라 경제의 확대 번영과 일치한다"[149]라는 이들의 주장은 자본 중심 생산력주의의 극치였다.

자본 중심의 생산력주의라는 점에서는 통제경제론 역시 자유경제론과 대동소이했다. '통제경제론자'들 중 일부는 자신이 전쟁 전 자본주의 계획경제론의 논지를 계승하고 있다고 밝혔지만, 그들의 논리는 자본주의 계획경제론자들과 달리 생산의 공동화, 사회화보다는 생산력 증진, 자본축적에 통제와 계획의 목적을 두었다.[150] 따라서 생산력 증진을 위해서는 자본가들의 사적 소유권을 보장하고 이윤추구욕을 자극하되, 무분별한 경쟁이 아니라 자율적으로 이익단체를 결성하고 국가의 정책방침에 호응하도록 하는 것이 효율적이라고 주장했다. 이것이 이들이 산업별 혹은 업체별 협동조합론이 아니라 동업조합론을 제기한 이유였다. 이들이 통제기구의 모범사례로서 협

147 이동욱, 「자본주의와 사회주의의 대결」 (하), 『주간경제』 7, 1952. 9. 1, 12쪽.

148 방기중, 「일제하 미국 유학 지식인의 경제 인식」, 『미주 한인의 민족운동』, 혜안, 2003, 240쪽.

149 이동욱, 「자본주의와 사회주의의 대결」 (하), 『주간경제』 7, 1952. 9. 1, 6쪽.

150 안림, 「통제경제 논의와 문제점」, 『동란하의 한국 경제』, 백영사, 1954, 10~11쪽.

동조합이 아니라 동업조합, 카르텔, 콘체른에 주목하고, 산업 합리화를 위해 노동시간의 연장과 노동 강화가 필수적이라고 주장한 것은 어찌 보면 당연한 논리적 귀결이었다.[151]

이처럼 전시 통제경제론자들과 자유경제론자들은 자본가를 한국 경제운영의 주체로 세우고 자본축적과 생산력 증대를 달성한다는 데 합의하고 있었다. 그러므로 이후의 정책은 전쟁으로 인해 불가피한 부문에는 통제를 허용하더라도 그 외 부문은 자본가의 자율성에 맡기는 방향으로 경도되어갈 가능성이 농후했다.

2. 미국의 압력과 헌법 경제조항 개정

1) 미국의 제헌헌법 경제조항 비판

경제재건사업의 방향이 한미 합의하에 시장경제의 원리를 확대하는 것으로 결정되었기 때문에, 이후 정부는 전쟁기에 견지했던 관리경제 방식을 지양하고 자유경제로의 환원을 시도했다. 그 첫 시도가 제헌헌법 경제조항 개정이었다.[152] 헌법의 경제조항이라는 형식은 독일 바이마르헌법에서 따왔지만,[153] 제헌헌법에 경제조항이 마련된 것은 한말 이래 수탈적 근대화의 내용을 극복하고 국가의 공공성을 확보하기 위한 노력의 산물이었다. 제헌헌법의 경제조항은 1930년대부터 민족해방운동 단체·정당들 사이에서 일정한 공감대가 형성되었던 국민의 균등생활 확보, 대생산기관 국유화, 농민 본위

---

151 위의 글, 49쪽.

152 「헌법 개정의 제의」, 『주보』, 91, 1954. 2. 3, 12쪽.

153 유진오, 『헌법의 기초 이론』, 명세당, 1950.

의 토지개혁, 재산권 행사에 있어서 공익 우선의 원칙 등을 그 내용으로 했다.[154]

이승만 정권은 자본가에 대한 정책적 지원 방안을 모색하는 한편으로 자본가의 자본축적을 제한하는 법률과 제도를 정비하고자 했다. 헌법 개정의 목적은 민영을 확대함으로써 기업열을 드높이고, 그것을 바탕으로 하루빨리 경제부흥을 추진하는 데 있었다. 그것은 다음과 같은 백두진의 발언에서도 분명하게 드러난다.

사유와 자유라는 것, 또 국유와 통제라는 것을 비교해볼 적에 어떤 것이 더 많은 생산효과를 내며, 어떤 것이 더 빨리 경제부흥, 경제 혹은 산업의 재편성을 가져올 수 있을 것인가. (⋯) 자유 진영 민주사회에서는 좀 더 낫게 살아보겠다는 의욕을 국법으로 보장할 적에 생산이 증강되고 산업이 빨리 재편, 발전해 나가리라 하는 것을 여러분도 의심할 바가 없는 것입니다.[155]

그렇지만 헌법 개정의 가장 큰 요인은 원조 제공자인 미국의 압력이었다. 하루빨리 전후재건사업에 나서겠다는 정부의 의욕과는 달리, 곧 도입될 것 같던 원조는 앞서 살펴본 바와 같이 도입될 원조물자의 내용, 부흥자금 운영, 환율 등에 대한 한미 간의 의견차이로 인해 지연되고 있었다.[156] 한국 정부의 입장에서는 재건사업을 더 이상 미룰 수 없었지만, 미국은 한국의 경제 환경이 원조 제공에 부적합하다고 생각했다. 특히 미국은 국유화와 사유재산권

---

154 한시준, 「대한민국임시정부의 광복 후 민족국가건설론」, 『한국독립운동사연구』 3, 1989, 526쪽; 신용하, 「조소앙의 사회 사상과 삼균주의」, 『한국학보』 104, 2001, 37쪽 참조.

155 국회사무처, 「제18회 제26차 국회속기록」(1954. 2. 25), 10쪽, 국무총리 백두진 개헌안 제안 설명.

156 국회사무처, 「제17회 제8차 국회속기록」(1953. 11. 19), 17쪽, 국무총리 백두진 발언.

의 제한을 명시하고 있는 한국의 헌법 경제조항을 문제 삼았다.

1953년 8월 한국을 방문한 한미재단의 퀴니(Edgar M. Qeeny)는 이승만 대통령과의 면담에서 한국의 헌법이 사회주의적인 요소를 가지고 있다는 점을 지적했다. 특히 그는 국가 생활의 긴급한 필요를 충족시키기 위해 민간기업을 수용할 수 있다는 조항을 지목하고, 그런 헌법을 가진 한국에 그 어떤 미국의 사적 자본도 투자하지 않을 것이라고 강조했다. 이 면담에서 이승만은 필요하다면 헌법을 개정할 것이라고 언급했다.[157]

퀴니는 한미재단 보고서에서, 만약 사회주의적 경제 원리를 규정한 헌법이 개정되지 않는다면 외국인의 사적 투자를 기대할 수 없을 것이므로 헌법을 개정하고 사기업의 자유를 보장하라고 한국 측에 권고해야 한다고 주장했다.[158] 특히 그가 문제 삼은 조항은 중요자원의 국유와 공공성을 가진 기업의 국영을 규정한 헌법 제85조과 제87조, 사영기업의 수용 가능성을 언급한 제88조였다.[159] 경제조정관 타일러 우드 역시 이승만·백두진과의 요담에서 미국이 민간기업 개발에 역점을 두고 있으며, 원조 프로그램으로 사회주의에 자금을 지원한다는 혐의를 받지 않아야만 이승만 정권이 미국의 비판과 심각한 위협을 피해갈 수 있을 것이라고 경고했다.[160] 이에 이승만은 1954년 초 퀴니에게 보낸 편지에서, 한국 정부는 국공유기업의 사유화를 촉진하기 위

---

157 Edgar M. Queeny, "What Now for Korea", Monsanto Magazine, October–November 1953, p. 18, Rg 469, Records of U.S. Foreign Assistance Agencies, 1942~1963, Office of the Dir: Geographic Files of the Director, 1948~1955.

158 The American-Korean Foundation, Inc., "Report of the Second Mission to Korea, August 20~27, 1953", p. 16, Rg 469, Records of U.S. Foreign Assistance Agencies, 1942~1963, Korean Subject Files, 1953~1961, Entry 422, Box 22.

159 Edgar M. Queeny, "What Now for Korea", Monsanto Magazine, October–November 1953, p. 11, Rg 469, Records of U.S. Foreign Assistance Agencies, 1942~1963, Office of the Dir: Geographic Files of the Director, 1948~1955.

160 "Memorandum", To Mr. Harold E. Staseen From C. Tylor Wood, Economic Coordinator in Korea, Subject: Meeting with President Rhee, September 7, 1953, Rg 469, Records of U.S. Foreign Assistance Agencies, 1942~1963, Korean Subject Files, 1953~1961, Entry 422.

한 모든 노력을 경주하고 있으며, 퀴니가 문제 삼은 헌법 제85조와 제87조, 제88조도 곧 개정될 것이라고 답변했다.[161]

2) 제헌헌법 경제조항 개정

하지만 미국의 압력 속에서 1954년 1월 제출되었던 정부의 개헌안은 야당의 반대에 부딪혀 표류하고 있었다. 이에 자유당은 1954년 9월 이기붕 외 135인의 발의로 개헌안을 다시 제출했다. 자유당의 이재학(李在鶴) 의원은 헌법 경제조항의 개정 이유에 관해서 다음과 같이 설명했다.

> 현행 헌법은 중요자원 및 그 개발과 공공성을 가진 중요기업에 있어서 국유 내지 국영 또는 공영을 원칙으로 하고 있다. 그러나 우리나라 현상으로 보아 이러한 경제 체제가 일면 각인의 자유 창의의 억압과 타면 합리적 기업 운영 방법의 졸렬로 말미암아 우리나라 경제를 침체상태로 빠뜨리고 있음은 부인할 수 없는 사실이다. 그러므로 본 개헌안은 우리나라 현실에 적합하도록 경제 체제의 중점을 국유·국영의 원칙으로부터 사유·사영의 원칙으로 옮김으로써 생산력의 고도증강과 국가경제의 비약적 발전을 도모하려는 것이다.[162]

정부와 자유당은 제헌헌법 경제장의 제 조항들이 민영기업의 자본축적

---

161 "Amendment of economic Articles of the ROK Constitution", Enclosures 6, "Excerpt from letter from President Syngman Ree to Mr. Edgar E. Queeny, January 12, 1954 about Amendments to the Constitution of the Republic of Korea", From Am Embassy Seoul to the Department of State, Wanshington, Rg 469, Records of U.S. Foreign Assistance Agencies, 1948~1961, Office of Far Eastern Operation, Korean Subject Files, Entry 422, Box 20. 헌법과 관련한 미국의 동향과 한국 정부의 대응에 관해서는 다음의 논문이 자세하다. 신용욱, 「대한민국 헌법 경제조항 개정안의 정치경제적 환경과 그 성격」, 『한국근현대사연구』 44, 2008; 전종익, 「1954년 헌법 천녕자원 및 중요기업 국유화 규정 개정의 의미」, 『헌법학연구』 24-3, 2018.

162 대한민국국회사무처, 『국회사—제헌국회, 제2대 국회, 제3대 국회』, 1971, 1072~1073쪽.

을 저해하고 있다고 주장했다.[163] 이들은 헌법이 사회주의적 균형의 원리를 실현하기 위해 국가의 통제와 간섭을 인정하고 있으며, 특히 중요자원과 중요기업체에 관해서는 사회주의 원리에 입각한 국유, 국영 제도를 원칙으로 설정하고 있다는 점을 비판했다.[164] 6·25전쟁이라는 체제전을 경과하면서 중요자원과 기업에 대한 국공영 원칙은 곧 사회주의적인 원리로 등치되었고, 민족해방운동과 해방 후 제헌헌법 제정 과정에서 합의했던 국가의 공공성을 확보하기 위한 노력 또한 부정되고 있었다.

이들은 중요자원과 기업에 대한 국유·국영 제도야말로 기업 운영의 적극성과 합리성을 상실케 하고 생산력을 약화시키는 원인이라고 지적했다. 더 나아가 우리나라는 고도로 발달된 자본주의 국가가 아닌 후진국임에도 고도로 발전된 자본주의 국가에서 발생하는 자유경제의 폐단을 교정한다는 미명하에 사유재산권을 제한한 것이 오히려 민간자본의 축적을 저해하고 생산력 증진에 걸림돌이 되고 있다고 주장했다.[165] 이는 1949년 산업 5개년계획과 물동 5개년계획을 작성할 당시의 경제 현실 인식과 명백히 대비되었다.

개체적 자유경제는 점차 그 자체의 모순성을 지적하게 된 것이다. 그것은 자유기업에 의한 자유경쟁으로 자멸 상태에 이르는 불합리로서 자연 발생하는 각종 통제의 요청이나 선진국가들의 경제발전사로서 가히 이해할 수 있는 것이다. 따라서 자연적으로 세계는 유기적임을 발견할 수 있으며 따라 종합적인 계획경제를 요청하게 된 것이다. (…) 우리는 다행히 선진국가의 실패에 대한 전철을 맛볼 필요가 없으며 가장 유효적절한 방법을 선택하여 관민협력하에 최단기에 국

163 한국은행조사부, 「국내경제동향」, 『한국은행조사월보』 64, 1954. 3, 조-39쪽.

164 「헌법 개정의 이유서」, 『주보』 91, 1954. 2. 3, 15쪽.

165 국회사무처, 「제18회 제26차 국회속기록」(1954. 2. 25), 9쪽, 국무총리 백두진 개헌안 제안 설명.

민경제 부흥을 기할 수가 있는 것이다.[166]

전쟁 전에 기획처는 물동 5개년계획을 제출하면서 자유경제 극복을 위해서는 계획경제가 필요하고, 자유경제의 폐해를 경험한 선진국의 실패라는 전철을 맛볼 필요가 없다고 강조한 바 있었다. 그러나 전후 이러한 논리는 자취를 감추었다. 이들이 지적한 국공영 제도의 문제는 사실상 귀속기업체 관리인의 경영능력 부족과 재정적 한계로 인해 발생한 것이었다. 귀속기업체는 관리인의 빈번한 교체로 경영권이 불안정했고, 정부의 관리감독 소홀로 인해 방만하고 부실한 경영이 반복되고 있었으며, 최신의 기계설비도 거의 도입되지 않았다. 국영기업체를 운영하기 위해서는 국가의 설비지원이나 보조금 지급, 관리감독 등이 필요했지만, 재정상의 한계로 인해 정부의 설비지원이나 관리감독은 부실해질 수밖에 없었다. 실제로 국영기업은 경영난에 시달렸다.[167] 국영기업에 대한 관리감독의 소홀, 설비지원을 할 수 없는 재정상의 한계가 체제 운영의 한계로 확대해석되고 있었다.

부흥사업을 위한 자금 염출은 원조에 전적으로 의존하고 있었다. 그렇지만 원조액은 10억 달러에 불과했으나, 전쟁피해액은 30억 달러로 추산되었다.[168] 전후재건에 한정한다 하더라도 원조액 외에 20억 달러의 재원이 더 필요했다. 미국은 경제운영 원리와 원조물자 배정에서 자유경제의 원칙을 재삼 강조했다.[169] 이에 정부는 사적 소유권을 제한하는 헌법 조항을 수정하고 사유재산권을 배타적으로 보장함으로써 국내외의 자본을 총동원할 수 있는

---

166 기획처 물동계획국, 「물동5개년계획」, 『주보』 8, 1949. 5, 23~24쪽.

167 한국은행조사부, 「국내경제동향」, 『한국은행조사월보』 65, 1954. 4, 조-13쪽.

168 부흥부, 『한국경제부흥계획서』, 1955. 7, 5쪽.

169 기획처, 「FOA 자금에 의한 원조물자 구매 절차 내용」 ①, 『주보』 90, 1954. 1. 27, 8~10쪽.

기반을 마련하고자 했다.[170]

헌법 개정 논의가 진행되는 동안 미국 하원은 "사회주의적 정책을 채택하는 국가에게 더 이상 원조를 계속해서는 안 된다"는 내용의 동의안을 가결했다.[171] 이를 계기로 한국의 개헌안은 더욱 탄력을 받았다. 결국 1954년 11월 29일 자유당 의원들의 만장일치로 개헌안이 통과되었다. 대통령 중임제에 논의가 집중되었다는 점을 감안하더라도, 경제조항의 개정에 대해서는 거의 반대의견이 없었다.[172] 그에 따라 중요자원의 국유와 공공기업의 국영을 규정한 헌법 제85조, 제87조, 사기업의 소유권을 제한했던 헌법 제88조의 내용이 대폭 수정되었다. 수정된 개헌안 조문은 다음과 같다.

> 제85조 광물 기타 중요한 지하자원, 수산자원, 수력과 경제상 이용할 수 있는 자연력은 법률이 정하는 바에 의하여 일정한 기간 그 채취, 개발 또는 이용을 특허할 수 있다.
>
> 제87조 대외무역은 법률의 정하는 바에 의하여 국가의 통제하에 둔다.
>
> 제88조 국방상 또는 국민생활상 긴절한 필요로 인하여 법률로써 특히 규정한 경우를 제외하고는 사영기업을 국유 또는 공유로 이전하거나 그 경영을 통제 또는 관리할 수 없다.
>
> 제89조 제86조의 규정에 의하여 농지를 수용하거나 전조의 규정에 의하여 사영기업을 국유 또는 공유로 이전할 때에는 제15조 제3항의 규정

---

170 국회사무처, 「제18회 제28차 국회속기록」(1954. 3. 2), 13쪽, 국무총리 백두진 발언.

171 백두진은 이러한 사실을 국회에 참석해서 보고했다. 국회사무처, 「제18회 제45차 국회속기록」(1954. 3. 30), 17~18쪽, 국무총리 백두진 보고 참조.

172 대한민국국회사무처, 『국회사―제헌국회·제2대 국회·제3대 국회』, 1971, 1078~1089쪽.

을 준용한다.[173]

헌법 개정 과정을 거치면서 중요자원의 국유를 규정했던 제85조의 내용에서 국유 규정이 삭제되었다. 공공성을 가진 기업의 국공영 원칙을 제시했던 제87조는 대외무역에 관한 내용을 제외하고는 전면 삭제되었다. 제헌헌법에서 국방과 국민생활상의 필요에 따라서는 사영기업을 국유 혹은 공유로 이전할 수 '있다'고 했던 제88조의 조항은 반대로 국방과 국민생활상의 필요에 의해 '특별히 법률로 규정한 경우를 제외하고는' 사영기업을 국유 혹은 공유로 이전할 수 '없다'는 내용으로 변경되었다. 개정된 헌법에서는 중요자원과 공공기업의 국유 국공영 원칙이 삭제되고, 사적 소유권의 배타성이 강조되었다. 자유기업주의 원칙하에서 경제운영을 해 나갈 수 있는 법적 기반이 마련된 것이다.[174]

3. 국영기업체 지정해제 조치와 민유민영 방침

헌법 경제조항 개정에도 불구하고, 학계는 6·25전쟁 후 이승만 정권의 정책기조에 대해 자유경제, 혹은 통제경제라는 대립된 해석을 내놓고 있다.[175] 공제욱은 자유경제 정책이 추진되었다고 했지만, 신용옥은 적어도 1956년까

---

173 김철수, 『한국헌법사』, 대학출판사, 1988, 554쪽.

174 총론에 해당하는 제15조와 제18조, 경제장의 제84조는 삭제되지 않았지만, 제85조와 제87조, 제88조의 개정과 함께 사문화되었다.

175 전자의 견해에 대해서는 공제욱, 「1950년대의 한국의 자본가 연구」, 백산서당, 1995, 82~87쪽을, 후자의 견해에 대해서는 신용옥, 「대한민국 제헌헌법 경제조항상의 국·공유화 실황」, 『사림』 30, 2008, III장을 참조할 것.

지 한국의 경제정책에는 통제적 요소가 강하게 남아 있었다고 보았다. 이처럼 정반대의 해석이 공존하는 이유는 자유경제를 표방했음에도 전후 이승만 정권의 경제정책 추진 과정에서 정부의 직접적인 개입과 지원이 있었기 때문이다. 특히 이러한 현상은 기간산업에서 두드러졌다. 따라서 이 문제를 해명하기 위해서는 이승만 정권이 구상했던 전후재건의 방식과 기간산업 건설 및 운영 사이의 상관성을 면밀히 고찰해야 한다. 최근 이승만 정권의 경제운영 논리와 기간산업 건설에 대한 연구가 발표되어 이 문제에 대한 일정한 시사점을 제공하고 있다.[176] 이 연구들을 통해 이승만 정권이 전후 자유경제 정책을 추진했고, 그 과정에서 경공업뿐 아니라 중화학공업을 육성하기 위해 노력했으며, 그 노력의 결실이 비료, 시멘트, 판유리공장이라는 3대 기간산업공장의 건설로 외화되었다는 점이 밝혀졌다. 그러나 이러한 연구성과에도 불구하고 전후 이승만 정권이 표방한 자유경제 정책과 정부 주도의 기간산업 건설이 어떠한 논리 속에서 충돌 없이 결합되고 추진된 것인지는 분명하지 않다. 이 문제를 해명하기 위해서 이 절에서는 이승만 정권이 구상했던 전후재건의 방식과 기간산업 건설 및 운영 사이의 상관성을 밝히고자 한다.

1) 국영 해제 조치와 기간산업체 설립 계획

헌법 개정 논의가 진행되는 가운데 국무회의는 1954년 4월 17일 '국영 및 정부관리 기업체에 대한 해제조치요령'을 통과시켰다.[177] 해제조치요령의 주요 내용은 다음과 같았다. 첫째, 귀속재산처리법시행령 제5조에 의하여 1951

---

176 김성조, 「1950년대 기간산업공장의 건설과 자본가의 성장」, 연세대학교 석사학위논문, 2002; 조남규, 「이 승만 정부기의 경제건설과 경제정책론」, 서울대학교 석사학위논문, 2004; 정진아, 「6·25전쟁 후 이승만 정권의 경제재건론」, 『한국근현대사연구』 42, 2007; 이병준, 「전후재건과 비료공장 건설 연구(1953~1962)」, 성균관대학교 사학과 박사학위논문, 2020.

177 한국은행조사부, 「국내경제동향」, 『한국은행조사월보』 66, 1954. 5, 조-11쪽.

년 3월 31일자 국무원 고시 제12호 및 동년 5월 29일자 동 고시 제13호로써 지정한 국영기업체는 국영 지정을 해제함으로써 일반 귀속기업체로 복원해 불하할 수 있는 체제를 만든다. 둘째, 특수법에 의해 설립된 국영기업체는 은행과 조폐공사를 제외하고는 조속한 시일 내에 민유민영화할 수 있도록 소속부처에서 관계법령을 개정하도록 한다. 셋째, 한국은행법 시행령 제28조에 의하여 1950년 11월 29일자 재무부고시 제24호로써 지정한 정부대행기관은 이의 지정을 취소한다.[178] 넷째, 귀속기업체는 급속히 불하한다. 법인 귀속기업체는 귀속재산처리법 제8조 제1항 제4호에 의하여 주식 혹은 지분을 불하한다. 귀속기업체의 급속한 불하 대책을 관계 부·처·청에서 강구한다. 관재청장은 관계부처장과 협의하여 귀속기업체의 현황과 불하 계획을 국무회의에 보고한다. 다섯째, 위의 조치가 완료될 때까지는 국영기업체, 관리기업체 및 정부대행기관에 대한 정부원리보증융자 또는 원조물자의 특혜적 배정을 모두 폐지하여 다른 일반 민간기업체와 동등하게 취급하는 한편, 해당 기업체 운영에 대한 주무부처의 행정간섭을 배제하도록 한다.

정부는 이 결정에 의해 1954년 4월 17일 53개의 국영기업체에 대해 국영 지정을 해제했고, 정부대행기관 16개소에 대한 대행 지정을 취소했다.

○ 해제 대상 국영기업체(53개소)

조선석탄회사, 조선연탄, 삼국석탄, 삼척탄광, 서울빗취공장, 영월탄광, 화순탄광, 은성탄광, 함백탄광, 길원탄광, 동양탄광, 문경탄광, 울산탄광, 단양탄광, 옹진광산, 금정광산, 구봉광산, 해주광산, 율포광산, 순천광산, 무극광산, 군북광산,

---

178 헌법 제85조와 제87조, 귀속재산처리법시행령 제5조에 의해 1951년 3월 31일자 국무원 고시 제12호 및 동년 5월 29일자 국무원고시 제13호의 특수법으로써 국공유 국공영으로 지정된 기업체 명단은 한국은행조사부, 「국공유기업의 한계와 자유사기업화」, 『한국은행조사월보』 67, 1954. 6, 조-60~61쪽 참조.

일광광산, 고성광산, 여미산광산, 김제사금광, 상동광산, 달성광산, 삼화광산, 함안광산, 옥방광산, 장항제련소, 삼화제철공사, 대한중공업공사, 조선기계제작소, 유항상공회사, 삼화정공회사, 북삼화학공사, 동양화학공사, 삼척시멘트회사, 조선유지회사, 조선석유회사, 조선방직회사, 조선전업회사, 경성전기회사, 남선전기회사, 주택영단, 대한수리조합연합회, 농지개발영단, 한국광업진흥공사, 대한석탄공사, 대한해운공사, 대한조선공사

○ 취소된 정부대행기관(16개소)

대한농회, 농지개발영단, 대한수리조합연합회, 중앙산림연합회, 대한목재회사, 조선전업회사, 조선석탄배급통제회사, 한국광업진흥공사, 대한해운공사, 대한수산업회, 조선운수회사, 주택영단, 대한석탄공사, 식량영단, 대한금융조합연합회, 대한선박공사[179]

이 조치로 인해 헌법 제85조와 제87조, 특수법, 귀속재산처리법시행령 제5조에 의해 1951년 3월 31일자 국무원 고시 제12호 및 동년 5월 29일자 국무원 고시 제13호로써 국공유 국공영으로 지정된 기업체 중 한국은행과 한국산업은행, 조폐공사를 제외한 모든 국공유기업체의 국영 지정이 해제되었다. 정부는 해제된 국공영기업체에 대한 정부의 간섭을 모두 폐지하고 민간기업과 동일한 운영 방식을 채택하도록 했다. 그리고 해제된 국공영기업체는 구체적인 불하 계획을 국무회의에 보고하도록 했다. 이어서 귀속재산처리법도 일부 개정되었다.

---

179 한국은행조사부, 「국내경제동향」, 『한국은행조사월보』 66, 1954. 5, 조-11쪽; 한국은행조사부, 「국내경제동향」, 『한국은행조사월보』 67, 1954. 6, 조-60~61쪽 참조.

제15조 귀속재산은 합법적이며 사상이 온건하고 운영능력이 있는 선량한 연고자, 종업원 또는 농지개혁법에 의하여 농지를 매수당한 자와 주택에 있어서는 특히 국가에 유공한 무주택자, 그 유가족, 주택 없는 빈곤한 근로자 또는 귀속주택 이외의 주택을 구득하기 곤란한 자에게 우선적으로 매각한다. (…) <u>전 2항에 불구하고 귀속재산 중 대통령령이 정하는 대규모 기업체는 최고가격 입찰자에게 매각한다.</u>[180](밑줄―인용자)

1949년 제정된 귀속재산처리법에는 지주와 연고자의 우선권이 분명히 명시되었다. 1954년 9월 23일 법률 제342호로써 개정된 귀속재산처리법에는 위와 같이 지주와 연고자의 우선권에도 불구하고 최고가격 입찰자에게 우선권을 부여한다는 조항이 삽입되었다. 비록 '대통령령이 정하는'이라는 단서가 붙었지만 대규모 기업체를 '최고가격 입찰자에게 매각한다'는 것이 개정안의 핵심이었다.

이때는 바로 대규모 기업체의 불하를 앞둔 시점이었다. 정부수립 이후부터 전쟁기까지는 주로 소규모 귀속재산이 불하되었다. 불하를 기다리고 있는 나머지 귀속재산은 국공영에서 해제된 중요기업체를 비롯한 대규모 기업체였다. 전후 본격적으로 귀속재산이 매각되는 시점에서 개정된 귀속재산처리법의 내용은 의미심장한 것이었다. 이제 귀속재산 및 민간기업 운영에서 가장 필요한 능력은 '자금 동원능력'이었다. 지주도, 연고자도 아닌 최고가격으로 입찰하는 자가 귀속재산의 주인이 될 것이었다. 이로써 그간 논란이 되

---

180 법제처 종합법령센터(http://www.klaw.go.kr), 귀속재산처리법(일부개정 1954. 9. 23 법률 제342호) 조항 참조

어온 귀속재산의 우선권 문제가 마무리되었다.

기업체 운영에 대한 정부의 방침이 민유민영으로 가닥이 잡혀가는 가운데, 정부는 기간산업 처리 문제만을 남겨놓고 있었다. 기간산업은 전체 산업 발전의 대동맥 역할을 하는 동력, 농업의 토대를 세우기 위한 비료, 장기 건설의 필수물자인 시멘트와 판유리, 제철 등[181] 이른바 "전체 공업을 조종해서 그 발전을 좌우할 수 있"[182]기 때문에 우선순위를 가지고 먼저 착공해야 할 산업이었다. 그러나 기간산업은 거대자본을 필요로 하고, 단기간에 채산성을 맞출 수 없기 때문에 민간자본이 쉽게 접근할 수 없는 분야였다.

기간산업의 설립과 운영 문제를 다룬 정부의 초안은 전후재건사업을 맞아 기획처가 경제위원회에 회부한 '부흥사업재건투자 재원조달 절차 및 그 시행요강' 중 '부흥사업재건투자 재원조달 절차'[183]와 '특수기업사업기업체의 설립 및 운영요령'으로 1954년 11월 경제위원회에 제출되었다. '부흥사업재건투자 재원조달 절차'에 의하면, 재건투자계획은 크게 정부나 지방자치단체가 직접 담당하는 '관영사업'과 개인 또는 기관이 담당하는 '기업사업'으로 나뉜다. 기획처는 관영사업은 정부예산으로, 기업사업은 한국산업은행이 대충자금을 융자하여 자금을 조달하고자 했다.[184] 단, 독점을 부여하는 전기나 채광 등 특정한 산업을 제외하고는 총 사업비 중 자기자금을 가장 많이 염출하는 기업을 '기업사업'의 담당자로 선정할 계획이었다. 합동경제위원회 협약의 규정에 따라 자기자금을 15% 이상 염출할 수 없다면 '기업사업'의 담

181 국회사무처, 「제18회 제45차 국회속기록」(1954. 3. 30), 5쪽, 국무총리 백두진 발언; 상공부, 상비 제5131호 『생산 및 부흥 건설계획 개요』, 1954. 5. 22.

182 원용석, 「대한 원조에 대한 기망」, 『산업경제』 30, 1955. 6, 4쪽.

183 경제위원회, 「부흥사업재건투자 재원조달 절차 및 그 시행요강」, 『제3차 경제위원회 부의안』, 1954. 11. 16.

184 두 경우 모두 합동경제위원회의 승인을 조건으로 했다.

당자가 될 수 없었다. 기획처는 기간산업을 기업사업 중 '특수기업사업기업체'[185]로 명명하고, 그 설립과 운영에 대한 기본방침을 '특수기업사업기업체의 설립 및 운영요령'으로 정리했다. '특수기업사업기업체의 설립 및 운영요령'에 의한 정부의 기간산업 설립계획의 주요 내용은 다음과 같았다.[186]

· 기간산업 기업체는 민유민영 법인으로 설립하되 정부는 '기간산업기업체
  설립추진위원회'를 설치하여 발기인을 선정하고 주식을 공모한다.
· 발기인들은 제1회 자본금 불입이 끝나면 창립총회를 소집한다.
· 창립총회는 기업체의 집행기관을 선정한다.
· 집행기관이 기업체의 운영을 담당한다.
· 집행기관이 선임되기 전에 긴급히 자금이 필요할 때는 한국산업은행 총재
  가 재무부장관의 승인을 얻어 발기인에게 자금을 대출한다.
· 만일 민간출자가 부진하여 집행기관 선임에 오랜 시일을 요할 경우 한국

---

185 경제위원회는 '특수기업사업기업체'라는 이름을 곧 '특수사업기업체'로 바꾸기로 했으며, 특수사업기업체 밑에는 괄호를 하여 전기, 석탄, 비료, 철강, 시멘트 등을 기입하기로 했다. 경제위원회, 『제4차 경제위원회 회의록』, 1954. 11. 23.

186 '특수기업사업기업체의 설립 및 운영요령'의 전문은 다음과 같다. "① 본 요령은 부흥사업재건투자 재원 조달 절차 제6조에 규정된 특수기업사업기업체의 설립과 운영에 관한 기본방침을 책정함을 주목적으로 한다. ② '특수기업사업기업체'의 기업 형태는 민유민영 법인으로 한다. ③ 기업체의 공칭자본금은 건설 투자에 소요될 투자비용 총액(건설용 외화 및 환화의 합계액)으로 한다. 전항 외화가격은 공정환율을 기초로 한다. ④ 기업체의 설립을 위하여 신설 '기간산업기업체설립추진위원회'를 설치한다. 위원회의 사무소는 상공부 내에 둔다. ⑤ 위원회는 기업체 설립을 위한 발기인을 선정하여 주식의 공모를 공고케 한다. 응모자격 조건 기타는 위원회가 정한다. ⑥ 제3항 자본금의 제1회 불입은 주식의 1/4 이상으로 하되 그 금액은 위원회에서 정한다. ⑦ 제1회 불입이 끝나면 발기인은 창립총회를 소집하고 창립총회는 기업체의 집행기관을 선임한다. ⑧ 집행기관이 선임되기 전에 긴급히 소요될 건설용 환화는 한국산업은행 총재가 재무부장관의 승인을 얻어 한국산업은행의 담당 관리구좌를 통하여 임시로 발기인에 대하여 대여한다. ⑨ 민간출자가 부진하여 집행기관 선임에 장시일이 요할 경우에 한하여 한국산업은행으로 하여금 출자하게 한다. 이에 필요한 법적 개정절차를 병행한다. ⑩ 기업체의 민영화를 촉진하기 위하여 한국산업은행 주는 가급 조속한 시일 내에 일반에게 공매한다." 경제위원회, 「부흥사업재건투자 재원조달 절차 및 그 시행요강」, 『제3차 경제위원회 부의안』, 1954. 11. 16, '특수기업사업기업체의 설립 및 운영요령'.

산업은행이 출자한다. 이 경우 <u>기업체의 민영화를 촉진하기 위해 한국산</u>
<u>업은행주는 가급적 조속한 시일 내에 일반에게 공매한다.</u>(밑줄―인용자)

이는 전쟁 직후 정부가 구상했던 기간산업체 건설 구상의 연장선상에 있는 내용이었다. 정부는 기간산업처럼 민간자본이 쉽게 접근할 수 없는 분야는 정부에서 관리자를 선정하여 일정한 수준까지 발전시킨 후 자본가들에게 불하할 계획을 갖고 있었다.[187]

이승만은 이 내용을 "민간에서 이 형편이 날 때까지 기대리면 어느 세월에 할지 모르므로 각종 공업을 정부에서 주장해서 상당한 관리자를 맥겨서 하로 바삐 공업을 발전식혀서 그 공업이 충분히 진전되어 이익이 수입될 만큼 된 뒤에는 재정가들이 이것을 사서 갓게 될 것임으로 위선은 정부에서 주장할 수밖게 없고, 사회주의를 행한다는 비평이 될지 모르지만 무슨 방식으로든지 민간에 넘기게 될 것"이라고 설명했다.

2) 기간산업공장 설립과 민영화 조치

(1) 기간산업체의 설립·운영·재원조달 방안

정부의 기간산업체 설립 계획에 따라 경제위원회는 '기간산업기업체의 설립 및 운영요령에 관한 건'을 의제로 삼아 기간산업체의 설립과 운영 방식 및 재원조달에 대한 다각적인 검토에 들어갔다.[188] 초안에 대한 위원들의 의견은 대체로 다음과 같았다.

---

187 이승만, 「일용품을 자족자급하라, 수공업 기계화에 대하여」(1953. 8. 15), 『대통령이승만박사담화집』, 공보처, 1953, 224쪽.

188 경제위원회, 「부흥사업재건투자 재원조달 절차 및 그 시행요강」, 『제3차 경제위원회 부의안』, 1954. 11. 16; 경제위원회, 『제3차 경제위원회 회의록』, 1954. 11. 16; 경제위원회, 『제4차 경제위원회 회의록』, 1954. 11. 23.

첫째, 기간산업체는 모리 행위나 결손을 예사로이 자행했던 정부관리 기업체의 전철을 밟지 않도록 기업을 담당할 인물을 공정하게 선정해야 한다. 둘째, 자본가에게 문호를 개방하여 생산 및 투자의욕을 자극시킴으로써 최대한의 환화를 회수하도록 해야 한다. 셋째, 계약 체결 후 공사 진행에 대한 한국 측의 기여 정도와 방법에는 ① 전혀 관여하지 않는 방법(Turnkey System), ② 산업은행에서 출납직원을 현장에 파견하는 방법, ③ 한국산업은행이 전적으로 관여하는 방법, ④ 민간인을 선정하여 회사를 조직하게 하는 방법 등이 있지만 이중 가장 좋은 방법은 ④이다. 처음부터 기업을 담당할 적격자를 선정하여 참여하게 하고, 그들로 하여금 자기 기업체라는 인식과 애착심을 발휘하게 하며 공사가 준공된 후에도 소유권은 변동이 없을 것이라는 점을 법적으로 보장해야 한다(주된 의견). 넷째, 불확실한 장래의 이익을 보고 투자할 인사는 없을 것이므로 우선 한국산업은행에 기업의 역할을 부여해서 주식을 모두 인수하는 ③의 방법을 채택하고 공장 완성 후 정부가 지정한 인사에게 양도하도록 해야 한다(소수 의견). 다섯째, 재건투자계획의 시행에 관한 합동경제위원회 협약 부록[189]과 본 안건 제6조[190]의 취지에는 이견이 없다. 여섯째, 비

---

[189] '경제재건과 재정안정계획에 관한 합동경제위원회 협약'의 부록 제1 「재건투자계획의 재원조달」의 내용은 다음과 같다. "① 합동경제위원회는 예정한 재건투자의 총비용 중 최대 가능한 부분이 여신에 의하지 않고 기업 자체의 자본축적에 의하여 조달되어야 할 것임을 합의했다. ② 이 목적을 달성하기 위하여 개별 투자 대상의 선정에 있어서는 총사업비 중 자기자금과 축적금을 가장 많은 비율로 염출할 수 있는 기업체에 우선권을 부여할 것을 합의한다. 일반적으로 기업체는 자기자금으로서 투자비용 총액 중 합의된 최저한도의 부분을 염출할 수 없는 한 당해 기업체는 본 계획 내의 신규 투자 대상의 지정을 받을 자격이 없다. ③ 합동경제위원회는 해당 상임위원회의 건의에 의거하여 여사한 원칙을 시행하는 세목절차를 선정하여 투자계획의 재원조달의 진전 상황을 검토하여야 한다. 재건투자계획의 재원조달용으로 염출하는 자기자본 비율의 현저한 저하는 재정금융안정계획의 기타 요건과의 균형 보지상 필경 본 계획에 의하여 도입하는 재건투자용 물자의 분량의 조절을 필요로 할 것임을 합의했다." 한국재정40년사편찬위원회, 『한국재정40년사』 제3권, 한국개발연구원, 1991, 524쪽.

[190] 본안 제6조라 함은 '부흥사업재건투자 재원조달 절차' 제6조를 말한다. 6조의 내용은 다음과 같다. "제5조에 규정된 자(대한민국의 헌법 또는 법률의 규정에 의하여 특정한 산업 또는 산업 활동의 경영을 특정 기업체에게 독점적으로 부여한 경우) 이외의 자가 담당할 기업사업은 해당 사업을 효율적으로 담당할 능

료(2300만 달러), 시멘트(520만 달러), 판유리(184만 달러) 등 3개의 건설 계획 중 금액이나 기술 면으로 볼 때 판유리공장의 건설이 기간산업 건설의 시금석이 될 것이므로 판유리공장의 건설 진행 여부가 시멘트나 비료공장 및 이에 준하는 기업체 건설의 확대에 영향을 줄 것이다.

경제위원회는 기간산업체 운영 과정에서 발생할 수 있는 법적·행정적인 문제도 검토했다.[191] 민간 측 위원들은 가장 먼저 '특수기업사업기업체의 설립 및 운영요령'의 취지가 자유경제를 지향하고 있는 헌법의 개헌 정신을 위배하고 오히려 정부 혹은 정부를 대행하는 한국산업은행이 기업의 관리를 강화하는 결과를 초래하게 되는 것 아니냐는 문제를 제기했다. 이 질문에 대해 정부 측 위원들은 한국은 민족자본이 결핍되어 기업을 신속히 건설하고 민유민영화를 촉진하기가 쉽지 않기 때문에 과도적인 조치로서 이러한 안을 작성한 것이며, 근본 목적은 역시 기업의 민유민영화에 있다고 밝혔다.[192]

다음으로 대다수 민간 측 위원들은 정부가 융자가 아닌 투자의 형식을 취한다면 기업의 민유민영화를 기하기 어렵다는 점을 지적했다. 정부가 직접 투자할 경우, 기업은 금리부담이 적어져 생산비용을 낮출 수 있는 장점이 있겠지만, 인사 및 경영에 간섭하는 등 정부가 주주권을 행사함으로써 기업의 자율성을 침해할 폐단이 있다는 점도 지적되었다. 정부 측 위원들은 이 지적

력 있는 자로서 총사업비 중 자기자금 또는 축재를 가장 많이 염출하는 기업을 그 대상자로 한다. 원칙적으로 기업체는 자기자금 또는 축재로서 적어도 총사업비의 15% 금액을 염출할 수 없는 한 대상자가 될 자격이 없다." 경제위원회, 「부흥사업재건투자 재원조달 절차 및 그 시행요강」, 『제3차 경제위원회 부의안』, 1954. 11. 16.

191 경제위원회, 『제4차 경제위원회 회의록』, 1954. 11. 23.

192 휴전 직후 이승만도 "대규모 기업을 운영할 만한 재정가들이 없고, 재정가들이 협력해서 기업을 운영한다는 데 생각이 미치지 못하기 때문에 부득이 정부에서 설립을 해갈 수밖에 없지만, 차후 이러한 기업을 다 민간소유로 돌아가게 할 것"이라고 말한 바 있다. 이승만, 「2억 불 원조에 대하여」, 『주보』 70, 1953. 9. 9, 5쪽.

에 대해, 투자의 방식이라고 해도 한국산업은행이 주식을 영구히 보존하는 것이 아니라는 점을 강조했다. 다만 기업 재건이 시급한 단계에서 민간자본의 결핍으로 인해 대상자 선정이 지연되는 경우에 한정해서 과도적인 조치로 한국산업은행이 투자하도록 하자는 것일 뿐이라고 주장했다. 따라서 대상자만 선정되면 투자든 융자든 무방하다는 입장을 가지고 있었다.

또한 민간 측 위원들은 합동경제위원회 협약의 원칙도 융자로 되어 있고, 투자로 정할 경우 한국산업은행법을 개정해야 하는 등 상당한 시일을 요하지만 융자는 번잡한 절차상의 문제가 없으며, 융자의 방식을 선택하더라도 은행이 간접적으로 기업을 감독할 수 있으므로 투자보다 융자가 좋은 방법이라고 지적했다. 자유경제를 지향하는 사회에서 기업체의 금리부담은 당연할 뿐 아니라, 융자로 해야 유능한 기업인이 참여할 수 있으며, 특히 국유국영 기업체가 다시 증가한다는 일반의 오해를 불식시킬 수 있다는 점을 강조했다. 경제위원회는 민간 측 의원들의 의견을 수용하여 기간산업체에 대한 정부투자를 융자로 수정했고, 정부가 융자를 통해 건설한 후 민간에 양도하는 과정을 밟기로 결정했다.

당시 미국은 자본가의 기업열이 결합되어야만 원조의 효율성이 극대화될 수 있다고 판단하고 합동경제위원회 협약에 그 점을 분명히 명시했다. 합동경제위원회 협약을 준수하는 것은 원조를 안정적으로 확보할 수 있는 방안이었다. 경제위원회 위원들은 합동경제위원회 협약과 헌법 경제조항 개정을 통해 한국 경제가 자유경제로 방향을 전환한 이상, 정부의 정책이 가능한 한 자유경제의 틀 안에서 자본가의 활동을 자유롭게 보장하는 방향으로 추진되어야 한다고 지적했다. 그래서 기간산업의 건설에 있어서 정부가 지원을 하되 투자를 융자로 전환하여 건설의 첫 단계부터 자본가들이 참여하도록 하고, 이들에게 법적 소유권을 보장하여 기업 운영에 대한 적극성을 발휘하도록 해야 한다는 점을 강조했다. 기간산업 건설의 목적이 국영기업체의 확대가 아니라 정부 지원을 통한 민영기업 건설에 있다는 점을 분명히 하여 정부의 경제 개입에 대한 미국의 의혹을 불식시키고 자본가들의 참여를 독려하고자 했던 것이다.

(2) 기간산업공장의 민영화 조치

1955년 5월 6일 '기간산업공장 인수운영체 설립위원회'가 설치되었다. 위원회는 상공부장관이 위원장을, 재무부장관, 농림부장관, 부흥부장관, 한국은행 총재, 한국산업은행 총재가 위원을 맡았다. 위원회는 '특수기업사업체의 설립 및 운영요령'에서 규정된 바와 같이 정부가 주도해서 설립한 기간산업체를 민간에게 인계하는 과정을 담당했다. 위원회는 인수자가 결정되기 전까지 한국산업은행의 '기간산업공장 건설자금계정'을 통해 공장 운영에 필요한 자금을 공급하는 등 기간산업체에 대한 전반적인 사항을 관리하기로 했다. 당시 준공이 임박한 문경 시멘트공장과 인천 판유리공장에 대한 인수작업 절차는 '기간산업공장 인수운영체 결정요령'에 다음과 같이 명시되었다.

· 인수운영체는 공개입찰에 의하며 해 공장의 각 건설자금 총액의 최고 비율액을 제1회 불입금으로 입찰하는 자 순위로서 위원회에서 심의한 결과 그 운영자금이 확인되는 자로 결정한다. 단, 제1회 불입금의 총액에 대한 비율은 문경 시멘트공장에 있어서는 1/4, 인천 판유리공장에 있어서는 1/2 이라야 한다.
· 건설자금 총액의 결정에 있어서 환율은 500대 1의 공정환율에 의한다.
· 인수운영체의 입찰자는 민유민영의 법인체와 자연인으로 한다.

· 낙찰자는 낙찰일로부터 1개월 내에 제1회 불입금을 정부에 납부하여야 한다.

· 제1회 불입 후의 잔액은 3등분하여 잔여 건설 기간을 3기분한 각 기말까지 납입하여야 한다.

· 낙찰자는 대금을 완납하고 완성된 공장을 인수할 시까지 해 공장 건설 완수를 위한 정부의 지휘감독을 받아야 한다.[193]

'기간산업공장 인수운영체 결정요령'은 1956년 3월 23일 국무회의를 통과하고 4월 13일 대통령 재가를 받았다. 이로써 기간산업 건설에 대한 정부의 방침이 모두 확정되었다. 경제위원회가 기간산업 건설과 운영에 대한 방침들을 다각도로 검토한 결과, 자본이 빈약한 한국 자본가들의 사정을 감안하여 기간산업은 정부 주도로 건설하되 건설자금은 한국산업은행의 융자로 확보하고, 차후 민간에게 양도한다는 방침이 확정된 것이다.

기간산업체 건설에 대한 방침은 확정되었지만 아직 재원조달 문제가 남아 있었다. 한국 정부는 대충자금을 재원으로 기간산업 건설을 추진했으나, 이러한 시도는 번번이 미국의 반대에 부딪혔다. 정부투융자를 통해 기간산업 건설자금의 일부를 지원하고 있었으나, 대충자금 집행에 대한 미국의 동의를 얻지 못한다면 기간산업의 건설은 요원한 일이 되고 말 것이었다. 결국 한미 간의 이견은 1956년 6월 20일 체결된 각서 교환으로 조정되었다.[194] 이 협

---

193 부정축재조사단, 『최태섭에 대한 조사보고서』, 1961.

194 대한민국 부흥부, 「경제일지」, 『부흥월보』 1-2, 1956. 7, 146쪽. 회담의 진행 과정에 대해서는 "To ICA 2616 from CINCREP Seoul(Whitman) (1956. 6. 13)", "To ICA 2638 from CINCREP Seoul(Whitman) (1956. 6. 15)", "To ICA 2692 from CINCREP Seoul (1956. 6. 21)", RG 469, Office of Far Eastern Operations, Korea Subject Files, 1953~1959, Box 60 참조. 한국 정부는 미국 측의 요구 조건을 충족시키기 위해 1957년부터 재정안정계획을 추진했다. 이에 대해서는 후술한다.

정에서 미국 측은 인플레이션 수습을 전제조건으로 비료, 판유리, 시멘트공장의 건설을 승인했다.

헌법 경제조항 및 관계법령의 개정과 행정조치들에 의거하여 대규모 귀속기업체가 1955년부터 속속 불하되기 시작했다. 정부는 1955년 1월부터 6월까지 상공부 직할기업체였던 조선방직회사 부산공장 및 대구공장, 동양방적공사, 고려방직공사, 북삼화학공사, 삼척시멘트회사에 대한 관리를 해제하고 임대차계약을 체결한 후, 1955년 8월부터 정부사정가격으로 불하했다.[195]

1956년 10월, 정부는 기간산업공장 중 자본과 기술적인 측면에서 아직 민영화하기 어렵다고 판단한 충주 비료공장을 제외하고 문경 시멘트공장과 인천 판유리공장에 대해 입찰공고를 냈다. 정부가 정한 공장 기준가격은 문경 시멘트공장 58억 2,150만 환, 인천 판유리공장 23억 8,693만 환이었다. 막대한 자금이 소요되는 기간산업에 1/4, 혹은 1/2이라는 입찰가격은 너무 가혹하다는 여론에 의해 문경 시멘트공장과 인천 판유리공장 모두 공장건설 총액의 1/5로 입찰가격이 조정되었다.

결국 문경 시멘트공장은 대한양회주식회사, 인천 판유리공장은 대한유리공업주식회사 설립기성회에 낙찰되었다. 매매가격은 문경 시멘트공장 약 70억 2,000만 환, 인천 판유리공장 약 23억 5,000만 환이었다. 이는 1953년 12월 14일 체결된 '경제재건과 재정안정계획에 대한 합동경제위원회 협약'에서 규정한 재건투자에 참여하는 기업의 자기자금 부담금 20%, '부흥사업재건투자 재원조달 절차'에서 규정한 자기자금 최저비율인 총사업비의 15%를 충족하는 것이었다. 1956년 12월 12일과 1957년 1월 14일 기간산업공장 인수운영체 설립준비위원회 위원장인 상공부장관 김일환(金一煥)과 대한양회주식회

---

195 한국은행조사부, 『경제연감』, 1956, I-95~96쪽.

사 대표 이정림(李庭林), 대한유리공업주식회사 설립기성회 대표 최태섭(崔泰涉) 사이에 가계약이 체결되었고, 1959년 4월 30일에는 정식 계약이 체결되었다. 국가 주도로 건설된 기간산업이 민영화를 위해 양도되는 순간이었다.[196]

1954년부터 공식통계가 남아 있는 1958년 5월까지 삼화제철소를 비롯한 482건의 귀속기업체가 속속 불하되었다.[197] 그러나 1959년까지 매각을 완료한다는 정부의 계획에도 불구하고 정부관리하에 남아 있는 귀속기업체도 상당수 존재했다.[198] 재무부에서 작성한 통계는 1948년 8월부터 1958년 5월까지만 남아 있어, 1958년 5월 이후의 불하 실태를 정확히 알기는 어렵지만, 1958년 5월 현재 잔존 귀속기업체의 수는 122개였다. 분할해서 불하하기로 했던 전기 3사는 끝내 불하되지 않았으며,[199] 대한석탄공사, 대한조선공사, 대한해운공사는 공사 형태로 유지·온존되었다. 이 기업체들은 에너지 및 운송을 담당하는 핵심 기업체이므로 불하할 경우 정치적 특혜 논란에 휩싸일 수 있었고, 당시 기술 수준과 자본 및 시장 규모에서는 일반 기업체가 인수하여 채산성을 맞춘다는 것은 불가능했기 때문이었다.[200]

---

196 기간산업의 양도와 이후 운영에 대해서는 김성조, 「1950년대 기간산업공장의 건설과 자본가의 성장」, 연세대학교 석사학위논문, 2002이 자세하다.

197 이 통계에 의하면 1954년부터 1958년 5월까지 매각된 기업체가 1948년 8월부터 1958년 5월까지 매각된 귀속기업체 총수 2,029건의 24%이며, 불하액은 277억 환으로서 전체 실질계약고의 50%를 점한다. 김윤수, 「8·15 이후 귀속기업체 불하에 관한 일 연구」, 서울대 경제학과 석사학위논문, 1988, 55쪽. 1957년부터는 은행 귀속주도 속속 매각되었다. 은행 귀속주 불하 과정에 대해서는 권혁은, 「1950년대 은행 귀속주 불하의 배경과 귀결」, 『역사와 현실』 98, 2015 참조.

198 재무부, 『재정금융의 회고』, 1958, 165~170쪽.

199 「발전회사는 불하 않기로」, 『조선일보』 1957. 10. 20.

200 1958년 현재 대한조선공사는 국영회사로서의 특권, 산업은행을 통한 융자 및 원조자금을 중심으로 한 외자특혜에도 불구하고 막대한 손실금을 내고 있었다. 배석만, 「1950년대 대한조선공사의 자본축적 시도와 실패 원인—자본축적 과정에서 귀속기업체의 역할 분석」, 『부산사학』 25·26합, 1994 참조.

3장
군 출신 경제관료의 등장과
정책운영 시스템의 변화

1. 노동자·농민 희생 정책과 대한석탄공사 파업

1) 자본가 본위의 전후재건사업

이승만 정권은 원조가 도입되는 동안 경제자립의 기반을 마련하고자 했다. 그러려면 막대한 자금이 필요했다. 이승만 정권은 대소 전진기지, 반공보루로서의 입지를 강조하며 미국의 대규모 원조에 의거한 전후부흥계획을 기대했다. 그러나 미국은 일본 중심의 지역통합 전략이라는 틀 속에서 한국의 부흥계획을 구상했기 때문에, 중화학공업에 대한 투자는 일본과 중복된다는 이유로 기피되었고 원조 프로그램은 생필품 생산을 위한 원재료와 소비재에 집중되었다.

이승만 정권은 이러한 한계에도 불구하고 독자적인 부흥계획을 추진하기 위해 산업부흥국채 발행과 산업은행 대출을 통해 정부투융자를 단행했다. 재정투자를 통해서는 산업기반시설과 기간산업을 건설하는 한편, 산업은행을 통한 중점융자와 실수요자 배정을 통해 대기업에 자금과 원조물자를 독점적으로 배정했다. 또한 미국의 요구를 수용해서 헌법 경제조항을 개정해서 사유재산권을 배타적으로 보장하는 한편 귀속재산을 불하했다.

그리고 증권거래소법을 제정하여 증권시장을 개설했다. 정부가 직접 투융자를 하든, 민간자본을 동원하든, 증권시장이 활성화되지 않은 상태에서는 주식 및 지분소유와 원활한 투자가 불가능했다. 정부는 대외적으로 공신력을 갖는 증권거래소를 활성화해서 자본을 가진 사람들이 마음 놓고 투자할 수 있는 제도적인 기반을 마련하고자 했다. 전쟁기에 다수 발행된 지가증권과 국채는 귀속기업체 인수나 달러옥션, 원조물자대금 등 각종 입찰보증금으로 활용될 수 있는 현금 대용가치를 가졌기 때문에 재력이 풍부한 자본가·무역업자들에게는 좋은 투자 대상이었다. 전후재건사업에서 민간자본을 총동원하기 위해 증권시장의 필요성을 절감했던 정부는 1954년 3월 18일 재무부차관 윤인상을 위원장으로 하는 '증권거래소 및 증권시장설립추진위원회'를 구성했다. 위원회는 증권거래소를 특수법인으로 설립하고 증권단, 금융단, 보험단이 각각 1억 환씩 출자하도록 했다. 1956년 3월 3일 대한증권거래소가 서울증권시장을 개설함으로써 증권거래를 위한 제도적 기반이 마련되었다.[201] 이런 정책들을 통해 자본가들의 경제 활동에 유리한 조건을 조성했다. 생산력 증대를 위한 자본가 본위의 경제정책이었다.

국가의 지원을 통해 성장하고 있던 공업 분야와 달리, 농업 부문은 원조와 재정투융자의 대상에서 배제되었다. 농촌부흥사업은 현물저축과 같은 농민잉여의 강제축적에 의해 추진되었고, 임시토지수득세, 저곡가 정책 등 농업 부문의 잉여를 재정 부문과 공업 분야에 이전하는 정책이 계속됨으로써

---

201 대한증권업협회 조사부, 『증권협회 10년지』, 대한증권업협회, 1963, 7쪽; 대한증권업협회 조사부, 『증권협회20년사』, 대한증권업협회, 1973, 49쪽; 재무부장관, 「87년도 시정방침」, 『주보』 103, 1954. 4. 28, 12쪽; 대한증권업협회 조사부, 『증권협회10년지』, 대한증권업협회, 1963, 1쪽, 275~276쪽; 한국증권업협회50년사편찬위원회, 『한국증권업협회50년사』, 한국증권업협회, 2003, 198, 201쪽 참조.

농민의 생활은 날이 갈수록 곤궁해졌다. 구조적 수탈 속에서 희생되는 것은 농민뿐만이 아니었다. 이승만 정권은 자본가에 대한 전폭적인 지원과는 달리 노동자들에게 노자협조 이데올로기를 강조하면서 노동자들을 동원하고 있었다. 이승만과 '재건기획팀'은 원조자금이 들어오는 동안 관민협조, 노자협조로 공업화, 생산력 증진에 매진함으로써 경제자립을 달성해야 한다고 생각했다. "노동자들이 파업을 해서 자본가들이 살 수 없게 되면 필경은 노동자도 벌어먹고 살 수 없게"[202] 된다는 그들의 노동문제 인식은, 전후재건 과정에서 노동자의 희생을 통해 생산력 증진을 끊임없이 강조하는 것으로 나타나고 있었다. 그것은 국책회사인 대한석탄공사의 사례를 통해 극명하게 드러났다.

2) 대한석탄공사 노동자들의 파업

대한석탄공사는 국책으로 설립된 기관이었다. 정부수립 초기까지 산업용 석탄은 원조기관으로부터 지원을 받거나 일본으로부터 수입하고 있었다. 이를 못마땅하게 여긴 이승만 대통령은 1948년 12월 29일 석탄의 국내 생산을 촉구하는 담화를 발표했고,[203] 정부는 에너지원인 석탄을 정부 지원하에 급속히 개발함으로써 경제부흥의 기반을 마련하려고 했다. 1950년 11월 정부는 지하자원의 개발은 국유로 한다는 제헌헌법의 취지를 살리면서도 석탄 증산의 효율성을 높이기 위해 공사 형태를 취하기로 하고, 국영으로 운영되던 탄광과 석탄 관련 기업 및 기관을 통폐합하여 대한석탄공사를 설립했

---

202 파업은 불온시되었다. "노동자들이 어려운 곤란과 고초를 많이 당"하더라도 정부와 자유당에 호소하는 길이 있을 뿐 "파업은 우리나라에 없"는 일이기 때문이었다. 「정당히 해결할 터, 이 대통령 노자분쟁에 담화」, 『조선일보』 1954. 12. 18.

203 이승만 「석탄 채굴에 힘쓰자」(1948. 12. 29), 『대통령이승만박사담화집』, 1953, 185쪽.

다.[204] 대한석탄공사의 운영사업체로 지정된 업체는 석탄배급회사, 삼척탄광, 영월탄광, 화순탄광, 은성탄광, 문경탄광, 단양탄광, 울산탄광, 길원탄광, 동선탄광, 영일탄광, 함백탄광, 조선연탄주식회사, 삼국석탄공업주식회사, 서울핏치회사 등 15개사였다. 정부는 대한석탄공사를 통해 탄광개발과 석탄생산 및 배급을 주도함으로써 산업발전을 지원하고자 했다. 그러나 설립 4년 만에 대한석탄공사는 위기를 맞게 된다.

1954년 5월 전국광산노동조합연맹 위원장은 사회부 노동국에 대한석탄공사 노동자 7천 명의 체불임금을 해결해달라는 진정을 보냈다.[205] 대한석탄공사는 1월부터 3월까지 3개월간 노동자들의 임금을 체납하고 있는 상태였다. 간헐적으로 임금이 지불되긴 했지만 체불 문제는 해결되지 않았다. 대한석탄광노동조합연합회에서는 수차례에 걸쳐 국회와 정부에 대책을 호소했으나 상황은 호전되지 않았다.[206] 노동자들은 임금을 받지 못한 채 배급으로 연명했고, 1954년 11월에는 생활고를 이기지 못한 노동자들이 대규모로 직장을 이탈하기 시작했다.[207] 이에 대한석탄광노동조합연합회는 1954년 12월 2일 오전 8시를 기해 48시간 파업을 단행했다.[208] 대한석탄광노동조합연합회의 요구사항은 임금을 월 3만 3,175환으로 인상할 것, 미불임금을 즉시 청산할 것, 일제 잔재인 관료 정책을 버리고 노임 정책을 시정할 것, 근로기준법을 적

---

204 대한석탄공사, 『대한석탄공사50년사 1950~2000』, 2001, 119~124쪽 참조.

205 「임금 2억 4천여만 환을 미불, 석공 산하 7천여 노무자들 진정」, 『조선일보』 1954. 5. 18.

206 「유린당하는 노무자 기본권익, 노임 수개월분 미불, 석공 처사에 사회부는 속수무책」, 『동아일보』 1954. 7. 15; 「석공 관계 미불노임 국회서 지불건의」, 『동아일보』 1954. 7. 18; 「당국 조절도 수포, 노임 위요한 석공 노자분쟁」, 『동아일보』 1954. 11. 4; 「석공 노자분쟁 난항, 노조 배고파 일할 수 없다 석공 탄가인상 전엔 불능」, 『동아일보』 1954. 11. 13.

207 「2만 5천 명이 직장이탈, 석공 산하 5개 탄광 노동자들 생활난으로」, 『조선일보』 1954. 11. 19.

208 임송자, 「1960년대 전국광산노동조합 리더십 변화 과정과 조직 활동」, 『사림』 44, 2013, 327~329쪽.

용하여 1953년 8월 8일부터 소급실시할 것 등 네 가지였다.[209]

　　대한석탄공사에서 발생한 파업은 1953년 노동조합법, 노동쟁의조정법, 노동위원회법, 근로기준법의 노동관계법이 제정[210]된 이래 처음 일어난 파업이었다. 전후재건을 위해 정부가 나서서 노자협조를 제창했음에도 국영기업체에서 파업이 발생했다는 사실은 정부에게도 충격적이었다. 게다가 12월 6일에 박술음(朴術音) 사회부장관이 임송본(林松本) 대한석탄공사 총재를 근로기준법 위반으로 서울지검에 고발함으로써 파문은 더욱 확대되었다.[211]

　　당시 노동 문제는 사회부 노동국이 관장하고 있었다. 사회부장관이 임금체불 및 사회부와 중앙노동위원회의 조정 불응을 이유로 석탄공사 총재를 근로기준법 위반으로 고소하자, 석탄공사를 관할하고 있던 상공부는 강성태 상공부장관이 직접 박술음 사회부장관에게 고소취하를 요구하는 등 압력을 가했다. 결국 1955년 1월 18일 사회부장관은 관계당국의 노력으로 곧 미불임금 문제가 해결될 것이라면서 고소를 취하했다. 사회부장관의 고소를 "우리나라에 노동법이 살아 있는 증거"라고 환영했던 대한노동조합총연맹은 임금이 지급되지 않은 상태에서 고소를 취하한 사회부장관의 조치에 강하게 반발했다.[212]

　　중앙노동위원회는 대한석탄공사 측과 노동자 대표를 배석시킨 가운데 사태수습 방안을 논의하고, 대한석탄공사가 조속히 임금을 지불할 수 있도록 국무회의에 건의하기로 했다.[213] 12월 8일 정부는 사태수습을 위해 우선 10

209　전광노25주년기념사업회 편, 『광노 25년사─우리 4반세기의 발자취』, 전국광산노동조합, 1974, 61쪽, 대한석탄광노동조합연합회 총파업선언문.

210　노동관계법 제정 과정은 중앙노동위원회, 『노동위원회50년사 1953~2003』, 2003, 66쪽~68쪽 참조.

211　「석공 총재를 지검에 고발, 사회부장관 근로기준법 위반으로」, 『조선일보』 1954. 12. 8.

212　「노임 미불인 채 고발 취하 석탄공사 사건, 사회부 처사에 노총서 불만」, 『조선일보』 1955. 1. 19.

213　「임금 조속 지불토록 노력, 석공 노무자들의 요구는 정당」, 『조선일보』 1954. 12. 9; 「노조 측 요구는 정당, 중

월까지의 임금을 지급하기로 했다. 12월 15일에는 이승만 대통령이 노사분쟁에 대한 담화문을 발표했고, 12월 24일에는 탄가 인상안이 국회를 통과했으며, 12월 27일에는 이승만 대통령의 특별지시로 한국산업은행이 특별융자를 실시하여 미불임금이 일부 청산되었다. 표면적으로는 이 조치들로 파업이 수습되는 것 같았지만, 대한석탄공사가 가진 근본적인 문제점들이 해결된 것은 아니었다.

임금체불로 불거졌지만 대한석탄공사의 문제는 재건사업의 구조적인 모순으로부터 발생하고 있었다. 즉 국책회사인 대한석탄공사의 임금 문제는 첫째, 상공부 산하 국영기업체의 자금순환이 정지된 데 따른 것이었다. 유엔군이 전기료를 체납하자 경성전기주식회사와 남선전기주식회사는 조선전업주식회사에 전기료를 체납했다. 이에 조선전업주식회사는 대한석탄공사에서 조달하는 발전탄 대금을 지불하지 못했고, 대한석탄공사는 석탄운반을 담당하는 해운공사에 해상운반비를 지불하지 못했다.[214] 상공부 산하 국영기업체의 연쇄적인 대금체납은 기업의 수지타산을 맞추기보다 국책에 순응하여 생산과 배급을 수행하고 있는 국영기업체가 갖는 문제였다.

둘째, 이는 납입자본금 부족과 저렴한 법정탄가로 대한석탄공사의 손실분이 누적된 데 따른 것이었다. 1954년의 국정감사 결과 대한석탄공사는 정부투자 6억 환과 정부보증융자 3억 9천만 환, 기타 금융부채 수억을 가지고도 연간 수억 환의 손실을 내는 것으로 밝혀졌다.[215] 1952년 4월 제정된 재정법 제3조에 의해 석탄의 법정가격은 정부에 의해 결정되고 국회의 동의를 얻도록

양노위 석공분쟁 결론」, 「동아일보」 1954. 12. 10.

214 「임금 2억 4천여만 환을 미불, 석공 산하 7천여 노무자들 진정」, 「조선일보」 1954. 5. 18.

215 「석공은 수억 손실, 전업·석공 감사결과 발표」, 「조선일보」 1954. 11. 18.

규정되었다.[216] 기업의 채산성 보장을 위한 요금인상과 인플레이션 억제를 위한 저물가 정책이라는 상반된 요구 속에서, 관영요금인상 문제는 늘 저물가 정책의 희생양이 되었다. 자본금도 6억 환에 불과했기 때문에 증자가 시급했다. 하지만 재정부담으로 인해 시설 및 운영자금지원은 계속되었지만, 근본적인 문제인 증자는 지연되었다. 채산성을 맞출 수 없음에도 각 산업 부문에 석탄을 공급해야 하는 상황은 곧 노동자들에 대한 희생 강요로 이어지고 있었다. 당시 노동자들의 평균 생계비는 33,837환이었으나, 석탄공사의 평균임금은 10,400환이었다. 대한석탄광연합회의 요구사항 중 "일제 시기 이래로 답습해온 관료 정책을 버리고 노임 정책을 실시할 것"[217]이라는 내용은 바로 이러한 상황을 시정하라는 요구였다.

하지만 대한석탄공사는 구조적인 문제점을 해결하지 않은 채 노동 강화를 통한 생산성 향상으로 이 문제를 해결하려 했다. 대금체납과 손실분 누적, 생산된 석탄의 적체로 인한 채산성 악화 등 심각한 자금난을 겪던 대한석탄공사는 임금지급을 미루어가면서 시설복구와 증산에 매달렸다.[218] 그 결과 노동자들의 파업이 일어난 것이다.

국회 국정감사특별위원회는 경영 합리화를 포함한 특단의 조치 없이 요식적인 탄가인상이나 융자 정도로는 대한석탄공사의 자금난을 완화시킬 수 없을 것이라고 진단했다. 대한석탄공사 이사 김규민(金圭敏)은 국가가 철저한 융자와 가격결정을 포함한 운영의 자율성을 보장하여 경기변동에 즉각적으

---

216 김홍기 저, 박희현 감수, 『재정법 및 동 시행령의 해설과 연구』, 대한재무협회출판부, 1952.

217 전광노25주년기념사업회 편, 『광노 25년사─우리 4반세기의 발자취』, 전국광산노동조합, 1974, 61쪽.

218 이 점은 대한석탄공사 측도 인정하고 있는 바였다. 대한석탄공사, 『대한석탄공사50년사 1950~2000』, 2001, 134쪽. 한편 국정감사와 검찰의 조사 결과 임금 지불능력이 없다는 석탄공사의 주장은 사실과는 다른 것으로 나타났다. 「석공은 수억 손실, 전업·석공 감사결과 발표」, 『조선일보』 1954. 11. 18; 「지불능력을 인정, 지검서 석탄공사의 노임 미불을 조사」, 『조선일보』 1954. 12. 17.

로 대응할 수 있는 구조를 갖추기 전까지 모든 기간산업은 현재의 문제점을 극복할 수 없을 것이고, 미불임금 또한 청산할 수 없을 것이라고 지적했다. 이는 대한석탄공사가 안고 있는 구조적인 문제를 지적한 것이었다.[219]

2. 군의 투입과 군 출신 경제관료의 등장

1) 군의 구호·복구·재건사업 참여

이승만 정권은 전후재건 과정에서 비료·시멘트·판유리·제철 등 기간산업 건설과 산업기반시설 구축에 주력하고자 했다. 그러나 전후재건사업의 에너지 공급원인 석탄 문제, 석탄 전체 수급량의 70%를 담당하고 있는 대한석탄공사 문제를 해결하지 않고는 전후재건사업 또한 본궤도에 오를 수 없었다. 이에 이승만은 대한석탄공사에 군을 파견하기로 결정했다.[220] 기업 운영에 군이 투입되기 시작한 것이다.

근대국가에서 군은 국방의 의무를 다할 뿐 아니라 '국민의 군대'로서 재해복구와 경제건설 등 대민사업에 동원되곤 했다. 군을 재해복구와 경제건설에 활용한 사례는 미국과 일본을 비롯한 국가들에서도 볼 수 있다. 미국에서는 남북전쟁에서 축적된 공병대의 건설 경험을 카네기가 철도사업에 활용했고, 일본에서는 지진으로 인한 재해복구사업에 공병대가 투입되는 사례를 흔히 볼 수 있다. 대민사업을 주로 담당한 것은 공병대였다.

---

219 「임금 2억 4천여만 환을 미불, 석공 산하 7천여 노무자들 진정」, 『조선일보』 1954. 5. 18.

220 「김일환 소장을 지휘관에? '석공' 강력 운영 태세 확립 위해」, 『동아일보』 1954. 12. 28; 「석탄개발에 군을 동원 당분간 지휘감독, 이 대통령 김 중장에게 권한 부여」, 『조선일보』 1954. 12. 29.

국군 공병대[221]는 1948년 1월 1일 후방부대사령부 제1공병대대로 편성되었고, 공병대대는 8월 20일 공병단으로 승격되었다. 12월 1일에는 육군본부에 공병감실이 설치되어 산하 공병부대를 통솔하게 되었으며, 1949년 5월 12일에는 각 사단에 공병대대가 창설되었다.[222] 공병대는 전투 시 군이 사용하는 도로를 확보하고 가교를 부설하며 도로를 신설하고 보수하는 등 전투부대를 지원하는 역할을 한다.[223] 이렇게 군사 활동에 집중되었던 공병대의 활동에서 구호·복구 활동이 포착되는 시기는 6·25전쟁기였다.

1951년 초, 전선이 교착상태에 빠지자 군 공병대는 일선뿐 아니라 후방 지구에서도 도로공사와 교량건설사업을 시작했다. 대표적인 것이 1951년 6월 김해-삼랑진-대구-대전-오산, 대구-상주-충주-장호원-목계, 대구-영천-안동-제천, 동래-경주-포항-삼척에 이르는 한국 4대 간선도로의 보수·확장과 1951년 2월의 거제도 포로수용소, 4월의 제주도 제1훈련소, 11월의 논산 제2훈련소 건설이었다.[224] 공병대는 구호와 도시재건에도 앞장섰다. 서울이 수복된 후 미군 공병대는 피난민 구호와 전쟁고아의 수용, 한강 인도교와 광장리 철교의 수리, 시청 앞 광장의 전쟁 흔적 정리 등 서울시의 복구사업에 참여했고, 그 공로로 국회의 표창을 받기도 했다.[225]

---

221 공병대 창설의 역사는 갑오개혁기로 거슬러 올라간다. 1895년 제2차 갑오개혁의 일환으로 군부관제가 개편되면서 조선에도 공병대가 조직되어 측량, 교통, 도로, 수송에 관한 군무를 담당했다. 그러나 1907년 한일신협약이 체결되어 군대가 강제해산됨에 따라 공병대도 해체되었다. 육군사관학교 한국군사연구실, 『한국군제사―근세 조선 후기편』, 육군본부, 1977 참조.

222 육군본부 군사감실, 『육군발전사』 제1권, 1955, 23쪽; 국방부 전사편찬위원회, 『국방사』, 국방부, 1987, 306, 352쪽; 백기인, 『건군사』, 국방부 군사편찬연구소, 2002, 157쪽.

223 전덕구, 「전투공병 발전 방향에 대한 소고」, 해군대학, 1985, 14~19쪽.

224 육군본부 공병감실, 『공병략사』, 1952, 6~10쪽.

225 「미 8군 공병대, 시청 앞 전적 정리」, 『조선일보』 1952. 4. 3; 「미 공병단장에 국회 감사장, 24일 장 부의장이 전달」, 『조선일보』 1952. 4. 26; 「광장리 다리 개통, 미 제24공병단의 수리 완료」, 『조선일보』 1953. 5. 26; 「만 4년 만에 보도 개방, 한강 인도교 28일 준공식」, 『조선일보』 1953. 12. 29; 「미 45공병단서 고아 초대 파티」,

1951년 초부터 공병대는 전쟁으로 피폐해진 국토를 복구하고 전재민을 구호하는 사업을 지원했고, 이에 대한 호평을 계기로 전후 적극적인 대민사업을 전개하기 시작했다.[226] 전쟁 시기 도로공사와 교량건설, 도시재건과 전재민 구호에 한정되었던 공병대의 활동은 전후 다양한 분야로 확대되었다. 공병대의 활동이 가장 두드러진 분야는 교사 및 주택 건축과 재해복구사업이었다.

공병대의 지원을 받아 충남대학교와 조치원중학교, 육군사관학교, 수원 화산국민학교, 양구·용하·거진·현내국민학교, 김해중학교, 서울의 고명중학교를 필두로 교사가 신축되었고, 1954년부터 1959년까지 총 1,079개의 교실이 건설되었다.[227] 주택건축을 살펴보면, 1954년 4월과 10월에는 1209 공병단과 국군 5사단이 휴전선 일대의 수복민들을 위해 지뢰를 제거하고 민간주택을 건축했다.[228] 육군은 1955년에는 주택 1천 호 건설계획에 따라 1201공병대를 동원해 서울 신당동과 청량리에 각각 2백 세대씩 4백 세대의 후생주택을 건축했고, 1956년에는 수복 지구에 서민용 월동주택 6백 세대를 건축했다. 이승만은 '재건사업과 조국 통일' 양면에서 역량을 발휘하고 있는 공병대의 활동을 극찬했다.[229]

『조선일보』, 1953. 12. 29; 김아람, 「1950년대 서울의 도로·교량 재건과 시민의 역할」, 『6·25전쟁과 1950년대 서울의 사회변동』, 서울역사편찬원, 2018, 53쪽. 맥도널드는 이러한 미군의 지원 활동을 한미 간의 불평등한 군사협정에 따른 한국 사회와의 심리적, 사회적 관계를 개선하기 위한 대중 활동으로 평가했다. 도널드 스턴 맥도널드 저, 한국역사연구회 1950년대반 역, 『한미관계 20년사(1945~1965년)』, 한울아카데미, 2001, 146쪽.

226 당시 공병감 엄홍섭은 방어진지 구축뿐 아니라 "황폐된 국토의 모든 부흥사업의 중책이 공병의 어깨에 걸려 있다"고 강조했다. 엄홍섭, 「서언」, 『공병략사』, 육군본부 공병감실, 1952.

227 이은봉·조복현, 『건군 50년사』, 국방군사연구소, 1998, 144쪽.

228 「1209공병단에 국회서 표창장」, 『조선일보』, 1954. 4. 19; 「민간주택 82동을 건축, 5사단서 낙성식 성대」, 『조선일보』, 1954. 10. 3.

229 「이 대통령 공병을 절찬, 어제 후생주택 준공식 성황」, 『조선일보』, 1955. 12. 17.

1956년 보건사회부는 산업부흥국채를 재원으로 10억 환의 국민주택건설 자금을 융자했지만 민간업자에게 교부된 3억 환에 의한 건설은 성과가 미비했다. 대한주택영단을 통해 공병대에 교부된 3억 7,100만 환만이 서민용 주택 건설에 뚜렷한 성과를 거두고 있었다.[230] 공병대는 보건사회부의 지시와 공사 기한을 준수하여 주택건설계획을 완수했는데, 이는 기술과 자재, 인력을 모두 확보한 공병대만이 거둘 수 있는 성과였다.

군은 재해복구사업에서도 주목할 만한 성과를 거두었다. 1957년 8월의 폭우로 영남 일대가 큰 피해를 입었는데, 제2군사령부 공병대는 경산, 문산 양 저수지 부근 1천여 세대 6천여 명이 수마에 휩쓸릴 위기에 처하자 다이너마이트로 수문을 폭파하여 군민들을 위기에서 구출했다.[231] 복구공사를 담당한 공병부대는 유실된 도로 415km를 개통함으로써 피해 도로의 80%를 복구했다. 구호반과 방역반은 부산에 본부를 두고 양산, 김해, 밀양, 울산, 창원, 의령에 병력을 파견하여 수재민을 치료했으며, 창원군 북면에 고립된 면민을 구출하기 위한 도하 작업도 전개했다.[232] 1957년 수해는 육군참모총장이 공병대와 의료대, 수송대를 총동원하여 수해복구 작업을 진두지휘한 사례였다.[233]

또한 군은 전후재건사업에도 유용했다. 공병대는 반도호텔의 재건에 투입되었다. 이승만은 휴전 이후 한국의 재건 문제를 논의하기 위해 외국인들의 방문이 잦아지자, 신속한 공사를 위해 반도호텔의 재건을 국군 공병대에

230 「성과 못 보는 주택자금, 공병단이 건축한 것 뿐」, 『조선일보』 1957. 4. 2.

231 「공병 시설 등 총동원, 2군 수해 방지에 노력」, 『조선일보』 1957. 8. 6.

232 「피해 도로 80%를 보수, 공병들 신속한 수해복구에 눈부신 활약」, 『조선일보』 1957. 8. 13.

233 1959년 8~9월 중부 지역을 강타한 수해에 대해서 송요찬(宋堯讚) 육군참모총장은 국회재해대책위원회에 참석하여 "육군은 수해복구를 위해서 공병을 총동원할 태세가 갖추어져 있으며, 지역과 복구 방법 및 소요 병력 등 구체적인 요청이 들어오면 언제든지 병력을 동원할 수 있다"고 말했다. 「수해복구자금 적극 방출을 요구 예산안 재편론도 대두, 육군선 공병대 총동원을 약속」, 『조선일보』 1959. 9. 25.

일임했다. 이승만이 수차례 반도호텔을 시찰하여 "놀랄 만한 우리 공병의 기술"이라며 공병대의 활동을 치하[234]할 정도로, 공병대는 빠르게 반도호텔을 재건했다. 결국 공병대의 지원으로 반도호텔은 1954년 9월 15일 준공식을 거행했다.[235]

정부가 입안한 항구재건 3개년계획의 경우 인건비가 180억 4,393만 8,000환, 자재비가 1억 24만 4,000달러로 추산되었고, 교량복구 3개년계획의 경우 4,200만 달러의 자재비와 94억 환의 인건비가 계상되었지만, 예산과 자재가 순조롭게 확보될지, 복구사업을 완수하기 위해 어느 정도 시간이 걸릴지는 담당자도 확신할 수 없는 상황이었다.[236] 군은 기술과 자재, 인력과 예산부족이라는 재건사업의 난점을 해결할 수 있는 세력으로 주목받았다. 현대적인 장비와 우수한 기술인력[237]을 보유하고 있던 공병대는 상명하복 체제가 갖는 효율성을 바탕으로 도로, 교량뿐 아니라 각종 공공시설을 재건하는 데 탁월한 역량을 선보였다.[238]

군은 이러한 과정을 거치면서 국가적 재난이 발생했을 때 문제를 직접 해결할 수 있는 집단으로 부상했다. 군의 전후재건사업 지원은 병사들의 무상 노동력을 바탕으로 한 강제노역의 성격을 띠고 있었지만,[239] 한편으로는 국민

---

234 「면목 일신되는 반도호텔, 이승만 대통령 시찰 공병단을 치하」, 『조선일보』 1954. 5. 2; 「공병단의 헌신을 치하, 이승만 대통령 반도호텔을 시찰」, 『조선일보』 1954. 8. 28; 「반도호텔 수리한 공병단에 영예의 대통령 표창」, 『조선일보』 1954. 9. 21.

235 「반도호텔 준공, 15일로 공사 종료」, 『조선일보』 1954. 9. 12.

236 「공전하는 재건계획 실현은 언제 될까, 예산부족 자재부족 이탈」, 『조선일보』 1954. 2. 16.

237 1951~1960년 동안 군에서 양성된 기계 부문 기술인력은 145,251명, 건설 부문 기술인력은 193,130명이었다. 1960년의 기계 부문 취업자 수는 64,750명, 건설 부문 취업자 수는 122,580명으로서 군 기술인력은 1960년 당시의 취업인구를 훨씬 상회하고 있었다. 백종천·온만금·김영호, 『한국의 군대와 사회』, 나남출판, 1994, 129쪽.

238 물론 그 과정에서 공병대의 자금을 횡령하거나 자재를 빼돌리는 등의 비리가 발생하기도 했다.

239 그레고리 핸더슨은 보수도 받지 않고 건설공사에 동원되는 사병들의 모습을 고려시대의 공비 제도에 비

들과 군부 세력 모두가 기술, 인력, 규율의 결합이 갖는 효율성을 경험하는 장
이기도 했다.

2) 군의 대한석탄공사 투입과 군 출신 인사의 발탁

(1) 군 파견단의 석탄공사 장악과 조사 활동

이승만은 한정된 비용으로 최대한의 효율을 내야 하는 재건사업을 위해
군의 일사불란한 조직 운영 경험과 사업 추진력이 필요하다고 생각했다. 재
건사업이 지체되고 있는 상황에서 군이야말로 가장 효율적이고 속도감 있게
산업건설을 지원할 수 있는 유력한 조직이라고 판단했다. 이승만은 경영에
어려움을 겪고 있는 대한석탄공사에 군을 파견함으로써[240] 과연 군이 구호·
재해복구사업을 넘어 기업 운영에서도 일익을 담당할 수 있을지 가늠해보고
자 했다.[241]

이승만은 1954년 12월 27일 군의 재정과 군수를 담당해온 육군본부 관리
부장 김일환 중장,[242] 반도호텔 재건을 지휘한 공병감 엄홍섭(嚴鴻燮) 소장을

유할 만한 강제노역이라고 지적했다. 그레고리 핸더슨 저, 박행웅·이종삼 역, 『소용돌이의 한국 정치』, 나
남출판, 2000, 498쪽.

240 군 파견단의 대한석탄공사 투입에 대한 선구적인 연구성과는 임채성에 의해 제출되었다. 이 연구는 군 파
견단이 대한석탄공사의 경영 정상화에 어떻게 기여했는가 하는 문제를 탄광개발과 증산체제의 확립이
라는 측면에 주목하여 세밀하게 분석했다. 임채성, 「군 파견단의 대한석탄공사 지원과 석탄산업의 부흥
(1954. 12~57. 8)」, 『동방학지』, 139, 2007. 그러나 이 연구는 군부의 경제개입 사례를 경영자원의 조달과 운
영, 물류체계 확립이라는 경영사적 측면에서 접근함으로써 1950년대 군부의 경제 문제 개입이 낳은 파장
과 정치사적 의미를 파악하는 데까지는 이르지 못하고 있다.

241 1954년 12월 28일 국회 상공위원회는 강성태 상공부장관과 손원일(孫元一) 국방부장관을 출석시켜 군의
국영기업체 관리가 위법한 것이 아닌가를 질문한다. 이에 두 장관은 군 파견단의 대한석탄공사 지휘가 오
직 이승만의 유시에 의한 것이라는 점을 강조했다. 「군의 '석공' 지휘감독, 상공위서 양 장관에게 내용 질
의」, 『조선일보』, 1954. 12. 30.

242 1914년 강원도 철원 출생. 만주 하얼빈상업학교와 만주육군경리학교를 졸업했다. 1937년 만주국 육군소
위, 1943년 만주국 육군대위로 부임했다. 1946년에는 조선경비대 대위로서 군정청 통위부 재무관에 발령
되었고, 1948년 대한민국 국방부 제3국장, 1951~1953년까지는 국방부차관을 지냈다. 대한민국건국10년

〈그림 2〉 국군석탄공사파견단 편성표(창설 당시)

단장		
중장	김일환(金一煥)	

행정 차장	기술 차장	현장 차장
준장 고백규(高白圭)	소장 엄홍섭(嚴鴻燮)	대령 김응백(金應伯)

총무파견관	업무파견관	기술파견관	행정관
중령 김봉태(金鳳泰)	대령 이백림(李伯林)	대령 오한영(吳漢英)	소령 정상목(鄭相穆)

장성광업소 현장차장 삼척지구 주재	도계광업소 파견관	영월광업소 파견관	화순광업소 파견관	은성광업소 파견관
중장 김응백(金應伯)	중장 문이정(文履偵)	중장 김소(金沼)	중장 오성룡(吳盛龍)	중장 김자일(金子一)

묵호출장소 파견관	인천지사 파견관	부산지사 파견관	청량리공장 파견관	영등포공장 파견관
중령 문이정(文履偵)	대위 이자성(李自成)	대위 강종원(康宗元)	대위 전상율	대위 안병화(安秉華)

* 출전: 대한석탄공사, 『군 파견단 1년지』, 1955, 7쪽.

중심으로 하는 육군 파견단을 대한석탄공사 파업 현장에 파견했다.[243] 이들은 이미 전후-재건사업 과정에서 대민사업을 수행한 경험을 갖고 있었다. 군 파견단은 단장 김일환 중장, 행정차장 고백규(高白圭) 준장, 기술차장 엄홍섭 소장, 현장차장 김응백(金應伯) 대령 등을 중심으로 〈그림 2〉와 같이 구성되었다.

지편찬위원회, 『대한민국건국 10년지 인사록』, 1956, 989~990쪽; 김일환, 『김일환 회고록—대한민국 국가 건설기의 역할을 중심으로』, 홍성사, 2015 참조.

243 「김일환 소장을 지휘관에? '석공' 강력 운영 태세 확립 위해」, 『동아일보』 1954. 12. 28; 「석탄 개발에 군을 동원 당분간 지휘감독, 이 대통령 김 중장에게 권한 부여」, 『조선일보』 1954. 12. 29; 이승만, 「이 대통령 유시 전문」, 『석탄사보』 3, 1955. 5.

군 파견단은 곧 대한석탄공사가 관리하던 지역 곳곳을 장악·관리하기 시작했다.[244]

군 파견단은 파견 즉시 대한석탄공사가 가지고 있는 문제점들을 조사하기 시작했다. 군 파견단은 노동생산의 저효율성, 갱내 굴진을 위한 갱목 부족과 그 수송능력의 부족, 전력의 미확보, 육해상을 통한 석탄 수송의 부진과 도구 부족, 일선 현장을 연결하는 통신시설의 미설치, 운영 및 기업자금의 극심한 부족, 자본금의 부족, 정부 석탄 가격 정책의 비합리성과 비현실성, 적자 정부보전의 긴급성, 기업의 신용부족으로 인한 금융여신 획득 곤란, 정부예산에 석탄개발자금 미편입 등 11개 항목을 대한석탄공사의 문제점으로 파악했다.[245]

대한석탄공사가 봉착한 문제의 핵심은 재원부족이었다. 대한석탄공사의 운영 정상화를 위해서는 자본금과 운영자금의 극심한 부족, 정부 석탄 가격 정책의 비합리성과 비현실성이 해결되어야 했다. 이에 대한석탄공사 관계자들은 정부예산에 석탄개발자금을 편입시키고, 적자보전을 위한 긴급조치를 취해줄 것을 요구했다. 그러나 정부는 국방비로 인한 거대한 재정적자를 안고 있었고, 재정안정은 미국의 일관된 요구였기 때문에 석탄개발자금을 안정적으로 지원할 수 없었다. 자금부족으로 인해 채산성이 악화되고 파업까지 일어났지만, 이후로도 정부의 안정적인 재정투융자는 불투명했다. 군 파견단 또한 대한석탄공사가 봉착한 문제의 핵심이 재원 문제라는 점을 모르는 바는 아니었다. 그러나 대한석탄공사에 대한 정부의 자금지원은 군 파견단의 재량을 넘어서는 문제였다. 군 파견단은 자신들의 재량을 넘어서는 자

---

244 대한석탄공사, 『군 파견단 1년지』, 1955, 7쪽.

245 대한석탄공사, 『대한석탄공사50년사 1950~2000』, 2001, 137쪽.

금조달 문제는 논외로 한 채 차선책을 모색하기 시작했다.

(2) 군 파견단의 경영 합리화 방안과 노동자 통제

우선 군 파견단은 연인원 22만 명의 병력과 연동원 1만 1천 대의 차량을 동원하여 갱목과 양곡 수송을 지원했다. 육군공병대의 기술지원을 통해 대한석탄공사 본사와 광업소 간에 무선시설을 설치하고 사택을 보수하는 한편 문화관을 신축했다. 또한 작업복 1만 8천여 벌과 내의, 모포 1만 5천 장을 무상으로 제공하여 대한석탄공사 노동자들의 생활개선을 지원했다. 노동자들의 사기를 진작시키기 위해 군악대로 하여금 광업소 순회공연을 하도록 했을 뿐만 아니라 19명의 '모범산업전사'를 선발, 서울로 초청하여 경무대를 방문하고 시가행진을 시키는 등 대대적인 위로행사도 개최했다.[246]

다음으로 군 파견단은 1955년 2월에 김일환 단장의 제안으로 '한미합동 대한석탄공사 운영대책위원회'(석공위원회)를 설치했다. 이 위원회의 목적은 외국 원조자금을 효율적으로 지원하는 한편, 파견단의 업무에 정부와 원조기관이 협조하도록 하는 것이었다. 석공위원회는 한국 측에서는 상공부, 부흥부, 재무부, 교통부, 농림부, 한국은행, 한국산업은행, 대한석탄공사, 군 파견단이 참여했고, 유엔 측에서는 미 대외활동본부(FOA, ICA), 한국재건단(UNKRA), 유엔 민사처(KCAC), 미군병참관구사령부(KCOMZ) 등이 참여하는 범정부 조직체로 구성되었다.[247] 전후재건사업의 토대가 될 에너지 분야를 개발

---

246   대한석탄공사, 『군 파견단 1년지』, 1955, 23~44쪽; 「김일환」, 『재계회고』 7, 한국일보사, 1981, 330~331쪽; 대한석탄공사, 『대한석탄공사50년사 1950~2000』, 2001, 137쪽.

247   대한석탄공사, 『군 파견단 1년지』, 1955, 13쪽, 한미합동석공운영대책위원회 구성표 참조. 대한석탄공사의 경영 정상화를 위해 설립된 한미합동석공운영대책위원회는 1955년 9월 '한미합동 탄광개발 촉진협의회'로 명칭이 변경되어 민영탄광에 대한 지원까지 담당하게 되었다. 대한석탄공사, 『대한석탄공사50년사 1950~2000』, 2001, 138쪽.

하기 위해 관련 기관의 협조 시스템을 정착시킨 것이다.

군 파견단이 가장 주력한 것은 수송 문제 해결이었다. 이들은 대한석탄공사 경영 정상화의 핵심이 수송 문제 해결에 달려 있다고 진단했다.[248] 문경선, 영암선이 전쟁피해를 입어 파괴됨에 따라 문경과 삼척에서 생산된 석탄은 육로를 통해 일단 동해안으로 수송되었다. 동해안으로 수송된 석탄은 강릉으로, 강릉에서 다시 서울로 이송된 후 제 산업지구로 운반되었다. 이렇게 철도를 통한 수송이 단절된 채 해상을 통해 한반도 남단을 우회해서 수송했기 때문에, 석탄 생산지에서 산업지구로 석탄이 전달되는 데 소요되는 시간은 무려 4일 남짓이었다. 대한석탄공사는 창립 이후 줄곧 장성에서 생산된 석탄을 묵호에서 선적하여 해상 수송로를 통해 부산과 인천으로 공급했다. 이때 소요되는 수송비용은 톤당 3,618환에 달했다. 생산원가까지 포함하면 석탄 가격은 톤당 6,395원으로서 법정가격 5,100환으로는 당연히 결손이 발생할 수밖에 없었다.[249] 이렇게 석탄이 생산지에서 산업지구까지 운반되는 데 드는 시간과 물류비용이 대한석탄공사의 채산성을 악화시키고 있었다.

군 파견단은 1205건설공병단, 210건설공병대대를 비롯해 301철도운영대대 A중대, 509수송부 춘양파견대 등을 투입하여 선로공사를 지원했다. 군 파견단의 전폭적인 지원에 힘입어 1955년 9월 19일에는 점촌-은성을 잇는 문경선 22.5km, 1955년 12월 31일에는 영주-철암을 잇는 영암선 86.4km, 1956년 1월 17일과 1957년 3월 9일에는 제천-영월을 잇는 함백선 1차 구간과 영월-함백

---

248 수습책은 다방면으로 강구되었지만, 군 파견단은 대한석탄공사가 가진 문제 중 누적된 적자 문제와 미불 노임 및 기업운영자금의 고갈, 석탄 및 중요한 생산재와 소비재의 수송 부진과 저장량 부족, 대한석탄공사의 본사와 산하 기업체 간의 연락망 미비 등 자금, 수송, 연락망의 문제를 3대 문제로 파악했다. 그래서 수습책 또한 수송력 강화와 무선시설의 설치에 집중되었다. 특히 수송력 강화는 군 파견단이 가장 역점을 둔 문제였다. 대한석탄공사, 『군 파견단 1년지』, 1955, 8~9쪽.

249 대한석탄공사, 『대한석탄공사50년사 1950~2000』, 2001, 146쪽.

을 잇는 함백선 2차 구간 60.7km가 각각 당초 계획보다 앞당겨 개통되었다.[250]

철도운송이 재개됨에 따라 석탄이 문경에서 서울 또는 제 산업지구로 가는 데 걸리던 시간은 나흘에서 하루로 단축되었다. 문경선, 영암선, 함백선이 잇달아 복구됨으로써 해상운송에 따른 비용도 대폭 절감되었다. 산업철도가 개통된 이후 석탄 수송비는 톤당 3,618환에서 333환으로 1/10로 감축되었다. 엄청난 경비절감 효과였다. 이는 채산성 악화, 만성적인 적자로 인해 임금을 제때 지불하지 못했던 대한석탄공사 운영에 활로를 열어젖힌 조치로 평가되었다.[251] 석탄 산지와 공업지대를 잇는 산업철도의 대동맥이 다시 살아 움직임으로써 재건사업은 한층 활기를 띠었다.

이렇게 군 파견단은 수송 문제의 해결을 통한 경영 합리화와 노동 강화를 통한 생산성 향상에서 대한석탄공사의 파업 수습을 위한 해법을 찾고 있었다. 군 파견단의 경영 합리화 노력으로 수송력뿐 아니라 노동생산성은 날로 높아지고 있었다. 생산량은 연일 최고치를 기록했다.[252] 그럼에도 상공부와 석탄공사는 석탄 가격을 인상하지 않고는 노동자들의 임금인상 요구를 수용할 수 없다고 주장했다.[253] 임금체불 문제 또한 여전히 해결되지 않았다.[254] 일회적인 격려와 위로, 생산성을 향상시킨 데 따른 개별적인 포상조치는 취해졌지만, 노동조건 또한 별반 개선되지 않았다.[255] 반면에 노무관리는 강화되

---

250 대한석탄공사, 『군 파견단 1년지』, 1955, 45~51쪽; 대한석탄공사, 앞의 책, 2001, 138쪽.

251 대한석탄공사, 앞의 책, 2001, 72쪽 참조.

252 「해방 후 신기록, 석공산하 채탄량」, 『조선일보』 1955. 5. 29; 「생산 목표량 돌파, 석탄 월간생산 11만여 톤」, 『동아일보』 1955. 12. 23.

253 「임금인상 불능, 석공 노조쟁의 경무대에 보고」, 『조선일보』 1955. 10. 4.

254 「임금 미불인 채 고발 취하, 석탄공사 사건 사회부 처사에 노총서 불만」, 『조선일보』 1955. 1. 19; 「노임 4개월 체불, 석공산하 광부 생활 막연」, 『조선일보』 1955. 7. 28.

255 「1할이 질병 보유 '석공' 산하 탄광 노동자」, 『동아일보』 1955. 11. 11.

었고, 상벌심사위원회 운영, 합리화연구위원회 설치 등을 통해 노동자 통제도 한층 강화되었다.[256]

대한석탄공사의 사례에서 드러나듯이 군 파견단의 지원이라는 특단의 조치를 통해 경영 합리화와 그로 인한 생산성 증가는 분명 뚜렷이 나타나고 있었다.[257] 그러나 파업 수습 과정에서 군 파견단은 수송력 강화와 노동자 통제를 통한 노동생산성 향상에 치중함으로써 노동자 보호와 노동조건 개선이라는 문제를 간과했다. 노동생산성 강화를 통한 증산이 강조되면서 노동강도는 강화되고, 노동자들의 희생은 경영 합리화의 명목으로 합리화되었다. 그것은 국책회사로서 정부와 대한석탄공사, 군 파견단이 혼연일체가 되어 생산력 증진에 매진했던 대한석탄공사의 사례에서 더욱 심각하게 나타날 수밖에 없었다. 그것이 1950년대 국익에 복무하는 노동자상이었기 때문이다.

(3) 군 출신 인사의 경제관료 발탁

이승만은 대한석탄공사에 이어 대한중공업공사와 각 광업소 등 중요한 관영기업체에 군 파견단을 파견했다.[258] 1955년 9월 정부 인사이동에서는 군 파견단장 김일환을 상공부장관에 기용하는 파격인사를 단행하는 한편, 이호(李浩)를 법무부장관으로, 이응준(李應俊)[259]을 체신부장관으로 임명하는 등 군 출신 인사를 대거 각료진에 포진시켰다.[260]

---

256 「석공 군 지원단의 업적, 3차년도엔 90%의 증산」, 『조선일보』 1957. 8. 22.

257 대한석탄공사, 『군 파견단 1년지』, 1955, 10쪽.

258 민병윤, 「국영기업체 운영의 전망」, 『부흥월보』 4 (1956. 11), 49쪽; 『INI Steel 50년사: 1953~2003 고객과 함께 해온 철강 50년』, INI Steel 주식회사, 2003, 276쪽.

259 1892년 서울 출생. 일본육군사관학교를 졸업하고(26기), 조선경비대 제1여단장, 1948~1949년 5월 육군참모총장, 1954년 7월 육군참모차장을 역임했다. 체신부장관에 부임할 당시 현역 육군중장이었다. 내외홍보사, 『단기 4283년판 대한민국 인사록』, 1950, 117쪽; 霞關会 編, 『現代朝鮮人名辭典』, 1962, 6쪽.

260 이승만은 1955년 9월 인사에서 이들뿐 아니라 군 출신 인사를 13명이나 발탁했다. 「김일환」, 『재계회고』 7,

이승만은 대한석탄공사 파업을 수습하고 공병대를 활용하여 산업철도를 조기에 부설하며, 재건사업에 박차를 가한 군의 추진력을 높이 평가했다.[261] 김일환의 회고에 의하면, 이승만은 군 파견단의 활동에 대해 "군인들이 수고가 많았어. 석탄을 잘 캐고 아무튼 잘했어"라고 하며 만족감을 표시했고, 얼마 후 석탄공사 업무를 마치고 들른 김일환에게는 "군인들이 일을 아주 잘해. 앞으로 군인들로 장관을 시켜야겠어"라는 언질을 했다고 한다. 전후복구사업 과정에서도 드러났듯이 교량건설, 주택건축, 철도복구 등을 신속하게 처리하는 군의 활동은 전후재건사업 과정에서도 유용하게 활용될 수 있었다.

재건사업이 지체되고 있는 상황에서, 군이야말로 가장 효율적이고 속도감 있게 산업건설을 추진할 수 있는 세력이었다. 군은 전문기술을 보유한 인력을 인건비 부담 없이 대규모로 건설에 동원할 수 있는 조직이었다. 또한 자금 문제와 같은 구조적인 문제를 그대로 두면서도 차선의 수습책을 명령체계에 의해 아주 효과적으로 수행할 수 있는 세력이었다. 이승만은 공병대와 육군 파견단의 경험을 경제정책수행에 적용할 수 있도록 상공, 체신 양 분야에 군인 출신 인사를 각료로 임명함으로써 전후재건사업에 활력을 불어넣고자 했다.

군 출신 인사의 경제관료 발탁은 곧 군 세력이 가진 효율성과 추진력을 활용하여 전후재건사업에 추진력을 불어넣고자 한 이승만의 야심 찬 포석이자, 전후재건 과정에서 발생하는 문제를 처리하는 이승만 정권식 해법이었다. 군은 통수권자인 대통령의 명령을 받지만, 아직 그 어떤 정치세력과도 연

한국일보사, 1981, 330~331쪽; 「이응준」, 『재계회고』 7, 한국일보사, 1981, 349쪽. 임기를 채 한 달도 못 채우는 장관이 있을 정도로 장관 임기가 짧기로 소문난 이승만 정권하에서, 이들 세 명의 장관은 모두 3년 남짓 자리를 지켰다. 김일환은 3년 재임 후에 내무부장관으로, 다시 교통부장관으로 전임했다.

261 「김일환」, 『재계회고』 7, 한국일보사, 1981, 331쪽.

결되지 않은 중립적인 조직이었다. 이승만의 군 출신 인사 등용은 이승만 이후를 대비하면서 이기붕 체제를 만들어가고 있는 자유당에 대한 견제장치이기도 했다.[262]

한편 군을 경제재건에 활용해야 한다는 견해는 민주당의 경제이데올로그인 김영선(金永善)에게서도 찾을 수 있다. 그 역시 "군대의 대폭적인 공병 조직 전환을 성취하는 동시에 군 작전명령에 의한 도로, 항만, 교량, 토지개량사업, 농지개발, 주택건설, 군수공장 건설 등 사용할 방안을 연구, 채용하여야 할 것이다"[263]라고 하여 군을 활용한 전후재건사업을 염두에 두고 있었다. 김영선은 자본형성을 위한 유휴자원 및 유휴노동력의 활용에 한정해서 군 병력의 활용 문제를 검토했지만, 그의 논의는 군 병력 및 조직 활용에 대한 고민의 일단을 보여준다는 점에서 시사하는 바가 크다. 전쟁으로 인해 과대 성장한 군은 서서히 대민사업 분야에서 경제 영역으로 그 활동기반을 넓혀 나갔고, 그들을 경제 문제에 활용하고자 하는 문제의식도 영글어가고 있었다.[264]

1950년대 공병대와 군 파견단의 대민활동, 군 출신 인사의 경제각료 등용의 경험 등은 5·16쿠데타 이후 군부 주도로 경제개발계획이 추진되고, 국영기업체에 군인들이 파견되어 경제 문제에 직접적으로 개입하는 배경이 되었다. 6·25전쟁 이후 군은 한국에서 가장 조직적이고 근대화된 집단으로 성장

---

262 이승만은 어느 누구도 자신의 정치적 위치에 도전할 만한 세력을 구축하는 것을 용납하지 않았다. 손봉숙, 「자유당 창당의 배경」, 『한국의 정당』, 한국일보사, 1987, 260쪽 참조. 어느 정당과도 연결되어 있지 않았기 때문에 김일환은 자유당에서도 선호하는 인물이었다. 이기붕이 서울시장을 역임할 당시부터 이기붕과 교분이 있던 김일환은 이기붕이 국방장관이 되자 국방부 제3국장에서 차관으로 발탁되었다. 그는 자유당 세력뿐 아니라 이후 정부 내에서 이기붕과 대척점을 형성하게 되는 김현철(金顯哲)과도 관계가 원만했고, 대통령의 양자인 이강석(李康石)의 보증인을 맡을 정도로 이승만의 신임 또한 돈독했다. 「철저한 요령주의자, 너털웃음·노력으로 관운 순탄」, 『동아일보』 1958. 8. 31.

263 김영선, 「자본형성 문제」, 『학총』 1, 1955. 3.

264 정진아, 「1950년대 군의 경제 문제 개입과정」, 『이화사학연구』 37, 2008, 283쪽.

했고, 이승만은 이들을 국방뿐 아니라 정치경제 분야에서도 활용하고자 했다. 군인들 또한 위와 같은 경험을 거치면서 정치·경제 영역에서 자신들의 활동 가능성을 점치게 되었다. 5·16군사쿠데타 이후 정치쇄신과 경제위기 해결의 주역이 될 것임을 자임한 군부 세력의 행보는 이러한 1950년대 군의 활동과 궤적 속에서 이해되어야 할 것이다.

3. 경제조정관 교체와 정책운영 시스템의 정비

1) 전후재건사업을 둘러싼 한미 간의 의견차

전후재건사업을 추진하면서 한국과 미국은 대소 전진기지, 반공의 보루로서 한국을 강화해야 한다는 점에는 이견이 없었지만, 한국의 전후재건 방향을 둘러싸고는 의견차를 보이고 있었다. 한국 정부와 미국 원조기관은 구체적으로는 환율, 원조 사용의 재량권, 소비재와 시설재의 비율, 물자 구매 지역 문제 등을 두고 갈등했고,[265] 이로 인해 전후재건사업은 지체되었다. 미국 원조기관의 관리들은 전쟁기에 강력한 재정안정정책을 시행하여 인플레이션을 수습했던 백두진에게 우호적이었다.[266] 하지만 이러한 여론은 전후재건 방향을 논의하는 과정에서 악화되었다. 미국은 조선민족청년단이 제거되는 과정에서 족청 그룹으로 지목된 백두진도 수세에 몰렸으며, 그가 자신의 정치적 입지를 타개하기 위해 원조증액 등 미국에게 무리한 요구를 하고 있다고 판단하고 있었다.[267]

---

265 李鍾元, 『東アジア冷戰と韓美日關係』, 東京大學出版會, 1996 참조.

266 정진아, 「6·25전쟁기 백재정의 성립과 전개」, 『역사와 현실』 51, 2004 참조.

267 "CINCREP Seoul의 휘트만이 CINCUNC에 보낸 편지, 1955. 12. 31", RG 469, Office of Far Eastern Operations,

미국은 한국의 전후재건 과정에서 재정금융 안정과 한일관계 개선을 최우선의 과제로 꼽았다. 미국은 한국이 우선 통화가치의 안정을 통해 인플레이션을 해결하기를 바랐다. 그 다음으로는 통제경제의 요소를 일소하고 환율을 현실화함으로써 통제경제 시스템에서 벗어나 세계의 자본주의국들과 조기에 연결되기를 바랐다. 미국은 특히 일본과 한국의 복수환율제가 가진 은폐보조금적인 요소와 인플레이션적인 성격에 주목했다. 복수환율제하의 무역에서는 수출입 환율이 물자별로 상이하게 평가되었고, 국제가격과의 차액은 보조금으로 조달되었다. 미국은 실제로는 수입이 초과상태임에도 과잉통화가 살포되고, 여기에 업자의 합리화 노력 부족이 더해지면서 인플레이션이 촉발되고 있다고 판단했다.[268] 일본과 한국의 입장에서 복수환율제는 자국의 무역업자를 보호하기 위한 국가적인 조치였지만, 미국의 입장에서는 경계해야 할 통제경제의 잔재에 불과했다.

한국과 일본의 관계개선 역시 미국의 대아시아 전략 속에서 추진되고 있었다. 중국의 공산화와 6·25전쟁을 계기로 미국의 아시아 정책은 일본을 중심으로 하는 지역통합 전략으로 확정되었다. 경제부흥의 전제조건으로 안정화 정책을 수용한 일본은 1949년부터 1951년까지 시행된 '닷지라인'에 의해 통제경제의 제반 요소를 청산하고 시장경제로 착륙했다.[269] 강력한 재정안정 정책의 시행으로 일본 경제는 부흥융자와 가격보조금으로 운영되던 방식에서 은행융자 방식으로 이행했다. 은행융자의 재원은 대충자금이었다. 이는 미국의 달러 지배로 상징되는 금융적 지배가 일본 경제를 종속화하기 시

Korea Subject Files, 1953~59, Box 60.

268 서정익,「전후 미국의 일본 점령 정책과 덧지라인」, 『연세경제연구』 V-2, 1998 가을, 167쪽.

269 伊藤正直,「ドッジ·ライン前後の'經濟計劃'と後期占領政策」, 『經濟學論集』(東京大) 62, 1996.

작했음을 의미했다. 단일환율의 확립은 그 체제화였다.[270] 초기의 대충자금은 주로 정부의 채무상환을 위해 쓰였지만, 점차 중화학공업의 기초 부문에 투자되어 '아시아의 공장' 일본을 부흥시키고 있었다. 이렇듯 미국은 일본을 금융적 지배하에 둔 후, 달러화를 절약하고 지역통합 전략을 실현하기 위한 방안으로서 아시아에서 일본 중심의 부흥사업을 추진하고 있었다. 따라서 한국에서는 재정안정 정책이 강조되었고, 일본과 중복되는 산업의 건설은 중복투자라는 이유로 거부되었다.

하지만 이승만과 '재건기획팀'은 미국의 지역통합 전략에 의해 한국 경제가 일본에 수직적으로 통합되는 것에 대해 강한 거부감을 가지고 있었다. 이들은 한국 경제가 일본 경제와 다시 직결될 경우 종속적인 관계를 피할 수 없을 것이라고 생각했다. 미국은 한국 정부가 전후복구사업에 필요한 물자들을 일본에서 구매하기를 원했지만, 한국 정부는 세계시장에서 이를 구매하고자 했다. 자율성을 갖고 원조물자를 구매하고, 물자 구매 지역을 결정하기를 원했던 것이다.

일본과의 수직적인 연결에는 반대했지만, 이승만과 '재건기획팀'은 미국 정부의 공식적인 정책으로 결정된 지역통합 전략의 기본 구도가 바뀌지는 않을 것이라는 점 또한 잘 알고 있었다. '재건기획팀'은 지역통합 전략이 실현되더라도 수직적 통합이 아니라 한국의 독자성이 유지되기를 원했다. 즉 침략자였던 일본과 과거 식민지 국가들이 다시 관계를 재개하기 위해서는, 일본이 침략 의사가 없다는 점을 확약하는 등 먼저 양자가 동등한 관계를 형성할 있도록 반드시 사전조치가 강구되어야 한다고 생각했다.[271]

---

270   서정익, 앞의 논문, 1998, 183쪽.

271   「미국의 대일 정책에 경고! 일본의 침략근성 잠재를 직시하라」, 『주보』 92, 1954. 2. 10, 26쪽. 이승만은 침략의 위험이 공산주의자들에게서뿐만 아니라 일본으로부터도 온다는 점을 강조하고 미국이 이에 대한 경

사전조치가 강구되지 않는다 하더라도 일본과 관계를 재개해야 한다는 의견이 없는 것은 아니었다. 경제조정관 백두진과 무역협회 전무 출신이었던 상공부장관 강성태 등은 일본과의 관계개선이 필요하다고 판단했다.[272] 상공업자들이 사용하고 있는 시설재들은 주로 일제 시기에 일본에서 들여온 것들이었다. 노후된 시설재를 교체하기 위한 수요가 발생하고 있었다.[273] 미국과의 협상은 원조자금 증액, 소비재와 시설재의 비율 조정 등으로 난항을 거듭하는 중이었다. 이들은 일본과의 관계개선을 협상카드로 사용하면 상공업자들의 수요를 충족시키면서 동시에 미국과의 협상을 원만하게 타결할 수 있다고 생각했다. 백두진과 강성태는 이 점을 누차 이승만에게 강조했다.[274] 하지만 이승만은 일본 문제에 대해서만큼은 완강했다.

신생 독립국으로서 전쟁의 피해까지 입은 한국의 재건은 원조자금에 의존할 수밖에 없었지만, 원조는 시한이 정해져 있었다. 인플레이션을 감수하더라도 원조가 종결되기 전까지 자본주의 국가들과의 무역을 통해 생존할 수 있을 만큼 경공업과 중화학공업의 생산수준을 높이는 것이 한국 정부가 생각하는 1차적인 목표였다. 원조가 도입되는 동안 한국에서 생산되지 않아서 어쩔 수 없이 수입해야 하는 고무, 석유와 같은 부분을 제외하고는 최소한의 자급자족 수준을 확보해놓아야 한다는 것이 한국 정부의 생각이었다. 한국 정부는 미국의 반대에도 불구하고 국가가 주도하는 기간산업 공장건설에

각심을 갖기를 바랐다.

272 백두진, 『백두진 회고록』, 대한공론사, 1975; 「강성태」, 『재계회고』 7, 한국일보사, 1981, 261쪽.

273 최호진은 당시 대부분의 기계시설이 일본제였기 때문에 설비 유지를 위해서 절대적으로 일본 기계와 부품에 의존하지 않으면 안 되는 상황이었다고 말했다. 그는 일본 측이 이러한 한국 측의 약점을 이용해서 기계 부속품의 대한 수출에서 타국보다 적어도 10% 정도의 고가를 한국 수입업자에게 강요했고, 비철금속과 같은 물품은 심지어 40% 정도의 부당이득을 취했다고 비판했다. 최호진, 「한일통상 정상화를 위하여」, 『세계일보』 1960. 6. 13.

274 백두진, 『백두진 회고록』, 대한공론사, 1975; 「강성태」, 『재계회고』 7, 한국일보사, 1981, 262쪽.

박차를 가했고, 대충자금 운용에 대한 재량권을 얻어내고자 했다.

그러나 그러한 시도는 번번이 실패했다. 원조를 매개로 한국 경제에 개입하고자 했던 미국은 한국 측의 요구를 수용하지 않았다. 대충자금은 미국 측의 동의하에서만 집행될 수 있었다. 정부투융자를 통해 기간산업 건설을 일부 지원하고 있었으나, 대충자금 집행에 대한 미국의 동의를 얻어내지 못한다면 기간산업의 건설뿐 아니라 경제부흥은 요원한 일이 될 수밖에 없었다. 1956년 5월 현재 재건과 부흥의 재원으로 사용할 계획이었던 대충자금의 예산집행율은 40%에 불과했다.[275]

2) 김현철의 기용과 한미 간의 이견 조정

(1) 실용주의자 김현철의 등장

전후재건에 대한 의견차이로 한미 간의 협상이 표류하는 가운데, 이승만은 미국의 대외 원조기관에서 근무한 경험이 있는 김현철(金顯哲)[276]을 1955년 7월 재무부장관에 임명했다가, 곧 이어 부흥부장관 겸 경제조정관에 기용했다. 일제 시기 이승만의 비서로서 임시정부 구미위원회 활동을 했던 김현철은 해방 이후에도 계속 미국에 머물러 있었으나, 1953년 이승만의 급전으로 귀국했다. 이승만은 그가 귀국하자마자 바로 그를 재건사업을 도맡고 있던

275 대한민국 부흥부, 「경제일지」, 『부흥월보』 1-2, 1956. 7, 144쪽.

276 김현철은 1901년 경기도 양주 출생으로 1922년 경성고등공업학교 광산과를 졸업하고, 3년간 원산 누씨여고 교사로 근무했다. 도미하여 1928년 미국 린츠버그대학을 졸업하고 1929년에 콜럼비아대학 교육학 석사, 1931년 아메리칸대학 교육학 박사학위를 받았다. 이후 뉴욕 삼일주보사와 임시정부 구미의원부에서 일했다. 1941년에는 미 해외경제협력국, 1945년에는 미국 정부 작전부에서 근무했다. Hyun-Chul Kim, "History of Education in Korea", Ph. D. dissertation, Washington D. C.: American University, 1931, Biographical Sketch; 대한민국건국10년지간행회, 『대한민국건국 10년지 인사록』, 1956, 1000쪽; 霞開会 編, 『現代朝鮮人名辭典』, 1962, 93쪽 참조.

원용석 기획처장의 차장으로 임명했다.[277] 김현철은 이후 기획처차장, 농림부 차관, 재무부장관을 두루 거쳐 부흥부장관 겸 합동경제위원회의 경제조정관 직을 맡았다.[278]

그는 해방 전 미국의 해외 원조기관과 정보기관에 근무한 경험이 있는 미국통으로서, 오랜 미국 생활과 미국 기관에서 근무한 경력으로 인해 미 행정부와 의회의 분위기를 정확하게 감지하고 있었다. 경제조정관 부임 이전에도 김현철은 이러한 경력을 십분 활용하여 미국과의 협상에서 견인차 역할을 하곤 했다. 한 재무관료는 당시 상황을 다음과 같이 회고했다. "워싱턴에 갔어도 이분은 공석에는 잘 나서지 않고, 새벽 일찍부터 어디론지 나가서 주변 미국 정부 내외의 정보를 얻는 대로 백두진 조정관과 군부의 다른 수행원들에게 귀띔해주는 것에 머물렀다. (…) 다수의 국무위원들—특히 김일환 상공장관, 정재설(鄭在卨) 농림장관 같은 분들—이 아침 출근길에 김현철 재무장관실에 들러서 정무를 상의하는 광경을 자주 볼 수 있었다."[279] 지미파로서 기획·농림·재정 분야를 두루 거쳤기 때문에, 한국 정부가 미국과 전후재건사업에 관한 문제를 협상한다고 할 때 그만한 적임자가 없는 셈이었다.

김현철은 한국 정부의 입장만 강경하게 내세우기보다는 미국이 요구하는 조건을 수용함으로써 협상의 물꼬를 트는 것이 중요하다고 판단했다. 이는 그가 유학하면서 배운 미국 실용주의의 영향을 받은 사고였다. 그는 미국에 유학하면서 당시 미국 학계를 풍미했던 듀이(John Dewey)의 철학에서 많은

---

277 「김현철」, 『재계회고』 7, 한국일보사, 1981, 360쪽.

278 백두진이 재무부장관(후에 국무총리) 겸 초대 경제조정관을 맡다가, 국무총리제가 폐지되고 정부조직법 중 부흥부장관이 경제조정관을 겸한다는 항목이 신설됨에 따라 백두진의 후임으로 부흥부장관 유완창(兪莞昌)이 2대 경제조정관을 맡았다. 그 후 김현철이 부흥부장관에 부임함으로써 제3대 경제조정관직을 맡게 되었다.

279 이한빈, 『일하며 생각하며』, 조선일보사, 1996, 67쪽.

영향을 받았다.[280] 주지하듯이 듀이는 미국 실용주의를 확립한 미국 철학계의 대부로서 고정된 원칙보다는 현실 경험을 더 중시했고, 어떤 생각이나 명제가 지닌 실용적 의미는 그 생각을 현실에 적용할 때 생겨나는 결과에 있다고 생각했다. 생각의 타당성 또한 현실을 개조할 수 있는 유효성에 의해 결정되는 것으로 보았다. 김현철이 한국 정부의 입장을 고수하기보다 미국 측 요구를 적극 수용함으로써 정부 정책을 현실화시키는 데 주안점을 두었던 것 역시 이러한 실용주의적인 인식에 기반한 사고였다. 그는 협상을 통해 미국 측 요구였던 한일관계 개선, 재정금융 안정을 전적으로 수용하는 한편, 한국 정부가 꾸준히 요구해온 기간산업 건설과 원조증액에 대한 미국 측의 승인을 이끌어내고자 했다.[281]

(2) 한미 간의 이견조정과 합동경제위원회의 정례화

1956년 5월 26일 김현철의 경제조정관 부임 이후 한미 간의 이견은 급속도로 조정되기 시작했다. 그 결과 1956년 6월 20일 한미 간에 각서 교환이 이루어졌다.[282] 이 협정에서 미국은 생산설비에 대한 투자, 인플레이션 방지, 한국의 예산부족 해소를 위해 1956년 한국에 할당된 원조액에 방위지원 원조의

280 　김현철은 듀이가 재직했던 콜롬비아대학에서 석사과정을 마치고, 아메리칸대학에서 박사학위를 받았다. 그는 박사학위논문 서문에 Dr. John에게 많은 영감과 지도를 받았다고 적었다. Hyun-Chul Kim, "History of Education in Korea", Ph. D. dissertation, Washington D. C.: American University, 1931, Preface. 여기서 Dr. John은 듀이(John Dewey)를 지칭하는 것으로 추정된다. 듀이는 미국 교육학계의 대부이자, 북미대한인유학생총회의 자문위원을 맡았을 정도로 한국인들과 친분이 두터웠다. 장규식, 「일제하 미국 유학생의 근대지식 수용과 국민국가 구상」, 『한국근현대사연구』 34, 2005. 9, 132쪽.

281 　김현철은 이승만의 반대로 한일관계 개선을 포기하고 재정안정과 원조증액 문제에 주력했다고 술회했다. 「김현철」, 『재계회고』 7, 한국일보사, 1981, 362~365쪽.

282 　대한민국 부흥부, 「경제일지」, 『부흥월보』 1-2, 1956. 7, 146쪽. 회담의 진행 과정에 대해서는 "To ICA 2616 from CINCREP Seoul(Whitman), 1956. 6. 13", "To ICA 2638 from CINCREP Seoul(Whitman), 1956. 6. 15", "To ICA 2692 from CINCREP Seoul, 1956. 6. 21", RG 469, Office of Far Eastern Operations, Korea Subject Files, 1953~1959, Box 60 참조.

명목으로 2,500만 달러를 추가했다. 대신 비료를 비롯한 물자들의 자유처분과 인플레이션을 종식시키기 위한 한국 정부의 노력을 강조했다. 인플레이션 수습을 조건으로 비료, 판유리, 시멘트공장의 건설도 승인했다. 김현철은 자유경제의 확립, 재정안정을 위한 한국 정부의 적극적인 노력을 약속함으로써 원조증액과 기간산업 건설에 대한 동의를 얻어냈고, 한미 합의에 의한 정책운영의 가능성을 열어놓았다.[283]

이어 김현철과 유엔 사령부 측 경제조정관 타일러 우드는 3년여 동안 휴회 중이었던 합동경제위원회 본회의를 재개했다.[284] 합동경제위원회 본회의는 1953년 3월 제13차 회의 이후 개최되지 않았다. 다만 산하의 상설분과위원회가 원조 운영에서 한미공조가 필요한 부분을 논의하기 위해 비정규적인 회합을 가졌을 뿐이었다. 3년 동안이나 합동경제위원회 본회의가 휴회되었던 것은 한국 정부가 합동경제위원회 운영에 대해 가진 회의적인 시각과 백두진의 입지 때문이었다. 한국 측 초대 경제조정관 백두진은 유엔 사령부 측 경제조정관 우드에게 합동경제위원회 및 분과위원회에 소비되는 시간이 너무 많다는 의견을 피력했다.[285] 그는 일정한 기준을 세우고 그 기준 내에서 사무가 자동적으로 진행되도록 해야 능률도 오르고 한국의 국가적인 위신이 선다고 생각했다. 한국 경제운영의 주체는 한국 정부이므로 한국 정부와 원조기관이 원조 운영에 대한 기본적인 원칙에 대해서만 합의할 뿐, 일일이 미

---

283 재정안정을 위한 한국 측의 노력은 1957년부터 시행된 재정안정계획으로 구체화되었다. 그 내용에 대해서는 5부에서 후술한다.

284 합동경제위원회는 한국 정부와 유엔 사령부의 효과적인 경제조정을 촉진하기 위해 1952년 5월 24일 '대한민국과 통일사령부 간의 경제조정에 관한 협정'(이른바 마이어협정)으로 신설되었다. 합동경제위원회의 설립 취지에 따라 합동경제위원회 본회의는 1952년 6월 27일의 예비모임을 시작으로 1952년 7월 3일의 제1차 회의부터 1953년 3월 23일 제13차 회의까지 14번의 회합을 가졌으나, 1953월 3월 23일의 제13차 회의를 마지막으로 1956년 6월 27일의 제14차 회의까지 3년간 열리지 않았다.

285 백두진, 『백두진 회고록』, 대한공론사, 1975, 227쪽.

국 측과 협의할 필요는 없다는 것이었다. 백두진은 1953년 12월 1일 '경제재
건과 재정안정계획에 대한 합동경제위원회 협약'이 체결되어 경제재건에 대
한 원칙이 정해진 이상, 합동경제위원회의 회합 수는 적으면 적을수록 좋다
고 생각했다. 미국 측 경제조정관실의 사무가 세분되고 인원이 증가하는 것
도 달갑게 여기지 않았다.[286] 이는 한국 정부의 공식적인 입장이기도 했다.

한편 1954년 5월 20일 총선에서 자유당이 압승을 거두고[287] 이기붕이 국회
의장에 당선되자, 백두진은 국무총리직에서 물러나 경제조정관직만 유지하
게 되었다.[288] 실직이 없이 경제조정관을 맡게 된 백두진은 미국과의 협상 외
에는 경제부처를 통솔할 권한이 없었다. 국무위원급이었으나 국무위원도 아
니었다. 국무총리직에서 물러난 백두진은 합동경제위원회의 한국 측 경제조
정관이었지만 장·차관들이 의장을 맡고 있는 상설분과위원회를 총괄할 권
한 또한 없는 셈이었다. 그가 국무총리직에서 물러난 후 합동경제위원회의
사무는 각 부처가 상설분과위원회를 통하여 진행하고 있었다. 백두진은 각
분과위원회에서 해결되지 않는 일만 최종적으로 미국 측 경제조정관과 협의
할 뿐이었다. 그 외에 그에게 맡겨진 경제행정적인 역할은 전혀 없었다.[289] 이
승만은 백두진과 합동경제위원회에 힘을 실어줄 의사가 없었던 것이다.

김현철이 경제조정관으로 부임하면서 이런 문제들이 해결되기 시작했
다. 1956년 6월 27일 김현철과 우드는 상호이해를 필요로 하는 중요한 이슈들

---

286 위의 책, 227쪽.
287 1954년 5·20선거 결과 총 203석의 국회의석 중 자유당이 99석, 민국당이 15석, 무소속이 89석을 차지했다.
     그러나 자유당은 개헌선을 확보하기 위한 포섭 공작을 통해 무소속 의원 34명을 확보했다.
288 박희현도 이즈음 상공부장관으로 부임했다가 한 달 만에 사임했다. 후임 재무부장관에는 이기붕과 막역
     한 이중재가 발탁되었고, 상공부장관에는 차관이었던 강성태가 승진했다. 두 사람 모두 자유당과 상공회
     의소, 무역협회에 인맥을 가진 인물이었다.
289 백두진, 『백두진 회고록』, 대한공론사, 1975, 227~228쪽.

을 공유하기 위해 합동경제위원회 본회의를 정례화하고 원조사업에서 협력을 강화하기로 결정했다.[290] 그간 한국의 경제정책은 한국의 경제장관들로 구성된 부흥위원회와 유엔 측 경제조정관을 보좌하는 경제조정관실을 통해 각각 검토되고 있었다. 양측 경제조정관은 부흥위원회와 경제조정관실이 각각 해왔던 정책 조정 업무를 합동경제위원회로 가져와 한미가 함께 논의하고 해결하기로 합의했다.[291] 앞으로 한국의 경제 현안은 2주에 한 번씩 열리는 합동경제위원회 회의에서 구체적으로 검토되고 조정될 것이었다.

김현철은 입각한 직후부터 실용주의적 접근을 통해 난항에 빠진 미국과의 협상을 조정하기 시작했다. 그는 경제안정이라는 요구조건을 전폭적으로 수용함으로써 미국의 원조증액과 기간산업 건설에 대한 승인을 얻어냈다. 그리고 오랫동안 휴회 상태였던 합동경제위원회 본회의를 재개하고, 한국의 경제 현안을 합동경제위원회에서 논의하도록 했다. 합동경제위원회가 정례화되자 한국 경제장관들의 협의체인 부흥위원회가 했던 경제정책에 관한 전반적인 논의구조가 합동경제위원회로 옮아갔고, 중요한 경제정책이 합동경제위원회의 상설위원회와 본회의에서 조정되고 결정되는 구조가 형성되었다. 이는 한미공조가 확대되는 한편 한국 정부의 자율적이고 독자적인 정책 운영이 제한되는 양면적인 결과를 가져왔다.

---

290 "Combined Economic Board Minutes, 1956. 6. 27", RG 469, Mission to Korea, Office of the Controller, Combined Economic Board Secretariat, 1952~1961, Board Meeting Minutes, Box 1. 이 회의의 유엔 사령부 측 참가자는 경제조정관 타일러 우드, 부경제조정관 그랜트 휘트맨, 경제조정관실 경제재정정책고문 로웰 쵸우너, 경제조정관실 기획국장 조지 루이스, 경제조정관실 부흥사업국고문 윌리엄 세이모어였고, 한국 측 참가자는 경제조정관 김현철, 상공부장관 김일환, 재무부차관 천병규(千炳圭), 부흥부차관 김치영(金致榮), 부흥부 조정국장 김태동(金泰東)이었다. 그 외에는 합동사무국의 장하정(張河鼎), 헨리 코스탄조, 헬렌 짜르코우스키가 배석했다.

291 "Combined Economic Board Minutes, 1956. 6. 27", RG 469, Mission to Korea, Office of the Controller, Combined Economic Board Secretariat, 1952~1961, Board Meeting Minutes, Box 1.

5부

경제자립 논의와 경제개발계획의 수립

1장
산업구조의 불균형 타개와 자립방안 모색

1. 전후재건사업의 완료와 부흥 논의의 시작

1) 산업구조의 불균형 문제와 '자립경제론'의 대두

전쟁이 끝난 후 폭발적인 재건 수요는 생산증가를 이끌었고, 전후재건사업이 진행되는 동안 국민총생산은 연간 약 5%씩 증가했다. 국민총생산액의 증가는 광공업의 급속한 생산증가에 기인했다. 그 결과 전후재건사업에 착수한 지 3년이 되는 1956년에 1949년 수준으로의 회복을 목표로 했던 한국의 생산력은 주택을 제외한 거의 모든 부문에서 전쟁 전 수준을 넘어섰다. 교통·전력·통신설비는 1949년 수준을 능가했고, 섬유공업의 279%를 필두로 공업분야의 생산수준은 1949년 대비 183%의 현저한 신장세를 보이고 있었다. 광공업 생산의 증가에 힘입어 국민총생산액은 1949년에 비해 약 15% 상회하는 규모로 증가했다. 그에 따라 1인당 국민소득도 1949년 수준을 약간 초과하는 것으로 집계되었다.[01] 이에 주한미대사관은 한국 경제 연례평가에서 1956년

---

01   한국은행조사부, 『경제연감』, 1957, I-1쪽, I-90쪽 참조.

을 "재건 단계가 완성"되고 "부흥 단계가 시작되는 해"라고 평가했다.[02]

부문별로 살펴보면 섬유, 화학, 식품, 금속기계, 석탄 부문의 발전이 현저했다. 특히 안정적인 원조물자의 도입을 기반으로 한 삼백산업의 성장이 두드러졌다.[03] 전후재건의 필요성과 경제안정에 대한 미국의 요구에 따라 원자재 수입은 생활필수물자에 집중되었고, 그것이 삼백산업 성장의 기반이 되었다.

소비재산업, 특히 삼백산업에 집중된 산업구조의 문제를 보완하기 위해 이승만(李承晩) 정권은 1954년부터 1957년까지 시설투자자금을 정부투융자의 명목으로 한국산업은행을 통해 방출했다. 1954년부터 1957년까지 방출된 정부투융자 총액은 271억 8,100만 원에 달했다. 이로 인해 민간 부문의 소비지출은 억제되었고, 정부의 투자지출은 증가했다. 투자 내용을 살펴보면, 방적, 직물과 같은 소비재 생산 부문에 대한 투자는 거의 민간투자로 이루어졌던 반면, 전원 개발·수리·철도·시멘트·판유리·석탄 개발·비료·철강 등 주로 동력과 기초생산재 부문에 대한 투자는 재정투융자에 의해 추진되는 양상을 보였다.[04]

재건 수요와 정부의 투자 활동 확대는 물가를 상승시켰다. 군사비와 전란 수습비로 재정적자에 시달리던 정부는 이 문제를 해결하기 위해 재건 수요에 따른 국민총지출 증가분의 약 20%를 원조로 보전했다.[05] 원료의 공급도 주

02 도널드 스턴 맥도널드 지음, 한국역사연구회 1950년대반 옮김, 『한미관계20년사(1945~1965년)―해방에서 자립까지』, 한울, 2001, 413쪽.

03 한국은행조사부, 『경제연감』, 1957, I-5쪽. 1949년 대비 공업 각 부문 증가추세의 상세한 내용에 대해서는 I-91~99쪽 참조.

04 한국산업은행10년사편찬위원회, 『한국산업은행10년사』, 1964, 67~70쪽.

05 한국은행조사부, 『경제연감』, 1957, I-4~7쪽. 재정부족 또한 원조물자의 판매대금 적립금인 대충자금으로 충당되었는데 세입 중 대충자금이 차지하는 비율은 1953년 17.1%, 1954년 35.5%, 1955년 46.5%, 1956년의 경우 47.4%에 달했다. 한국재정40년사편찬위원회, 『한국재정40년사』, 제6권, 한국개발연구원, 1991, 157쪽; 한

로 미국의 원조에 의존했다. 수입은 대부분 원조로 제공되거나 원조자금으로 지불되었고, 수출은 증가하고 있었지만 수입의 1/6에도 미치지 못하는 액수였다. 국제수지의 심각한 불균형 또한 원조로 메워지고 있었다. 이렇듯 한국은 전전의 생산력 수준을 회복했지만, 재정적자와 원자재 도입, 국제수지 적자 등이 모두 원조로 보전되고 있는 셈이었다.

미국은 휴전협정 체결에 동의하는 대가로 한국에 상호방위조약과 경제원조를 약속했다. 한미공동성명서에 의하면, 미국은 한국에 향후 3~4년간 10억 달러의 무상원조를 제공하기로 했다. 한미상호방위조약과 한미경제협정의 조인으로 이승만 정권은 침략을 방어할 군사력과 전후재건사업을 뒷받침할 경제원조를 보장받았다고 생각했다. 그러나 원조는 전후 3~4년간으로 시한이 정해져 있었고, 1954년부터 시작된 원조계획은 이미 그 시한이 끝나가고 있었다. 이에 원조가 종료되기 전까지 투자를 조정하고 산업 불균형을 시정하는 등 자립의 토대를 만들어야 한다는 여론이 비등했다.

원조사업이 마감되기 전에 자립해야 한다는 당위에는 이견이 있을 수 없었다. 그러나 자립이란 무엇인가, 어떻게 자립할 것인가에 대해서는 의견이 분분했다. 자급자족 체제를 구비해야 한다는 논자도 있었지만,[06] 전후의 경제 관료들은 '자립'의 1단계를 자본주의 국가들과 국제무대에서 상호교역을 하면서 살아갈 수 있는 수준, 즉 '국제수지의 균형상태'로 정의한 바 있었다.[07]

자립경제란 원론적으로 수입에 의존함 없이 자국의 수요를 자급자족할 수 있는 경제를 말한다. 그러나 생산능력과 부존자원의 한계로 인해 이를 실

국은행조사부, 『경제연감』, 1957, I-2쪽 참조.

06 최호진, 「한국 경제정책의 제 문제」, 『새벽』 1, 1954. 9.

07 원용석(元容奭)은 이를 "국제적인 유무상통주의에 입각한 자립경제"라고 표현하기도 했다. 원용석, 「FOA 원조와 한국 경제」, 『현대공론』 2-10, 1954. 12, 19쪽.

현할 수 있는 국가는 지구상에 거의 없다. 세계 각국은 이를 무역을 통해 해결했다. 그러므로 자립경제는 일단 한국의 수출능력으로 수입을 감당할 수 있는 상태, 즉 '국제수지의 균형상태'로 설정되었다.[08] 한국의 자원으로 생산이 곤란하지만 국민경제에는 꼭 필요한 물자는 수입하고, 수입한 물자의 대가를 지불하는 데 필요한 재원은 수출로 획득한 외화로 지불하되, 수입과 수출의 규모가 동일한 수준을 유지해야 한다는 것이었다.

2) 자립화 정책의 추진

지금까지 한국의 국제수지 불균형은 원조로 보전되고 있었기 때문에 원조 없이 자립하기 위해서는 수출능력을 제고하는 것이 급선무였다. 한국의 수출품은 수산물과 중석 등 일부 광산물에 불과했다. 자립을 위해서는 수산물과 광산물에 편중된 수출구조에서 벗어나 수출 품목을 확대해야만 했다.

먼저 일제 시기 주요 수출상품이었던 쌀의 수출 가능성이 타진되었다. 그렇지만 한국의 쌀은 국제시장에서 가격경쟁력이 없었기 때문에, 판로는 한국 쌀에 대한 수요가 있는 일본으로 제한될 수밖에 없었다. 대일 쌀 수출은 몇 차례 시도되기는 했지만 공식적으로는 성사되지 않았다.[09] 일부 기대하는 논자들도 있었지만, 쌀 수출에 대해서는 농업 문제 전문가인 박동묘(朴東昴)조차 회의적이었다. 그는 현재로서는 한국 경제의 산업구조를 보완할 수 있는 유일한 농산물이 쌀이지만, 쌀은 생산력과 시장 문제로 인해 수출품으로서 중대한 역할을 하기 어렵기 때문에 쌀 수출에 의존할 것이 아니라 공업화에 힘써야 한다고 주장했다.[10]

---

08 장하정, 「한국 경제부흥과 현 단계」, 『재무』 4, 1955. 2; 김안재, 「외자 도입의 한계」, 『부흥월보』 5, 1956. 12.

09 차철욱, 「이승만 정권기 무역 정책과 대일 민간무역 구조」, 부산대 사학과 박사학위논문, 2002, 93쪽.

10 박동묘, 「한국 경제와 미작농」, 『사상계』 20, 1955. 3, 87쪽, 90쪽.

쌀 외의 수출 품목으로 지목된 것은 자급을 넘어서 과잉상태에 접어들고 있는 면방직 제품이었다. 그러나 국제표준규격과 품질을 검증받지 못한 면방직 제품을 해외에 수출한다는 것은 쉽지 않은 일이었다. 이에 상공부는 면방직 제품을 유엔군에 군납하는 방안을 모색했고, 미국 측과 수차례 교섭을 시도했다. 그 노력은 일정한 성과를 거두어 상공부가 미국 측과 교섭한 군납품 조달실적은 1956년에는 2,300만 달러, 1957년에는 2,200만 달러에 달했다.[11]

다음으로 정부는 수입 의존도가 높은 상품을 국내에서 생산해서 외화를 절약하고자 했다. 석유와 고무, 산업용 기계와 같이 국내 생산이 불가능한 상품을 제외하고, 수입 의존도가 높은 비료, 시멘트, 판유리 등의 자급도를 높이는 방안이 모색되었다. 이른바 '수입대체산업화'였다. 비료는 식량증산을 위해, 시멘트와 판유리는 전후재건과 경제개발을 위해 수요가 급증하고 있었다. 이들 상품에 대한 수요는 대부분 수입으로 충당되었으나, 시멘트와 같은 경우는 국내의 부존자원과 원조기관의 기술지원을 활용한다면 충분히 자급할 수 있는 부문이었다.

이러한 산업은 단지 수입을 대체하는 효과만 가진 것이 아니었다. 산업발전의 대동맥 역할을 하는 석탄, 전기와 함께 농업의 토대를 세우기 위한 비료, 장기 건설의 필수물자인 시멘트와 판유리, 그리고 제철 등의 '기간산업'은 기초 중화학공업으로서 산업 연관 효과가 높아 주변 산업의 발전을 이끌고, 원조가 단절되었을 때 그전과 다름없는 생활을 영위하기 위한 최소한의 기반으로 간주되었다. 그러므로 외화를 절약하고 미국의 원조 감소에 대비하기 위해서는 에너지원인 석탄과 전력 및 시멘트·비료·판유리·제철공장에 대한

---

11 「도로아미타불의 군납, 58년도의 실적 20%나 급전 낙하」, 『동아일보』 1958. 8. 3. 그러나 기사처럼 1958년도에는 그 실적이 점차 떨어지고 있었다.

<표 11> 석탄개발 5개년계획

(단위: 천 톤)

연도	국내 생산량	유연탄 수입	계	자급률(%)
1953	867	782	1,649	52.57
1955	1,308	1,155	2,463	53.10
1958	2,671	532	3,203	83.39
1963	8,858	124	8,992	98.50
1965	10,248	117	10,365	98.87
1967	12,436	58	12,494	99.53

* 출전: 대한석탄공사, 『대한석탄공사50년사 1950~2000』, 2001, 73쪽.

중점적인 시책이 요구되었다.

　김일환 상공부장관은 먼저 석탄개발 5개년계획 및 연료종합 5개년계획을 세워 본격적인 증산 정책을 추진했다. ICA 자금을 재원으로 하여 추진된 석탄개발 5개년계획은 1960년 430만 톤 증산을 목표로 했다. 이 계획은 1957년 탄전종합개발 10개년계획(1957~1966), 1959년 다시 석탄증산 8개년계획(1959~1966)으로 수정되었고, 1960년의 제1차 경제개발 5개년계획으로 계승되었다. 이 계획기간 동안 대한석탄공사와 민영탄광은 1958년에 267만 톤을 생산함으로써 83.39%의 자급률을 실현했다. 따라서 연간 1백만 톤에 이르던 석탄의 수입은 점차 감소했다. 또한 1957년 1월 법정가격이 5,100환에서 7,800환으로 52% 인상됨에 따라, 대한석탄공사는 본격적인 생산에 착수한 이래 처음으로 5억 7천 8백만 환의 흑자를 냈다.[12] 증산과 흑자경영에 힘입어 대한석탄공사는 1960년에는 공사 창립 초기부터 누적되어온 결손분을 완전히 청산할 수 있었다.[13]

12　1954년 12월에 파견되었던 군 파견단은 증산과 경영흑자를 내면서 1957년 8월 21일 철수했다. 「석공 지원 육군 21일 철수」, 『조선일보』, 1954. 8. 9; 「석공 군지원단의 업적, 3차년엔 90%의 증산」, 『조선일보』, 1954. 8. 22.
13　대한석탄공사는 1957년부터 본격적인 경영 합리화에 착수했다. 1957년에는 기술훈련소를 설치하여 기술

이어 김일환 상공부장관은 장항제련소에 군인들을 파견하여 수송 문제를 담당하도록 하는 한편,[14] 1956년 5월 8일 철저한 감사와 조사 강화로 기간산업공장의 효율적인 건설 방안을 강구할 것이라고 천명했다.[15] 비료, 시멘트, 판유리는 이미 '3대 기간산업'으로 분류되어 있었지만, 건설은 지지부진한 상태였다.[16] 상공부는 기간산업과 중소기업의 건설 촉진을 위해 상공부차관 직속의 '건설반'을 신설하기로 결정했다.[17] 그리고 1956년 8월 11일에는 나주에 제2비료공장을 건설하기로 독일 측과 합의했다.[18] 이러한 시책에 발맞추어 재무부는 인천 판유리공장 시설자금으로 부흥예산 중 UNKRA 1954년도 사업비에서 9,596만 3,000환을 영달하는 등 기간산업 건설에 박차를 가했다.[19] 1956년 이후에는 생산재 부문에 대한 집중적인 대출이 이루어져 이 부문 대출총액이 전 금융기관 대출의 61.1%에 달했다. 비료·시멘트·판유리 부문에 대한 대출은 생산재 부문 대출액의 절반에 가까운 47.9%로서 기간산업에 대한 집중투자 현상이 일어나고 있었다.[20]

정부는 또한 외국의 전문가를 초빙하여 제철·제강사업의 발전 가능성을 타진하기도 했다. 정부 초청으로 국내 제철, 제강공장 시설을 시찰한 서독의

인력을 양성하고, 인력모집을 공개채용으로 전환했다. 1958년에는 전국에 판매대행점을 설치하여 판매력을 강화했다. 1959년에는 미국의 석탄개발 자문기관인 유솜(USOM)과 장성광업소 및 대한석탄공사의 일반 관리에 대해 용역계약을 체결하고 조직을 정비했다.

14 국회사무처, 「제21회 제85차 국회속기록」(1956. 2. 16), 25쪽, 상공부장관 김일환 발언.

15 대한민국 부흥부, 「경제일지」, 『부흥월보』 1-2, 1956. 7, 143쪽.

16 기간산업의 건설 실태에 대해서는 김성조, 「1950년대 기간산업공장의 건설과 자본가의 성장」, 연세대 사학과 석사학위논문, 2002가 자세하다.

17 대한민국 부흥부, 「경제일지」, 『부흥월보』 1-2, 1956. 7, 143쪽.

18 대한민국 부흥부, 「경제일지」, 『부흥월보』 1-3, 1956. 9, 144~145쪽.

19 대한민국 부흥부, 「경제일지」, 『부흥월보』 1-5, 1956. 12, 112쪽. 산업은행 총재 구용서는 한국의 금융정책이 정부의 균형예산 편성과 인플레이션 수습의 고달프고 지루한 과제로부터 벗어나 생산진흥을 위한 본래의 과제로 복귀해야 한다고 주장했다. 구용서, 「금융정책 전환의 의의와 그 방향」, 『산업경제』 37, 1956. 5, 9쪽.

20 김성조, 앞의 논문, 2002, 52쪽.

저명한 제강기술자 루즈 박사는 한국의 제철, 제강사업에 대해 "그 전도를 지극히 낙관시 할 수 있는 제반 요소를 구비하고 있다"고 평가했다.[21] 이에 재무부는 대한중공업공사 인천평로 내화연와 도입비로 정부가 보유한 18만 1,000달러의 방출을 승인했다.[22] 이어 상공부는 5개년 제철·제강사업계획을 완수하기 위해 1,700만 달러에 달하는 자금을 확보해줄 것을 재무부에 요청했다.[23] 이러한 중점적인 조치에 힘입어 대한중공업공사는 1957년 9월 말 현재 1만 6,000톤의 동괴를 생산했고, 삼화제철은 1957년 12월부터 선철 생산을 시작할 수 있는 단계에 접어들었다.[24]

전후재건사업이 시작된 지 3년이 되는 1956년 삼백산업은 이미 생산 과잉 상태에 접어들었다. 반면 기간산업은 한창 공장건설이 진행 중이었으나 생산수준은 아직 일천했다. 방적 등의 섬유산업 부문에는 불필요한 중복투자가 일어났고, 기초산업 부문의 건설과 시설재 인수는 지연되기 일쑤였다. 한편으로는 투자확대를 조정할 필요성이, 다른 한편으로는 수입 수요를 억제하고 국내투자를 증대시킬 필요성이 커졌다.[25] 또한 수출을 장려하고 기간산업을 육성함으로써 자립의 토대를 만들고자 하는 정부의 정책은 재정의 제약조건 속에서 제한적으로 추진되고 있었다. 이러한 과정에서 모든 정책수행 과정을 하나의 계획으로 수렴하여 보다 효율적으로 경제개발계획을 추진해야 한다는 요구가 정부 내외에서 커지고 있었다.[26]

---

21 대한민국 부흥부, 「경제일지」, 『부흥월보』 1-2, 1956. 7, 144~145쪽.

22 대한민국 부흥부, 「경제일지」, 『부흥월보』 1-5, 1956. 12, 117쪽.

23 대한민국 부흥부, 「경제일지」, 『부흥월보』 1-2, 1956. 7, 145쪽.

24 김일환, 「신년도 상공시정방침」, 『산업경제』 54, 1958. 1, 4쪽.

25 부완혁, 「산업부흥과 과잉투자 문제」, 『산업경제』 48, 1957. 7.

26 송인상, 「해방 11년의 경제」, 『산업경제』 41, 1956. 9; 주재영, 「경제부흥의 제 요건」, 『산업경제』 43, 1956. 11.

2. 경제자립을 위한 이론적 모색

1) 케인즈경제학과 후진국 개발론

원조 없이 자립할 수 있는 방안이 모색되는 가운데 정·재계와 학계에서
는 경제개발 이론에 대한 관심이 높아지고 있었다. 정책 담당자들과 신태환
(申泰煥)·최호진(崔虎鎭) 등 학계의 중진들은 전후재건 과정에서 케인즈주의 및
독일 신경제학의 적용을 생각했다.[27] 그들 중 일부는 1930년대 일본과 미국에
유학하면서 대공황 이래 전 세계를 풍미했던 케인즈경제학의 세례를 받았
다.[28] 케인즈경제학의 내용은 이미 1933년 무렵부터 국내에 소개되었다.[29]

독점자본주의 단계 이전의 고전파 경제학 이론에서는 소비자와 기업의
자유로운 경제 활동에 의해 실현되는 균형상태가 대체로 완전고용 상태에
접근해 있다고 보았다. 불완전고용을 수반하는 불황도 존재했지만, 이 불황
은 주기적으로 반복되는 경기순환의 한 국면에 불과한 것으로 간주되었다.
그러나 독점자본주의 단계에 들어가면서 불황은 만성적인 조짐을 보이기 시
작했다. 특히 1929년 뉴욕 증시 폭락으로 시작된 불황은 공황을 수반하면서
전 세계에 파급되었다. 사적 소유와 사회적 생산 간의 괴리로 인한 자본주의
의 모순이 자기 조절력을 상실하고 일순간에 폭발한 것이다.

---

27 최호진은 독일 신경제학의 한국적 적용을 주장했다. 신경제학은 케인즈주의에 기반한 성장이론으로서 국
가가 법과 제도를 정비해 국민경제의 틀을 만들고 국민경제의 틀 내에서는 자유경쟁의 원리를 활성화한
다는 내용을 골자로 했다. 이는 독일 전후 부흥의 이론적 토대가 되었다.

28 최호진, 「나의 학창시절」, 『재정』 1957. 7, 157쪽; 백두진, 『백두진 회고록』, 대한공론사, 1975, 48쪽; 고승제,
『경제학자의 회고』, 경연사, 1979, 52쪽; 신태환, 「한국 경제학 50년의 회고」, 『한국 경제학의 모색』, 한국연
구원, 1983, 17쪽.

29 케인즈. J. M, 「케인즈의 세계경제개혁론」, 『신동아』 23, 1933. 9. 1936년 발표된 케인즈의 일반이론은 식산은
행 조사부원이었던 김경진(金慶鎭)과 사회주의 경제학자인 윤행중(尹行重)에 의해 1937~38년경 국내에
소개되었다.

이러한 자본주의 현실은 경제학자들에게 공황의 극복과 실업의 구제라는 숙제를 남겼다. 이 문제에 대해서 고전파 경제학자들은, 공급은 자신의 수요를 만들어낸다는 '세이의 법칙'에 의해 완전경쟁이 실현될 경우 일시적인 실업이거나 노동할 의사가 없는 자발적 실업을 제외하고는 언제나 완전고용이 실현된다고 주장해왔다. 따라서 그들은 실업의 원인을 완전경쟁을 저해하는 노동시장의 불완전성이나 노동조합의 존재 등에서 찾았다.

그러나 케인즈는 자본주의하에서는 완전고용과 불완전고용의 상태가 모두 존재할 수 있고, 공황을 탈출하고 완전고용을 실현하기 위해서는 조세·화폐·금융·재정 정책 등을 통한 정부 당국의 인위적인 개입으로 유효수요를 창출해야 한다고 주장했다.[30] 정부의 정책적 조정이나 계획의 필요성에 대한 논의가 본격적으로 등장한 것이다.

6·25전쟁 이후 한국은 케인즈경제학이 붐을 일으켰던 1930년대와 같은 공황 상태는 아니었지만 광범위한 실업 문제와 자본의 부족은 자립적인 경제운영을 가로막는 요소였다.[31] 농지개혁으로 지주소작 관계는 철폐되었지만 가구당 경지면적은 0.75정보에 불과했고 과소농의 문제가 심각했다. 농촌에 퇴적해 있는 과잉인구를 흡수할 방안이 필요했으나 공업시설과 그를 건설할 자본이 부족했기 때문에 취업 기회는 제한적이었다. 당시 실업자는 인구의 15% 정도로 추산되었다.[32] 실업구제를 위한 정부의 정책적 개입과 계획의 필요성을 강조한 케인즈의 이론을 바탕으로 대규모 공공사업을 벌여 고용을 창출했던 뉴딜 정책의 경험은 정책 담당자들에게 실업구제와 생산력

---

30 A. H. 한센 저, 김용권·이면석 역, 『케인즈경제학』, 성좌사, 1954.

31 "Combined Economic Board Minutes, 1956. 6. 27", RG 469, Mission to Korea, Office of the Controller, Combined Economic Board Secretariat, 1952~1961, Board Meeting Minutes, Box 1.

32 부흥부 산업개발위원회, 『경제개발 3개년계획안』, 1959, 49쪽.

증진을 위한 유력한 방안으로 인식되었다.[33]

그러나 일부 지식인들은 '유효수요의 원리'인 케인즈주의로는 한국을 효과적으로 부흥시킬 수 없다고 생각했다. 이들은 선진국은 불경기로 인해 퇴적된 자본과 유휴 생산시설의 문제를 가지고 있었기 때문에 유효수요의 창출이라는 자극으로 활기를 되찾을 수 있었지만, 한국은 유효수요 창출을 위한 자본과 생산능력이 처음부터 부족했기 때문에 유효수요의 창출만으로 문제를 해결할 수 없다고 판단했다. 이들은 개인주의를 인정하면서 유효수요 창출을 위한 신용과 조세 정책을 통해 경제성장을 달성하자는 케인즈주의는 한국의 몸에 맞는 옷이 될 수 없다고 주장했다.[34]

이들은 재정투융자나 금융조작과 같은 소극적인 방식뿐 아니라 생산계획 등 '선의의 조정자'인 국가의 적극적인 개입을 통한 산업구조의 재편이 시급하다고 생각했다.[35] 때마침 도입된 후진국 개발론[36]은 이러한 주장의 이론적 기초로 작용했다.[37] 한국이 가진 문제는 유효수요의 창출이라는 케인즈주의적인 접근법이 아니라 국가가 나서서 자본을 축적하고 시장을 확대하며 생산을 계획하는 후진국 개발의 관점에서 접근해야 한다는 것이었다.

그러나 케인즈주의를 논하든, 후진국 개발론을 이야기하든, 논자들의 핵심은 경제에 대한 국가의 개입과 역할에 대한 것이었다. 후진국 개발론자들은 유효수요의 원리인 케인즈주의로는 한국의 경제 문제를 해결할 수 없다

33 송인상, 『부흥과 성장』, 21세기북스사, 1994, 133쪽.

34 안림, 「자본주의와 계획경제」, 『기업경영』 1959. 2(안림, 『한국경제재론』, 법문사, 1961, 116쪽에서 재인용).

35 위의 글(위의 책, 111쪽에서 재인용).

36 후진 지역, 후진국이라는 용어는 1949년 트루먼 미 대통령이 취임사에서 "민간자본을 동원하여 후진 지역의 개발을 도모한다"고 언급함으로써 널리 쓰이게 되었다. 대한민국 부흥부, 『부흥월보』 1-3, 1956. 9, 46쪽.

37 최근 홍정완은 한국 경제학계의 후진국 개발론 수용 문제에 착목하여 학자들과 관료들의 넉시, 루이스, 돕 이해 방식을 면밀히 고찰했다. 홍정완, 「1950년대 한국 경제학계의 후진국 개발론 수용」, 『한국사연구』 182, 2021, 429~442쪽.

고 비판했지만, 케인즈주의와 뉴딜에 호감을 가졌던 지식인들이 주목한 것은 유효수요의 원리가 아니라 경제에 대한 광범위한 국가의 개입과 역할이라는 케인즈주의의 방법론이었다.[38] 이들은 이러한 방법론이 선진국뿐만 아니라 후진국에서도 통용될 수 있다고 보았고, 이를 통해 자본주의의 무계획성을 극복할 수 있다고 생각했다.[39] 케인즈주의에서 출발하든, 후진국 개발론에서 출발하든, 결국 결론은 경제자립을 위해 국가의 개입과 역할이 필요하다는 것이었다. 당시 한국의 지식인들 사이에는 이렇게 경제자립을 위한 체계적이고 종합적인 계획의 필요성과 그를 추진할 국가의 역할에 대한 공감대가 형성되고 있었다.

2) 자본형성 및 산업화 방안

체계적이고 종합적인 국가의 계획이 추진된다 하더라도, 민족자본이 취약한 한국에서 경제자립을 달성하기 위해서는 자본형성 문제가 시급한 해결과제로 남아 있었다. 부흥부의 젊은 관료들은 이 문제와 관련하여 후진국 자본형성의 방법을 제시한 넉시(Ragnar Nurkse)의 이론에 주목했다. 부흥부 조정국장이었던 김태동(金泰東)[40]은 넉시의 *Problems of Capital Formation in Underdeveloped Countries*[41]를 "저개발국 식자들의 성경이요, 위정자들의 복음서라고 필자가 믿

---

38 성창환, 「한국 경제와 케인즈경제학―케인즈경제학은 후진국 경제에 무엇을 기여할 것인가?」, 『사상계』 33, 1956. 4, 101쪽.

39 배성룡, 「후진국 종합개발책―아시아 제국(諸國)의 전력·관개 문제 등 동시 해결안을 논함」, 『사상계』 33, 1956. 4, 42쪽.

40 김태동은 1918년 충남 괴산 출생으로 제일고보와 메이지대학 법학부를 졸업했다. 일제 시기 고등문관시험 행정과에 합격해서 무주·고창 군수, 총독부 전매국·재무국 사무관을 역임했다. 해방 후 재무국 전매사업과장, 염삼과장, 외무부정무국 기획과장을 지냈고, 1953년 무역협회 일본지부장을 거쳐 1956년부터 부흥부 조정국장으로 근무했다. 『대한민국 행정간부 전모』, 국회공론사, 1960, 151쪽; 霞關會 編·日本外務省アジア局 監修, 『現代朝鮮人名辭典』, 世界ジャーナル社, 1962, 84~85頁.

41 이 책은 넉시가 이집트의 카이로에서 이집트국립은행 창립 50주년 기념강좌로 발행했던 *Some Aspects*

고 조석으로 손에 드는"[42] 책이라고 했고, 부흥부 기획국 기획과장이었던 이기홍(李起鴻)[43] 역시 "복음적 이론", "세계 각지의 미개발국에 대하여서는 케인즈혁명에 비할 만한 혁명적 이론"[44]이라고 극찬했다.

당시 경제개발 연수기관이었던 EDI(Economic Development Institute)[45]에서는 아더 루이스(William Arthur Lewis)의 『경제성장의 이론』[46]과 틴버겐(Jan Tinbergen)의 『경제개발의 설계론』[47]이 후진국 경제개발의 교과서처럼 쓰이고 있었다.[48] 그러나 루이스의 이론은 부흥부의 젊은 관료들에게는 인기가 없었다. 그것은 그의 논리 때문이 아니라 후진국 개발 문제에 접근하는 그의 관점 때문이었다. 그는 국민들에게 협력과 희생을 요구하기 위해서는 경제계획의 작성과 수행에서 무엇보다도 먼저 강력하고 유능하며 부패하지 않은 정부가 필요하다고

---

*of Capital Accumulation in Undeveloped Countries*를 가필하여 1953년 뉴욕에서 *Problems of capital formation in underdeveloped countries*라는 제목으로 발간한 것으로서 1955년 한국은행 조사부에서는 이 책을 『미개발국가의 자본축적』으로 번역하여 출간했다. 김태동은 이 책을 『개발저국(低國)의 자본형성의 제 문제』로, 이후의 번역자들은 『후진국 자본형성론』으로 번역했다.

42 김태동, 「장기계획 개편상의 기초지식」, 『부흥월보』 1-3, 1956. 9, 31쪽.

43 이기홍은 1922년 전남 장성 출생으로 중동고등학교를 졸업했다. 1944년 히로시마고등사범학교 영문과에 입학했다가 해방 후 미군정장관실에서 통역으로 일했다. 1950년 미국 앰허스트대 경제학과, 1954년 콜롬비아대 대학원 경제학부를 졸업한 후 부흥부 기획국 기획과장으로 근무했다. 『현대한국인명사전』, 합동통신사, 1972, 112쪽; 이기홍, 『경제 근대화의 숨은 이야기』, 보이스사, 1999 참조.

44 이기홍, 「경제개발과 경제계획의 이론적 배경」, 『부흥월보』 2-2, 1957. 2, 20쪽. 이기홍은 넉시의 제자로서 넉시의 후진국 개발론 수용에 적극적이었다. 홍정완, 「1950년대 한국 경제학계의 후진국 개발론 수용」, 『한국사연구』 182, 2021, 430~431쪽.

45 세계은행이 포드재단의 기금으로 설립한 기관으로서 미국 워싱턴에 소재했다. EDI에서는 후진국의 지도급 인사들을 모아 6개월간 근대화 이론과 현실 문제를 비교·연찬하는 연수를 시행했다. 송인상, 『부흥과 성장』, 21세기북스사, 1994, 128~130쪽 참조. 산업개발위원회의 설립을 주도한 부흥부장관 송인상도 이곳의 연수를 통해 자본주의 경제개발계획에 대한 이론적, 실무적 경험을 쌓았다.

46 아더 루이스가 1955년 출판한 *The Theory of Economic Growth*는 1958년 『경제성장의 이론』이라는 제목으로 박기순이 번역하여 동아출판사에서 출판되었다.

47 이 책은 한국에서는 1958년 박희범·송정범이 공동으로 번역하여 『경제개발의 설계론』이라는 제목으로 동아출판사에서 간행되었다.

48 송인상, 『부흥과 성장』, 21세기북스사, 1994, 130쪽.

언급했다. 후진국의 경제개발에서 정치개혁의 필요성을 강조한 것이다. 그러나 만약 강력하고 유능하며 부패하지 않은 정부가 존재하지 않는다면 섣불리 계획을 추진하기보다는 오히려 자유방임하는 것이 낫다고 주장했다.[49] 김태동과 이기홍은 그의 주장을 후진국 개발에 대한 '비관론'으로 평가했다.[50] 반면 이들은 넉시의 논리에 대해서는 경제외적인 요소를 배제한 채 후진국의 문제를 분석하고 대안을 제시한 '낙관론'으로 평가했다.[51]

김태동은 공업화를 위한 장기계획을 추진하기 위해서는 우선 일시적인 희생이 있더라도 국민경제를 발전시키고, 민간기업이 자유롭게 활동할 수 있는 기반을 마련해야 한다고 생각했다. 그는 그것을 사회간접자본의 확충에서 찾았다.[52] 넉시 또한 오늘날 미국의 자본주의 번영의 토대가 19세기 초의 집중적인 사회간접자본 확충에서 마련되었다고 강조했다. 그는 사회간접자본에 대한 투자는 규모가 크고 장기성을 요하므로 정치적 변화에 영향을 받지 않도록 독자적인 사업체를 설립해야 한다고 주장했다. 그리고 단기적인 수익성을 보장할 수 없으므로 정부 당국이 전담하여 계획을 현실화할 것을 강조했다.[53] 김태동은 한국의 경우 원조자금을 사회간접자본 확충에 집중 투자하면 국내외의 사적 투자 수요가 크게 확대될 것이라고 주장했다.[54]

넉시는 사회간접자본을 중심으로 한 자본형성에 주력하고 사회간접자

---

49 W. Arthur Lewis, *The principles of economic planning: a study prepared for the Fabian Society*, London: George Allen & Unwin, 1952, pp. 121~128.

50 김태동, 「장기계획 개편상의 기초지식」, 『부흥월보』 1-3, 1956. 9, 31쪽; 이기홍, 「경제개발과 경제계획의 이론적 배경」, 『부흥월보』 2-2, 1957. 2, 16쪽.

51 이기홍, 「경제개발과 경제계획의 이론적 배경」, 『부흥월보』 2-2, 1957. 2, 19쪽.

52 김태동, 「장기계획 개편상의 기초지식」, 『부흥월보』 1-3, 1956. 9, 33쪽.

53 Ragnar Nurkse, *Problems of capital formation in underdeveloped countries*, New York: Oxford University Press; Oxford: Basil Blackwell, 1953, p. 152.

54 김태동, 「장기계획 개편상의 기초지식」, 『부흥월보』 1-3, 1956. 9, 33쪽.

본과 농촌의 유휴노동력을 연결시키면, 선진국들이 유휴시설의 활용을 통해 소비와 투자의 동시 증가를 이루었듯이 후진국도 유사한 효과를 낼 수 있을 것이라고 생각했다. 농촌의 유휴노동력 활용 방안을 제시한 것이다. 소비와 투자의 동시 증가는 과잉 생산시설을 가지고 있는 선진 공업국에서나 가능한 것이지 한국과 같이 발달된 과잉 공업시설이 없는 나라에서는 기대하기 어렵다는 것이 지금까지의 통설이었다. 따라서 후진국의 소비는 투자를 위해 극력 억제되었다. 그러나 넉시는 농촌의 유휴노동력을 활용하면 소비수준을 현 상태로 유지하면서도 투자를 증대시킬 수 있다고 주장했다.[55]

즉 농촌의 유휴노동력을 사회간접자본을 확충하기 위해 투입하면 사회간접자본의 형성에 기여할 뿐 아니라 농민들이 그 대가로 받은 임금으로 공산품을 소비하게 되므로 결국 다시 투자를 확대하는 효과를 낳게 된다는 것이다. 이렇게 그는 후진국의 골칫거리가 되어온 과잉인구와 잠재적 실업의 문제를 잠재저축으로 재해석하고, 이것이 자본형성의 유력한 요소가 될 수 있음을 '발견'함으로써 원조 외의 자본축적의 길을 제시했다. 이것이 그의 책이 '복음서'로 추앙받는 이유였다.[56] 지금까지 후진국들은 생산력 증진을 위해 자본형성이 선결과제라고 생각했지만, 원조 외에는 길을 찾지 못하고 있었다. 부흥부의 젊은 관료들은 이렇게 넉시의 이론에서 후진국 자본형성의 길을 발견하고 있었다.

한편 학계의 신진 연구자들은 넉시에 매료되면서도 그의 이론에 100% 공감하는 것은 아니었다. 잠재적 실업의 활용을 주장했기 때문에, 넉시는 공업의 내용에 있어서도 후진국이 노동집약적인 공업, 주로 경공업에 착수할 것

---

55 Ragnar Nurkse, *Problems of capital formation in underdeveloped countries*, New York: Oxford University Press; Oxford: Basil Blackwell, 1953.

56 이기홍, 「경제개발과 경제계획의 이론적 배경」, 『부흥월보』 2-2, 1957. 2, 20쪽.

을 주장했다. 신진 연구자들은 외국 원조에 차질이 빚어지고 있는 현실을 감안한다면 후진국은 자구책을 모색해야 하며, 그것은 단순히 경공업 발전에 한정될 수는 없다고 판단했다. 후진국의 경제적 자립이 중공업 발전이 낙후됨으로써 지장을 받고 있으므로, 급속한 경제개발과 자립을 위해 중공업 발전이 병행되어야 한다는 생각이었다.[57] 이들은 세계 자본주의가 선진국 공업-후진국 농업, 혹은 선진국 중공업-후진국 경공업의 구조로 재편되어 후진국들이 선진국 경제에 종속될 것을 우려했다. 따라서 이들은 넉시의 자본형성론을 수용하면서도 '경공업-중공업의 동시 발전'을 추구했던 것이다.

제2차 세계대전 이후 후진국에서는 자주적 독립국가를 건설하기 위한 국가건설 운동이 활발히 전개되었다. 국가건설 운동의 기저에는 민족주의가 있었다. 지배민족에 대한 저항과 투쟁, 극복의 논리는 단지 정치적인 독립 추구에 머물지 않고 경제적 독립에 대한 열망으로 분출되었다. 이러한 이유로 종래의 식민지 혹은 반식민지였던 많은 후진국들이 정치적 독립을 달성한 이후에도 경제적 독립을 위한 경제개발계획을 추진했다. 그 배경에는 "경제적 독립 없이 진정한 자립·독립을 이룰 수 없다"는 '경제적 민족주의'가 깔려 있었다.[58]

제2차 세계대전 이후 후진국들이 경제개발계획을 추진하던 1950년대 초반, 한국은 6·25전쟁의 수행으로 여념이 없었다. 1950년대 중반, 전쟁 전의 생산력은 회복되었지만 산업구조 불균형 문제가 여전히 심각했다. 원조에 의존한 경제재건에 비판적인 여론이 형성되는 가운데, 한국에서도 경제자립을

---

57 김병채, 「후진국 개발이론의 분석—Nurkse와 Singer 이론을 중심으로」, 경북대학교 경제학과 석사학위논문, 1959, 77~78쪽. 이 글에서 필자는 자본축적뿐 아니라 자본축적을 가능하게 하고 자본투하를 효과적으로 만드는 정치적, 사회적, 문화적 요소도 함께 고려하고 있다.

58 황하현, 「후진국 경제발전이론과 Nurkse의 위치」, 『논문집』(청주대학교) 3-1, 1960, 248~249쪽.

위한 부흥과 개발의 문제가 이론적인 방향에서 본격적으로 모색되기 시작했다. 한국의 지식인들 사이에서는 경제자립을 위한 체계적이고 종합적인 계획의 필요성과 그를 추진할 국가의 역할에 대한 공감대가 광범위하게 형성되었다. 또한 부흥부의 젊은 관료들과 신진 연구자들은 자본형성 문제와 관련하여 '빈곤의 악순환', '균형성장', '잠재저축'이라는 개념을 사용하면서 후진국 경제개발의 성공 가능성을 점쳤던 넉시의 이론에 매료되면서도, 선진국에 의한 경제적 종속을 경계하면서 경공업과 중공업의 동시 발전을 추구했다.

2장
경제개발과 재정·금융안정에 대한 한미 합의

1. 경제개발을 위한 장기 프로그램 제안과 미국 측의 승인

1) 부흥부의 한국경제부흥계획안

전후재건사업이 완료되고 원조계획이 중반을 넘어섬에 따라, 부흥부를 중심으로 한국 정부는 경제의 자립수준을 높이기 위한 이론적인 모색을 통해 구체적인 방안을 마련하기 시작했다. 1955년 7월, 부흥부는 시안으로 '한국경제부흥계획서'를 제출했다.[59] 이 부흥계획은 1954년부터 1958년까지를 포괄하는 5개년 부흥계획이었다. 이 계획은 각 부문별 자료와 전후재건사업 2년간의 경험에 기초하여 마련되었다. 부흥부는 전쟁피해를 복구하고 국민의 기본적인 생활을 유지하기 위해 정부가 1954년부터 긴급한 산업시설의 복구 사업에 착수했지만, 지금은 한 걸음 더 나아가 자립경제의 토대를 확립하기 위한 종합계획 수립이 요청된다고 언급했다. 그리고 이러한 요청으로 인해 물자, 자금, 기술 및 정책을 유기적으로 종합한 시안을 작성하게 되었다고 설

---

[59]　부흥부, 『한국경제부흥계획서』, 1955. 7 참조.

명했다. 부흥부의 시안은 곧 부흥위원회 각 분과위원회의 심의를 거쳐 각 부서의 의견이 종합되고 수렴된 행정부의 안으로 확정될 것이고, 그 후 국회와 재계, 학계의 비판을 거쳐 정부의 공식적인 입장으로 결정될 예정이었다.

부흥계획의 목표는 생산증강, 국민소득 향상을 통해 '국제수지 균형을 유지'함으로써 한국 경제가 대외의존적인 체질에서 벗어나 '자립'하도록 발전시키는 데 있었다. 부흥부는 수출 가능한 부문을 적극적으로 장려하고, 수입 품목을 국산화하는 산업정책을 취해야 한다고 생각했다. 또한 수입을 감소시키고 수출을 증대하기 위해서는 국산품의 생산능력과 능률을 향상시켜야 할 뿐 아니라 생산의 근간이 될 산업기반시설을 구축하고 기간산업의 건설에 박차를 가해야 한다고 생각했다. 따라서 확보된 자금은 〈표 12〉과 같이 공공시설과 제조공업, 교통, 전력의 순으로 배정될 예정이었다.

계획에 사용될 달러는 총액 22억 6,600만 달러, 환화 소요액은 7,380억 2,500만 환으로 산정되었다. 달러 재원과 더불어 환화 재원 또한 달러 못지않게 큰 액수였다.[60] 인플레이션을 우려하는 목소리도 있었지만, 부흥부는 원조 도입량이 증가하고 국내 복구 공장이 활발하게 가동된다면 어느 정도 돈이 풀려도 악성 인플레를 조장할 염려는 없을 것이라고 주장했다.

부흥부의 시안은 정부 내의 논의를 거쳐 1956년 2월 24일 전면 재편성하기로 결정되었다.[61] 그에 따라 각 부처는 종전의 계획안에 입각하여 다시 계획안을 제출했다. 교통·체신·전매 등 각 부서의 실무자들을 배석시킨 가운데 농림부, 상공부, 부흥부, 재무부의 경제 4장관과 백두진 경제조정관이 연일 구수회의를 거듭했다.[62] 정부는 1956년 3월 덜레스 미 국무장관의 방한에 발

---

60 위의 책, 11쪽, 13쪽.

61 「부흥계획 재편, 관계 장관들 방침 결정」, 『조선일보』 1956. 2. 27.

62 「소요자금 22억 불, 신경제부흥 5개년계획 수립」, 『동아일보』 1956. 2. 27; 「경제부흥 신5개년계획 성안」, 『동

〈표 12〉 사업 부문별 부흥 5개년계획 총괄표

(단위: 외자 천 달러, 내자 백만 환)

	1954		1955		1956		1957		1958		1959	1960	총계	
	외자	내자	외자	내자	외자	내자	외자	내자	외자	내자	내자	내자	외자	내자
농림	4,717		8,174	1,257	10,000	6,151	27,531	31,532	30,774	31,292	15,068	8,369	81,196	93,669
수산	4,168		100		3,000	833	11,500	2,150	14,000	2,600	2,500		32,768	8,083
광업	6,237		7,960	611	8,000	601	12,400	6,763	15,300	2,928	4,125	2,505	49,897	17,533
전력	36,293		10,758	972	20,000	3,006	22,500	4,378	46,000	4,920	7,200	5,265	135,551	25,741
교통	33,544		42,052	4,148	15,000	3,934	47,500	6,062	43,150	7,497	6,750	3,485	181,246	31,876
통신	5,007		6,727	226	3,000	1,465	12,540	2,040	12,315	2,170	2,920	1,516	39,589	10,337
제조공업	51,518		16,632	994	43,300	12,540	52,700	10,727	53,450	11,195	3,820	550	217,600	39,692
문교	9,700		2,001	559	4,700	1,551	23,700	1,400	20,700	3,343	2,334		60,801	9,187
보건후생	6,877		2,516	174	1,000	613	10,500	2,024	9,000	1,889	650		29,893	5,350
공공시설	13,746		14,555	3,667	9,500	10,710	24,200	22,928	22,100	22,008	28,606		84,101	87,919
주택	4,133		500	978	10,000	1,260	29,600	19,000	27,100	30,000	20,000		71,333	71,238
기술향상			5,000		8,000		5,000		5,000				23,000	
합계	175,940		116,975	13,586	135,500	42,530	279,671	109,004	298,889	119,842	93,973	21,690	1,006,975	400,625

* 출전: 부흥부, 『한국경제부흥계획서』, 1955. 7, 21쪽.
* 1954년과 1955년도의 외자는 해당 연도의 자금 배정 실적이고 내자는 예산편성액이다. 달러는 1958년까지 조달될 것이나, 달러로 도입한 시설재를 이용하기 위해 환화가 조달되어야 하므로 환화는 1960년도 소요액까지 산정했다.

맞추어 1961년을 완료 시점으로 하는 '신부흥 5개년계획안'을 완성했고, 그 내용을 방한 중인 덜레스에게 설명했다. 정부는 유엔 사령부 측 경제조정관 우드(Tylor C. Wood)를 통해 이 계획안을 미국 정부에도 정식으로 제출했다.[63]

경제조정관 백두진 명의로 제출된 이 계획안[64] 서문에서 먼저 한국은 원

아일보』 1956. 2. 29.

63 「사설: 5개년계획안을 보고」, 『동아일보』 1956. 3. 22.

64 "Long-Range Program for Korea Rehabilitation and Reconstruction, Govenment of the Republic of Korea, Seoul, March

조 수령국이지만 "공산주의에 의해 침략을 당한 유일한 자유국가"로서 대규모 원조를 받을 충분한 자격이 있는 국가라는 점을 미국 정부에게 상기시켰다. 다음으로는 그간 한국 정부뿐 아니라 원조기관들도 재정안정과 경제부흥을 달성하기 위해 일련의 계획들을 제출했지만, 계획에 상응하는 충분한 원조자금이 승인되지 않았기 때문에 실현될 수 없었다고 지적했다. 그리고 그 결과 한국을 생존력 있고 자립 가능하도록 만들기 위한 투자는 지연되었고, 제공된 원조의 대부분은 소비를 위한 지출에 사용되었으며, 한국은 산업화는 고사하고 자급자족도 벅찬 실정으로 전락하고 말았다고 언급했다. 한국 정부는 "막연히 미국의 피식량배급자 대열에 남아 있기를 원하지 않는다"는 말로 강렬한 성장의지를 피력하고, 만약 장기 프로그램을 위한 안정된 재원이 주어진다면 한국은 조기에 자립할 수 있을 것이라고 주장했다. 한국 정부는 대규모 원조를 전제로 1963년을 '자립의 해'로 상정하고 있었다.

그러나 그렇게 하기 위해서는 현재의 원조에 대한 '재고'가 필수적이었다. 한국 정부는 미국 측에 공산주의에 대항해서 싸우는 한국의 방위력을 위해 군사원조를 경제원조와 분리하는 한편, 경제원조를 증액해줄 것을 요청했다. 방직산업이 크게 부흥했고 화력발전소가 착공되었으며 요소비료공장도 30개월 안에 완공될 것이지만, 이러한 성과들은 한국 정부가 요구하는 수준과는 거리가 멀었다. 1954·55·56의 3개년 동안 총 7억 7천 7백만 달러가 한국의 경제원조액으로 지출 승인되었으나, 이 총액 중 단지 3억 3천만 달러만이 자본 유형 프로젝트를 위해 사용될 예정이었다. 한국 정부는 독자적으로 생존할 수 있는 경제력을 갖기 위해서는 대규모 자본투자가 핵심적이라는

1956", RG 469, Office of Far Eastern Operations, Korea Subject Files, 1953~1959, Box 62. 이 문서에는 프로그램 개요뿐 아니라 5개년 장기 프로그램의 각 부문별 자금확보 방안과 재원배분에 관한 내용이 상세하게 수록되어 있다.

점을 강조했다.

'신부흥 5개년계획'에서는 5년 동안 10억 7천 5백만 달러를 다음과 같은 투자 유형 프로젝트로 사용하고자 했다. 첫째는 전쟁으로 파괴된 시설을 복구하기 위한 프로젝트로서, 정부는 산업화에 핵심적인 분야인 전력복구, 수송, 통신, 주택, 교육, 보건후생시설, 공공시설에 5억 6,350만 달러를 배정했다. 둘째는 농업생산을 증가시키기 위한 프로젝트로서 이 부문에는 9,300만 달러를 배정했다. 셋째, 직접적인 산업화 프로젝트에는 4억 1,840만 달러를 배정했다. 이 금액은 수입대체산업화를 위한 2개의 비료공장과 두 개의 시멘트공장, 울산 정유공장의 재건에 사용될 것이었다. 섬유산업과 같은 제조업 분야와 철강 및 광업, 수산업과 선박·조선 분야 또한 국민생활수준의 향상과 수출을 위해 집중적으로 지원할 계획이었다.

한국 정부는 5개년 프로그램 동안 요구되는 24억 중 20억은 미국의 원조로, 4억은 외국인의 사적 투자와 정부가 보유한 외국환으로 충당할 예정이었다. 계획이 완성되는 1963회계연도의 국제수지 균형의 두 축은 광물과 수산물 수출이 될 것이며, 쌀 수출로 4천 5백만 달러가 획득될 것으로 예상했다. 한국 정부는 이 즈음이면 화학비료, 원면, 석탄, 정유, 금속제품, 화학재료 등의 국내 생산이 시작되거나 크게 증가할 것으로 예측했다. 한국 정부의 계획대로라면 1963년 자립이 달성될 것이고, 수출능력이 제고될 것이며, 투자된 원조의 상당량이 회수될 것이었다.

한국 정부는 미국의 관점에서 보아도 불명확한 기간 동안 매년 소액으로 계속해서 한국을 지원하는 것보다 명확하게 5년 동안 총액 24억 달러를 통크게 지원하는 것이 오히려 바람직한 방법이라고 주장했다. 소량의 원조를 매년 계속하는 것은 다량의 소비재와 원료를 계속해서 수입해서 민간경제를 유지하는 단순한 수단이 될 뿐이나, 이러한 수십 년간의 실책을 겪고 나면 한국은 여전히 자립하지 못한 채로 남아 있을 것이라고 경고했다.

계획안에 대한 설명 다음에는 투자총액과 함께 농림, 수산, 광업, 전력, 수송, 통신, 제조업, 철강산업, 교육, 보건후생, 공공시설, 선박, 조선의 12개 분야에 대한 투자계획과 물동계획, 정부 예산조치, 한국산업은행 대부계획, 환화자금 추정액, 통화공급 추정량, 정부재정수지 개요, 국내자본 동원계획, 1954~56년의 경제원조 프로그램 내역, 1963년의 국제수지 예측, 1963년 광물 수출 내역, 1963년 수산물 수출 내역 등이 각각 표로 작성되어 첨부되었다.

부흥부의 1955년 부흥계획 시안이 1956년 '신부흥 5개년계획'으로 대폭 수정된 원인은 보도되지 않았으나, 미국의 대한 원조 정책이 후진국 개발을 지원하는 방식으로 변화될 것이라는 경제관료들의 기대가 바탕에 깔려 있었던 것 같다. 1955년 2월 28일 헐(John E. Hull) 유엔군 사령관은 우드 경제조정관에게 한국 경제의 장기계획 작성을 지시한 바 있었다.[65] 헐은 한국에 대한 원조를 주로 군사력 유지와 강화의 관점에서 정의하고 있는 타스카 보고서가 사태의 변화에 의해 유효성이 떨어지고 있다고 지적하고, 그 수정의 필요성을 언급했다. 우드 또한 1956년 2월 장기 투자계획이 필요하다는 데 동의하면서 합동경제위원회가 그러한 계획을 발전시키고, 한국이 장기계획의 초안을 잡는 데 도움을 주기 위해 미국의 고위 경제학자들의 방문을 심각하게 고려하고 있다고 보고했다.[66]

새로운 대한 정책이 논의되기 시작한 배경에는 제3세계에서 부상하고 있는 민족주의가 소련과 중국의 경제공세와 결합하는 것에 대한 미국의 경계의식이 있었다. 이에 미국은 제3세계에 대한 경제원조를 적극적으로 고려하

---

65 李鍾元, 『東アジア冷戰と韓美日關係』, 東京大學出版會, 1996, 268頁 참조.

66 이철순, 「이승만 정권기 미국의 대한 정책 연구(1948~1960)」, 서울대 정치학과 박사학위논문, 2000, 323~324쪽 참조.

게 되었다. 1956년 2월경에는 국무부까지는 아니더라도 대한 원조 정책 책임선에서는 장기적인 경제계획이 필요하다는 데 어느 정도 의견일치가 있었던 것 같다.[67] 이에 한국 정부는 원조재편에 호의를 갖고 있던 덜레스(John Foster Dulles)의 방한을 계기로 장기 개발계획을 제시하고 한국의 경제발전을 보장받고자 했다.

2) 신부흥 5개년계획에 대한 경제조정관실의 반응

전쟁 전부터 한국이 입안했던 산업계획과 부흥계획들은 모두 재원 문제로 난항을 겪었다. 전쟁 전에는 대일배상금과 더불어 국내자본 동원에 비중을 두는 논자들도 있었다.[68] 그러나 냉전이 가시화되면서 미국은 제2차 세계대전의 전범 일본을 아시아의 공장으로 재부흥시키고자 했고, 샌프란시스코 강화조약으로 일본은 자유세계의 일원으로 편입되었다. 이러한 상황에서 거액의 대일배상금은 기대하기 어려웠다. 또한 전쟁을 거치면서 지주 계급은 소멸했고, 지주의 산업자본가화는 실패로 돌아갔다. 지주자본은 귀속재산 불하 과정에서 산업자금으로 활용되었지만[69] 그 정도 액수로는 30억 달러에 달하는 전쟁피해조차 복구할 수 없었다.

전후의 재건사업과 부흥계획은 모두 재원을 원조자금에서 구할 수밖에 없는 형편이었다. 그러나 이승만 정권의 전후재건사업과 부흥계획은 미국의

---

67 위의 논문, 324쪽.

68 여기서 국내자본은 지주자본을 의미했다. 일제 시기부터 기업경영에 참여했던 대지주들은 산업자본가로 변신하는 데 성공했지만, 대부분의 중소지주들은 산업자본가화에 실패했다. 이지수, 「해방 후 농지개혁과 지주층의 자본전환 문제」, 연세대 사학과 석사학위논문, 1994.

69 지주의 산업자본가화는 순조롭지 못했지만 지주자본의 산업자본화는 지가증권을 산업자본가가 인수하는 방식으로 진행되었다. 송원근, 「농지개혁 시기의 지가증권에 관한 연구」, 고려대 경제학과 석사학위논문, 1990.

원조배정 방식으로 인해 곧 난관에 부딪혔다. 미국의 원조계획은 매년 미 의회에서 승인되는 달러 예산의 규정을 받았다. 부흥계획안을 작성해놓고도 미 의회의 대한 원조액 인준을 기다려야 했고, 결정된 액수에 따라 계획을 다시 짜 맞추어야 했다. 한국의 경제관료들은 이러한 단기적인 대응으로는 한국의 부흥 및 개발을 이룰 수 없다고 판단했다.

한국 정부는 '신부흥 5개년계획'에서 1957년 5억 1,170만 달러, 1958년 4억 8,300만 달러, 1959년 4억 7,270만 달러, 1960년 4억 6,150만 달러, 1961년 4억 3,600만 달러, 총액 23억 7,490만 달러를 향후 5년간 안정적으로 보장해줄 것을 미국 정부에 요구했다. 즉 한국 정부는 매년 의회의 인준을 거치는 미국의 원조집행 방식에 따라 일괄 지불할 수 없다고 하더라도, 매년 4~5억 달러씩 향후 5년간 총액 24억 달러의 경제원조를 안정적으로 보장해달라고 요청한 것이다. 한국 정부의 장기 프로그램에 대한 주한경제조정관실[70]의 반응은 다양했다.

△ 대한민국의 제안에 대한 경제조정관실의 반응(발췌)

경제재정정책국 : 모두 현재 경제원조량이 부적절하다는 내용뿐이다. 하지만 경제발전을 위한 산업 구성요소에 관해서는 합리적이고 올바른 판단을 하고 있다. 예를 들면 비료, 시멘트, 섬유생산을 위한 설비가 그것이다. 수산업과 광업 역시 매우 적절하게 강조되고 있다. 그러나 설사 제안된 것처럼 5개년 동안 24억

---

[70] 주한경제조정관실은 경제조정관과 부경제조정관을 보좌하는 사무국(CEB Secretariat)과 극동군 및 8군 경제조정관실 지원반(AFFE/SA OEC Support Detachment)이 있고, 그 산하에 감리국(Office of Controller), 총무국(Executive Office), 법무국(Legal Council), 경제재정정책국(Office of Economic and Financial Policy), 기획국(Office of Program Planning), 조정국(Office of Program Implementation)의 행정부서와 사업 분야별 전담기구인 부흥사업국(Office of Rehabilitation Engineer), 농림국(Office of Agiriculture), 정부사업국(Office of Government Service)으로 구성되었다. 대한민국 부흥부, 『부흥월보』, 1, 1956. 6, 177쪽에 수록된 주한경제조정관실 직제 참조

달러가 경제원조로 제공되더라도 한국이 완전히 자립할 수 있다는 것을 이 보고서는 입증하지 못하고 있다.

기획국 : 이러한 습작은 대한민국의 첫 번째 개선 노력이라는 점에서 평가되어야 한다. 그러나 몇몇 분야의 지출은 과도하게 높고, 화학공업, 기계공업과 같은 몇몇 분야는 경제조정관실에 의해 고려된 생산패턴과는 관계없는 전혀 엉뚱한 것이다. 이 제안에 대한 결론은 어떠한 정당성도 없는 미국 자금의 지출을 요구하는 비현실적인 숫자의 모음이라는 것이다.

농업국 : 추가로 두 개의 비료공장이 완성된다 할지라도 비료수입은 계속 요구될 것이다. 미국의 농업이 생산물 과잉에 봉착해 있는 상황에서 거대한 관개사업에 대한 지출승인은 바람직하지 않다. 상호안전보장 프로그램을 조사하는 한나 박사의 상원특별위원회도 농업재건 프로그램과 미잉여농산물과의 관계를 지적했다.

부흥사업국 : 경제발전을 위한 한국인들 자신의 노력이 강조되어야 하며, 재건과 부흥을 위한 프로그램이 단기간에 보다 적은 비용으로 효과를 거두려면 기본적인 변화가 필요하다. 외국인의 사적 투자를 위한 법안 마련, 공공요금의 현실화, 실수요자 선정 방법의 개선, 투자 프로젝트를 위한 환화조달 방안의 강구 등이 그것이다.[71]

일본과의 중복투자를 비판하고, 계획을 "대책 없는 구매리스트"라고 혹평하는 논자들도 있었다. 자립을 위한 구체적인 방안들이 미비하며, 미국이 생각하는 개발과 상당한 차이가 있다는 점도 지적되었다. 그러나 일부 스탭들

---

71 "Comments by OEC Office on ROK Long-Range Program for Korea Rehabilitation and Reconstruction, Govenment of the Republic of Korea, Seoul, March 1956", RG 469, Office of Far Eastern Operations, Korea Subject Files, 1953~1959, Box 62.

은 한국 정부가 나름대로 '자립을 위한 기획'을 시도했다는 점에 대해서는 긍정적인 평가를 내렸다. 이들 역시 미국이 무한정 원조를 할 수 없기 때문에 한국 측이 부흥 단계 완료 전에 나름의 자생력과 기획력을 준비해야 한다고 생각하고 있었기 때문이었다.

3) 한미 공조 체제의 강화

경제개발계획 자금을 조달하기 위해서는 지금까지와는 달리 한미 간의 긴밀한 공조 체제가 필요했다. 한국의 제3대 경제조정관 김현철(金賢哲)은 6월 17일 미국 정부와의 사전협의가 없어 현실성이 희박한 부흥부의 1955년 '구 경제부흥 5개년계획안'을 폐기하고, 미 측과의 협의를 거쳐 새로운 개발계획을 수립할 것임을 천명했다.[72] 그리고 1956년 6월 27일 합동경제위원회가 정례화되자마자 경제개발계획을 논의에 부치는 한편, '신부흥 5개년계획'을 미국 측에 제시하고 도움과 양해를 구했다.[73] 한미 양측은 이후 경제정책 및 경제계획과 관련한 모든 논의를 한미 합의하에 추진하기로 합의했다.

이승만은 1956년 8월 15일 제3대 대통령 취임식에서 '신부흥 5개년계획' 추진의사를 국민들에게 공표했다.[74] 이어서 이승만 대통령과 다울링(Walter C. Dowling) 주한미대사, 유엔 사령부 측 경제조정관 윌리엄 원(William E. Warne)은 1956년 9월 1일 경무대회담에서 경제부흥 5개년계획안 작성에 대한 원칙적인 합의를 보았다.[75] 9월 4일 부흥부에서 개최된 한미합동경제위원회 본회의

---

72 대한민국 부흥부, 「경제일지」, 『부흥월보』 1-2, 1957. 7, 146쪽.

73 "Combined Economic Board Minutes, 1956. 6. 27", RG 469, Mission to Korea, Office of the Controller, Combined Economic Board Secretariat, 1952~1961, Board Meeting Minutes, Box 1.

74 대한민국 부흥부, 「경제일지」, 『부흥월보』 1-3, 1956. 9, 145쪽.

75 「군사 면과 관련성 긴요, 경제부흥 5개년계획 작성에 비관성」, 『동아일보』 1956. 9. 6.

에서는 1957년을 기점으로 하는 경제부흥 7개년계획 작성을 위해 '한미6인위원회'를 구성하기로 결정했다.[76]

경제부흥계획에 대한 한국 정부와 현지 원조기관 사이의 논의가 진행되는 가운데, 1956년 12월 8일 도쿄에서는 경제재정정책고문 쵸우너(Lowell J. Chawner) 박사, 다울링 주한미대사, 원 경제조정관이 참여한 가운데 아이젠하워 대통령의 특사이자 대외원조정책위원회의 위원장인 랜달(Clarence B. Randall) 및 랜달위원회와의 회합이 열렸다. 윌리엄 원은 도쿄회담을 준비하면서 보고서를 준비했다. 이 보고서에서 그는 합동경제위원회와 경제조정관실의 조직 과정 및 운영상의 문제점, 프로그램을 요약하고, 대한 원조를 '개발'의 견지에서 재검토해야 한다는 의견을 피력했다. 원은 대한 경제정책이 '미국의 일방적인 원조와 그에 의존한 한국 경제'라는 틀에서 벗어나 근대적이고 생존 가능한 경제를 만드는 방향으로 조정되어야 한다고 주장했다. 이는 미국의 동아시아 정책인 일본 중심의 지역통합 속에서 추진되어야 할 것이지만, 일본 중심의 지역통합 전략을 관철하기 위해서는 한국에게 '당근', 즉 경제개발을 위한 양보를 해주어야 한다고 제안했다. '원조 확대를 통한 개발지원'이라는 회유책을 제안한 것이다.[77]

이런 분위기 속에서 1956년 12월 11일, 부흥부에서는 장기계획 수립을 위한 한미실무자회의가 개최되었다. 이 회의에서 한미의 실무자들은 경제 전체의 흐름을 파악하기 위해 부흥부와 경제조정관실 측에서 각각 수집한 자료를 비교 대조했다. 그리고 6·25전쟁 이후의 외국 원조 및 국내자본에 의한

---

76 대한민국 부흥부, 「경제일지」, 『부흥월보』 1-4, 1956. 11, 155쪽.

77 "Paper present by William E. Warne, UNC Economic Coordinator for Korea, at Conference held in Tokyo, Japan, on December 11, 1956, by Mr. Clarence B. Randall, Special assistant to the President, on Foreign Economic Policy and Program", RG 469, Office of Far Eastern Operations, Korea Subject Files, 1953~59, Box 62.

생산 부문 투자실적과 현 단계의 생산수준 등을 검토했다.[78] 합동경제위원회는 한국 측 경제개발계획의 실효성을 검토하기에 앞서 그간 한국이 진행해온 전후재건사업을 평가하고, 향후 전망을 내오도록 실무자회의에 지시했다. 보고서는 1957년 5월 1일자로 제출되었다.[79]

실무자회의는 보고서에서 한국의 경제재건 과정을 4단계로 나누고 각 단계의 특징을 설명했다. 첫 번째 국면은 군정이 실시된 1945년부터 전쟁이 발발한 1950년까지로, 상호의존적인 경제 관계를 갖고 있던 한국이 분단됨으로써 기형적인 산업구조를 갖게 된 시기였다. 두 번째 국면은 전쟁에서 1953년 7월 휴전까지의 시기이다. 빈곤과 결핍이 만연한 시기였다. 세 번째 국면은 1953년에서 1956년 중반까지의 전후복구 기간이었다. 보고서는 한국이 원조에 힘입어 주택건설과 생산을 증진함으로써 전쟁 전의 수준을 회복했다고 보고했다. 보고서는 한국이 이제 네 번째 국면에 진입하고 있는데, 경제개발, 생산적 투자의 극대화, 자립 능력 제고라는 견지에서 군사력과 경제안정의 유지가 필요하다고 지적했다.

실무자회의는 이 보고서를 작성하면서 한국 경제가 전후복구 시기를 지나면서 안정된 경제운영을 위한 바탕이 어느 정도 마련되었다는 데 인식을 같이했다. 그리고 한국에 대한 원조가 감소된다 하더라도 국내의 수입 수요를 대체할 수 있고 수출을 증대할 수 있는 고율투자가 유지되어야 한다는 점에 합의했다. 개선되기는 했지만 아직도 한국의 가장 심각한 문제는 지속되는 인플레이션이라는 점에도 공감했다. 앞으로 개발계획이 추진된다면 자립

---

78 「장기부흥계획, 실무자회서 검토」, 『동아일보』 1956. 12. 13.

79 "Report of Joint ROK/UNC Working Group on the Economic Reconstruction Program, 1957. 4. 8, CEB-P-57-73, Finalized 1957. 5. 1", RG 469, Office of Far Eastern Operations, Korea Subject Files, 1953~59, Box 82; 「경제부흥계획에 관한 한미 실무자의 보고서」, 『산업은행월보』 23, 1957. 5, 37~63쪽.

의 토대를 마련하기 위한 고율투자와 인플레이션이라는 상반되는 문제를 어떻게 해결할 것인가가 중요한 고려사항이 될 것이었다.

그간 경제개발계획에 대한 기존의 연구에서는 원조 제공자 미국의 요구로 계획을 입안했고 이 계획조차 원조를 보다 많이 받아내기 위한 편의적인 계획에 불과했다는 시각으로 접근함으로써 한국의 개발계획 태동 과정에 주목하지 못했다. 이러한 연구는 1950년대 말 원조감소, 차관경제로의 전환이라는 조건 속에서 한국 정부가 부랴부랴 개발계획 수립에 착수했고, 준비 없는 계획이었기 때문에 제대로 실천할 수 없었다는 결론으로 이어졌다.[80]

그러나 한국 정부는 그간 축적된 물동계획 운영 경험을 토대로 1956년 초 원조 이후를 대비하는 장기 경제부흥계획 시안을 제출했다. 미국의 정책 또한 1956년경부터 경제개발을 지원하는 방향으로 변화의 조짐이 보이기 시작했다. 1956년 6월 부임한 유엔 사령부 측 경제조정관 원은 한국에 부임하자마자 재건이 완료되면 한국인들의 부흥 의지를 모아 적극적인 '개발'을 추진해야 함을 역설했다.[81] 경제개발에 대한 공감대를 바탕으로 한국 측과 미국 측은 재건사업과 원조 프로그램에 대한 공동연구를 통해 현재의 문제점을 진단하고, 향후의 과제를 도출하고 있었다. 향후 과제는 자립의 토대를 만들기 위해 생산적 투자를 극대화하는 개발계획을 추진하는 한편, 그를 뒷받침할

80　박태균, 「1956~1964년 한국 경제개발계획의 성립 과정—경제개발론의 확산과 미국의 대한 정책 변화를 중심으로」, 서울대 국사학과 박사학위논문, 2000. 이는 미국 자료를 통해 미국 관료의 시각으로 한국의 경제정책을 평가하는 논문에서 일반적으로 발견되는 경향이다. 1956년 3월 7일 크롱크 미대사관 서기관은 국무부에 보내는 서한에서 주한미대사가 이 계획에 대해 한국 관료들과 면밀하게 토의하지 못했다고 보고했다. Cronk to Department of States, "Transmittal of Draft ROK 5-Year Plan 1956. 3. 7", RG 59, Central Files, The Decimal File, 1955~59, NA. 크롱크는 또한 비공식적인 논의 결과 이 계획이 광범위한 조사나 분석 없이 덜레스의 방한을 앞두고 급조된 계획이라는 것을 알게 되었고, 문서를 대충 살펴보았을 때도 같은 인상을 받았다고 진술함으로써 이후 연구자들이 이 계획을 '급조된' 계획으로 평가하는 데 지대한 영향을 미쳤다.

81　윌리엄 원의 생애와 활동에 대해서는 한봉석, 「1950년대 미국 대한 기술원조의 역사적 한 맥락—제2대 경제조정관 윌리엄 원(William E. Warne)의 활동을 중심으로」, 『한국인물사연구』 23, 2015 참조.

수 있는 경제안정을 달성하는 것으로 모아지고 있었다.

2. 개발의 전제로서 재정금융안정계획의 추진

1) 산업자금 조달 방식을 둘러싼 한미 간의 대립

경제개발계획에 관한 미국과의 협의가 성숙되어가는 반면, 국내의 정치 상황으로 인해 이승만 정권의 입지는 좁아지고 있었다. 대통령 중임제한을 철폐한 사사오입 개헌 이후 정부와 자유당에 대한 여론은 악화되었다. 범야 당 세력은 이를 계기로 호헌동지회를 결성하고 민주당으로 결집했다. 야당 은 '못살겠다 갈아보자'라는 구호를 내걸고 1956년 대통령선거를 사사오입 개헌과 이승만 장기집권에 대한 심판대로 삼고자 했다. 민주당의 정권심판 론은 신익희(申翼熙)의 급서로 인해 실현되지 못했지만, 조봉암(曺奉岩)의 약진 은 주목할 만한 현상이었다. '피해대중을 위한 정치', '평화통일', '수탈 없는 경제계획'을 표방한 진보당의 조봉암이 216만 표를 얻었다는 사실은 반공 체 제에 기초한 한국 사회가 균열되고, 민심이 이반되고 있다는 증거였다. 특히 정부가 개발계획을 추진하고 있음에도 진보당은 그것을 '수탈적'이라고 일 갈하고, 대중적 수탈 정책을 폐지하고 생산·분배·소비에 걸친 종합적인 경제 계획을 수립해야 한다고 주장했다.[82]

이승만 정권은 자유당과의 공조 체제를 강화하고 경제개발에 가시적인 성과를 냄으로써 위기를 타개하려고 했다. 1956년 5월 이승만은 자유당의 천

---

82 진보당의 분야별 정책에 관해서는 서중석, 『조봉암과 1950년대』 (상), 1999, 137~139쪽 참조.

거로 자유당 국회의원 인태식(印泰植)[83]을 재무부장관에 기용했다. 재무부장관으로 취임한 인태식이 직면한 현안은 경제개발을 추진하기 위한 재원을 마련하는 문제였다. 이때 경제관료들이 주목한 것이 바로 대충자금이었다. 한국 정부는 미국에게 대충자금을 경제재건에 전용할 수 있도록 하고, 국방비 부족분은 원조증액으로 해결해달라고 요구했다.[84] 미국의 반응은 부정적이었다.

유엔 사령부 측 경제조정관 타일러 우드는 미국 원조자금에만 의존할 것이 아니라 한국 정부가 일정한 비용을 부담하면서 운영능력을 강화해가야 함에도, 한국 정부가 아직 재정 운영의 자생력조차 갖지 못한 채 적자에 시달리고 있다고 비판했다. 그는 미국은 대충자금의 국방비 전용원칙은 바꿀 수 없으니 경제재건 자금을 확보하려면 세수증대를 통한 재원염출 방안을 마련하라고 따끔하게 충고했다.[85]

인태식은 대충자금을 경제건설에 전용할 수 없다면 방법은 '내핍을 통한 건설' 외엔 선택의 여지가 없다고 판단했다. 그는 재정지출을 최대한 억제하고, 여기서 얻어지는 자금이라도 상공업 분야에 방출하겠다고 선언했다.[86] 국가예산을 절감하기 위해 재무부는 우선 공무원의 30%를 감원했다. 여론의 반대를 무릅쓰고 임시토지수득세도 계속 추진했다. 인태식은 전쟁기의 '백재

---

83 인태식은 1902년 충남 출생으로 도호쿠제대 법문학부를 졸업하고, 일제하에 홍천·청주 세무서장, 강원도 재무부 관세과장을 역임했다. 해방 후 강원도 재무부장, 재무부 사세국장, 내무부 내무국장, 농림부 농림국장을 거쳐 1953년 9월~1954년 10월까지 관재청장을 맡았다. 1954년 5월 제3대 민의원(충남 당진, 자유당)에 당선되어 국회 재정경제위원회 위원장, 자유당 중앙위원을 역임했다. 강진화, 『대한민국 인사록』, 내외홍보사, 1950, 139쪽; 霞關会 編, 『現代朝鮮人名辭典』, 1962, 44쪽 참조.

84 정부는 미 국무성 극동담당 차관보 씨볼드에게 군사원조의 증가를 공식적으로 요청했다. 대한민국 부흥부, 「경제일지」, 『부흥월보』 1-2, 1956. 7, 145쪽.

85 "Fiscal Years 1956 Program and Problem, 1955. 12. 27", RG 469, Office of Far Eastern Operations, Korea Subject Files, 1953~59, Box 60.

86 「인태식」, 『재계회고』 8, 한국일보사, 1981, 43쪽.

정'에 버금가는 '인재정'이라는 비난을 받으며 이와 같은 긴축 정책을 강행했다.[87] 하지만 미국 측의 반응은 여전히 냉담했다.

산업자금을 염출하기 위해 재무부는 정부가 소유한 달러를 매각(달러옥션)할 때 산업부흥국채를 첨부하는 방안을 추진했다. 산업부흥국채의 발행은 한국 정부가 독자적으로 마련할 수 있는 산업자금 조달 방식이었고, 정부는 이 방법으로 기간산업에 대한 투융자를 진행해왔다. 재무부는 인기리에 매각되는 달러 매각 때 국채를 다량 첨부하면 일정 규모의 산업자금을 손쉽게 조달할 수 있을 것이라고 기대했다.

그러나 1956년 6월 새로이 부임한 유엔 사령부 측 경제조정관 윌리엄 원은 대충자금을 제외한 세원에서 산업자금이 방출되어야 한다고 강조하는 한편,[88] 재무부가 산업부흥국채 소화액을 가지고 산업자금을 조달하려고 하자 국채 소화액이 크면 통화증발 요인이 된다며 이를 반대했다.[89] 대규모 국채 소화를 둘러싸고 이를 강행하려는 재무부와 미국 측의 반대입장이 첨예하게 대립했다.

국채 소화 문제를 둘러싸고 재무부와 유엔 사령부가 대립하자 경제조정관 김현철이 나섰다. 경제개발을 위한 미국과의 협의가 진전되고 있었기 때문에, 국내의 논의 또한 그에 준해서 재정립할 필요가 있었다. 그는 일단 재무부의 국채 소화를 중지시키는 것을 시작으로 사태를 수습하기 시작했다.[90] 미국의 안정화 요구에 따라 '인재정'이 긴축 정책을 시행하고 있었지만, 그는

---

87 「인재정의 마각」, 『동아일보』 1957. 2. 12.

88 「국무회의 통과 후 정식 채택, 원 조정관 경제안정책에 언급」, 『동아일보』 1957. 4. 20.

89 「무시된 합경위 결의 국채 첨부를 강행, ICA 공매 위요 재무·부흥 양부 정면충돌」, 『동아일보』 1957. 2. 15.

90 「미 측 특융처리를 주시, 한미조정관 긴축금융 정책에 합의 적자 일소도 검토」, 『동아일보』 1957. 2. 12; 「무시된 합경위 결의 국채 첨부를 강행, ICA 공매 위요 재무·부흥 양부 정면충돌」, 『동아일보』 1957. 2. 15.

미국을 설득하기 위해서는 보다 종합적이고 체계적인 재정안정책이 필요하다고 판단했다.[91]

2) 재정금융안정계획의 추진

1957년 4월 5일 김현철은 국무회의에서 경제안정을 위한 대책을 수립 중이라고 보고했다. 1957년 4월 17일 부흥부장관실에서 열린 한미합동경제위원회 본회의에서는 경제안정책의 구체적인 내용이 검토되었다. 한미는 통화증발을 용인하지 않을 것, 산업부흥국채 집행은 세입한도 내로 제한할 것 등에 잠정 합의했다.[92] 이러한 내용을 포함하는 재정안정계획 초안은 합동경제위원회 재정분과위원회에서 마련했다. 이 초안은 부흥위원회와 국무회의의 추인을 거쳐 확정되었고, 1957년 4월 20일 합동경제위원회는 1957년도 재정금융안정계획을 공식적으로 발표했다.[93] 재정금융안정계획은 경제발전, 생산적 투자의 극대화 등 자립 능력을 제고하기 위해서는 경제안정이 필수적이라는 '경제부흥계획에 관한 한미실무자회의 보고서'의 결론과 궤를 같이하는 정책이었다.

〈표 13〉을 통해 분명히 드러나듯이 1957년도 재정금융안정계획은 국방비로 인해 불가피하게 발생하는 적자를 대충자금으로 청산하고, 특별회계와

---

91 1957년 1월 한국의 경제조정관 김현철과 미국 국무차관보 로버트슨은 환율을 500대 1로 유지하는 대신, 합동경제위원회의 한미 간 협의를 거쳐 재정과 통화안정을 달성하기 위한 프로그램을 실행하기로 각서를 교환했다. 류상윤, 「이승만 정부의 환율 정책 재론—안정화 프로그램과 '영구' 환율」, 『경제사학』 53, 2012, 120~125쪽.

92 「경제안정책 국무회의에 회부, 한미합동경제위원회서 구체안 작성, 통화증발 불용인, 부흥국채 집행도 세입한도 내서」, 『동아일보』 1957. 4. 18; 「국무회의 통과 후 정식 채택, 원 조정관 경제안정책에 언급」, 『동아일보』 1957. 4. 20.

93 1957년도 재정금융안정계획 내용은 한국재정40년사편찬위원회, 『한국재정40년사』 제3권, 한국개발연구원 1991, 538~544쪽 참조.

<표 13> 1957년도 재정금융안정계획 계획총괄표

항목	통화량에 대한 순 영향	
	팽창	보충
A. 한국정부 예산		
1. 일반회계, 국채금 특별회계 및 국방비	472	-
특별회계 적자		
2. 양곡관리 특별회계	-	-
3. 산업부흥국채 특별회계	-	-
4. 기타 예산	3	-
5. 소계	475	-
B. 대충자금계획 당년도 순증가	-	475
C. 금융 부문	-	-
D. 기타 요인	-	-
E. 통화량에 대한 총영향	-	-
합계	475	475

* 출전: 한국재정40년사편찬위원회, 『한국재정40년사』 제3권, 한국개발연구원, 1991, 538~539쪽, 1957년도 재정금융안정계획 부록.

금융 부문에서 발생하는 통화팽창을 일체 허용하지 않는 강력한 안정계획이었다. 한국 정부의 감당 능력을 넘어선 막대한 국방비는 핵심적인 통화팽창의 요인이 되고 있었다. 이에 재정금융안정계획에서는 1956년 말 현재 대충자금과 원조물자 판매대금의 잔액을 포함하여 미공법 480의 1957년도 추가분과 1958년 ICA 402규정에 의한 원조자금으로 국방비가 보전될 수 있도록 조치했다. 그리고 특별회계와 금융 부문에서 발생하는 통화팽창을 금지하기 위해 주로 재정적자를 발생시키고 있는 양곡관리 특별회계와 한국산업은행의 운영에 대한 구체적인 방침을 결정했다.[94]

---

[94] 정부가 관리하는 특별회계는 1957년 현재 귀속재산처리, 외자, 국채금, 전매사업, 농지개혁사업, 교통사업, 체신사업, 국민생명 및 우편연금, 양곡관리, 대충자금, 국방비, 애국복권, 경제조정, 구황실재산관리, 산업부흥국채금, 경제부흥의 16개였다. 정부가 관리하는 특별회계의 신설과 폐지 및 주요 기능에 관해서는 한

그에 따르면 정부는 공무원 양곡공급을 위한 현금이 지급되었을 경우, 농민에게 대금을 받을 수 있는 비료를 확보했을 경우, 농민이 현금 또는 현물로 농업은행 대부금을 상환했을 경우를 제외하고는 양곡관리 특별회계를 통해서 양곡구입과 영농자금 대부를 할 수 없었다. 양곡수집대금과 구매자금융자도 농업은행의 대부회수금 한도 내로 제한되었다. ICA 비료대금을 상환함으로써 양곡관리 특별회계의 농업은행에 대한 채권을 신속히 청산할 것 또한 권고되었다. 이러한 정책을 통해 양곡관리 특별회계가 재정적자를 초래하지 않고, 만일 재정적자를 초래한다 하더라도 농업은행의 대부회수액을 초과하지 않도록 했다.

한국산업은행의 자금 운용 또한 민간정기예금, 대출금 상환액, 대충자금으로부터의 차입금, 산업금융채권에 대한 민간 소화, 귀속재산 판매대금에서 염출한 정부차입금의 한도 내에서만 융자할 수 있도록 제한되었다. 수리자금의 경우에도 산업부흥국채를 구입할 수 있는 자금이 확보될 경우에만 융자를 할 수 있도록 했다. 산업은행의 운영 과정에서 혹시 흑자가 발생하더라도 융자는 한미합동경제위원회에서 합의된 범위 내에서만 허용하도록 엄격히 제한되었다.

그 외에도 대충자금의 현금징수액과 원조물자 판매대금 차입이 불가피한 외자 특별회계와 교통·체신·전매사업 특별회계의 경우는 차입금액에 대한 구체적인 규정을 두고, 일반은행의 경우에는 예금과 대출금 및 차입금이 있을 경우에만 신규 대출을 허용하도록 했다. 이렇듯 재정금융안정계획은 국방비와 특별회계, 금융 부문을 아울러 통화팽창의 요인을 철저하게 봉쇄

국재정40년사편찬위원회, 『한국재정40년사』 제3권, 한국개발연구원, 1991, 233쪽, 〈연차별 특별회계 신설·폐지 상황 요약표(1948~87)〉와 같은 책 236~237쪽의 〈연차별 특별회계의 관리 기관 및 주요 기능〉 참조.

하는 계획이었다.

한편 합동경제위원회는 재정금융안정계획을 뒷받침하기 위한 조치도 준비해두고 있었다. 1957년도에는 계획실행조사단을 임명하여 조사단에게 분기별로 상세한 계획을 세우고, 월별 실행 상황을 검토하여 매월 말 월별보고서를 제출하며, 재정안정계획 운영 과정에서 발생하는 문제점을 체크해서 계획의 조정을 수시로 건의하는 임무를 부여했다. 이는 변화되는 상황에 탄력적으로 대응하고, 재정금융안정계획이 충실히 준수되도록 하기 위함이었다.

경제개발의 전제로서 재정금융안정계획의 중요성이 부상하면서 1957년 6월 9일 김현철이 부흥부장관에서 재무부장관으로 자리를 옮겨 재정금융안정계획을 진두지휘하기 시작했다. 그는 우선 취임 직후인 1957년 6월 27일, 신년도 예산규모는 1956년 예산규모를 초과할 수 없고 신규 재원염출도 불가능하다고 선언했다.[95] 원래 1957년도 예산은 산업부흥국채의 발행으로 인한 적자 2,550억 환을 위시하여 약 560억 환의 재정적자를 계상하고 있었지만,[96] 예산에 대한 수정조치가 취해졌다.

김현철은 합동경제위원회에서 당초 수립된 예산 세출액 중 총액 100억 환을 삭감하기로 한 약속에 따라 각 부서 예산의 5%를 일괄삭감했다.[97] 각 부서의 반발이 극심했지만 개의치 않았다. 김현철은 각 부서 예산의 감축으로 재정적자를 475억 환으로 줄였고, 재정적자는 계획에 따라 전액 대충자금으로 보전되었다. 부흥사업을 위해서는 별도로 1,075억 환의 대충자금을 염출

95 대한민국 부흥부, 「경제일지」, 『부흥월보』 2-6, 1957. 7. 8, 144쪽.

96 한국재정40년사편찬위원회, 『한국재정40년사』 제6권, 한국개발연구원, 1991, 152쪽.

97 한국재정40년사편찬위원회, 『한국재정40년사』 제3권, 한국개발연구원, 1991, 539쪽; 「김현철」, 『재계회고』 7, 한국일보사, 1981, 363쪽 참조.

함으로써 비인플레적인 부흥사업자금을 확보했고, 재정투융자의 인플레이션 재원이었던 산업부흥국채를 큰 폭으로 축소했다. 금융 부문에서 예상되었던 109억 환의 여신팽창도 예금증가, 대출금 상환, 비인플레적으로 조달되는 정부차입분에 한정되도록 하여 통화팽창의 요인을 제거했다. 재정금융안정계획이 본격적으로 실시되기 시작한 것이다.

재정금융안정계획은 이후에도 계속되었다. 1958년에는 상반기 중에 통화량이 1,350억 환을 초과할 수 없도록 했고, 이것이 지켜질 경우 하반기에 합동경제위원회의 승인하에 2% 내지 6%의 통화량 증가를 인정하도록 했다. 상반기 중에는 한국은행, 산업은행 및 시중은행의 여신 활동에 의한 통화량 증가도 일체 인정하지 않기로 했다.[98] 1957년도 재정금융안정계획은 세출억제와 금융긴축에 초점이 맞추어졌다. 그러나 1958년부터는 강력한 세출억제, 금융긴축과 주식공매, 사채발행 등의 방법에 의한 국유재산 확대와 귀속재산의 불하를 통한 자금조달, 그리고 비인플레적 대충자금 운영 및 세금증수 등 세입증가를 위한 방안이 함께 모색되었다. 1959년에는 재정규모를 감축하고 추가경정예산 편성을 지양하는 재정긴축 정책과 더불어 물가안정과 국내 저축 증가 및 건전한 투자 지원 등 점차 국내자본 동원을 위한 방안 모색으로 그 영역이 확대되었다.

재정금융안정계획이 포괄하는 영역이 확대됨에 따라 한미합동경제위원회가 개입하는 경제 영역도 확대되었다. 재정금융안정계획이 시작된 1957년도에는 한국 정부가 재정금융안정계획을 수립하고 합동경제위원회에서 검토하는 방식을 취했다. 이때는 단지 임명된 계획실행조사단이 계획의 실행

---

[98] 김동욱, 「1940~1950년대 한국의 인플레이션과 안정화 정책」, 연세대 경제학과 박사학위논문, 1994, 152쪽.

을 조사 검토하고, 현실에 맞게 계획 조정을 건의할 뿐이었다.[99] 그러나 1958
년도 재정금융안정계획부터는 합동경제위원회 재정분과위원회가 직접 계
획을 담당하기로 했다. 계획에는 대충자금 징수 및 방출, 정부수입지출, 비료
및 양곡담보융자금 회수 등의 내용이 포함되었고, 월별 운영계획도 작성되
었다.[100]

1959년에는 대충자금을 포함하는 정부재정, 금융 및 외환의 3대 부문에
대한 분기별 집행계획서를 합동경제위원회 재정분과위원회를 거쳐 합동경
제위원회에 제출하고, 합동경제위원회가 매 분기 시작 전에 이를 승인하도
록 했다. 통화량과 물가 및 제반 경제사정에 최소한의 영향을 주는 재정·금융
집행계획을 책정하기 위함이었다. 합동경제위원회 재정분과위원회는 1959
년 재정금융안정계획의 실시상황에 관한 월별 보고서를 합동경제위원회에
제출하고, 통화량 증감계획의 집행 결과도 여기에 포함하도록 했다. 월별 통
화량 분석은 1959년도 안정계획의 관계규정에 비추어 그 진행을 평가하도록
하는 등 매우 엄격한 관리 시스템을 갖추었다.[101]

3) 연차별 재정금융안정계획의 영향

재정금융안정계획은 한국 정부가 가진 재원과 미국이 허가한 원조 재원
의 한도 내에서만 예산이 집행되도록 정부재정과 금융을 일일이 조정하는
계획이었다. 한국 정부는 분기별로 재정·금융계획총지표, 정부예산수지표,
금융자금 수급계획표, 시중은행 융자표 등을 작성하고, 계획안을 제시하여

---

99   합동경제위원회, 「1957년도 재정금융안정계획」(1957. 4. 20), 한국재정40년사편찬위원회, 『한국재정40년
　　　사』 제3권, 한국개발연구원, 1991, 538쪽.

100   합동경제위원회, 「1958년도 재정금융안정계획」(1958. 3. 11), 위의 책, 547쪽.

101   합동경제위원회, 「1959년도 재정금융안정계획」(1959. 2. 20), 위의 책, 557~558쪽.

(단위: 백만 환)

연도	세입(A)	세출(B)	적자 또는 흑자 (A-B)	국채	산업부흥국채
1953	46,628	60,683	-14,055	2,030	5,000
1954	125,996	142,392	-16,395	3,336	12,939
1955	323,776	281,439	+42,336	13,675	19,610
1957	415,089	350,034	+65,066	15,230	29,642
1958	454,806	410,970	+43,836	18,000	8,491
1959	448,995	400,224	+48,771	5,000	2,096
1960	476,557	419,955	+56,602	10,000	1,914

* 출전: 경제기획원, 『예산개요』, 1962(한국재정40년사편찬위원회, 『한국재정40년사』 제6권, 한국개발연구원, 1991, 153쪽에서 재인용).

재정금융안정계획의 실행의지를 표명해야 했다. 한국 정부가 제출한 계획안은 합동경제위원회 석상에서 면밀히 검토되고 조정되었다. 이는 재정 운영에 대한 한미 간의 공조 체제가 강화되는 과정이자, 한국의 재정 운영 전반에 대한 미국의 장악력이 관철되는 과정이었다.

이렇게 치밀한 재정금융안정계획은 세출억제에 지대한 영향을 미쳐서 〈표 14〉에서 나타나듯이 1957년에는 650억 환, 1958년에는 440억 환, 1959년에는 490억 환의 재정흑자를 가져왔다. 그에 따라 1953~1956년까지 연평균 73.4%였던 통화량 증가율은 1957~1960년 사이에 연평균 16.5%로 급감했고, 1953~1956년까지 연평균 41.5%였던 도매물가등귀율도 1957~1960년 사이에는 연평균 5.8%로 현저히 낮아졌다.[102]

재정금융안정계획은 재정 면에서 불필요한 소비성 지출을 억제하는 데 그치지 않고, 인플레이션 재원에 크게 의존해왔던 재정투융자 규모를 축소

---

[102] 한국재정40년사편찬위원회, 『한국재정40년사』 제6권, 한국개발연구원, 1991, 153~154쪽.

하도록 압박했다.[103] 그 결과 재정투융자액이 총예산규모에서 차지하는 비중은 1957년의 29.4%에서 1958년과 1959년에는 각각 22.8%와 18.9%로 급격히 감소했다. 재정투융자의 집행실적은 1958년 82.3%, 1959년에는 90.2%로 예산액에도 못 미치는 결과를 나타냈다. 이는 정부가 재정투융자 재원을 비인플레이션 재원으로 국한하고, 예산집행에 있어서 안정 기조가 위협을 받을 때에는 방출이 합의된 금액이라 하더라도 실제 지출을 억제했기 때문이었다. 1957년의 안정화 정책은 실물경제에 큰 부담을 주지 않았으나 1958년부터는 물가와 산업 생산수준이 동반 하락함으로써 제조업 부문의 불황을 초래하기 시작했다.[104]

정부는 재정금융안정계획의 제한 속에서 중점융자제, 대부사전승인제를 시행했고, 한정된 자금으로 부흥사업을 전개하기 위해 몇 개 산업 부문에 대한 집중적 투자를 단행했다.

재정금융안정계획이 추진된 1957년 이후 산업은행의 대출총액은 줄었지만, 〈표 15〉에서 나타나듯이 산업은행 대출총액 중 제조업이 차지하는 비율은 급격히 높아지고 있었다.

구체적으로는 식료품공업 및 섬유공업과 더불어 화학공업과 유리·토석제품, 제1차금속공업의 비중이 높았다. 화학공업과 유리·토석제품은 문경 시멘트공장, 인천 판유리공장, 충주 비료공장 등 3대 기간산업 공장에 대한 대출로 인한 것이었고, 제1차 금속공업은 인천중공업공사와 한국광업제련공사에 대한 대규모 시설의 설치와 가동을 위한 집중융자로 인한 것이었다.[105] 식

---

103   한국산업은행10년사편찬위원회, 『한국산업은행10년사』, 한국산업은행, 1964, 99쪽.

104   김동욱, 「1940~1950년대 한국의 인플레이션과 안정화 정책」, 연세대 경제학과 박사학위논문, 1994, 159~160쪽 참조.

105   한국산업은행10년사편찬위원회, 『한국산업은행10년사』, 한국산업은행, 1964, 256쪽, 287쪽, 291쪽, 299쪽.

〈표 15〉 산업은행 산업별 대출액

(단위: 천 원)

	1954	1955	1956	1957	1958	1959	1960	계
농업	353,567	506,287	790,510	1,146,616	491,191	137,978	73,564	3,499,713
광업	94,674	326,398	102,544	353,310	222,125	369,876	323,665	1,792,592
제조업	306,949	796,767	1,370,687	1,399,987	3,221,343	2,512,179	1,557,878	11,165,790
(제조업 비율)	(37.3)	(34.7)	(49.0)	(34.9)	(63.3)	(60.2)	(64.1)	(51.7)
식료품	13,184	10,149	108,789	129,382	328,718	332,450	113,965	1,036,637
음료품				6,300		1,425	11,875	19,600
섬유공업	133,772	364,881	418,075	146,461	324,866	501,162	297,614	2,186,831
신발·옷·장신품			1,000		5,347	5,910	13,259	25,516
제재·목제품	91	3,001	6,608	3,500	1,800	200	7,232	22,432
가구·장비품					4,386	2,000	5,420	11,806
종이류·지류제품	4,569	17,300	80,248	127,115	76,541	230,832	89,370	625,975
인쇄·출판	6,000			20,250	7,140	2,697	3,464	39,551
피혁·피혁제품	1,753		23,050	7,001	4,465	424	17,050	53,743
고무제품	5,978	19,338	9,258	38,034	68,644	64,034	23,000	228,286
화학제품	39,756	116,551	208,820	168,381	1,600,509	478,297	473,166	3,085,480
석유·석탄제품	2,000	2,500	18,000	6,520	2,000	5,056	7,920	43,996
유리·토석제품	15,200	121,638	189,110	164,309	212,731	492,028	70,184	1,265,200
제1차 금속제품	12,632	86,709	161,549	284,937	248,176	179,294	145,153	1,118,450
금속제품	8,610	21,900	200	11,000	28,185	52,167	50,180	172,242
기계	13,055	6,200	13,852	23,680	66,688	1,238	78,986	203,699
전기기계기구				4,787	7,744	26,719	11,725	50,975
수송용 기계기구	25,801	26,600	132,108	245,913	205,043	131,563	68,651	835,679
기타 제조업				12,417	28,360	4,683	69,664	115,124
건설업	3,000	29,118	94,751	351,212	735,188	775,361	429,141	1,417,771
전기·가스·수도·위생	47,970	542,219	431,701	586,368	230,101	104,603	44,314	1,987,276
운수·보관·통신	15,101	93,835	2,580	165,894	112,016	264,702	2,546	656,674
서비스업		300		7,765	77,015	4,124		89,204
합계	821,261	2,294,924	2,792,773	4,011,152	5,088,979	4,168,823	2,431,108	21,609,020

* 출전: 한국산업은행십년사편찬위원회, 『한국산업은행10년사』, 한국산업은행, 1964, 596~601쪽에서 재작성.
* 제조업 비율과 괄호 안의 숫자는 각 년도 산업은행 대출총액 중 제조업이 차지하는 비율을 말한다.

품업에서는 대한제분, 조선제분, 극동제분, 동남제분, 국경제분, 신한제분, 동립산업이, 섬유산업에서는 태창방직, 금성방직, 대한방직, 조선방직, 삼호방직, 내외방직, 대전방직, 풍한산업, 홍한방적, 동양방직 등 대규모 면방직 업체들이 그 대상이었다.[106] 생산과 설비 면에서 전쟁 전 수준을 넘어선 제분업과 방직업 관련 기업들은 산업은행 자금을 대출받아 신규 시설을 설치하고 노후 시설을 교체하기도 했다. 정부와 대자본가의 유착관계가 유지됨에 따라 이런 대출은 결국 몇몇 대기업에 대한 대출집중과 특혜라는 결과를 낳았다.

재정금융안정계획은 1957년부터 4·19혁명으로 이승만 정권이 물러날 때까지 연차적으로 추진되었다. 1957년의 안정화 정책은 실물경제에 큰 부담을 주지 않았으나 1958년부터는 물가와 산업 생산수준이 동반 하락함으로써 제조업 부문의 불황을 초래했다. 대부사전승인제, 중점융자제를 통해 정부와 대기업의 유착관계는 더욱 심화되었다. 특별회계에서의 통화팽창이 허용되지 않으면서 1957~1959년 양곡관리 특별회계를 재원으로 하는 양곡의 일반매입이 중단되었다. 미곡담보융자 제도의 실적이 부진한 가운데 농민들의 자금사정은 한층 악화되었다.[107] 한국은 불경기의 징후에도 불구하고 재정금융안정계획을 연차적으로 추진하는 한편, 이를 통해 얻어진 미국 측의 신뢰를 바탕으로 본격적으로 경제개발계획을 추진하기 시작했다.

---

106 위의 책, 246쪽, 360~361쪽.

107 김수향, 「1950년대 후반 이승만 정권의 농업정책과 그 한계」, 『역사문제연구』 43, 2020, 218~225쪽.

3장
산업개발위원회와 경제개발 3개년계획

1. 산업개발위원회의 설치와 경제개발계획 입안

1) 산업개발위원회의 발족과 인적 구성

1957년 6월 9일 송인상(宋仁相)이 김현철의 뒤를 이어 부흥부장관 겸 경제
조정관에 취임했다. 7월 6일 부흥부장관실에서는 부흥부 주최로 재계, 금융
계, 학계, 언론계 중진들이 모인 가운데 좌담회가 열렸다.[108] 참석자는 주최 측
인 송인상 부흥부장관, 신현확(申鉉碻) 부흥부차관, 차균희(車均禧) 합동경제위
원회 사무국장을 비롯해서 홍성하(洪性夏), 구용서(具鎔書), 원용석(元容奭), 임문
환(任文桓), 김영찬(金永燦), 임송본(林松本), 고승제(高承濟), 신태환, 최호진, 심종섭
(沈鍾燮), 장하정(張河鼎), 박동묘, 김준보(金俊輔), 김정렴(金正濂), 윤병욱(尹炳旭), 김
봉재(金奉才), 조규대(曺圭大), 김용갑(金容甲), 부완혁(夫琓爀), 이해동(李海東), 윤인
상(尹仁上), 유진순(劉鎭舜), 최응상(崔應祥), 나익진(羅翼鎭), 박운대(朴運大), 황병준
(黃炳晙), 이상구(李相球), 이정환(李廷煥), 주원(朱源), 주석균(朱碩均), 조동필(趙東弼),

---

108 「장기경제개발, 관민좌담회 개최」, 『동아일보』 1957. 7. 8.

이창렬(李昌烈), 최왕진(崔旺鎭) 등이었다. 이 좌담회는 장기 경제개발계획 수립에 대한 여론을 수렴하기 위해 개최된 것이었다. 좌담회에서 수렴된 내용은 첫째, 정책 실효성을 가질 수 있는 경제개발계획기구를 설치하되 전문가의 자문을 구해야 한다, 둘째, 계획기구는 자원조사, 생산·소비·인구 등 관련 통계의 산출 및 이론적 모색을 담당해야 한다, 셋째, 계획은 전체 계획, 산업 부문별 계획, 도시계획을 포괄하는 종합적인 계획이 되어야 한다, 넷째, 정책의 실효성을 보장할 수 있는 계획기간을 책정해야 한다는 것 등이었다.[109]

부흥부는 이와 같은 사계의 여론을 참고하여 장기 경제개발계획을 입안하기 위한 기관으로 부흥부 내에 '경제개발위원회'를 설치하기로 하고, 분야별 전문가를 물색했다.[110] 그간 정부의 부흥계획은 여론수렴 과정 없이 사실상 행정부의 독주로 진행되었다. 포괄적이고 종합적인 장기 경제개발계획을 수립하기에 앞서 정부는 정·재계, 학계의 의견을 수렴하고, '경제개발위원회' 구성에 있어서는 여론수렴 과정에서 제출된 의견을 반영하여 전문가의 참여를 제도적으로 보장하고자 했다.

한편 '경제개발위원회'를 발족시키기에 앞서 송인상 경제조정관은 1957년 10월 도미하여 허터(Christian Herter) 미 국무부차관과 회담하는 가운데 개발계획 추진의사를 공식적으로 밝혔다. 후진국에 "근대적이면서도 미국의 지원 없이 생존 가능한 정부"를 세우고자 하는 미국의 정책 변화[111]와 재정금융 안정계획을 통해 구축된 신뢰 분위기 속에서, 허터는 한국 정부의 경제개발

---

109 대한민국 부흥부, 「장기경제개발심의회(가칭) 발족에 앞선 간담회 속기록」, 『부흥월보』 11, 1957. 8, 11~26쪽 참조.

110 「사설: 경제자립과 수출산업」, 『동아일보』 1957. 7. 13; 「경제개발위, 부흥부 내에 설치」, 『동아일보』 1957. 8. 25.

111 이철순, 「이승만 정권기 미국의 대한 정책 연구(1948~1960)」, 서울대 정치학과 박사학위논문, 2000, 제4장 제3절 참조.

계획 의사를 긍정적으로 받아들였다. 이 회담에서 허터는 개발계획을 수립하기 위한 기관을 설립하고 운영하는 데 원조자금을 지원하겠다고 약속했다.[112] 이어 1957년 12월 26일 합동경제위원회 본회의에서 한미 양측 경제조정관은 '경제개발위원회' 설치를 위한 사업계획서에 서명했다.[113] 이 사업계획서에 의해 경제개발기구 설립기금으로 외화 12만 9천 달러와 대충자금 7만 6천 달러(1년분), 총 20만 5천 달러를 확보했다.

1958년 1월 15일 제38차 부흥위원회는 전문 9조의 부칙으로 된 산업개발위원회 규정(안)을 통과시켰다.[114] 이 회의에서 '경제개발위원회'는 산업개발위원회로 그 명칭이 변경되었다.[115] 산업개발위원회 규정(안)이 국무회의에서 통과됨에 따라 3월 13일에는 산업개발위원회 규정이 대통령령 제1349호로 정식 공포되었다.[116]

산업개발위원회 규정에 의거하여 3월 17일 부흥부에서는 '산업개발위원회 설립준비위원회'가 개최되었다. '산업개발위원회 설립준비위원회'는 28명의 고문을 선정하고 농림수산, 광공, 상역, 공공기업, 재정금융의 5개 분과위원회를 구성했다. 4월 1일 산업개발위원회가 정식 발족됨으로써 장기경제개발계획의 수립과 그를 위한 자원조사, 평가, 효과적인 경제정책에 관한 심의,

---

112 『이데일리』 2005. 5. 30; 송인상 1차 인터뷰, 2002. 10. 10, 효성그룹 고문 사무실.

113 대한민국 부흥부, 『부흥월보』 3-1, 1958, 40쪽.

114 대한민국 부흥부, 『부흥월보』 3-2, 1958, 22쪽.

115 계획기구의 명칭은 Economic Development Council, 즉 경제개발위원회가 적당했지만 재무부장관 김현철이 반대하여 산업개발위원회로 바꾸었다고 한다. 대한민국 부흥부, 『부흥월보』 3-2, 1958, 22쪽.

116 법제처 종합법령정보센터(http://www.klaw.go.kr/) 산업개발위원회 규정 제정(1958. 3. 13), 대통령령 제1349호. 산업개발위원회는 장면 정권기까지 존속하다가 5·16쿠데타 직후인 1961년 6월 7일 각령 제9호에 의해 폐지되었다. 법제처 종합법령정보센터(http://www.klaw.go.kr) 산업개발위원회 규정 폐지(1961. 6. 7), 각령 제9호 참조.

〈표 16〉 산업개발위원회 고문·위원·보좌위원 명단

직책	이름	담당 분야	현직
위원장	송인상(宋仁相)	총괄	부흥부장관
고문	김준보(金俊輔)	농림수산	서울대 교수
	주석균(朱碩均)	농림수산	농업문제연구회 회장
	원용석(元容奭)	농림수산	농민회 최고위원, 곡물협회장
	최응상(崔應相)	농림수산	서울대 교수
	조동필(趙東弼)	농림수산	고려대 교수
	임문환(任文桓)	광공	무역협회 회장
	고승제(高承濟)	광공	서울대 교수
	김상겸(金相謙)	광공	연세대 교수
	안동혁(安東赫)	광공	한양대 교수
	이정환(李廷煥)	광공	연세대 교수
	부완혁(夫完爀)	광공	조선일보 논설위원
	유진순(劉鎭舜)	상역	서울대 교수
	나익진(羅翼鎭)	상역	
	이창렬(李昌烈)	상역	고려대 교수
	최경렬(崔景烈)	공익기업	서울시 부시장
	태완선(太完善)	공익기업	
	김윤기(金允基)	공익기업	대한주택영단 이사장
	최호진(崔虎鎭)	재정금융	중앙대 교수
	이병호(李丙虎)	재정금융	
	홍성하(洪性夏)	재정금융	재무부 세제분과위원회 위원장
	신태환(申泰煥)	재정금융	서울대 교수
	김용갑(金容甲)	재정금융	서울대 교수
위원	박동묘(朴東昴)	농림수산	서울대 교수
	황병준(黃炳晙)	광공	산업은행 조사부원
	안림(安霖)	상역	산업은행 조사부원
	주원(朱源)	공익기업	서울대 교수
	이면석(李冕錫)	재정금융	한국은행 기획조사과장
보좌위원	주종환(朱宗桓)	농림수산	
	김창기(金昌器)	농림수산	
	전석두(全石斗)	광공	한양대 강사

	박욱규(朴旭圭)	광공	산업은행 파견원
	최한형(崔漢衡)	광공	
	이재설(李載卨)	상역	
	신상철(申尙澈)	상역	현역 중령
	정재덕(鄭在德)	공익기업	부흥부 기획국 사무관(1959)
	김여택(金麗澤)	공익기업	
	김성범(金成範)	재정금융	산업은행 파견원
	김건(金建)	재정금융	한국은행 파견원
	임원택(林元澤)	종합	현역 중령
	전영순(全英淳)	종합	
간사	이진수(李震秀)	간사장	부흥부 과장
	노영규(盧永奎)	간사	
	김봉오(金鳳梧)	간사	내무부 비서관
	박정원(朴正源)	간사	내무부 사무관

* 출전: 안용식 편, 『대한민국관료연구』(I)~(III), 연세대학교사회과학연구소, 1995·1996; 『단기 4283년판 대한민국
인사록』, 내외홍보사, 1949; 『대한민국건국 10년지 인사록』, 대한민국 건국10년지간행회, 1956; 霞關會 編·日本外
務省アジア局 監修, 『現代朝鮮人名辭典』, 世界ジャ-ナル社, 1962.
* 비고: 산업개발위원회 고문·위원·보좌위원 명단은 부흥부 산업개발위원회, 『제1차 고문회 회의안』, 1958. 9. 17, 〈
산업개발위원회 기구표〉를 참조했다. 따라서 이 표는 1958년 9월 17일 현재 산업개발위원회의 인원구성에 준해
서 작성되었다. 산업개발위원회의 고문·위원·보좌위원의 약력과 1960년 이후의 경력에 대해서는 〈부표 2〉, 〈부
표 3〉 참조

연구 및 건의를 담당하게 되었다.[117]

산업개발위원회 위원 인선에서는 시각보다는 분야별 전문성을 우선적으
로 고려했다. 따라서 안림과 같이 정부 정책에 비판적인 시각을 갖고 있던 인
물들도 기용되었다. 한 달 봉급은 18만 환으로 당시 국무위원 봉급 4만 2,000
환의 4배를 넘는 파격적인 액수였다.[118] 경제개발계획 수립에 전념할 수 있도
록 한 조치였다. 고문단에는 그 분야의 전문가로서 친정부적 혹은 비판적인

---

117 『조선일보』 1958. 4. 1; 이영휘, 「경제개발 5개년계획의 수립 과정에 관한 연구—배경 및 행정적 절차를 중
심으로 한 사례연구」, 서울대 행정대학원 석사학위논문, 1962, 76쪽.
118 주원, 『둔석서지』, 지구문화사, 1995, 102쪽; 송인상, 『부흥과 성장』, 21세기북스사, 1994, 199~200쪽.

학자군을 포함하여, 전직 경제관료와 국회 내 상공위원회 소속 국회의원, 재계 및 언론계에서 활동하는 인물들이 총망라되었다. 또한 준전시 상태임을 고려하여 현역 군인도 보좌위원으로 참여했다.

산업개발위원회 구성과 운영의 경험은 정부의 경제계획안을 만들어가는 과정에서 관련 분야의 지식인들이 대거 참여하여 한국식 개발모델을 확정해 가는 중요한 계기가 되었다.[119] 이러한 경험은 장면 정권기의 산업개발위원회, 박정희 정권기의 경제과학심의회의로 계승되었다. 산업개발위원회로 모인 고문, 위원, 보좌위원들은 이후 학계와 관계의 중진으로 성장하여 한국 경제개발계획 추진의 주역이 되었다. 또한 산업개발위원회에서는 경제개발과 국방 문제가 별개의 문제가 아니라 국가적 차원의 포괄적인 문제로 다루어졌고, 군인이 경제개발계획에 참여하기 시작했다는 점이 의미심장하다.

한편 1958년 6월 11일 부흥부장관실에서 열린 합동경제위원회 본회의에서 한국 측 경제조정관 송인상은 합동경제위원회 산하에 '경제개발분과위원회'를 설치할 것을 공식적으로 제안했다.[120] 그간 장기 개발계획을 추진하기 위한 한국 측의 노력은 미국 정부와 원조 당국의 협조를 얻지 못해 번번이 무산되었다. 이에 한국 정부는 한미 간의 긴밀한 협의하에 장기 개발계획을 추진함으로써 계획의 실효성을 보장받고자 했다. 개발계획에 대한 논의를 진행하는 과정에서 한미 실무자들은 합동경제위원회 산하에 '경제개발분과위원회'를 설치하기로 의견 접근을 보았다.

하지만 미국 측 경제조정관 윌리엄 원은 '경제개발분과위원회' 설치에 난

---

119 위원과 고문으로 참여했던 비판적 지식인들의 문제의식은 계획 논의 과정에서 많은 변용과 좌절을 겪게 된다.

120 「경제개발분위 미 측에 설치 제의」, 『동아일보』 1958. 6. 12.

색을 표명했다.[121] 미국 측 경제조정관으로서는 방위지원에 중심을 두는 원조 기조에 대한 미 국무부의 공식적인 입장 변화가 없는 이상, 경제개발을 합동 경제위원회 활동의 전면에 내세우기는 어려웠던 것 같다. 미국 측 경제조정 관의 반대에 부딪혀 '경제개발분과위원회'의 설치는 일단 철회되었다. 대신 합동경제위원회는 산업개발위원회의 기능을 보강하여 '경제개발분과위원 회'가 맡기로 했던 역할을 담당하도록 결정했다.[122]

2) 경제개발계획의 목표와 현실성 검토

(1) 경제개발계획의 목적에 대한 의견 충돌

산업개발위원회는 1958년 4월 1일 부흥부장관 직속기관으로 발족하여 5 월 1일 위원들을 위촉하고 업무를 개시했다.[123] 우선 위원회는 개발계획을 추 진하기 위한 기본 통계조사에 착수했다. 산업개발위원회는 6월 20일 기본 통 계조사를 마친 후 7월 20일 제3차 본회의에서 8월 말까지 장기 경제개발계획 의 일반적인 지침을 작성하기로 결정했다.[124] 초안 작성자로는 재정금융 담당 위원 이면석(李冕錫)과 상역 담당 위원 안림(安霖)이 위촉되었다. 산업개발위원 회는 이면석, 안림 두 위원이 합동으로 작성하고 위원 일동이 수차례에 걸쳐 검토한 시안을 1958년 8월 14일의 제6차 회의부터 검토하기 시작했다. 시안에 제시된 장기 개발계획의 기본목적은 국민생활을 적정수준까지 향상시키고, 국방을 포함한 경제자립 체제를 확립하며, 경제사회 제도의 근대화를 이룬

---

121 「경제개발위 설치안을 철회」, 『동아일보』 1958. 6. 24.

122 「경제개발위 설치안을 철회」, 『동아일보』 1958. 6. 24.

123 부흥부 산업개발위원회, 『제1차 고문회 회의안』, 1958. 9. 17, 3쪽.

124 부흥부 산업개발위원회, 「제3차 산업개발위원회 회의록」(1958. 7. 20)(부흥부 산업개발위원회, 『제1차 고 문회 회의안』, 1958. 9. 17, 45쪽에서 재인용).

다는 것이었다.[125]

위원들은 목적을 달성하기 위해 첫째, 계획기간 중 GNP를 연 6% 증가 시키고 민간자본 축적에 주력한다, 둘째, 완전고용에 접근하되 우선 실업률을 28%에서 19%로 줄인다, 셋째, 농촌과 도시 주민의 소득분배를 0.3대 1에서 0.33대 1로 조정함으로써 도농을 균형적으로 성장시킨다, 넷째, 수출 및 수입 대체산업을 적극 육성하여 국제수지의 개선을 꾀한다, 다섯째, 국민총생산에서 1차산업이 차지하는 비중을 30%대로, 인구를 60%대로 감소시킴으로써 산업구조 및 고용구조의 근대화를 도모한다는 방침을 제시했다.[126]

시안 검토 과정에서 위원들이 작성한 모형은 고문들의 다음과 같은 문제 제기에 부딪쳤다.

- · '국방을 포함한 자립 체제 확립'이라는 목적의 비현실과 국방비 부담 문제
- · 계획기간 7년에 대한 논란, 계획기간을 전후기로 구분하자는 의견
- · 생활수준 향상과 민간자본 축적의 이율배반
- · 국제수지 균형에 의한 자립 체제 확립에 있어서 외원 의존 문제
- · 경제·사회 근대화에 대한 구체적인 윤곽
- · 생산증대와 복지향상의 조정
- · 농업 면의 치중 여부
- · 고용 중심 계획의 타당성 여부
- · 계획 중점 표시의 필요성[127]

125 부흥부 산업개발위원회, 「제6차 산업개발위원회 회의록」(1958. 8. 14), 2쪽.

126 부흥부 산업개발위원회, 「제6차 산업개발위원회 회의록」(1958. 8. 14), 2쪽 참조.

127 부흥부 산업개발위원회, 「제6차 산업개발위원회 회의록」(1958. 8. 14); 부흥부 산업개발위원회, 「제7차 산업개발위원회 회의록」(1958. 8. 21); 부흥부 산업개발위원회, 「제8차 산업개발위원회 회의록」(1958. 8. 28);

첫째, '국방비를 포함한 자립경제 체제 건설'이라는 계획목적의 (비)현실성이 문제가 되었다. 국방비, 국제수지, 재정을 모두 외국 원조에 의존하고 있는 경제현실에서 자립경제를 어떻게 건설할 것인가가 문제였다. 고문들의 의견은 내핍과 희생을 통해서라도 외국 원조를 줄이고 자립 체제를 만들어야 한다는 의견과, 체면에 구애받지 말고 최대한의 원조를 얻어내자는 의견으로 나뉘었다.[128] 이면석 위원(위원 대표발언)은 외국 원조를 연차적으로 줄여서 계획 7년차부터는 계획비용을 국민저축으로 감당하겠다고 답변했다. 그러나 김용갑 고문은 계획기간 내에 막대한 국방비를 감당하면서 자립경제 체제를 건설하겠다는 것은 '황당무계한 계획'에 불과하다고 비판했다.[129] 결국 송인상 위원장은 후진국의 계획추진 과정에서 재원부족이 발생하는 것은 어쩔 수 없는 문제이므로, 자립을 추구하되 부족분은 원조 혹은 차관으로 해결하자는 절충안을 내놓았다.[130]

둘째, 농공 균형발전의 문제가 제기되었다. 위원들은 우선 농업성장을 달성함으로써 제조업 시장을 육성하고, 다음으로 공업 부문의 발전에 집중하고자 했다. 공업 부문에 대한 투자도 노동집약적인 경공업 부문, 중소기업에 중점을 두어 고용 문제를 해결고자 했다. 그러나 고문들은 농업과 경공업, 중소기업 중심의 투자에 회의적이었고, 기초산업의 발전을 강조했다.[131] 위원들은 장기적인 경제개발계획에서는 균형이 중요하므로 특정 부문에 대한 중점

부흥부 산업개발위원회, 「제9차 산업개발위원회 회의록」(1958. 9. 4); 부흥부 산업개발위원회, 「제11차 산업개발위원회 회의록」(1958. 9. 18); 부흥부 산업개발위원회, 「제12차 산업개발위원회 회의록」(1958. 10. 2); 부흥부 산업개발위원회, 『제1차 고문회 회의안』, 1958. 9. 17, 48~49쪽.

128 전자는 부흥부 산업개발위원회, 「제6차 산업개발위원회 회의록」(1958. 8. 14), 13쪽 부완혁 발언을, 후자는 13쪽 이창렬 발언을 참조.

129 부흥부 산업개발위원회, 「제6차 산업개발위원회 회의록」(1958. 8. 14), 4~5쪽.

130 부흥부 산업개발위원회, 「제6차 산업개발위원회 회의록」(1958. 8. 14), 14쪽.

131 부흥부 산업개발위원회, 「제16차 산업개발위원회 회의록」(1959. 11. 6), 7~10쪽.

투자는 피해야 한다고 주장했다. 하지만 고문들은 수공업 수준의 중소기업에 대한 투자는 일시적인 고용효과를 가져올 뿐이고, 중소기업에서 생산된 상품은 세계시장에서 경쟁력을 가질 수 없기 때문에 국제수지 개선효과를 가져올 수 없다고 반박했다. 따라서 중소기업보다 국제수지 개선효과를 가져올 수 있는 몇몇 부문에 집중투자하고 수출을 장려하는 것이 바람직하다는 의견을 제시했다.[132] 위원들의 중소기업, 경공업 중심의 균형발전론과 달리 고문들은 대기업, 중화학공업 중심의 불균형발전론, 생산력 증대책을 주장한 것이다.

셋째, 계획의 중심을 어디에 둘 것인가 하는 문제에 논란이 집중되었다. 생산증대와 복지향상의 조정, 고용 중심 계획의 타당성 여부, 계획 중점 표시의 필요성 등은 모두 이 문제와 직결된 것들이었다. 위원들은 국민생활수준의 향상을 계획목적의 제1순위에 두었다. 그에 따라 고용증대, 복지사회 건설이 계획목적을 달성하기 위한 지침으로서 최우선적으로 강조되었다.

위원들은 생활수준의 향상이야말로 남북 대치하의 남한에 정치적으로 큰 성과를 가져올 것이라고 생각했다.[133] 이에 사회복지 문제가 단지 빈부격차를 완화할 뿐만 아니라 사회정의적인 요소를 실현시켜 사회주의를 방어하는 성격을 가지고 있다고 주장했다.[134] 즉 그들은 남북한 대치상황에서 남한이 계획을 통해 국민의 생활과 복지수준을 향상시킨다면 북한과의 체제경쟁에서 우위를 점할 수 있을 것이라고 판단했다. 물론 남북한의 체제경쟁을 상

---

132 부흥부 산업개발위원회, 「제6차 산업개발위원회 회의록」(1959. 8. 14); 부흥부 산업개발위원회, 「제7차 산업개발위원회 회의록」(1958. 8. 28); 부흥부 산업개발위원회, 「제9차 산업개발위원회 회의록」(1959. 9. 4) 참조.

133 부흥부 산업개발위원회, 「제7차 산업개발위원회 회의록」(1958. 8. 21), 5쪽, 이면석 발언.

134 부흥부 산업개발위원회, 「제7차 산업개발위원회 회의록」(1958. 8. 21), 9~10쪽, 주원 발언.

정한 것이기는 하지만, 위원들은 민심의 향배가 체제경쟁의 가장 중요한 요소라고 생각하고, 국민생활수준의 향상을 통한 복지국가 건설을 계획의 궁극적인 목적으로 삼고자 했던 것이다. 그러나 위원들의 이러한 구상은 생산력 증대를 제1순위에 두고자 하는 일부 고문들의 격렬한 반대에 부딪쳤다.[135]

(2) 경제개발계획의 목적에 대한 수정안과 합의 내용

장기 경제개발계획의 기본 골격이 되는 목적 설정에 대해서조차 이견이 분분한 가운데, 고문과 위원들은 수정안으로 다음과 같은 몇 개의 안을 제기했다.

A안 ① 생산능력 증강, ② 국제수지 개선, ③ 고용증대

B안 ① 산업구조의 자주화, ② 고용 및 소득의 균형적 증대, ③ 국제수지의 점차적 개선

C안 ① 고용증대, ② 국제수지 개선, ③ 경제사회 제도의 근대화

D안 ① 국민소득 증대, ② 국제수지 개선, ③ 고용증대

E안 ① 생산력 증강, ② 고용증대, ③ 경제사회 제도의 근대화[136]

위원들은 그간 제기된 고문들의 비판을 다각도로 검토하여 1958년 9월 4

---

135 부흥부 산업개발위원회, 「제7차 산업개발위원회 회의록」(1958. 8. 21), 3~4쪽, 6쪽의 고승제 발언 및 6~7쪽의 김용갑 발언 참조. 이러한 인식은 생산력이 증대된다면 분배 문제는 자연스럽게 해결될 것이라는 일제 하 이래의 민족·자본주의 진영의 자본 본위의 생산력주의에 그 연원을 두고 있었다.

136 부흥부 산업개발위원회, 『제1차 고문회 회의안』, 1958. 9. 17, 49~50쪽. 여기서 경제사회 제도의 근대화 혹은 산업구조의 근대화란 '공업화'를 의미했다. 경제개발 3개년계획에서는 그 측정기준을 소득·고용·생산재 및 소비재 비율의 개선에서 찾고자 했다. 부흥부 산업개발위원회, 『경제개발 3개년계획안의 요약』, 1958. 12. 31, 8~11쪽.

일 제9차 산업개발위원회 본회의에 수정안(제2시안)을 제시했다.[137] 이 수정안 (제2시안)에서 위원들은 계획의 목적을 첫째 고용증대, 둘째 국제수지 개선, 셋째 경제사회 제도의 근대화로 조정했다. C안이었다. 이창렬·신태환·김상겸 (金相謙) 고문은 고용 중심의 계획을 지지했지만, 김용갑 고문은 고용 중심의 계획이 비현실적일 뿐 아니라 국제수지 개선이라는 목적과도 양립할 수 없다고 신랄하게 비판했다. 그는 고용에 치중하는 경제개발계획은 수공업 수준의 중소기업에 대한 투자로 이어질 것이고, 이는 일시적인 고용효과 외에 그 어떤 산업발전도 가져올 수 없을 것이라고 주장했다.[138] 박동묘 위원은 계획의 목적을 고용증대에 둔다 하더라도 노동집약적인 투자로써 고용증대와 국제수지 개선 문제를 동시에 해결할 수 있을 것이라고 설득했다. 하지만 김용갑·고승제 고문은 고용이 국제수지와 상치된다는 의견을 굽히지 않았다.

수정안이 제출되었지만 위원들과 고문들 간의 의견차이로 인해 계획의 목적조차 확정되지 못하고 있었다. 논의의 핵심은 결국 계획의 목적을 자본 중심의 생산력 극대화에 둘 것이냐 고용증대를 포함한 국민생활수준 향상에 둘 것이냐 하는 문제였다.[139] 이 문제는 일제하 이래 민족자본주의 진영의 경제론에서 반복되고 있는 의제였다.[140] 논란이 일고 있는 가운데 최호진 고문은 자립경제 체제의 확립이나 고용증대와 같은 궁극적인 목적은 단시일 내에 성취될 수 없으므로 한국에서 추진하는 첫 번째 계획에서는 우선 생산력 증강과 국제수지 개선을 목적으로 하자는 절충안을 내놓았다.[141] 이 제안에

---

137 부흥부 산업개발위원회, 『1차 고문회 회의안』, 1958. 9. 17.

138 부흥부 산업개발위원회, 「제9차 산업개발위원회 회의록」(1958. 9. 4), 7~9쪽 김용갑 발언.

139 「목표 문제로 우왕좌왕 진통하는 '산업경제개발위'」, 『동아일보』 1958. 9. 24.

140 방기중, 「일제하 미국 유학 지식인의 경제인식」, 『미주 한인의 민족운동』, 혜안, 2003; 이수일, 「1920~30년대 한국의 경제학풍과 경제연구의 동향」, 『연세경제연구』 4-2, 1997 참조.

141 부흥부 산업개발위원회, 「제9차 산업개발위원회 회의록」(1958. 9. 4), 16쪽.

김용갑·고승제 고문이 전격 동의함으로써 경제개발 3개년계획의 1차적인 목적은 생산력 증강과 국제수지 개선으로 결정되었다.

주석균 고문은 논의가 자본 중심의 생산력 증대로 경도되고 있음을 비판하면서, 정치적 민주화와 경제사회 제도의 민주화를 함께 발전시켜야 한다고 제동을 걸었다. 그가 말하는 경제사회 제도의 민주화는 공업 중심의 산업구조 근대화를 추구하더라도 어느 한 분야의 일방적인 희생을 초래하지 않도록 보완책을 마련하고, 정부의 하향적 계획집행이 아니라 계획추진 과정에서 국민적 총의와 자발성을 모아가도록 하는 것을 의미했다. 하지만 주원 위원만 동의했을 뿐 이러한 주장은 더 이상 깊이 있게 논의되지 못했다.[142]

이러한 과정을 거치며 위원들은 수정안(제2시안)을 재정리하여 제11차 본회의에 다시 상정했다. 재수정안(제3시안)에서 계획의 목적은 "국방을 포함한 자립 체제 확립"에서 "자립경제 체제의 기반 조성"으로 조정되었다. 제11차 본회의의 논의 과정을 거쳐 고문들과 위원들은 다음과 같은 목적과 지침에 합의했다.[143]

목적: 자립경제 체제의 기반 조성

지침:

① 농산물의 수급균형을 지향한다.

② 중소기업의 육성발전을 도모하여 생필품 자급을 기한다.

③ 소비재 수입을 경감하고 수출산업을 육성하여 국제수지 개선을 꾀한다.

---

142 부흥부 산업개발위원회, 「제8차 산업개발위원회 회의록」(1958. 8. 28), 22쪽; 부흥부 산업개발위원회, 「제9차 산업개발위원회 회의록」(1958. 9. 4), 17쪽.

143 부흥부 산업개발위원회, 「제11차 산업개발위원회 회의록」(1958. 9. 18); 부흥부 산업개발위원회, 「제12차 산업개발위원회 회의록」(1958. 10. 2).

④ 국민지출을 조절하여 민간자본 축적에 노력한다.

⑤ 외부 경제를 확충하여 국민경제발전의 소지를 조성한다.

⑥ 고용기회를 증대함으로써 많은 국민을 경제성장에 기여하게 한다.

⑦ 농가의 과소소득을 지양함으로써 국민생활의 균형적 향상을 촉진한다.

⑧ 기간산업의 중점적 발전을 도모하고 산업구조의 근대화를 촉구한다.[144]

"자립경제 체제의 기반 조성"이라는 계획목적에 대한 합의에 도달한 후 산업개발위원회 위원과 고문들은 계획의 기초가 될 자료에 대한 검토작업에 들어가는 한편,[145] 계획추진에 앞서 해결해야 할 현실적인 문제를 논의했다. 행정부의 무성의한 태도가 도마에 올랐다. 행정적인 뒷받침이 이루어지지 않는다면 계획 수립뿐 아니라 계획실천도 전혀 담보될 수 없었음에도,[146] 각 부처는 산업개발위원회에 파견하기로 한 공무원들을 차출하지 않고 있었다. 이에 산업개발위원회는 다시 한 번 다수의 정부 요원들을 산업개발위원회 실무자회의(Working Group)에 참여시킴으로써 계획에 대한 각 부처의 협력을 강화할 것을 강조했다.[147] 이 문제는 제14차 회의부터 부흥부차관, 부흥부 기획국장 및 경제계획관이 산업개발위원회 회의에 참여함으로써 부분적으로 해결되었다.[148]

산업개발위원회는 부흥부의 협조하에 모형과 자료를 검토하고 통계치를 확보하는 한편, 부흥부장관의 자문에 응하여 경제개발계획을 제출하기 위한

---

144 부흥부 산업개발위원회, 「제12차 산업개발위원회 회의록」(1958. 10. 2).

145 부흥부 산업개발위원회, 「제13차 산업개발위원회 회의록」(1958. 10. 10).

146 부흥부 산업개발위원회, 「제13차 산업개발위원회 회의록」(1958. 10. 10), 13쪽, 고문 주석균 발언.

147 부흥부 산업개발위원회, 「제13차 산업개발위원회 회의록」(1958. 10. 10), 14쪽, 고문 태완선 발언.

148 부흥부 산업개발위원회, 「제14차 산업개발위원회 회의록」(1958. 10. 16), 8쪽, 위원 이면석 발언 참조.

경제개발 3개년계획 시안 작성에 착수했다.[149] 이것은 앞으로 한국 경제 전반에 걸친 종합적인 경제정책의 지침이 될 것이었다. 산업개발위원회는 1959년 1월 시안 작성을 마치고 이를 부흥부장관에게 제출했다.[150]

이승만 정권은 장기적인 경제개발 프로그램에 대한 미국의 승인을 얻어 경제개발계획을 추진했다. 개발추진기구였던 산업개발위원회에는 정부의 정책에 비판적인 시각을 갖고 있던 인물들과 군인들도 함께 기용되었다. 행정부의 독주로 추진되었던 부흥계획과 달리, 경제개발계획 수립 과정에서는 정부 내외의 비판적인 여론을 수렴하고 국방 문제까지 총망라하여 한국식 개발모델을 만들어내고자 했다. 위원들의 문제의식은 산업 불균형 시정과 국민생활수준의 향상, 고용증대, 복지사회 건설로 집약되었다. 그러나 이러한 문제의식은 자본 중심의 생산력 증대를 계획의 최우선 순위에 두고자 했던 고문들의 반대에 부딪혀 퇴색했다. 생산력 증대를 국익 실현의 최선의 방책으로 이해하고, 분배나 복지는 생산력이 증대되면 자연스럽게 해결될 문제라고 생각한 고문들의 안이한 판단 속에서, 분배와 복지의 실현을 통한 국민생활의 안정 문제는 정책의 중심으로 자리 잡지 못했다. 다만 위원들의 주장 가운데 경제자립을 위해서는 산업구조 불균형의 시정이 절실하다는 문제의식만이 살아남아 이후 경제개발 3개년계획에 수렴된다.

---

149 부흥부 산업개발위원회, 「제11차 산업개발위원회 회의록」(1958. 10. 16), 5쪽.
150 부흥부 산업개발위원회, 『경제개발 3개년계획 시안』, 1959. 1.

2. 경제개발 3개년계획의 내용과 성격

1) 경제개발3개년계획의 주요 정책과 추진 방향

(1) 계획의 목적과 지침

산업개발위원회는 시안 작성에 이어 1959년 12월에는 경제개발 3개년계획안을 완성하고,[151] 12월 24일 산업개발위원회 위원, 보좌위원, 고문 전체회의에 회부했다.[152] 고문들과의 최종협의를 마친 계획안이 산업개발위원회안으로 결정되면, 부흥위원회에 제출된 후 국무회의에 상정되어 한국 정부의 공식적인 장기 개발계획으로 결정될 예정이었다. 일부 고문들의 퇴장이 있었던 것으로 알려졌으나,[153] 계획안은 별다른 수정 없이 통과되었다.[154] 산업개발위원회 최종안은 차관회의를 거쳐 1960년 1월 28일 국무회의에 회부되었다.[155] 산업개발위원회의 계획안은 국무회의 논의를 거친 후 1960년 4월, 경제

---

151 부흥부 산업개발위원회, 『경제개발 3개년계획안』, 1959; 부흥부 산업개발위원회, 『경제개발 3개년계획안의 요약』, 1959. 12. 31.

152 부흥부 산업개발위원회, 「제25차 전체위원 회의록—경제개발 3개년계획안 심의」(1959. 12. 24). 참석자는 신현확 위원장, 정영기(鄭英基) 부흥부차관, 위원장대리 주원, 고문 강종무(姜琮武), 고승제, 김옥준(金玉準), 김용갑, 김준보, 나익진, 부완혁, 신태환, 원용석, 유진순, 이봉인(李鳳寅), 이병호(李丙虎), 이채호(李采鎬), 이희준(李熙晙), 정문기(鄭文基), 주석균, 최응상(崔應相), 최호진, 태완선, 홍성하, 위원 안림, 황병준, 이면석, 보좌위원 임원택, 김성범, 김여택, 전영순, 김창기, 박육규, 전석두, 최한형, 김인수(金寅洙), 고영경(高永璟), 이갑섭(李甲燮), 한준석(韓準石), 남영우(南榮祐), 김석건(金錫鍵), 간사장 유호선(柳浩善), 간사 이규행(李揆行)이었다.

153 퇴장의 이유는 알려지지 않았으나 계획의 목적과 방향에 대해 일부 고문들이 끝까지 반대의견을 피력했고, 그것이 수용되지 않자 퇴장한 것 같다.

154 「장기 경제개발계획 통과, 산업개발위 전체 고문회의」, 『조선일보』, 1959. 12. 25.

155 「오늘 각의에 상정, 장기 경제개발계획」, 『조선일보』, 1960. 1. 26; 「경제개발계획 구체안을 논의, 임시국무회의」, 『조선일보』, 1960. 1. 29. 국회 부흥위원회는 1960년 1월 18일 제출한 국정감사보고서에서 단기 안정을 추구하는 재정안정책이 장기적인 발전계획에 지장을 초래하고 있다고 지적하고, 생산확대를 도모할 수 있도록 재정안정책을 재검토하라고 촉구했다. 「재정안정책 부흥에 지장」, 『동아일보』 1960. 1. 19. 이러한 여론을 바탕으로 정부의 정책은 생산력 증대를 위한 개발계획 쪽으로 방향을 잡아가고 있었다.

〈표 17〉 계획 목적의 조정

	시안	수정안	재수정안	3개년계획안	3개년계획
계획 목적	1. 국민생활을 적정수준까지 향상 2. 국방을 포함한 경제 자립 체제 확립 3. 경제·사회 제도의 근대화	1. 고용증대 2. 국제수지 개선 3. 경제·사회 제도 근대화	자립경제 체제의 기반 조성	자립경제 체제의 기반 조성 1. 생산력 증가 2. 국제수지 개선	좌동(左同)

* 출전: 부흥부 산업개발위원회, 「제6차~제12차 산업개발위원회 회의록」, 1958; 부흥부 산업개발위원회, 『경제개발 3개년계획안』, 1959; 부흥부 산업개발위원회, 『경제개발 3개년계획』, 1960에서 재작성.

개발 3개년계획으로 제출되었다.[156]

1960년을 시발로 하는 3개년계획은 경제개발 7개년계획의 전반부 계획이었다. 3개년계획은 '자립경제 체제의 확립'이라는 장기적인 문제를 해결할 수 있는 기초로서 우선 '자립화 기반 조성'을 목적으로 삼았다.[157] 산업개발위원회는 생산력을 높이고 국제수지를 개선함으로써 자립화의 토대를 마련할 수 있을 것으로 전망했다. 고용증대나 생활수준의 향상, 경제사회 제도의 근대화와 같은 과제는 과소생산의 문제가 해결되는 가운데 점차적으로 해결될 것으로 기대했다.

계획 목적을 실현하기 위한 일반적인 지침은 다음과 같았다. 첫째, 식량의 대외의존도를 경감하고 농산물의 수급균형을 지향한다. 둘째, 중소기업의 육성발전을 꾀하여 생활필수품의 자급과 증대를 꾀한다. 셋째, 수입대체산업과 함께 수출산업을 육성하여 국제수지를 개선한다. 넷째, 투자의 계획적인 배분과 그 자본조달을 위해 국민지출을 절약하고 민간자본 축적을 촉진한다.

---

156 부흥부 산업개발위원회, 『경제개발 3개년계획』, 1960.

157 부흥부 산업개발위원회, 『경제개발 3개년계획 시안』, 1959. 1, 3쪽; 부흥부 산업개발위원회, 『경제개발 3개년계획안의 요약』, 1959. 12. 31, 3쪽; 부흥부 산업개발위원회, 『경제개발 3개년계획』, 1960, 12~13쪽. 이승만 정권의 경제개발 3개년계획뿐 아니라 장면 정권의 경제개발 5개년계획, 박정희 정권의 제1차 경제개발 5개년계획 모두 자립화의 기반 조성을 목적으로 삼았다.

다섯째, 운수·통신·수리·위생·교육시설 등 사회기반시설의 확충을 통해 계획실현의 애로사항을 타개한다.[158]

경제개발 7개년계획의 전반부 계획이므로 전반부의 과제는 후반부에 앞서 기본 통계치를 마련하고 통계치에 근거하여 생산을 추진하되, 가동률이 낮은 곳은 확대하고 과잉한 곳은 기존 시설을 최대한 활용하여 그 경험을 바탕으로 후반부의 경제성장을 차질 없이 준비하는 것이었다. 즉 경제성장을 급속히 추진하는 것이 아니라 내실 있는 성장을 위해 토양을 다지는 것이 전반부 3개년계획의 목표였다. 따라서 경제성장률도 전후재건사업의 경향치 5.6%보다 낮은 5.2%로 결정되었다.[159]

(2) 계획의 핵심 정책과 추진 방향

산업개발위원회는 자립의 기반을 조성하고 내실 있는 성장의 토양을 다지기 위한 주요 정책으로서 산업구조의 근대화를 추진할 계획이었다. 위원회는 과다한 1차산업과 취약한 2차산업으로 인해 국민경제의 불균형이 빚어진다고 생각했기 때문에, 2차산업의 비중을 크게 높이려 했다. 산업구조의 근대화란 2차산업, 즉 공업화에 박차를 가해서 '국민경제의 균형적 성장'을 꾀하는 일이었다.[160]

산업개발위원회는 산업구조의 근대화를 측정하는 지수를 국민총생산에서의 구성비, 고용구조의 개선, 2차산업 내 생산재와 소비재 비율의 변화

---

158 부흥부 산업개발위원회, 『경제개발 3개년계획안』, 1959, 13~14쪽; 부흥부 산업개발위원회, 『경제개발 3개년계획』, 1960, 14쪽.

159 부흥부 산업개발위원회, 『경제개발 3개년계획안의 요약』, 1959. 12. 31, 45~46쪽; 부흥부 산업개발위원회, 『경제개발 3개년계획』, 1960, 27쪽.

160 부흥부 산업개발위원회, 『경제개발 3개년계획안의 요약』, 1959. 12. 31, 9쪽, 11쪽.

에서 찾았다. 계획에서는 기준년도의[161] 1차산업 40.5%, 2차산업 17.8%, 3차산업 41.7%의 국민총생산 구성비를 목표년도에는 각각 38.3%, 22.3%, 39.4%로 조정할 계획이었다. 고용구조상으로는 기준년도 취업인구 구성비가 1차산업 70.8%, 2차산업 5.9%, 3차산업 29.3%였다면 목표년도에는 각각 67.4%, 8%, 24.6%로 개선되도록 1차산업과 3차산업의 노동력을 2차산업으로 이동시킬 계획이었다. 즉 1차산업에는 신규 취업을 저지하고, 2차산업에는 중소기업 중심의 노동집약적인 투자와 대기업에 의한 자본집약적 투자를 통해 실업자 및 불완전 취업자를 흡수시키는 데 주력할 방침이었다. 또한 생산재 생산과 소비재 생산의 비율을 기준년도의 25%대 75%에서 35%대 65%로 변동시킬 계획이었다.[162] 산업개발위원회는 이와 같은 산업구조의 변화를 통한 생산력 증강이 장기적으로 국민경제의 균형적인 발전을 가져올 것으로 믿었다. 따라서 계획기간 중 총 22.6%의 경제성장을 이룩하기 위해서 1차산업은 16.0%, 3차산업은 16.1%로 성장률을 상정한 데 반해, 2차산업은 52.9%로 급속한 증가를 추구했다. 계획의 핵심은 2차산업의 성장에 있었다.[163]

경제개발 3개년계획이 표방한 국민경제의 균형적인 발전과 내실 있는 성장을 위해서는 2차산업의 육성뿐 아니라 농촌경제의 안정 문제가 적극적으로 고려되어야 했다. 인구의 다수를 점하고 있는 농촌의 안정화는 단순히 농촌 문제에 국한된 것이 아니라 국민경제의 균형발전과 연결된 문제였다. 섬유산업 등 경공업 일부에서 생산과잉이 일어나고 있는 상황에서 국내시장의 풀을 형성하고 있는 농촌경제의 안정은 지속적인 경제발전의 관건이었

---

161 경제개발 3개년계획은 1960년부터 1962년에 걸친 3개년계획으로서, 1959년의 통계치가 작성되지 않았으므로 1958년도를 기준년도로 했다. 부흥부 산업개발위원회, 『경제개발 3개년계획』, 1960, 31~32쪽 참조.

162 부흥부 산업개발위원회, 『경제개발 3개년계획안의 요약』, 1949. 12. 31, 9~10쪽, 19~20쪽.

163 부흥부 산업개발위원회, 『경제개발 3개년계획』, 1960, 343쪽.

다. 농촌경제의 안정을 통한 구매력 상승이 뒷받침되지 않는다면 2차산업 생산물의 공급과 수요창출을 기대할 수 없었다.[164] 농업 전문가들은 잉여농산물 도입이 계속되는 한 농업희생을 통한 자본축적이 지속될 것이고, 농업의 비중을 30%대로 줄이는 산업구조 개편 과정에서 농업과 공업의 균형발전을 기대할 수 없을 것이라고 예견했다. 따라서 산업구조 개편 과정에서 농업을 포기하는 결과를 초래하지 않도록 치밀한 계획을 세울 것을 강조했다.[165]

농민소득 증가를 통해 내수시장을 확보하는 가운데 공업발전을 꾀하는 방식으로 갈 것인가, 아니면 농민소득 증가를 통해 내수시장을 확보하는 방안을 포기하고 수출과 국제시장에 의존해서 생산성을 높이고 국민소득을 높이는 방향으로 갈 것인가. 선택의 기로에 선 산업개발위원회는 전자의 방향으로 가닥을 잡고 있었다. 즉 미곡증산과 수출로 농민소득을 증대시키고 내수시장을 확보할 계획이었다. 산업개발위원회는 비료공장 건설, 수리사업 확충 등 농업에 대한 정책적 지원을 통해 농촌을 안정시키고, 농민소득 증가를 통해 구매력을 상승시킴으로써 2차산업이 발전할 수 있는 토대를 마련하겠다고 구상했다.

농민소득 증가를 위한 방법으로는 쌀 수출이 고려되었다. 하지만 국제시장에서의 경쟁력 부족으로 인해 미곡수출을 장담할 수 없는 상황에서 잉여농산물 도입이 계속되는 한 미가하락과 농가수지 악화는 해결되기 어려웠

---

164 따라서 2차산업에서 요구되는 유효수요를 창출하기 위해서는 농민소득을 고려해야 한다는 지적이 계획 심의 과정에서 제기되었다. 부흥부 산업개발위원회, 『제25차 전체위원 회의록―경제개발 3개년계획안 심의』, 1959. 12. 24, 152~156쪽, 이채호 발언. 계획 심의 과정에서 농업 전문가들은 잉여농산물 도입이 계속되는 한 농업희생을 통한 경제안정책이 지속될 것이고, 농업의 비중을 30%대로 줄이는 산업구조 개편 과정에서 농업과 공업의 균형발전을 기대할 수 없을 것이라고 예견하면서도 산업구조 개편 과정에서 농업을 포기하는 결과를 초래하지 않도록 치밀한 계획을 세워야 한다고 주장했다. 부흥부 산업개발위원회, 「제8차 산업개발위원회 회의록」(1958. 8. 28).

165 부흥부 산업개발위원회, 「제8차 산업개발위원회 회의록」(1958. 8. 28), 주석균 발언 참조.

다. 장기적으로는 감소시킬 생각이었지만, 정부는 당분간 잉여농산물 도입을 포기할 생각이 없었다.[166] 도입된 잉여농산물 판매대금은 군사력을 유지하기 위한 군사비 보전에 사용되고 있었다. 정부는 국방비에 대한 전입금을 제외한 잔여금을 재정투융자를 통해 공업 부문의 민간자본 부족분을 보충하는 데 사용할 계획이었다.[167] 이 계획이 실현된다면 농업은 2차산업의 발전을 위한 증산 정책에, 군사력 유지 정책에 이중으로 희생될 수밖에 없었다. 그리고 잉여농산물 도입과 저미가 정책이라는 현실적인 제약 요소가 제거되지 않는

〈표 18〉 산업별 국민총생산 연차별 표

(단위: 10억 환)

	총계	제1차산업			제2차산업				제3차산업						
		농림업	어업	소계	광업	제조업	건설업	소계	일반국방및행정	교통	통신	주택	전력	상업서비스기타	소계
기준년도	1,099.6	427.3	18.3	445.6	13.5	141.8	41.3	196.6	56.1	32.5	3.3	69.9	6.8	288.8	457.4
제1차년	1,213.9	460.3	19.8	480.1	21.1	175.4	46.3	242.9	56.3	37.5	4.4	72.9	7.5	312.3	490.9
증가율	10.4	7.7	7.9	8.2	56.3	23.7	12.1	23.6	0.4	15.4	33.3	4.3	5.2	8.1	7.3
제2차년	1,278.2	477.7	20.6	498.3	24.6	196.2	49.0	269.9	56.5	39.9	5.0	74.6	8.3	325.7	510.0
증가율	5.3	3.8	4.0	3.8	16.6	11.7	5.8	11.1	0.4	6.4	13.6	2.3	10.7	4.3	3.9
목표년도	1,348.5	495.6	21.4	517.0	27.2	221.5	51.9	300.6	54.0	42.3	5.5	76.6	10.2	342.3	530.9
증가율	5.5	3.7	4.2	3.8	10.6	12.7	5.9	11.4	-4.4	6.0	10.0	2.7	22.9	5.0	4.1
총증가액	248.9	68.3	3.1	71.4	13.7	79.2	10.6	104.0	-2.1	9.8	2.2	6.7	3.4	53.5	73.5
증가율	22.6	16.0	16.9	16.0	101.5	56.2	25.7	52.9	-3.7	30.2	66.7	9.6	50.0	18.5	16.1

* 출전: 부흥부 산업개발위원회, 『경제개발 3개년계획』, 1960, 606~607쪽.
* 1959년 12월 말에 제출된 부흥부 『경제개발 3개년계획안의 요약』과 비교하면 제조업의 증가율이 56.5%에서 56.2%로, 일반 국방 및 행정의 증가율이 2.0%에서 -3.7%로 줄어든 반면 전력의 증가율은 32.4%에서 50.0%로 큰 폭으로 증가했다. 다른 수치들은 수정 없이 동일하다. 산업개발위원회, 『경제개발 3개년계획안의 요약』, 1959. 12. 31, 96~97쪽 참조

166 부흥부 산업개발위원회, 『경제개발 3개년계획안』, 1959, 62쪽.

167 부흥부 산업개발위원회, 『경제개발 3개년계획안의 요약』, 1959. 12. 31, 72쪽.

한, 농민소득 증가를 통해 내수시장을 확보하는 가운데 공업발전을 꾀한다는 계획은 구두선에 그치고, 2차산업 생산물의 수출과 국제시장에 의존하여 생산력을 증가시키고 국민소득을 높이는 방향으로 계획이 추진될 가능성이 높았다.[168]

〈표 18〉에서 살펴본 바와 같이 경제개발 3개년계획은 광업 및 전력, 통신의 사회기반시설과 제조업 발전에 주력하고자 했다. 전력이 강조된 이유는, 석탄이 증산되고 있었지만 제조업이 발전될수록 전력 부족분이 커질 것으로 예상했기 때문이다. 계획 심의 과정에서도 2차산업의 발전을 뒷받침할 에너지, 그중에서도 전력의 부족 문제가 집중적으로 제기되었다. 태완선 고문은 전력 문제를 해결하기 위해서는 차관이 어렵다면 정부보유불을 사용해서라도 전력 분야에 자금을 투입하고, 발전소를 건설해서 전력시설을 완비해야 한다고 주장했다.[169] 따라서 확정된 계획에는 화력발전소 신설계획이 추가되었고, 전력 부문의 증산 목표치가 크게 상승했다.[170] 제조업의 업종별로는 화학공업 145%, 금속공업 111%, 기계공업 110%, 요업 60% 등의 증산에 집중할 계획이었다.[171] 이들 업종은 비료, 철강, 기계와 같은 중요한 생산재를 생산하는 중화학공업 분야였다.

반면 그간 성장이 두드러졌던 식품공업은 48%, 섬유공업은 28%로 성장이 제한되었다. 산업개발위원회는 계획기간 동안 소비재공업의 성장률을 인

---

168 실제로 박정희 정권은 1964년 이후 농산물과 광산물 수출을 통해 농민소득을 증가시키고 국제수지를 개선하는 가운데 공업발전을 꾀하는 방안을 포기하고, 수출과 국제시장에 의존하여 공업을 발전시키는 방향으로 선회했다. 이완범, 『박정희와 한강의 기적―1차 5개년계획과 무역입국』, 선인, 2006, 6장 참조.

169 부흥부 산업개발위원회, 『제25차 전체위원 회의록―경제개발 3개년계획안 심의』, 1959. 12. 24, 148~149쪽.

170 「화전(火電) 신설·사방 촉진, 장기경제개발계획을 일부 수정」, 『조선일보』, 1960. 4. 7; 부흥부 산업개발위원회, 『경제개발 3개년계획』, 1960, 607쪽 참조.

171 부흥부 산업개발위원회, 『경제개발 3개년계획안의 요약』, 1959. 12. 31, 13쪽.

구증가율이나 소득증가율 수준으로 제한하고,[172] 화학·금속·기계 등 중화학공업 분야에 집중하고자 했다. 비료·시멘트·판유리의 기간산업에서 한 걸음 더 나아가 적극적으로 중화학공업을 육성하고자 하는 시도였다. 국민경제를 균형적으로 성장시키기 위해서는 경제계획을 세워 중화학공업 분야를 집중 육성하는 방법밖에 없다는 판단이었다. 따라서 2차산업의 업종별 투자소요액을 형태별로 보면 제조업에서는 산업구조의 고도화라는 경제개발 3개년계획의 지향에 따라 경공업 부문보다는 중화학공업 부문, 소비재공업보다는 생산재공업에 대한 지출이 강조되었다.[173]

2) 경제개발 3개년계획의 성격

(1) 중화학공업 중심의 불균형 성장 계획

경제개발 3개년계획은 장기적인 과제로서 경제자립을 염두에 두면서도 중화학공업의 발전에 주력하는 계획이었다. 자본주의 생산을 주도하는 공업의 급속한 발전을 위해서는 중화학공업이 뒷받침되어야 했기 때문이었다. 남한은 경제개발 3개년계획을 통해 기간산업에서 한 걸음 더 나아가 중화학공업을 집중육성하고자 했다. 이는 북한의 '중공업 우선, 경공업·농업 동시발전 노선'에 비견되는 것이었다. 동시발전이라고 얘기했지만 북한의 경우에도 실상은 중공업이 중심이었다.[174] 이렇듯 식민지와 분단, 전쟁을 경험한 남북한은 체제를 달리하면서도 동시에 중공업-중화학공업 발전에 대한 열망을 분출시키고 있었다.

산업개발위원회는 그 재원을 국내와 해외에서 각각 구하려고 했다. 국내

---

172 산업개발위원회, 『경제개발 3개년계획안』, 1959, 45쪽.

173 부흥부 산업개발위원회, 『경제개발 3개년계획』, 1960, 294쪽.

174 김연철, 『북한의 산업화와 경제정책』, 역사비평사, 2001, 84~86쪽.

재원의 대부분은 민간저축과 정부투자로 조달할 계획이었다. 위원회는 저축의 많은 부분을 기업과 고소득층에게 기대했다. 개발계획이 추진되면 많은 재원이 시중에 살포될 것이고, 그것은 기업과 고소득층에게 흘러 들어갈 것이었다. 위원회는 그것이 민간저축과 민간투자로 흡수되기를 기대했다. 이에 조세상의 특전 등을 주어 그들의 조세부담을 경감시켜주면서 살포된 재원을 민간저축과 민간투자로 유도하고자 했던 것이다.

정부는 산업 활동의 기반이 되는 공공투자에 주력할 계획이었다. 육성이 긴급한 신규 사업과 기간산업의 육성, 중소기업 조성 등 민간기업이 담당하기 어려운 분야를 지원할 계획이었다. 경제성장 과정에는 외화 수요가 많기 때문에 원조나 무역을 통해 외화 수요를 충당해야만 했다. 하지만 원조는 감소되는 추세였고 한국에서는 수입 수요에 비해 무역규모가 적었다. 산업개발위원회는 이 부분을 개발차관기금(Development Loan Fund, DLF)과 외국 민간투자에 기대하고 있었다.[175] 미국의 원조는 감소되겠지만, 산업개발위원회는 계획기간 동안 차관과 외국 민간투자를 유치해서 매년 4억 달러 정도씩, 총액 12억 5,400만 달러의 가용자원을 확보할 생각이었다.[176]

계획의 재원을 민간저축과 정부투자, 원조, 차관과 외국의 민간투자로 해결한다 하더라도 국제수지 개선은 '자립화의 기반 조성'이라는 경제개발 3개년계획의 목표를 실현하기 위해 가장 중요한 과제 중의 하나였다. 그러므로 무역 및 국제수지를 개선하기 위한 방안이 다각도로 모색되었다. 일단 무역

---

175 부흥부 산업개발위원회, 『경제개발 3개년계획안의 요약』, 1959. 12. 31, 22~26쪽. 해외 민간투자를 위해서는 투자 산업의 수익성과 원리금 상환이 보장되어야 했다. 정부는 1960년 1월 1일 외국인 투자자에게 이익이 발생했을 경우 소득세 및 법인세를 5년간 면제해주고, 시설재를 도입할 경우에도 관세를 면한다는 내용의 외자도입촉진법을 제정했다. 법제처 종합법령정보센터(http://www.klaw.go.kr) '외자도입촉진법' 항목 참조. 이는 원조가 감소되는 상황에서 보다 적극적으로 외자를 유치하기 위한 방안이었다.

176 부흥부 산업개발위원회, 『경제개발 3개년계획안의 요약』, 1959. 12. 31, 29쪽.

수지를 개선하기 위해 농산물의 수급균형과 생활필수품의 자급을 촉진하고 불필요한 소비재 완제품의 수입을 억제하는 한편, 생산재 도입에 치중하도록 했다.[177]

수출은 기준연도 1,709만 4,000달러의 3.7배인 6,359만 달러로 증가시키고자 했으나, 그 대부분을 점하는 것은 미곡과 소, 철광석, 중석, 흑연 등의 농산물과 광산물이었다. 이러한 물품이 수출에서 차지하는 비중은 58.6%였고, 특히 미곡은 그중에서도 42.5%라는 절대적인 비중을 차지했다. 산업개발위원회는 수출확대에 최선을 다해야 한다고 생각했다. 그러나 공업생산품의 대외경쟁력 부족과 해외시장의 사정 등으로 인해 1차산업 생산물이 총수출에서 차지하는 비율은 88.4%에 달했고, 2차산업 생산물의 비중은 11.6%에 불과했다.[178] 1953년 1차산업 생산물의 수출비율이 98%였던 것에 비하면 개선되었지만, 수출구조의 근대화라는 측면에서는 큰 개선을 보지 못한 상황이었다. 다만 무역외수입인 유엔군 대여금이 6,750만 달러에 달하고 군납이 추진됨에 따라, 이것이 국제수지 개선에 일부 기여할 것으로 기대되었다.

산업개발위원회는 국내 공업생산품의 대외경쟁력과 세계무역의 동향으로 인해 당분간 이러한 상황은 불가피하다고 생각했다. 따라서 수출량의 증가보다는 수출품의 품질 향상에 노력해서 동남아시아 지역에서 섬유제품과 화학공업제품의 수출시장을 확보하고, 서구 국가들에 공예품 수출시장을 마련하는 데 주력하도록 했다.[179]

---

177 부흥부 산업개발위원회, 『경제개발 3개년계획안』, 1959, 404쪽; 부흥부 산업개발위원회, 『경제개발 3개년계획』, 1960, 411~417쪽.

178 부흥부 산업개발위원회, 『경제개발 3개년계획』, 1960, 413쪽; 부흥부 산업개발위원회, 『경제개발 3개년계획안의 요약』, 1959. 12. 31, 27쪽.

179 부흥부 산업개발위원회, 『경제개발 3개년계획』, 1960, 421쪽.

(단위: 천 달러)

	기준년도	1차년도		2차년도		목표년도	
	금액	금액	증가율	금액	증가율	금액	증가율
농산물	1,270	18,740	1,375.0	30,820	64.7	35,750	16.0
섬유품	2,015	3,100	53.8	4,500	45.2	5,980	32.9
수산물	3,613	5,740	58.9	6,510	12.5	7,420	13.4
광산물	9,428	9,510	0.9	10,760	13.1	12,540	16.2
기타 공산물	9	200	2,122.0	630	215.0	1,000	58.7
공예품	205	250	22.4	400	60.0	600	50.0
기타 잡품	126	150	19.0	300	100.0	300	0
총계	16,667	37,690	126.1	53,920	43.1	63,590	11.9

* 출전: 부흥부 산업개발위원회, 『경제개발 3개년계획』, 1960, 422쪽.

〈표 19〉에서 나타나듯이, 다행히 섬유제품의 수출액은 기준연도에도 광산물, 수산물에 이어 3위를 차지하고 있었다. 절대액은 미미했지만 공산물의 비율도 큰 폭으로 증가하고 있었다. 3개년계획 기간에는 수출구조의 고도화보다 경제발전의 기반 조성이라는 목적에 부응해서 소비재 부문의 자립화에 노력하는 한편, 수출품의 품질을 향상시켜 대외경쟁력을 확보하고 교역조건을 개선해서 수출 가능성을 높이는 데 중점을 두었다.

(2) 민간 자율과 정부투융자의 결합

산업개발위원회는 경제개발계획을 실천하는 수단으로서 자유주의적인 계획 방식을 채택했다. 경제개발계획을 추진한 송인상 부흥부장관도 자유주의적인 경제계획 방식을 선호하는 인물이었다. 그도 한때는 통화개혁을 통한 자금봉쇄와 산업자금화라는 통제경제 방식을 통한 산업자금조달과 그에 의한 경제성장을 선호한 적이 있었다.[180] 그러나 그러한 시도는 이승만과 자본가들의 반대에 부딪혀 번번이 좌절되었다. 이후 EDI 연수 과정을 거치면서, 계획에 대한 그의 생각은 시장과 자본가들의 자율성을 보다 많이 보장하는 방향으로 변화했다. 송인상은 경제개발 3개년계획에서도 가능한 한 많은 부분을 시장원리와 민간의 자율에 맡기고, 정부는 "필요불가결한 부분에만 손을 대는 원칙"을 고수하고자 했다.[181] 정부가 산업기반시설뿐 아니라 자본가들이 자본의 부족으로 인해 쉽게 투자하기 어려운 중화학공업 분야의 본원적 축적 단계를 도맡기로 한 것이다.

산업개발위원회는 선진국이 활용하고 있는 간접적인 규제수단만으로는 충분한 정책의 실효를 거두기 어려울 것으로 판단했다. 그러므로 금융정책으로 기업 운영에 대한 간접적인 통제를 할 뿐 아니라 재정투자를 지속적으로 확대할 계획이었다. 아울러 생산의 효율성을 높이기 위해 중요 원자재 및 중요 소비재의 유통에도 정부가 어느 정도의 개입할 생각을 갖고 있었다.[182] 중화학공업의 육성과 더불어 민간에서 할 수 없는 장기적인 일들에 대한 대책을 세우고 지원하는 역할 또한 정부가 담당할 계획이었다. 산업 및 고용구조의 조정, 국민생활수준의 책정, 사회기반시설의 확충, 과학기술의 진흥, 장기적인 자원계획 등의 문제는 개인기업이 감당할 수 있는 문제가 아니었기 때문이다. 그리고 때에 따라서는 국가적인 견지에서 각 계급 계층의 이해관계 충돌을 조정할 필요성도 있을 것이라고 생각했다.[183]

산업개발위원회는 재정 및 금융기관 재원에 의해 건설된 시설을 적절한

---

180   송인상 1차 인터뷰, 2002년 10월 10일, 효성그룹 고문 사무실.

181   송인상, 『부흥과 성장』, 21세기북스사, 1994, 197~198쪽.

182   부흥부 산업개발위원회, 『경제개발 3개년계획』, 1960, 17쪽.

183   위의 책, 16쪽.

시기에 민간에 이양한다는 원칙을 세움으로써 정부의 활동이 자본가의 자율성을 해치는 데 있는 것이 아니라 그들을 지원하는 데 있음을 강조했다. 그러나 3개년계획은 금융통제와 재정투융자의 확대, 유통에 대한 규제와 노사관계에 대한 개입 등 광범위한 정부개입의 여지를 갖고 있었다. 즉 이 계획은 주석균 고문이 지적한 바와 같이 '정치적 민주화', '경제사회 제도의 민주화'라는 요건이 갖추어지지 않는다면 농업과 같은 어느 한 분야에 일방적인 희생을 강요하고, 광범위한 정부 규제 및 노사관계에 대한 개입의 수단으로 작용할 가능성이 농후했다.

남북한의 경제개발계획은 남한과 북한의 경제성장을 위한 유력한 방안일 뿐 아니라 체제경쟁의 시험대였다. 6·25전쟁이라는 열전을 거친 후 3~4년간 남북한은 전후재건사업에 매진했다. 남한은 1956년을 기점으로 전쟁 전의 생산력 수준을 회복했고, 북한 또한 1956년 전쟁 전의 생산력 수준에 도달했다. 전후재건사업이 완료된 1957년 북한은 경제계획에 착수했다. 미국은 북한의 고도성장을 예의 주시하고 있었다. 남한 또한 북한의 고도성장을 의식했고, 경제개발계획의 실패가 체제대결 구도에서 일으킬 파장을 경계했다.[184] 그런 의미에서 경제개발계획의 성공은 남한의 번영에 머무는 것이 아니라 "자유 진영의 일원으로 사명을 다"[185]하는 일이었다.

경제개발 3개년계획은 균형적인 발전을 표방했지만, 농업 중심의 경제구조를 공업 중심의 경제구조로 전환하기 위해 2차산업 중심의 발전 전략을 채택했다. 경제개발 3개년계획에서는 2차산업 중에서도 특히 비료, 철강, 기계와 같은 중요한 생산재를 생산하는 중화학공업 분야와 산업 인프라 구축에

---

184 위의 책, 8쪽.

185 위의 책, 11쪽.

치중했다. 이 분야는 자본가의 기술력과 자금력으로는 진입하기 쉽지 않은 분야였다. 때문에 국가가 주도해서 공장을 건설하고 운영을 정상화시킨 후 민간에게 이양하는 방법을 구사할 생각이었다. 반면 그간 성장이 두드러졌던 식품공업과 섬유공업은 인구증가율 수준으로 성장을 제한했다. 따라서 2차산업의 업종별 투자소요액에 있어서도 경공업 부문보다는 중화학공업 부문, 소비재공업보다는 생산재공업에 대한 지출이 강조되었다.

산업개발위원회는 경제계획의 실천역량이 궁극적으로 자본가의 왕성한 기업 활동에 있다는 점을 강조했다. 계획은 개개의 기업을 대상으로 하지 않았고, 개인기업의 자율성은 보장되었다. 개인기업은 전적으로 자본가들에게 맡겨졌지만, 산업개발위원회는 '한국 경제의 특수성'으로 인하여 정부가 계획의 실현을 위한 적절한 조치를 취해야 한다고 판단했다. 즉 민간자본의 축적이 빈약한 한국에서는 민간기업의 능력에 한계가 있고, 개인기업의 입장과 국민경제의 입장이 일치되지 않는 경우가 있기 때문에, 사회 공공시설과 중화학공업의 건설과 확충은 정부의 재정투융자나 금융기관의 융자에 의해 건설하도록 했다.[186]

이로써 그간 단기적으로 추진되었던 국가 주도의 중화학공업화가 장기적인 계획하에 체계적으로 추진되기 시작했다. 비록 경제개발 3개년계획은 실현되지 못했지만, 국가 주도의 중화학공업화라는 기획과 발상은 이후 더욱 체계화되어 장면 정권의 경제개발계획으로 계승되었고, 결국 박정희 정권의 경제개발계획으로 현실화되었다.

---

186 부흥부 산업개발위원회, 『경제개발 3개년계획안』, 1959, 87~88쪽; 부흥부 산업개발위원회, 『경제개발 3개년계획안의 요약』, 1959. 12. 31, 86쪽; 부흥부 산업개발위원회, 『경제개발 3개년계획』, 1960, 16쪽.

결론

결론

이 책에서는 해방 후부터 1950년대 말까지의 경제정책론과 경제정책의 궤적을 통해 식민극복, 국가건설, 분단과 전쟁, 전후재건과 부흥, 미국의 압력과 개입 등 현실적인 문제에 부딪히면서 한국 경제가 어떻게 정초되었는지 살펴보았다. 이는 자본주의 체제건설을 주창해온 주체들의 다양한 경제 노선이 서로 각축하고 조정하면서 한국 경제를 설계해온 과정이었다.

한국 사회는 일제하의 경제적 실력양성론과 통제경제론, 민족해방운동 과정에서 정립된 사회적 국가론의 내용을 자본주의 건설 노선의 전통으로 수렴하고 있었다. 이러한 경험은 해방 후 국가건설론의 자양분으로 축적되었다. 해방 후 미군정은 한국 정부에게 권력을 이양하기 직전 귀속기업체와 귀속농지의 불하를 단행했다. 이를 통해 미국은 남한에 자본주의 질서를 구축하기 위한 단초를 마련하고자 했다.

대한민국 정부수립 전후 우파와 중간파는 해방 후의 사회개혁 열망을 반영하여 농지개혁을 단행하는 한편, 국가가 산업 전반에 대한 계획과 통제 정책을 수립하여 산업구조의 불균형을 시정하고 생산력을 급속히 발전시킨다는 경제정책 방향에 공감대를 형성하고 있었다. 이때 정부에게 부여된 임무는 공공성을 실현하고 경제적 후진성을 극복하기 위해 자본주의 건설을 선도하는 역할이었다. 이러한 공감대는 제헌헌법으로 수렴되었다. 경제운영의 기본틀이 마련된 이상 이후의 과제는 정책 담당자들이 제헌헌법의 내용을 어떻게 정책적으로 구현할 것인가의 문제였다.

정부수립 후 경제정책론의 대립구도는 자본주의 계획경제론과 자유경제론으로 정립되었다. 조봉암(曺奉岩)과 이순탁(李順鐸), 강진국(姜辰國) 등 '자본주의 계획경제론자'들은 중소농 본위의 농지개혁을 단행한 후 귀속재산 중 중소기업을 지주에게 불하함으로써 지주자본을 산업자본으로 이전하고자 했다. 귀속재산 중 대기업은 국영으로 하고 중소기업은 불하하되, 생산계획과 물동계획, 물가계획을 추진함으로써 모든 산업 분야를 통제하고자 했다. 이들은 국가의 지도하에 국영기업과 중소농, 중소자본가, 노동자가 협동조합을 통해 생산과 분배를 협동화·공동화하는 '조합주의적 자본주의'를 구상했다.

반면 임영신(任永信), 김도연(金度演)을 비롯하여 김유택(金裕澤), 송인상(宋仁相), 백두진(白斗鎭) 등 '자유경제론자'들은 농업은 소농경제를 기반으로 한 자본주의 질서로 재편하고, 상공업은 자본가에게 자율성을 보장하되 국가가 물동계획·자금계획을 통해 이들을 육성함으로써 자본가 중심의 생산력 증강을 달성하는 '자유주의적 자본주의'를 추구했다. 산업계획을 통해 계급·분배 문제까지 일정하게 해결하고자 한 중간파와 달리 우파 세력은 이를 자본주의 체제 안정화, 자본가 중심의 산업육성을 위한 조치로 이해했다.

농지개혁과 산업계획이 법제화된 후 자본주의 계획경제 정책은 정부 내부의 견제와 반발에 의해 조기에 좌절하고, 자유경제 정책으로 가닥이 잡혀 갔다. 그 방향은 '자본주의 계획경제론자들'과 '자유경제론자'들이 합의한 바와 같이 식량의 자급자족, 동력과 섬유·화학공업의 자립 및 자립의 기반이 될 중공업을 급속히 발전시키는 성장론적 자유경제 정책의 방향이었다. 하지만 미국은 급속한 산업화로 인한 인플레이션과 정치경제적 불안정으로 인해 한국의 이승만 정권이 중국 장제스 정권의 전철을 밟을 것을 우려하여 안정화 정책을 강력히 촉구했다. 결국 한국 정부는 생산확대에 앞서 경제안정을 달성하기로 하고, '경제안정 15원칙'을 수립했다. '경제안정 15원칙'은 한국 정부가 추진했던 성장론적 자유경제 정책이 미국의 요구로 인해 안정론적 자유경제 정책으로 조정된 것을 의미했다.

6·25전쟁이 발발하고 전쟁비용 조달을 한국은행 발권에 의존하게 되면서 전쟁 인플레이션이 발생했다. 전쟁기의 과제는 인플레이션을 수습하는 한편 효과적으로 전쟁을 뒷받침할 수 있는 경제정책을 수행하는 것이었다. 정부는 전쟁이라는 급박한 현실에 따라 경제운영 방식을 조정해야 했다. 전쟁물자 조달과 전쟁수행을 위해 일정한 경제통제는 불가피했다. 이에 전쟁기에는 통제경제론과 자유경제론의 대립구도가 다시 형성되었다. 하지만 그것은 전쟁 전과 같이 체제 운영에 대한 대립구도가 아니라 전시경제 운영과 인플레이션 수습책으로서의 의미를 갖는 것이었다. '통제경제론자'들은 전시통제의 현실적 필요성을 강조하며 식량과 생필품만이라도 생산부터 배급·소비에 이르기까지 전면통제하자고 주장했다. 이들은 통제경제를 통해 전시특수에 따른 부의 편재 현상을 방지하고, 최소한의 부담으로 최대한의 생산효과를 얻을 수 있다고 생각했다. 이에 반해 '자유경제론자'들은 통제가 보조금 등의 재정부담을 각오해야 할 뿐 아니라 원활한 경제순환을 저해하므로, 통제를 최소화하고 자연스러운 경제법칙에 따라 경제운영을 함으로써 생산을 증진시켜야 한다고 주장했다.

이에 정부는 식량과 피복 등 민생안정의 거점이 될 부문에 한정해서 국가가 물자와 자금을 알선·통제하고, 그 외의 부문은 자유로 하는 '관리경제' 정책을 추진했다. 생산은 자본가에게 맡기고 전쟁으로 인해 불가피한 부분인

식량과 생활필수품의 가격책정과 배급에 정부가 일부 개입하여 통제를 활용하는 방식이었다. 이 시기의 통제는 비정상적인 물가폭등을 적정선에서 억제하는 가격통제와 적재적소에 원료를 배정하는 물자통제를 시행함으로써 전쟁승리라는 국익을 위해 생산력을 극대화하는 국가주의적 성격을 갖고 있었다.

전쟁 후에는 '관리경제 정책'이 폐지되고 자유경제 정책으로 환원했다. 백두진, 박희현(朴熙賢), 안동혁(安東赫), 원용석(元容奭)이 주축이 된 '재건기획팀'은 전후재건의 방향을 모색하는 가운데 미국의 요구에 부응하여 시장경제의 원리를 강화하는 방향으로 가닥을 잡아가고 있었다. 이들은 경제부흥에 원조가 필수적이라면 미국의 전후 경제정책을 정확히 이해하고 이에 준하는 경제정책을 수립하는 것, 즉 미국 중심의 세계 자본주의 질서에 적극 편입되어 안정적으로 원조를 확보할 수 있도록 원조수용 체제를 갖추는 것이 경제부흥의 지름길이라고 생각했다. 전쟁 전 한국의 경제관료와 지식인들은 미국 자본의 유치가 미국의 정치적 개입과 또 다른 종속을 불러올 수 있다고 생각하고 경계했다. 그러나 전쟁을 거치면서 자본주의 진영의 일원인 미국과 한국의 이익은 동일시되었고, 미국의 개입에 대한 경계심리는 희석화되었다. 북한과의 대치 상태에서 미국의 경제적 지원은 한국 경제를 재건할 수 있는 유일한 방안으로 간주되었다.

'재건기획팀'은 통화안정을 통해 살포된 자금을 금융기관으로 흡수한 후 산업자금으로 다시 방출해야 한다고 생각했다. 또한 원조물자를 시가로 배급하여 통화흡수와 재정확충의 효과를 얻는 동시에 정부가 물자를 실수요자에게 직접 배급하여 생산을 증진하려고 했다. 자본이 부족한 한국 자본가들의 실정을 감안해서 도로, 항만, 철도, 발전 등 사회간접자본과 제철, 시멘트 등의 기간산업은 정부가 건설하여 생산기반을 정비하고자 했다. 시장경제

원리를 수용하면서도 후진국으로서 분단과 전쟁을 경험한 한국의 특수성을 감안해야 한다는 구상이었다. 즉 전후 한국 경제의 재건 방향은 정부가 자본 축적이 미약한 자본가를 실수요자제를 통해 지원·육성하는 한편, 후진국의 특수성을 감안하여 정부가 직접 기간산업 부문에 개입하여 건설을 추진한다는 내용을 갖고 있었다. 국가 주도의 산업화 방식이자, 경공업 분야에서는 자본가를 지원·육성하고 기간산업은 정부가 투융자를 통해 직접 조성하는 '경공업-기간산업 동시발전 노선'이었다.

한편 퀴니 사절단의 방문 이후 미국이 강력히 요구한 자유기업주의 원칙을 준수하기 위해 한국 정부는 헌법의 경제조항 개정을 단행했다. 제헌헌법에서는 자본주의 발전의 필연적 산물인 부의 편중 및 노농계급의 빈궁화, 국민경제의 불균형과 계급투쟁의 격화 등을 미연에 방지하고 조정하기 위해 농지개혁과 경지소유권 제한을 명시하고, 공익에 저촉되는 사유재산권을 제한하며, 중요자원을 국유화하고 중요기업체를 국공영으로 운영하기로 하는 등 사회화 규정을 명시했다. 그러나 헌법 경제조항 개정을 통해 제헌헌법에서 규정한 균등경제와 공익실현을 위한 제반 규정들은 급속하게 약화되었다. 사유재산권은 배타적으로 보장되었으며 시장경제의 원리는 한층 강화되었다. 정부는 국영기업체 해제조치를 단행하는 한편, 국영 확대라는 논란이 일어날 수 있는 기간산업체는 정부융자를 통해 건설하고, 차후 민간에게 양도한다는 규정을 마련하여 한미 간의 합의 내용에 위배되지 않도록 했다. 이 과정에서 국가에게 부여되었던 공공적 역할은 현저히 축소되었다.

정부는 '재건기획팀'의 전후재건 구상에 따라 부흥계획을 추진했다. 그러나 원조물자와 원조자금을 부흥계획의 재원으로 활용하여 급속한 공업화를 달성하겠다는 한국 정부의 부흥계획은 지역통합 전략에 대한 미국과의 갈등, 안정화 정책을 우선시하는 미국과의 견해 차이, 원조물자의 도입 지연 등으로 인해 한국 정부의 의도대로 진행되지 못했다. 전후재건사업에 차질이 빚어지자, 정부는 인플레이션 재원인 산업부흥국채를 재원으로 정부투융자를 단행하여 산업 인프라와 기간산업을 건설했다. 또한 사업운영자금이 부족한 자본가들에게는 한국산업은행 대출을 통해 시설자금을 지원해주는 등 자본축적을 측면 지원했다.

미국과의 협상이 차질을 빚으면서 정부가 전후재건 과정에서 주력하고자 했던 비료, 시멘트, 판유리공장 등 기간산업의 건설과 석탄·전기·통신 등의 산업기반시설 구축이 난항을 겪었다. 이승만(李承晩)은 군 출신 인사인 김일환(金一煥)을 상공부장관, 이응준(李應俊)을 체신부장관으로 투입했다. 한정된 비용으로 최대한의 효율을 내야 하는 재건사업을 위해서 이들의 일사불란한 조직 운영 경험과 사업 추진력이 필요하다고 생각했던 것이다. 군 출신 인사의 발탁은 곧 전후재건사업에 군 세력이 가진 효율성과 추진력을 활용하여 재건사업에 추진력을 불어넣고자 한 이승만의 야심찬 포석이자, 전후재건 과정에서 발생하는 문제를 처리하는 이승만 정권식 해법이었다.

한편 한미 간의 협상 문제를 해결하기 위해 이승만은 지미파로 알려진 김현철(金顯哲)을 경제조정관에 기용했다. 그는 등용된 직후부터 실용주의적 접근을 통해 난항에 빠진 미국과의 협상을 조정했다. 그는 경제안정이라는 미국 측의 요구조건을 전폭적으로 수용함으로써 원조증액과 기간산업 건설에 대한 승인을 얻어냈다. 그리고 오랫동안 휴회 상태였던 합동경제위원회 본회의를 재개하고, 경제 현안을 합동경제위원회에서 논의하도록 했다. 합동경제위원회가 정례화되자 그간 한국 정부의 부흥위원회가 했던 경제정책에 관한 전반적인 논의들이 한미합동경제위원회로 옮아갔고, 중요한 경제정책이 합동경제위원회의 상설위원회와 본회의에서 조정되고 결정되는 구조가 형성되었다. 이는 한미공조가 확대되는 한편으로, 미국의 개입이 강화되는 양면성을 가지고 있었다.

1956년 전쟁 이전 수준으로 생산력은 회복되었으나 산업구조 불균형과 무역역조의 문제는 여전히 시정되지 않았고, 경제적 자립은 요원했다. 이즈음, 미국의 대한 정책에 변화 조짐이 보이자 지금까지 진행되었던 부흥계획을 포괄적인 경제개발계획으로 수렴함으로써 경제원조가 종결된 이후의 상황을 준비해야 한다는 여론이 성숙되었다. 원조 이후의 자립적인 경제운영 방안이 모색되는 가운데, 정재계와 학계에서는 경제자립을 위한 이론에 대한 관심이 높아지고 있었다. 케인즈주의를 얘기하든, 후진국 개발론의 적용을 얘기하든, 논자들은 모두 경제정책 운영에서 강력한 국가의 개입과 역할, 그를 위한 종합적이고 체계적인 계획의 필요성을 강조했다.

한국 정부는 1956년 초 원조 이후의 경제적 자립을 준비하는 장기 경제개발계획 시안을 제출했다. 미국의 정책 또한 1956년경부터 경제개발을 지원하는 방향으로 변화의 조짐이 보이기 시작했다. 1956년 6월 부임한 유엔 사령부 측 경제조정관 윌리엄 원(William E. Warne)은 한국에 부임하자마자 재건이 완료되면 한국인들의 부흥의지를 모아 적극적인 '개발'을 추진해야 한다고 역설했다. 이에 한국 측 경제조정관 김현철은 미국의 일관된 요구였던 경제안정을 전폭적으로 수용하여 연차적인 재정금융안정계획을 추진하기로 함으로써 경제개발계획에 대한 미국 측의 승인을 얻어냈다.

재정금융안정계획은 한국 정부가 가진 재원과 미국이 허가한 원조 재원의 한도 내에서만 예산이 집행되도록 정부의 재정과 금융을 일일이 조정하는 계획이었다. 이는 재정 운영에 대한 한미공조 체제가 강화되는 과정이자, 한국의 재정 운영 전반에 대한 미국의 영향력이 깊숙이 관철되는 과정이었다. 1957년의 안정화 정책은 실물경제에 큰 부담을 주지 않았으나 1958년부터는 물가와 산업생산수준이 동반 하락함으로써 제조업 부문의 불황을 초래했다. 대부사전승인제, 중점융자제를 통해 정부와 기업의 유착관계도 더욱 심화되었다. 한국 정부는 불경기의 징후에도 불구하고 재정금융안정계획을 추진하는 한편, 이를 통해 얻어진 미국 측의 신뢰를 바탕으로 본격적으로 경제개발계획을 추진하기 시작했다.

1958년 4월에는 지역통합 전략 실현을 위한 한일회담이 재개되었고, 송인상 부흥부장관의 지휘하에 산업개발위원회가 발족했다. 산업개발위원회에는 정부 정책에 비판적인 시각을 갖고 있던 인물들도 함께 기용되었다. 행정부의 독주로 추진되었던 부흥계획과 달리, 산업개발위원회의 경제개발계획은 정부 내외의 비판적인 여론을 수렴하고 국방 문제까지 총망라하여 한국식 개발모델을 만들어내고자 했다.

산업개발위원회 위원들이 처음 작성한 계획에 의하면 장기 개발계획의 기본 목적은 국민생활을 적정 수준까지 향상시키고, 국방을 포함한 경제자립 체제를 확립하며, 경제사회 제도의 근대화를 추구하는 것으로 상정되었다. 안림(安霖), 이면석(李冕錫), 황병준(黃炳晙), 주원(朱源), 박동묘(朴東昴) 등 위원들은 남북한 대치 상황에서 남한이 계획을 통해 국민의 생활과 복지수준을 향상시킨다면 북한과의 체제경쟁에서 우위를 점할 수 있을 것이라고 생각했다. 물론 남북한의 체제경쟁을 상정한 것이기는 하지만, 위원들은 민심의 향배가 체제경쟁의 가장 중요한 요소라고 생각하고, 국민생활수준의 향상을 통한 복지국가의 건설을 계획의 궁극적인 목적으로 삼고자 했다.

그러나 김용갑, 고승제 등 산업개발위원회 고문들은 산업개발위원회의 초안을 비현실적이고 이상적인 것으로 비판하고, 국제수지 개선과 생산력 증대의 방향에서 목표를 재설정할 것을 요구했다. 위원들이 재차 마련한 수정안도 고용증대 목표가 국제수지 개선 목표와 상충된다면서 반대했다. 이는 결국 계획의 목적을 자본 중심의 생산력 극대화에 둘 것이냐, 고용증대를 포함한 국민생활수준의 향상에 둘 것이냐 하는 문제였다. 논란 끝에 경제개발 3개년계획의 1차적인 목적은 생산력 증강과 국제수지 개선으로 결정되었다. 생산력 증대를 국익 실현의 최선의 방책으로 이해하고, 분배와 복지는 생산력이 증대되면 자연스럽게 해결될 문제라고 생각한 고문들의 안이한 판단 속에서, 분배와 복지의 실현을 통한 국민생활의 안정 문제는 정책의 중심으로 자리 잡지 못했다. 다만 위원들의 주장 가운데 경제자립을 위해서는 산업구조 불균형의 시정이 절실하다는 문제의식만이 살아남아 이후 경제개발계획에 수렴되었다.

그 결과 국무회의 논의를 거쳐 1960년 4월 제출되어 정부안으로 확정된 경제개발 3개년계획은 자립경제의 기반을 조성하기 위해 생산력을 증가시키고 국제수지를 개선하는 것으로 목표가 조정되었다. 고용의 증대나 생활수준의 향상, 경제사회 제도의 근대화와 같은 과제는 과소생산의 문제가 해결되는 가운데 점차적으로 해결될 후순위의 문제로 정리되었다.

자립의 기반을 조성하고 내실 있는 성장의 토양을 다지기 위한 주요 정책으로서 정부는 산업구조의 근대화를 추진할 계획이었다. 산업구조의 근대화란 바로 2차산업, 즉 공업화에 박차를 가해 '국민경제의 '균형적 성장'을 꾀하는 것이었다. 경제개발 3개년계획은 2차산업 중 특히 중화학공업의 발전에 주력했다. 자본주의 생산을 주도하는 공업의 급속한 발전을 위해서는 기간산업 추진에서 한 걸음 더 나아가 중화학공업 문제가 해결되어야 했기 때문이었다. 균형성장을 표방했지만 경제개발 3개년계획은 2차산업, 중화학공업 중심의 불균형 성장계획이었다. 이는 북한의 '중공업 우선, 경공업·농업 동시 발전 노선'과 비견되는 것이었다. 동시발전이라고 얘기했지만 북한의 경우에도 실상은 중공업이 중심이었다. 이렇게 남북한의 계획은 중공업, 중화학공업의 발전을 통한 자립경제 지향이라는 공통점을 가지고 있었지만, 그 방향은 사회주의와 자본주의의 체제 강화로 귀결되고 있었다. 그것은 계획이 정치경제적 민주화를 도외시한 자본과 국가 중심의 경제성장론에 기반하고 있었기 때문이다.

경제계획은 소련의 신경제정책에서 시작되었다. 경제계획을 통해 소련이 거둔 성과는 1931년 네덜란드 암스테르담에서 열린 세계사회경제회의를 통해 전 세계에 알려졌다.[01] 1930년대 자본주의 대공황을 극복하기 위한 케인즈적 관리국가의 등장과 통제경제는 국민경제에서 국가의 역할을 결정적으로 변화시켰다.[02] 그 이후 경제 문제에 관한 국가의 개입은 국가 역할의 중심으로 등장했다. 또한 국가경제 전체의 총량을 파악하고 그 순환을 원활하게 하며 경제성장을 달성하기 위해 경제를 계획적으로 운용하고자 하는 사고는 세계사적인 사조가 되었다. 더욱이 제2차 세계대전 후 신생 후진국들은 과거의 정체된 산업구조를 근본적으로 개선하고 개발계획을 장기적으로 추진함으로써 경제자립을 추구하려는 추세에 있었다.[03] 한국도 마찬가지였다.

한국의 경우 정부수립 초기의 산업화 구상 속에는 두 가지 계통의 이론과 경험이 축적되어 있었다. 자본주의 계획경제론과 자유경제론이었다. 당시의 통제-자유 논의에는 경제자립에 대한 모색뿐 아니라 계획과 통제를 통해 계급 문제와 분배 문제를 해결하고자 하는 문제의식과 체제이념에 대한 고민이 존재했다. 그러나 그러한 고민들은 전쟁과 체제경쟁 과정에서 배제되거

01 베옷신스키 저, 김세련 역, 『계획경제론』, 서울출판사, 1949, 6쪽.

02 김윤태, 「동아시아 발전국가와 지구화」, 『한국사회학』 33, 1999, 83~84쪽.

03 부흥부 산업개발위원회, 『경제개발 3개년계획』, 1960, 5쪽. 김승석은 선진국과 후진국의 국가개입을 다음과 같이 구분했다. 선진국의 국가개입 계기는 자본축적에 내재한 모순의 해결에 있기 때문에 위기관리의 성격을 띠고, 기간산업의 국유화 및 유효수요의 창출이 일반적인 정책수단이 된다. 그러나 후진국의 국가개입은 이와 더불어 축적 조건의 창출을 위한 개입을 추가함으로써 국가개입의 범위가 더 광범위하고 포괄적일 뿐 아니라 개입 정도도 훨씬 강력하다. 김승석, 「경제발전과 국가의 역할 변화」, 『공업화의 제 유형』 II, 경문사, 1996, 297쪽.

나 희석화되었다.

전쟁기의 관리경제 정책과 통제경제론은 비정상적인 물가폭등을 적정선에서 억제하는 가격통제와 적재적소에 원료를 배정하는 물자통제를 시행함으로써 자본가를 측면 지원하고, 전쟁승리라는 국익을 실현하기 위해 생산력을 극대화한다는 국가주의적 성격을 갖고 있었다. 이렇게 국가 주도 산업화의 내면에 존재했던 자유와 계획의 각 요소들은 6·25전쟁 후 헌법 경제조항이 개정되면서 자본 중심의 경제성장론으로 단일화되어갔다. 국가에 부여되었던 역할 중 공익 실현의 역할은 현저히 축소되었고, 후진성 극복을 위한 선도성만이 강조되었다. 이후의 경제정책과 정책론은 국가 주도의 산업재편 정책과 분배·계급 문제의 해결을 배제한 경제성장론, 경제성장을 위한 통제 정책으로 정리되어가고 있었다. 한국의 자본주의 건설 노선은 결국 중화학공업 중심의 국가 주도 산업화 정책과 경제개발 3개년계획으로 귀결되었다.

지금까지 한국 경제가 설계되어온 과정을 살펴보았다. 그 과정은 권력자 개인의 결단이나 정책 담당자의 일관된 정책, 학자들의 이론으로 만들어진 것이 아니라 다양한 정책론자들이 각축을 벌이면서 자신들의 주의 주장을 실험해가는 장이었다. 한국 사회가 봉착한 수많은 문제를 해결하기 위해서는 다양한 정책의 패러다임과 접근 방식이 요구되었다. 당시의 경제정책 담당자들은 자본주의 체제건설이라는 큰 방향으로 가닥을 잡으면서도, 해방 후 식민 극복과 사회개혁의 열망, 분단과 전쟁이라는 악조건, 산업 불균형 시정과 경제자립을 위한 열망, 미국의 안정화 및 민유민영 강화의 요구 속에서 대한민국 경제의 기본 구조를 설계해 나갔다.

그 과정을 압축적으로 정리하면 다음과 같다. 정부 수립 초기에는 자본주의 계획경제 정책과 자유경제 정책이 각축하는 가운데 미국의 요구를 바탕으로 안정론적 자유경제 정책이 수립되었다. 그러나 곧이어 발생한 전쟁으로 인해 경제통제는 불가피했고 관리경제 정책이 추진되었다. 전후에는 관리경제 정책이 자유경제 정책으로 환원되는 한편, 헌법 경제조항 개정으로 시장경제 원리가 한층 확대되었다. 그에 따라 국영 해제 조치가 이어졌고, 기간산업체는 민유민영으로 운영하기로 가닥이 잡혔다. 하지만 산업 불균형과 국제수지 불균형의 문제는 단지 시장경제의 원리를 확대하는 것만으로는 해결될 수 없었다. 이에 한국 정부는 미국의 승인하에 경제개발계획을 추진했다. 이처럼 한국 경제는 자본주의 계획경제 정책과 관리경제 정책, 자유경제 정책이 각축하고 경합하는 가운데 그 기본 구조가 형성되었고, 그것이야말로 한국 경제의 역동성을 만들어낸 요소였다.

그럼에도 불구하고 우리는 자본가 중심으로 정초된 한국 경제정책의 계급적 성격을 간과해서는 안 된다. 당시 정책 담당자들은 원조자금이 들어오는 동안 공업화와 생산력 증진에 매진함으로써 경제자립을 달성하려고 했다. 관민협조, 노자협조 이데올로기 속에서 자본가들은 생산력 증진의 주역으로 상정된 반면, 농민과 노동자들은 작업장과 마을 단위에서 자활과 자립을 통해 국책에 부응하는 존재로 규정되었다. 또한 전후재건사업과 경제개발계획을 추진하는 과정에서 한국 경제는 국민생활수준의 향상 및 분배와 계급 문제 해결을 후순위로 돌린 채 경제성장을 고도화하는 방향으로 설계되었다. 정부와 자본가의 유착관계가 심화되는 가운데 노동자, 농민의 삶은 피폐해졌다. 그 결과 국민들의 불만은 4·19혁명으로 폭발했다. 한국 경제는 자립경제를 표방하면서 최소한의 지원으로 노동자, 농민의 자립과 자활을 강제하고 경제성장에 동원해왔다. 이로 인한 소외와 사회적 갈등 심화는 고도의 경제성장에도 불구하고 한국 경제의 고질적이고 근본적인 문제로서 극복해야 할 과제로 남았다.

한편 미국은 경제안정 15원칙의 수립, 헌법 경제조항 개정, 경제개발 3개년계획 등 한국 경제의 중요한 순간마다 개입해서 영향력을 행사했다. 한국의 경제관료진은 미국의 안정화 요구와 자유경제로의 전환을 내면화하면서 중간안정론과 원조수용 체제론을 전개했다. 또한 한미경제안정위원회 및 합동경제위원회 등을 통해 한미공조 체제를 공고히 하고자 했다. 이를 통해 한미공조 체제는 확보되었지만 한국의 경제운영 전반에 대한 미국의 장악력이 관철되는 결과를 가져왔다. 1964년에는 미국의 압력에 의해 경제개발계획이 대폭 수정되었고, 장면 정권에 이어 박정희 정권 초기까지 표방되었던 경제자립의 문제의식도 희석화되었다. 정책 담당자들은 경제개발계획을 산업구조 불균형을 시정하고 경제자립을 달성하기 위한 것이 아니라 수출산업 육성을 통해 세계시장에 진출하기 위한 방안으로 변모시켜갔다. 1970년대 본격적으로 추진된 중화학공업화 역시 경제자립을 위한 것이라기보다는 경공업 수출이 한계에 봉착하자 또 다른 성장동력으로서 육성된 것이었다. 한국 정부가 추진했던 국가 주도 산업화와 경제개발계획의 발상과 정책은 이렇게 냉전구조하에서 미국의 동아시아 정책을 내면화하는 가운데 그 내용이 조정되어갔다.

부록

〈부표 1〉 이승만 정권기(1948~1960) 주요 경제관료진의 재임 기간과 주요 경력

부처·현직	이름	재임기간	주요경력
기획처장	1. 이순탁(李順鐸)	1948. 8~1949. 7	일제하 해방 후 연희전문 교수, 민주독립당, 조선금융조합연합회장(49), 6·25전쟁기 납북
	2. 김훈(金勳)	1949. 7~1950. 5	미군정 농무부 차장, 석탄공사 총재(52), 상공부장관(63)
	3. 최순주(崔淳周)	1950. 8~1951. 3	일제하 연희전문 교수, 자유당 국회의원, 국회부의장
	4. 백두진(白斗鎭)	1951. 3~1953. 8	일제하 조선은행 행원, 국무총리(70~71), 국회의장(71·79), 유정회 의장(73), 공화당 고문(87)
	5. 원용석(元容奭)	1953. 8~1955. 2	일제하 조선식량영단 부참사, 경제기획원장(63), 농림부장관(64), 전경련 부회장·고문(77~83)
부흥부장관	1. 유완창(兪莞昌)	1955. 2~1956. 5	미군정기 신한공사 부총재, 부흥부장관 사임 후 대한식품공사 회장, 도미(渡美)
	2. 김현철(金顯哲)	1956. 5~1957. 6	경제기획원장(62), 내각수반(62~63), 주미대사(64~67), 헌법위원장(73~79), 현대그룹 고문(81)
	3. 송인상(宋仁相)	1957. 6~1959. 3	일제하 식산은행 행원, 3·15부정선거사범으로 복역, 경제과학심의회의 비상임의원(68~74), 유엔 아시아경제개발계획연구원 집행이사(72), 장기자원대책위원회 위원장(73), 동양나일론 사장, 효성그룹 고문
	4. 신현확(申鉉碻)	1959. 3~1960. 3	일제하 관료, 상공부 관료(50~57), 경제과학심의회의 상임위원(64), 쌍용양회 사장(68~73), 보건사회부장관(75), 부총리 겸 경제기획원장관(78), 국무총리(79)
농림부장관	1. 조봉암(曹奉岩)	1948. 8~1949. 2	일제하 사회주의운동가, 해방 후 중간파, 대통령 출마(52·56), 진보당 창당(56), 간첩혐의로 사형(58)
	2. 이종현(李宗鉉)	1949. 2~1950. 1	조선민주당 사무국장, 강원도 지사(48~49), 제2대 국회의원·산업분과위원회 위원장, 민주당 최고위원
	3. 윤영선(尹永善)	1950. 1~1950. 11	농림부장관 사임 후 4H클럽 중앙위원회 회장 역임
	4. 공진항(孔鎭恒)	1950. 11~1951. 5	세계일보 사장(57~59), 한국아시아반공연맹 이사장, 천도교중앙총부 교령
	5. 임문환(任文桓)	1951. 5~1952. 3	일제하 관료, 해방 후 조선광업진흥회사 사장, 조선상선 사장(52), 무역협회 회장(53), 전국경제인연합회 부회장(65)
	6. 함인섭(咸仁燮)	1952. 3~1952. 8	춘천농대 학장(52), 부정축재처리위원회 위원(61)
	7. 신중목(愼重穆)	1952. 8~1953. 9	거창군수, 국민회 경남도 부위원장, 초대·2대 국회의원, 농협중앙회 회장, 4H구락부 중앙위원회 이사장, 신민당 거창지구당 위원장
	8. 양성봉(梁聖奉)	1953. 10~1954. 5	부산시장(46~49), 강원도지사(49), 경남지사(49~53)
	9. 윤건중(尹建重)	1954. 5~1954. 6	전북대 독일어 강사(57~61)
	10. 최규옥(崔圭鈺)	1954. 6~1955. 2	제헌국회 국회의원, 강원도지사(49~54), 자유당 국회의원(58~60)
	11. 임철호(任哲鎬)	1955. 2~1955. 7	자유당 조직부장·중앙위 부총재(52~60), 4대 국회의원, 국회부의장(59), 3·15부정선거 혐의로 복역
	12. 정낙훈(鄭樂勳)	1955. 8~1955. 11	농림부장관 사임 후 4대 민의원 당선, 내무위 활동
	13. 정운갑(鄭雲甲)	1955. 11~1957. 6	자유당 국회의원(58), 신민당 국회의원(67)

	14. 정재설(鄭在卨)	1957. 6~1959. 3	FOA한국협회 회장, 농업협동조합 자문위원
	15. 이근직(李根直)	1959. 3~1960. 4	일제하 강원도 광공부장, 서울시 산업국장(50), 경남지사(55~57), 내무부장관·자유당조직위원장(58), 3·15부정선거 혐의로 복역
재무부장관	1. 김도연(金度演)	1948. 8~1950. 4	일제하 연희전문 교수, 한민당 국회의원, 민의원 부의장·신민당 위원장(60), 민중당 국회의원(63)
	2. 최순주(崔淳周)	1950. 4~1951. 3	일제하 연희전문 교수, 해방 후 조선은행 총재, 한국무역협회 회장(54~56), 국회부의장(54)
	3. 백두진(白斗鎭)	1951. 3~1953. 4	일제하 조선은행 행원, 국무총리(52~54, 70~71), 국회의장(71·79), 유정회 의장(73), 공화당 고문(87)
	4. 박희현(朴熙賢)	1953. 6~1954. 6	일제하·미군정기 관료, 조선일보 취체역·풍한산업주식회사 회장(55), 협동생명주식회사 사장(61), 평화통일정책자문위원(81)
	5. 이중재(李重宰)	1954. 6~1955. 7	재무부장관 사임 후 자유당 조직부장, 이기붕 부통령후보 선거사무장, 3·15 부정선거 개입혐의로 복역
	6. 김현철(金顯哲)	1955. 7~1956. 5	경제기획원장(62), 내각수반(62~63), 주미대사
	7. 인태식(印泰植)	1956. 5~1957. 6	자유당 국회의원(58), 공화당 국회의원(63), 공화당 정책위의장(64), 동아중건설 사장(68)
	8. 김현철(金顯哲)	1957. 6~1959. 3	경제기획원장(62), 내각수반(62~63), 주미대사
	9. 송인상(宋仁相)	1959. 3~1960. 4	일제하 식산은행 행원, 3·15부정선거사범으로 복역, 경제과학심의회 비상임위원(68~74), 재무부장관 고문(70), 유엔아시아경제개발계획연구원 집행이사(72), 장기자원대책위원회 위원장(73)
재무부차관	1. 장희창(張熙昌)	1948. 8~1949. 11	연전 교수, 미군정 관료, 한생명보험주식회사 상무
	2. 김유택(金裕澤)	1949. 11~1951. 9	일제하 조선은행 행원, 한국은행 총재(51~56), 주일본대사, 주영국대사, 경제기획원 장관(63~64), 6·7대 국회의원, 한국자동차보험회사 사장
	3. 박희현(朴熙賢)	1951. 9~1953. 9	일제하·미군정기 관료, 조선일보 취체역·풍한산업주식회사 회장(55), 협동생명주식회사 사장(61), 평화통일정책자문위원(81)
	4. 강성태(姜聲邰)	1953. 9~1954. 7	자유당 재정부장(56), 국회의원(58~60), 대한화재보험 사장(60), 한국자동차보험주식회사 사장(63)
	5. 김영찬(金永燦)	1954. 7~1955. 11	한국은행 부총재(52), 상공부장관·산업은행 총재(60), 3·15부정선거 개입혐의로 구속, 미국 체이스맨해턴 은행 고문(67)
	6. 윤인상(尹仁上)	1955. 11~1956. 6	상공부차관(53~54), 경제위원회 위원(54)
	7. 천병규(千炳圭)	1956. 6~1958. 9	일제하 조선은행 행원, 한은부총재(56), 재무부장관(61~62), 아시아개발은행 상임이사(66), 경제과학심의회 상임위원(71), 주태(駐泰)·라오스대사, 스위스대사
	8. 오임근(吳琳根)	1958. 9~1959. 3	일제하 관료, 재무부 예산국장(54), 경상북도 지사(59), 3·15부정선거사범으로 복역
	9. 박종식(朴鍾植)	1959. 3~1960. 5	일제하 관료, 해방 후 상공부 관료, 면제품수출조합 이사장(65), 화학섬유협회 회장(71)
상공부장관	1. 임영신(任永信)	1948. 8~1949. 6	중앙대총장(53~61, 63~71), 공화당 총재 고문(63) 대한부인회장(63~74), 재건국민운동중앙회 부회장(69)

	2. 윤보선(尹潽善)	1949. 6~1950. 5	미군정청 농상국 고문, 서울시장(48~49), 민주당 최고위원(59), 제4대 대통령(60~62), 민정당·신민당 대통령 후보(63·67), 국민당 총재(71)
	3. 김훈(金勳)	1950. 5~1952. 3	미군정기 농무부차장, 석탄공사총재(52), 상공부장관(63)
	4. 이교선(李敎善)	1952. 3~1952. 11	중동중고등학교 교장(55~58), 초대 참의원, 5·16 이후 낙향하여 안성농원 경영
	5. 이재형(李載瀅)	1952. 11~1953. 10	국회부의장(60), 민주당·민중당 지도위원(64), 신민당 국회의원·부총재(67), 신민당 고문(70)
	6. 안동혁(安東赫)	1953. 10~1954. 6	한양대 공대 교수(58~74), 한국과학기술단체총연합회 명예회장(60~84), 과학원 이사장(71)
	7. 박희현(朴熙賢)	1954. 6~1954. 7	일제하·미군정기 관료, 조선일보 취체역·풍한산업주식회사 회장(55), 협동·생명주식회사 사장(61), 평화통일정책자문위원(81)
	8. 강성태(姜聲邰)	1954. 7~1955. 9	자유당 재정부장(56), 국회의원(58~60), 대한화재보험 사장(60), 한국자동차보험주식회사 사장(63)
	9. 김일환(金一煥)	1955. 9~1958. 8	일제하 만주군, 국방부차관(51~53), 교통부장관(58), 내무부장관(59), 관광공사 총재(60~70), 한전 사장(70)
	10. 구용서(具鎔書)	1958. 8~1960. 4	일제하 조선은행 행원, 한국은행 총재(50~51), 한국산업은행 총재(54~58), 3·15부정선거사범으로 복역, 이후 공직 은퇴
	11. 김영찬(金永燦)	1960. 4~1960. 4	한국은행 부총재(52), 상공부장관·산업은행 총재(60), 3·15부정선거사범으로 복역, 미국 체이스맨해턴 은행 고문(67)
상공부차관	1. 임문환(任文桓)	1948. 8~1948. 10	일제하 관료, 해방 후 조선광업진흥회사 사장, 조선상선 사장(52), 무역협회 회장(53), 전국경제인연합회 부회장(65)
	2. 김수학(金秀學)	1948. 10~1949. 9	조흥은행 중역, 2대 국회의원·재정경제위원장, 한국상공은행·한국흥업은행 이사
	3. 한통숙(韓通淑)	1949. 9~1950. 5	일제하 관료, 참의원·산업분과위원장(60), 체신부장관(61), 민주당 국회의원(63), 신민당 국회위원(67)
	4. 이병호(李丙虎)	1950. 5~1952. 4	일제하 동양척식주식회사 근무, 운크라주재정부연락관(52), 제지공업연합회 회장(55), 상공부장관(63~64)
	5. 함덕용(咸德用)	1952. 4~1952. 11	일제하 금융조합 이사, 기획처 경제계획관(49), 대한중석광업주식회사 감사
	6. 임정규(林正奎)	1952. 11~1953. 10	일제하 금융조합 이사, 금융조합연합회 경남지부장, 금융조합연합회 이사
	7. 윤인상(尹仁上)	1953. 10~1954. 7	경제위원회 위원(54), 재무부차관(55~56)
	8. 배응도(裵應道)	1954. 7~1955. 9	일제하 만주국 관료, 상공부 전기국장(51), 동양시멘트회사 회장(62)
	9. 김의창(金義昌)	1955. 9~1959. 12	일제하 고문 합격, 체신부 보험국장(49), 체신부차관(52), 대한석탄공사 총재(60)
	10. 김치영(金致榮)	1959. 12~1960. 6	일제하 선만·만선척식주식회사 근무, 전매청장(52), 부흥부차관(56), 한국조폐공사 사장(58)
임시관재 총국장	1. 임병혁(林炳赫)	1949. 3~1949. 7	일제하 연전 교수
	2. 백남칠(白南七)	1949. 7~1950. 8	경성자동차회사 사장, 교통부 교통자문위원(48)

관재청장	1. 유완창(兪莞昌)	1951. 5~1953. 9	미군정기 신한공사 부총재, 대한식품공사 회장, 도미(渡美)
	2. 인태식(印泰植)	1953. 9~1954. 2	자유당 국회의원(58), 공화당 국회의원(63), 공화당 정책위의장(64), 동아중건설 사장(68)
	3. 최도용(崔道鏞)	1954. 2~1954. 10	임시외자총국 경리국장(49), 기획처 예산국장(50), 재무부 회계·이재국장(50·52), 관재청 차장(53)
	4. 유완창(兪莞昌)	1954. 10~1955. 2	미군정기 신한공사 부총재, 대한식품공사 회장, 도미(渡美)
임시외자 총국장	1. 백두진(白斗鎭)	1949. 1~1950. 10	일제하 조선은행 행원, 국무총리(52~54, 70~71), 국회의장(71·79), 유정회 의장(73), 공화당 고문(87)
임시외자 관리청장	2. 현근(玄櫶)	1950. 10~1952. 12	임시외자총국 차장(49), 고려방적 이사장(52), 경제위원회 위원(54)
	3. 황종률(黃種律)	1952. 12~1953. 5	기획처 물가계획국장·외자구매처 차장(49), 재무무장관(63), 경제과학심의회 위원(66), 무임소장관(66)
	4. 이순용(李淳鎔)	1953. 5~1955. 2	일제하 미국 유학, 내무부장관(51~52), 체신부장관·대한해운공사 사장(52)
외자구매 처장	1. 김우평(金佑枰)	1949. 12~1952. 2	경제고문, 대통령 특사
	2. 현근(玄櫶)	1952. 4~1952. 12	임시외자총국 차장(49), 고려방적 이사장(52), 경제위원회 위원(54)
	3. 황종률(黃種律)	1952. 12~1953. 5	기획처 물가계획국장·외자구매처 차장(49), 재무무장관(63), 경제과학심의회 위원(66), 무임소장관(66)
	4. 이순용(李淳鎔)	1953. 5~1955. 2	일제하 미국 유학, 내무부장관(51~52), 체신부장관·대한해운공사 사장(52)
외자청장	1. 이순용(李淳鎔)	1955. 2~1956. 1	일제하 미국 유학, 내무부장관(51~52), 체신부장관·대한해운공사 사장(52)
	2. 최인규(崔仁圭)	1956. 1~1958. 2	동남아무역사절단 정부대표·대한교역 이사장(50), 교통부장관(58), 내무부장관(59), 3·15부정선거 총지휘 혐의로 사형(61)
	(署)신현확(申鉉碻)	1958. 2~1958. 12	일제하 관료, 상공부 관료(50~57), 경제과학심의회 상임위원(64), 쌍용양회 사장(68~73), 보건사회부장관(75), 부총리 겸 경제기획원장관(78), 국무총리(79)
	3. 안희경(安熹慶)	1958. 12~1960. 5	서울지방검찰청 부장검사(50), 비서관 겸직(56)

* 출전: 안용식 편, 『대한민국관료연구』 I~V, 연세대학교사회과학연구소, 1995~1998; 『단기 4283년판 대한민국인사록』, 내외홍보사, 1949; 대한민국건국10년지간행회, 『대한민국건국10년지 인사록』, 1956; 霞關會 編, 日本外務省 アジア局 監修, 『現代朝鮮人名辭典』, 世界ジャーナル社, 1962; 한국일보사 편, 『재계회고』 7~10, 1981; 연합통신 편, 『한국인명사전』, 1975·1980·1990·2003; 조선일보 인물정보
* 정부는 1952년 4월부터 임시외자관리청장과 외자구매처장을 겸임하도록 조치했다. 1955년 2월 임시외자관리청과 외자구매처가 통합되어 외자청으로 발족했다. 괄호 안의 숫자는 재직연도이다.

〈부표 2〉 산업개발위원회 고문·위원·보좌위원 약력

직책	이름	담당분야	현직	약력
위원장	송인상(宋仁相)	총괄	부흥부장관	1914~2015. 경성고상 졸업. 일제하 식산은행원. 해방 후 재무부 이재국장, 한은부총재, 부흥부장관. EDI 경제개발연수원 수료.
고문	김준보(金俊輔)	농림수산	서울대 교수	1915~2007. 규슈제대 농업경제학과 졸업. 일제하 군수. 해방 후 서울대 교수. 한국농업경제학회 회장.
	주석균(朱碩均)	농림수산	농업문제연구회 회장	1903~1981. 평안고보 졸업. 일제하 평북 위원·선천 군수. 해방 후 수리조합연합회 회장, 농림부차관. 농업문제연구회 결성.
	원용석(元容奭)	농림수산	농민회 최고위원, 곡물협회장	1906~1989. 경성고공 졸업. 일제하 금련 및 식량영단 부참사. 해방 후 외자관리청 차장, 농림부차관, 기획처장. 농민회 최고위원, 자유당. 곡물협회장.
	최응상(崔應相)	농림수산	서울대 교수	1913년생. 일본 규슈제대 농학과 졸업. 서울대 농대 교수.
	조동필(趙東弼)	농림수산	고려대 교수	1919~2001. 메이지대 정치경제학과 졸업. 해방 후 여운형의 인민당 참가. 조선대·고려대 경제학과 교수.
	임문환(任文桓)	광공	무역협회 회장	1907~1993. 도쿄제대 법문학부 졸업. 일제하 용인군수, 총독부 식산국·광공국 관리. 해방 후 상공부·보건부차관, 농림부장관, 한국무역협회 회장.
	고승제(高承濟)	광공	서울대 교수	1917~1995. 릿쿄대 경제학부 졸업. 일본 동양경제연구소 연구원. 해방 후 연세대·고려대·서울대 교수.
	김상겸(金相謙)	광공	연세대 교수	연희전문 졸업. 식산은행 참사, 서울신문 논설위원. 연세대 교수.
	안동혁(安東赫)	광공	한양대 교수	1906~2004. 경성고공, 규슈제대 응용화학과 졸업. 일제하 경성고공 교수, 중앙시험소 기술부장. 해방 후 경성공전 교장, 중앙공업연구소 소장. 상공부장관. 한양대 교수.
	이정환(李廷煥)	광공	연세대 교수	1919~2008. 도쿄상대 졸업. 부산대학교, 연세대학교 교수.
	부완혁(夫完爀)	광공	조선일보 논설위원	1919~1984. 경성제대 법과 졸업. 경북 선산군수. 해방 후 고려대 교수, 1952년 기획처 물동계획국장 및 합동경제위원회 사무국장.
	유진순(劉鎭舜)	상역	서울대 교수	1918~1972. 도쿄상대 졸업. 서울대 교수. 고등고시위원.
	나익진(羅翼鎭)	상역		1915~1990. 연희전문 상과 졸업. 일제하 조선식산은행 행원. 해방 후 미군정청 재무부 은행검사관. 무역협회 전무이사.
	이창렬(李昌烈)	상역	고려대 교수	1917~1974. 도쿄제대 법문학부 중퇴, 경성대 법문학부 졸업. 식산은행 및 한국은행 조사부원. 고려대 교수.
	최경렬(崔景烈)	공익기업	서울시 부시장	1905~1975. 교토제대 토목과 졸업. 과도정부 토목부장, 내무부 건설국장, 서울시 건설국장·부시장. 대한토목학회 회장.

구분	이름	분야	직위	약력
	태완선(太完善)	공익기업		1915~1988. 경성법전 졸업. 일제하 조선식산은행·조선전업 근무. 해방 후 상공부 직할 영월광업소 소장. 제2대 국회의원(상공위원회 소속).
	김윤기(金允基)	공익기업	대한주택영단 이사장	1904~1979. 일본 와세다대 건축학과 졸업. 일제하 조선철도국 근무. 해방 후 교통부 자재국 국장. 건축학회 상무. 한양대 교수. 교통부차관.
	최호진(崔虎鎭)	재정금융	중앙대 교수	1914~2010. 규슈제대 경제학부 졸업. 경성대·동국대·중앙대 교수. 금융통화위원회 위원. 한국경제학회 회장.
	이병호(李丙虎)	재정금융		1916년생. 교토제대 경제학부 졸업. 일제하 동양척식주식회사 근무. 해방 후 기획처 예산국장, 상공부차관, 내무부차관. 식산은행 이사. 제지공업연합회 회장(55).
	홍성하(洪性夏)	재정금융	재무부 세제분과위원회 위원장	1898~1978. 일본 주오대 경제과 졸업. 보성전문학교 교수. 해방 후 한국민주당 창당위원, 제헌국회 재정경제위원장, 중앙경제위원회 위원, 금융통화위원회 위원.
	신태환(申泰煥)	재정금융	서울대 교수	1912~1993. 경성고상, 도쿄상대 졸업. 일제하 연희전문 교수. 해방 후 연세대·동국대·서울대 교수.
	김용갑(金容甲)	재정금융	서울대 교수	1919~2007. 와세다대 졸업, 서울대 교수, 국회전문위원.
위원	박동묘(朴東昴)	농림수산	서울대 교수	1922~2006. 서울대 경제학과 졸업. 서울대 상대 교수.
	황병준(黃炳晙)	광공	산업은행 조사부원	1923~1995. 서울대 상과 졸업, 산은조사부원. 연세대·성균관대·경희대 강사.
	안림(安霖)	상역	산업은행 조사부원	1921~2010. 도호쿠제대 법문학부 졸업. 서울대 정치학부 졸업. 연세대 강사. 산업은행 조사부원.
	주원(朱源)	공익기업	서울대 교수	1909~1988. 도쿄제일외국어전문학교 무역학과 졸업. 일제하 일본 오하라 사회경제연구소 연구원. 해방 후 서울대 공대 교수. 중앙도시계획 위원. 한국건설협회 이사장.
	이면석(李冕錫)	재정금융	한국은행 기획조사과장	1922년생. 게이오대 경제학부 졸업. 경성대학 법문학부 경제과 졸업. 서울대·동국대 강사. 한국은행 기획조사과장.
	주종환(朱宗桓)	농림수산		1929~2014. 도쿄대 및 同 대학원 경제학과 수료.
	김창기(金昌器)	농림수산		
	전석두(全石斗)	광공	한양대 강사	1930~2000. 연세대 경제학과 석사. 서울 공대·한양대 강사.
보좌위원	박욱규(朴旭圭)	광공	산업은행 파견원	1928년생. 서울대 경제학과 졸업. 한국산업은행 행원.
	최한형(崔漢衡)	광공		
	이재설(李載卨)	상역		1932년생. 미국 펜실베니아대 대학원 경제학과 수료.
	신상철(申尙澈)	상역	현역 중령	1924~2005. 일본육군항공사관학교 졸업. 해방 후 육군사관학교 졸업. 미국 공군대학교 수료. 공군본부 작전국 국장. 공사 교장.

	정재덕(鄭在德)	공익기업	1959년부터 부흥부 기획국 사무관	1931~2004. 해군사관학교, 미국 노스이스트미주리 주립대 졸업, 미국 아메리칸대 대학원 수료.
	김여택(金麗澤)	공익기업		1925~2018. 교토대 공학부 토목공학과 졸업.
	김성범(金成範)	재정금융	산업은행 파견원	2011년 사망. 고려대 졸업. 산업은행 조사부원.
	김건(金建)	재정금융	한국은행 파견원	1929~2015. 서울대 정치과 졸업. 미국 하딘시몬스대 경제학 석사.
	임원택(林元澤)	종합	현역 중령	1922~2006. 일본 도쿄제대 법학부 수료. 서울대 정치학과 졸업. 서울대 전임강사. 공군 복무.
	전영순(全英淳)	종합		
간사	이진수(李震秀)	간사장	부흥부 과장	기획처 물동계획국 통역관·제2과장, 부흥부 기획국 물가과장.
	노영규(盧永奎)	간사		
	김봉오(金鳳梧)	간사	내무부 비서관	내무부 비서관.
	박정원(朴正源)	간사	내무부 사무관	내무부 사무관.

* 출전: 안용식 편, 『대한민국관료연구』 I~III, 연세대학교사회과학연구소, 1995·1996; 『단기 4283년판 대한민국인사록』, 내외홍보사, 1949; 『대한민국건국 10년지 인사록』, 대한민국 건국10년지간행회, 1956; 霞關會 編, 日本外務省アジア局 監修, 『現代朝鮮人名辭典』, 世界ジャーナル社, 1962; 연합통신 편, 『한국인명사전』, 1975·1980·1990·2003; 조선일보 인물정보; 학술원 회원명단.
* 산업개발위원회 고문·위원·보좌위원 명단은 부흥부 산업개발위원회, 『제1차 고문회 회의안』, 1958. 9. 17, 〈산업개발위원회 기구표〉를 참조했다. 따라서 이 표는 1958년 9월 17일 현재 산업개발위원회의 인원구성에 준해서 작성되었고, 위원, 보좌위원, 고문의 경력은 산업개발위원회 활동 당시까지만 기재되었다. 이후 경력은 〈부표 3〉을 참조할 것.

<표 3> 산업개발위원회 고문·위원·보좌위원의 1960년 이후 경력

직책	이름	담당분야	경력
위원장	송인상	총괄	국제경제개발한국협의회 한국지부장·한국경제개발협회장(65~74), 경제과학심의회의 비상임위원(68~74), 유엔 아시아경제개발계획연구회 집행이사(72), 주벨기에·EEC·룩셈부르크대사(74), 수출입은행장(76), 동양나일론 회장(80), 전국경제인연합회 부회장(82), 효성그룹 고문
고문	김준보	농림수산	서울대 농대 교수, 한국농업경제학회 회장(57~73), 고려대 정경대 교수(65), 한국경제학회장(79)
	주석균	농림수산	대한수리조합연합회 회장(60), 국가재건최고회의 경제분과위원·재건기획분과위원·중앙경제위원회 위원(61), 경제과학심의회의 위원
	원용석	농림수산	경제기획원장(63), 농림부장관(64), 유신학술원 회장(75), 혜인중기 사장(70~83), 전경련 부회장(77~83), 능률협회 회장(79~86), 한국경제신문 사장(80)
	최응상	농림수산	농업협동조합중앙회 부회장, 3代 농촌진흥청장
	조동필	농림수산	고려대 경제과 교수(51~84), 농협 운영위원·경제과학심의회의 비상임위원(68), 대한일보 논설위원(72), 평택공과대학 학장(97~2001)
	임문환	광공	전국경제인연합회 이사(66), 부산프라자호텔 사장(72)
	고승제	광공	서울대·고대 교수, 경제과학심의회의 상임위원(68), 장기자원대책위원(73), 한국개발연구소 이사장(74)
	김상겸	광공	연세대 교수
	안동혁	광공	한양대 공대 교수(58~74), 한국과학기술단체총연합회 명예회장(60~84), 과학원 이사장(71)
	이정환	광공	재무부장관 고문(61), 농협중앙회장(62), 한국은행 총재(63), 경제과학심의회의 상임위원(64), 재무부장관·한국산업은행총재(64), 금융통화위원회 위원(68)
	부완혁	광공	금융통화위원회 위원(60), 조선일보 주필(61), 사상계 발행인(67), 국토통일원 고문(74), 율산건설주식회사 사장(76), 민족문화추진회 이사(78)
	유진순	상역	중앙대 교수
	나익진	상역	체신부차관·상공부차관·주택공사총재(60), 한국산업은행 총재(61), 동아무역 사장(62), 무역협회 부회장(75~73), 서울상공회의소 부회장(79~85)
	이창렬	상역	고려대 교수, 재정금융위원회 위원(63), 경제과학심의회의 위원(67)
	최경렬	공익기업	국가재건최고회의 기획분과위원·중앙경제위원회 위원(61)
	태완선	공익기업	부흥부장관·상공부장관(61. 1~61. 5), 경제과학심의회의 상임위원·석탄공사 총재(70), 건설부장관(71), 부총리 겸 경제기획원장(72), 정신문화연구원 이사장(78), 10대 국회의원·유정회 의장(79)
	김윤기	공익기업	교통부장관(62~64), 무임소장관·건설부장관(66), 교통문제연구회장(70), 과학기술종합심의회 위원(73), 국토건설종합계획심의회 위원(75)
	최호진	재정금융	연세대 상경대 교수(61), 경제기획원 경제계획자문위원(65)
	이병호	재정금융	상공부장관(63~64), 수출산업공단 대표이사(64), 요업센터 이사장(66)
	홍성하	재정금융	중앙경제위원회 위원(61), 대일청구권자금관리위원회 위원, 금융통화위원회 위원·외자도입심의위원회 위원·糧肥교환심의위원회 위원(65)·국민경제연구회장(75)

고문	신태환	재정금융	부흥부장관(61~62), 금융통화위원회 위원(62), 서울대 총장(64), 경제과학심의회의 위원(68), 통일원장관(69~70), 한국경제연구원장(80~82), 경제정책자문위원회 위원장(90)
	김용갑	재정금융	재무부 차관(60), 증권거래소 이사장(64), 전국경제인연합회 이사(73)
위원	박동묘	농림수산	국가재건최고회의 의장 고문(61), 농업경제연구소장(63), 농림부장관(66~67), 경제과학심의회의 상임위원(64~66, 68~70), 농업정책 심의위원·재건국민운동중앙협의회 부회장(74), 유정회 국회의원·정책연구실장(76·79)
	황병준	광공	서울대 상대 교수(63~72), 중앙대 경영과 교수(78~85), 민정당 국회의원·민정당 정책연구소 이사장(81), 중소기업은행 이사장(85~88)
	안림	상역	연합신문·중앙일보·경향신문 논설위원(60~68), 성균관대 경제과 교수(67~86), 증권학회장(81~83)
	주원	공익기업	국가재건최고회의 자문위원(61), 서울신문 주필(64), 경제과학심의회의 상임위원(66), 건설부장관(67~69), 국토개발조정위원회 위원장(75), 대한건설진흥회장(79~86), 국토건설 종합계획 심의위원(81)
	이면석	재정금융	상공부 상역국장(60), 한국은행 외국부차장(62~67), 한국은행 이사(68), 한국투자공사 부사장(74), 한국증권대체결제 사장(77), 화신산업 대표이사(78), 경기대 교수(80)
보좌위원	주종환	농림수산	한국일보 논설위원(60), 동국대 농업경제과 교수(62), 농업경제학회장(82~84)
	김창기	농림수산	성균관대 교수
	전석두	광공	수출입은행 이사
	박욱규	광공	경제기획원 2차 산업과장(산은 파견, 61), 한국외환은행 이사(80~83), 한라시멘트 부사장·사장(84~92), 한라그룹 고문(92), 서울신문 논설위원
	최한형	광공	
	이재설	상역	재무부 외환과장(61), 재무부 외환국장(65), 재무부차관(69), 건설부차관(70), 경제기획원차관(72~74), 駐인도네시아 대사(74), 체신부장관(78), 농수산부장관(79)
	신상철	상역	정전위원회 한국수석대표, 월남대사(62), 체신부장관(70~73), 駐스페인대사(74), 유정회 국회의원(79), 자유민주연합 고문(95~2001)
	정재덕	공익기업	대일청구권사절단 계획부장(66), 경제기획원 경제협력국장·건설부 기획관리실장(71), 국제종합건설 사장(79), 신세계·조선호텔 고문(93)
	김여택	공익기업	건설부 수자원국 동력과장, 건설부 한강유역합동조사단 단장(69), 한국수자원개발공사 이사(68), 건설기술교육원 교수(93)
	김성범	재정금융	한국산업은행 부장
	김건	재정금융	한국은행 외환관리부장(69), 월남정부 재정고문·한국은행 이사(75), 수출입은행 감사·한국은행 부총재(78), 은행감독원장(82), 한국은행 총재(88)
	임원택	종합	부흥부 경제계획관(60), 서울대 법대 교수(61), 성균관대 경상대 교수(61~63), 서울대 경제과 교수(75~88)
	전영순	종합	

* 출전: 霞關會 編·日本外務省アジア局 監修, 『現代朝鮮人名辭典』, 世界ジャ·ナル社, 1962; 聯合通信 編, 『한국인명사전』, 1975·1980·1990·2003; 안용식 편, 『대한민국관료연구』 IV·V, 연세대학교사회과학연구소, 1997·1998; 조선일보 인물정보; 학술원 회원 명단.
* 비고: 산업개발위원회 고문·위원·보좌위원 명단은 부흥부 산업개발위원회, 「제1차 고문회 회의안」, 1958. 9. 17, 〈산업개발위원회 기구표〉를 참조 괄호 안의 숫자는 재직연도이다.

388 한국 경제의 설계자들

참고문헌

1. 자료

1) 구술자료

김정렴 인터뷰(2009. 11. 9), 박정희대통령기념사업회 사무실.
송인상 1차 인터뷰(2002. 10. 10), 효성그룹 고문 사무실.
송인상 2차 인터뷰(2004. 2. 27), 효성그룹 고문 사무실.
주종환 인터뷰(2005. 6. 10), 소화빌딩 사무실.

2) 자료·자료집

經濟委員會, 『經濟委員會 會議錄』, 1954.
經濟委員會, 『經濟委員會 附議案』, 1954.
經濟委員會, 『經濟委員會 書類綴』, 1954.
公報處, 『大統領李承晚博士談話集』, 1953.
公報室, 『大統領李承晚博士談話集』 第2輯, 1956.
공보실, 『대통령리승만박사담화집』 제3집, 1959.
公報處, 『大韓民國 官報』 1~5(驪江出版社 影印, 1987).
公報處, 『週報』, 1948~1956(선인문화사 影印, 1995).
國防大學, 『國防大學이란?』, 1956.
國防大學院三十年史編纂委員會, 『國防大學院 三十年史』, 國防大學院, 1987.
國防部 戰史編纂委員會, 『國防史』, 國防部, 1987.
國史編纂委員會, 『資料大韓民國史』 1~7, 探究堂, 1968~1971.
국사편찬위원회, 『자료대한민국사』 8~17, 1998~2001.
국사편찬위원회, 『미국소재 한국사 자료 조사보고』 I·IV, 2002·2004.
國會事務處, 『制憲國會速記錄』 1~10(驪江出版社 影印, 1987).
國會事務處, 『2~4代 國會速記錄』, 1950~1960.
國會事務處, 『國會史─制憲國會·第2代國會·第3代國會』, 1971.
권대복 엮음, 『進步黨─당의 활동과 사건 관계 자료집』, 지양사, 1985.

企劃處, 『1953年度(1952. 7. 1~1953. 6. 30) 韓國經濟復興計劃書(案)』, 1952.

企劃處, 『1954年度(1953. 7. 1~1954. 6. 30) 韓國經濟復興計劃書』, 1953.

企劃處, 『FOA資金에 依한 韓國經濟再建計劃 推進狀況 報告書(1954. 6. 30) 現在』, 1954.

김남식 엮음, 『남로당 연구』 II~III(자료편), 돌베개, 1988.

金南植·李庭植·韓洪九 編, 『韓國現代史資料叢書』, 1~15, 돌베개, 1986.

金聖昊·金泟根·許榮九 編, 『農政史關係資料集』 1~5, 韓國農村經濟硏究院, 1986~1988.

南朝鮮過渡政府 商工部, 『商工行政年報』, 1947.

農林部, 『農林行政槪觀』, 1958.

農水産部, 『韓國糧政史』, 1978.

大韓商工會議所, 『大韓商工會議所三年史』, 1949.

大韓서울商工會議所, 『商工會議所九十年史』(上)·(下), 1976.

大韓石炭公社, 『軍派遣團一年誌』, 1955.

대한석탄공사, 『대한석탄공사50년사: 1950~2000』, 2001.

大韓證券業協會 調査部, 『證券協會十年誌』, 1963.

大韓證券業協會 調査部, 『證券協會 20年史』, 大韓證券業協會, 1973.

로버트·R·네이산협회, 『韓國經濟再建計劃』(上)·(下), 韓國産業銀行 企劃調査部, 1954.

백기인, 『建軍史』, 국방부 군사편찬연구소, 2002.

復興部, 『韓國經濟復興計劃書』, 1955.

復興部, 『經濟開發과 工業化의 問題—國際聯合 亞細亞 및 極東經濟委員會 第四次 經濟開發 및 計劃 實務者會 議 討議 資料』, 1958.

復興部 産業開發委員會, 『産業開發委員會 委員 會議錄』, 1958~1960.

復興部 産業開發委員會, 『産業開發委員會 顧問 會議錄』, 1958~1960.

復興部 産業開發委員會, 『第25次 全體委員 會議錄—經濟開發 三個年計劃案 審議』, 1959.

復興部 産業開發委員會, 『經濟開發三個年計劃試案』, 1959.

復興部 産業開發委員會, 『經濟開發三個年計劃案의 要約』, 1959.

復興部 産業開發委員會, 『經濟開發三個年計劃案』, 1959.

復興部 産業開發委員會, 『經濟開發三個年計劃』, 1960.

삼천리社, 『總選擧政見集』上, 1950.

商工, 『商工生産綜合計劃』, 1952.

商工部, 『商工施策槪況』, 1953.

商工部, 『商工部 綜合計劃書』, 1954.

商工部, 『生産 및 復興建設計劃 槪要』, 1954.

商工部 電氣局, 『4297年度 電氣局 綜合計劃』, 1954.

商工部, 『商工行政槪觀』, 靑丘出版社, 1959.

새한민보社, 『臨時政府樹立大綱』, 1947.

安龍植, 『韓國行政史硏究』 II, 大永文化社, 1994.

安龍植, 『大韓民國官僚硏究』 I~III, 延世大學校 社會科學硏究所, 1996.

外務部, 『亞細亞諸國의 經濟開發計劃과 政策』, 1958.

陸軍本部 工兵監室, 『工兵略史』, 1952.

陸軍本部 軍史監室, 『陸軍發展史』第1券, 1955.

陸軍士官學校 韓國軍事硏究室, 『韓國軍制史: 近世 朝鮮 後期編』, 陸軍本部, 1977.

李殷鳳·曺福滋, 『建軍 50年史』, 國防軍史硏究所, 1998.

自由黨, 『自由黨의 業績과 施策』, 1960.

財務部 管財局, 『法人臺帳』, 연도미상.

財務部,『財政金融의 回顧』, 1958.

全鑛勞二十五週年紀念事業會 編,『鑛勞 二十五年史』, 全國鑛山勞動組合, 1974.

주한미제6보병사단정보참모부,「미군정 정보보고서」 Ⅵ, 통일원 비상계획관실, 1993.

중앙노동위원회,『노동위원회 50년사 1953~2003』, 2003.

中央勞動委員會,『勞動委員會 判例集: 1954年~1986年』, 1988.

中央選擧管理委員會,『大韓民國政黨史』, 1968.

한국무역협회,『貿協三十年史』(上)·(下), 1977.

韓國法制硏究會 編,『美軍政法令總攬』, 1971.

韓國産業銀行十年史刊行會,『韓國産業銀行十年史』, 1964.

韓國産業銀行 調査部,『韓國産業經濟十年史(1945~1955)』, 1955.

韓國産業銀行 調査部,『經濟政策의 構想』, 1956.

韓國産業銀行 調査部,『新年度 政府主要施策』, 1959.

韓國銀行 調査部,『韓國板유리工業株式會社 新設 事業計劃에 關하여』, 1952.

韓國銀行 調査部,『經濟復興과 稅制』, 1954.

韓國銀行 調査部,『産業縱覽』 第1輯, 1954.

韓國銀行 調査部,『經濟懇談會速記錄』, 1956.

韓國財政40年史刊行委員會,『韓國財政 40年史』 1~7, 韓國開發硏究院, 1990·1991.

한국증권업협회50년사편찬위원회,「한국증권업협회 50년사」, 한국증권업협회, 2003.

韓美經濟安定委員會,『韓美經濟安定委員會議錄』 1950~952.

韓美經濟安定委員會,『韓美經濟安定委員會 書類綴』 1950~1951.

韓美合同經濟委員會,『韓美合同經濟委員會議錄』 1953~1960.

韓美合同經濟委員會,『韓美合同經濟委員會 書類綴』 1953~1954.

韓國臨時政府宣傳委員會 편,『韓國獨立運動文類』(趙一文 譯註, 建國大學校出版部, 1976).

韓詩俊 編,『大韓民國臨時政府法令集』, 國家報勳處, 1999.

3) 연감·인명록

康晉和,『大韓民國人事錄』, 내외홍보사, 1950.

經濟企劃院,『經濟統計年鑑』, 1964.

國會公論社,『大韓民國 行政幹部 全貌』, 1960.

金昞哲,『人物銀行史』(上), 銀行界社, 1978.

內外弘報社,『檀紀四二八三年版 大韓民國人事錄』, 1950.

大韓民國建國十年誌刊行會,『建國十年誌 人事錄』, 1956.

朴泰鎬,『現代韓國經濟人集』 上, 新潮社, 1958.

聯合通信 編,『韓國人名辭典』 1975·1980·1990·2003.

朝鮮銀行調査部,『經濟年鑑』, 1949.

霞關會 編, 日本外務省アジア局 監修,『現代朝鮮人名辭典』, 世界ジャ－ナル社, 1962.

韓國銀行調査部,『經濟年鑑』, 1955~1959.

韓國政經社,『大韓民國三府主役 歷代의 人物』, 1973.

合同通信社,『合同年鑑』, 1959.

合同通信社,『現代韓國人名辭典』, 合同年鑑 1969·1975·1983년판 별책.

4) 회고록

高承濟,『經濟學者의 回顧』, 經硏社, 1979.

金度演,『나의 人生白書』, 康友出版社, 1968.

金龍周, 『風雪七十年 金龍周回顧錄』, 昔岩社, 1976.

金裕澤, 『回想 六十五年』, 合同通信社出版部, 1977.

김일환, 『김일환 회고록—대한민국 국가건설기의 역할을 중심으로』, 홍성사, 2015.

金正濂, 『韓國經濟政策30年史』, 中央日報社, 1995.

대한화학회, 『우리 화학계의 선구자: 제1편 안동혁 선생』, 자유아카데미, 2003.

東隱記念事業會, 『東隱 金容完』, 1979.

로버트 T. 올리버 저·박일영 역, 『李承晚秘錄』, 한국문화출판사, 1982.

朴忠勳, 『貳堂回顧錄』, 博映社, 1988.

朴熙賢, 『五峰八十年』, 星苑社, 1990.

白斗鎭, 『白斗鎭 回顧錄』, 大韓公論社, 1975.

白斗鎭, 『(續)白斗鎭回顧錄』, 裕林文化社, 1981.

宋仁相, 『淮南 宋仁相回顧錄 復興과 成長』, 21세기북스, 1994.

申泰煥, 「韓國經濟學 50년의 回顧」, 『韓國經濟學의 摸索』, 韓國經濟研究院, 1983.

安東赫, 『繼像』, 安東赫先生八旬紀念文集刊行委員會, 1986.

兪鎭午, 『憲法起草回顧綠』, 一潮閣, 1980.

이기홍, 『경제 근대화의 숨은 이야기』, 보이스사, 1999.

李廷煥, 『逸松 李廷煥 回顧錄—象牙塔과 公職과 그리고 企業의 언저리에서』, 2000.

이한빈, 『일하며 생각하며』, 朝鮮日報社, 1996.

張河鼎, 『만추(晚秋) 회상록』, 백호문화사, 1992.

朱源, 『邂石叙誌』, 지구문화사, 1995.

崔虎鎭, 『나의 학문 나의 인생』, 매일경제신문사, 1991.

한국일보社 編, 『財界回顧』 1~10, 1981.

韓徹永, 『오늘의 人物 白斗鎭』, 文化春秋社, 1953.

E. A. J. Johnson, *AMERICAN IMPERIALISM in the Image of Peer Gynt: Memoirs of a Professor-Bureaucrat*, University of Minnesota Press, 1970.

5) 신문·잡지

『京鄉新聞』, 『國際新報』, 『大邱每日新聞』, 『東亞日報』, 『民主新報』, 『釜山日報』, 『새한민보』, 『商工日報』, 『서울신문』, 『水産經濟新聞』, 『聯合新聞』, 『이데일리』, 『自由新聞』, 『朝鮮日報』, 『韓國日報』.

『開闢』, 『建國公論』, 『經商學會誌』(국민대 경상학회), 『經濟月報』(기획처), 『經濟學研究』, 『科學朝鮮』, 『國防經濟』, 『國防研究』, 『國會報』, 『金融』, 『金融組合』, 『企業經營』, 『大潮』, 『貿易經濟』, 『文化』, 『民聲』, 『民政』, 『民主朝鮮』, 『法律과 經濟』, 『法政』, 『復興』, 『復興月報』, 『産業經濟』, 『産銀調査月報』, 『思想界』, 『産業銀行月報』, 『새벽』, 『石炭』, 『石炭社報』, 『施政月報』, 『殖銀調査月報』, 『新東亞』, 『新天地』, 『新青年』, 『新太陽』, 『우라키』, 『自由世界』, 『財務』, 『財政』, 『政經』, 『政經文化』, 『調査季報』(재무부), 『朝鮮銀行調查月報』, 『朝鮮經濟』, 『週刊經濟』, 『週報』, 『地方行政』, 『春秋』, 『學風』, 『韓國銀行調查月報』, 『現代公論』, 『協同』, 『會心』.

6) 미국 자료

RG 59, General Records of the Department of State, 1955~1959(국무부 일반문서).

RG 469, Records of U.S. Foreign Assistance Agencies, 1948~1961 (미 해외원조기관 문서).

United Nations Command. Office of the Economic Coordinator for Korea, Korea: program accomplishments: fiscal year 1957, San Francisco: Office of the Economic Coordinator for Korea, United Nations Command, 1957. 6. 30.

United Nations Command. Office of the Economic Coordinator for Korea, Quarterly Narrative Report on Program Progress Korea, San Francisco: Office of the Economic Coordinator for Korea, United Nations Command, 1958. 6. 30.

United Nations Command. Office of the Economic Coordinator, Korea: stabilization and program progress: fiscal year 1958, San Francisco: Office of the Economic Coordinator for Korea, United Nations Command, 1958. 9. 30.

U.S. Department of State, *Foreign Relation of United States (FRUS) 1949~1960*, Washington D. C.: United States Government Printing Office, 1976.

2. 저서, 단행본 및 논문

1) 단행본

康明玉,『歸屬財産處理法解義』, 明世堂, 1950.

姜辰國,『朝鮮産業經濟의 實態와 再建策』, 朝鮮産業再建協會, 1948.

姜辰國,『農地改革法解說』, 文化出版社, 1949.

고려대 노동문제연구소,『한국노동운동사 3. 미군정기의 노동관계와 노동운동』, 지식마당, 2004.

고려대 노동문제연구소,『한국노동운동사 4. 정부수립기의 노동운동』, 지식마당, 2004.

小林英夫,『帝國日本と總力戰體制』, 有志舎, 2004.

高賢來,『冷戰と開發―自立經濟建設をめぐる1950年代米韓關係』, 法政大學出版局, 2018.

공제욱,『1950년대 한국의 자본가 연구』, 백산서당, 1993.

그레고리 핸더슨 저, 박행웅·이종삼 역,『소용돌이의 한국 정치』, 나남출판, 2000.

김기원,『미군정기의 경제구조』, 푸른산, 1989.

金命潤,『韓國財政의 構造』, 高麗大學校 亞細亞問題研究所, 1964.

金聖昊 외,『農地改革史研究』, 韓國農村經濟研究院, 1989.

김보영,『전쟁과 휴전―휴전회담으로 읽는 한국전쟁』, 한양대학교출판부, 2016.

金三洙,『韓國資本主義國家의 成立過程 1945~53年―政治體制·勞動運動·勞動政策』, 東京大學出版會, 1993.

김성보,『남북한 경제구조의 기원과 전개―북한 농업 체제의 형성을 중심으로』, 역사비평사, 2000.

김연철,『북한의 산업화와 경제정책』, 역사비평사, 2001.

金容燮,『韓國近現代農業史研究』, 知識産業社, 1992.

金容燮,『증보판 韓國近現代農業史研究 - 韓末·日帝下의 地主制와 農村問題』, 지식산업사, 2000.

김진업 편,『한국 자본주의 발전모델의 형성과 해체』, 나눔의 집, 2001.

金哲洙,『韓國憲法史』, 大學出版社, 1988.

金洪基 著·朴熙賢 監修,『財政法 및 同施行令의 解說과 研究』, 大韓財務協會 出版部, 1952

김흥기,『영욕의 한국 경제―비사 경제기획원 33년』, 매일경제신문사, 1999.

도널드 스턴 맥도널드 저, 한국역사연구회 1950년대반 역,『한미관계 20년사(1945~1965)』, 한울아카데미, 2001.

미와 료이치 지음, 권혁기 옮김,『일본경제사』, 보고사, 2004.

박우룡,『전환시대의 자유주의』, 신서원, 2003.

박태균,『조봉암연구』, 창작과 비평사, 1994.

박태균,『원형과 변용―한국 경제개발계획의 기원』, 서울대학교출판부, 2007.

배석만,『한국 조선산업사: 일제 시기편』, 선인, 2014.

백종천·온만금·김영호 공저,『한국의 군대와 사회』, 나남출판, 1994.

베웃신스키 著·金世鍊 譯,『計劃經濟論』, 서울출판사, 1949.

변형윤·김대환 편역,『제3세계의 경제발전』, 까치, 1980.

本多健吉·조용범 지음,『제3세계 국가자본주의론』, 한울, 1985.

사공일, L.P.존스,『經濟發展과 政府 및 企業家의 役割』, 韓國開發研究院, 1981

서재진,『한국의 자본가계급』, 나남, 1991.

서중석,『한국현대민족운동연구―해방 후 민족국가 건설운동과 통일전선』, 역사비평사, 1991.

서중석, 『조봉암과 1950년대』 상·하, 역사비평사, 1999.

송병권, 『근현대 동아시아 지역주의—한미일 관계를 중심으로』, 소명출판, 2021.

송인상, 『韓國經濟의 諸問題』, 서울大學校 行政大學院, 1959

스테판 해거드 저, 박건영·강문구·양길현 역, 『주변부로부터의 오솔길—신흥 공업국의 정치경제학』, 문학과지
　　　성사, 1994.

沈之淵, 『韓國民主黨研究』 I, 풀빛, 1982.

安霖, 『動亂後의 韓國經濟』, 白映社, 1954.

安霖, 『韓國經濟再論』, 法文社, 1961

尾崎彦朔 編著·趙容範 譯, 『第三世界와 國家資本主義』, 전예원, 1984.

오진석, 『한국 근현대 전력산업사, 1898~1961』, 푸른역사, 2021.

원용석, 『한국재건론』, 1956.

兪鎭午, 『憲法의 基礎理論』, 一朝閣, 1949

兪鎭午, 『憲政의 理論과 實際』, 一朝閣, 1953.

兪鎭午, 『憲法解義』, 一朝閣, 1953.

尹錫範·洪性讃·禹大亨·金東昱 共著, 『韓國近代金融史研究』, 世經社, 1996.

李基俊, 『教育 韓國經濟學發達史』, 一朝閣, 1983.

李起夏·沈之淵, 『한국의 政黨』, 한국일보사, 1987.

李大根, 『韓國戰爭과 一九五〇年代의 資本蓄積』, 까치, 1987.

李大根, 『解放後·1950年代의 경제』, 삼성경제연구소, 2002.

이승렬, 『제국과 상인』, 역사비평사, 2007.

이완범, 『박정희와 한강의 기적』, 선인, 2006.

이은희, 『설탕, 근대의 혁명—한국 설탕산업과 소비의 역사』, 지식산업사, 2018.

李鍾元, 『東アジア冷戰と韓美日關係』, 東京大學出版會, 1996.

李漢彬, 『社會變動과 行政—解放後 韓國行政의 發展論의 研究』, 博英社, 1968.

이현진, 『미국의 대한 경제원조 정책 1948~1960』, 혜안, 2009.

이혜숙, 『미군정기 지배구조와 한국 사회』, 선인, 2008.

임경석, 『모스크바 밀사—조선공산당의 코민테른 가입외교(1925~1926년)』, 푸른역사, 2012.

임송자, 『대한민국 노동운동의 보수적 기원』, 선인, 2007.

임송자, 『한국의 노동조합과 노동운동의 역사』, 선인, 2016.

장규식, 『일제하 한국 기독교민족주의 연구』, 혜안, 2001.

全國經濟人聯合會, 『韓國經濟政策 30년 史』, 社會思想社, 1975.

정용욱, 『해방 전후 미국의 대한 정책』, 서울대학교출판문화원, 2003.

鄭顯準, 『耕地整理의 理論과 實際』, 미문사, 1964.

崔虎鎭, 『韓國經濟의 諸問題』, 三中堂, 1962.

崔虎鎭, 『韓國經濟論選』 (I), 延世大學校 出版部, 1976.

최호진, 『한국경제 50년 논선 1946~1995』 (상), 世經社, 2001.

韓國行政問題研究所, 『韓國行政의 歷史的 分析 1948~1967』, 1969.

洪性冕, 『韓國經濟와 美國援助』, 博映社, 1962.

洪性冕, 『韓國經濟의 資本蓄積過程』, 高麗大學校 亞細亞問題研究所, 1965.

洪性讃, 『韓國近代農村社會의 變動과 地主層—20세기 前半期 全南 和順郡 同福面 일대의 事例』, 知識産業社,
　　　1992.

홍정완, 『한국 사회과학의 기원—이데올로기와 근대화의 이론 체계』, 역사비평사, 2021.

黃炳晙, 『韓國의 工業經濟—그 歷史·構造 및 政策을 中心으로』, 高麗大學校 亞細亞問題研究所, 1966.

후지이 다케시, 『파시즘과 제3세계주의 사이에서—족청계의 형성과 몰락을 통해 본 해방 8년사』, 역사비평사,

2012.

Alvin H. Hansen, *A guide to Keynes*, New York: McGraw-Hill, 1953(金容權 李冕錫 譯, 『케인즈經濟學』, 星座社, 1954).

Bruce Cumings, *The origins of the Korean War Vol 1, liberation and the emergence of sepatate regimes, 1945~1947*, Princeton, N. J: Princeton University Press, 1981(김주환 옮김, 『한국전쟁의 기원』 상·하, 청사, 1986).

Bruce Cumings, *The origins of the Korean War Vol 2, The roaring of the cataract, 1947~1950*, Princeton, N. J: Princeton University Press, 1990.

David Hunter Satterwhite, *The Politics of Economic Development: Coup, State, and Republic of Korea's First-Year Economic Development Plan (1962~1966)*, Ph. D. dissertation, University of Washington, 1994.

Donald S. Macdonald, *U.S.-Korean Relations from the Liberation to Self-Reliance: The Twenty-Year Record*, Boulder, Co: Westview Press, 1992(한국역사연구회 1950년대반 옮김, 『한미관계 20년사(1945~1965)』, 한울아카데미, 2001).

Hyun-Chul Kim, *History of Education in Korea*, Ph. D. dissertation, Washington D. C: American University, 1931.

Jung-en Woo, *Race to the Swift: State and Finance in Korean Industrialization*, New York: Columbia University Press, 1991.

Jan Tinbergen, *The design of development*, Baltimore: Johns Hopkins Press, 1958(朴喜範, 宋正範 共譯, 『經濟開發의 設計論』, 동아출판사, 1958).

Ragnar Nurkse, *Problems of capital formation in underdeveloped countries*, New York: Oxford University Press; Oxford: Basil Blackwell, 1953(韓國銀行調查部 譯, 『未開發國家의 資本蓄積』, 韓國銀行調查部, 1955).

Stephan Haggard, *Pathways from the Periphery*, Ithaca: Cornell University Press, 1990(박건영·강문구·양길현 옮김, 『주변부로부터의 오솔길』, 문학과지성사, 1994).

W. Arthur Lewis, *The theory of economic growth*, Homewood, Il: Richard D. Irwin, 1955(朴基淳 譯, 『經濟成長의 理論』, 東亞出版社, 1958).

W. Arthur Lewis, *The principles of economic planning: a study prepared for the Fabian Society*, London: George Allen & Unwin, 1952(朴喜範 譯, 『經濟計劃의 原理』, 凡潮社, 1958).

W. D. Reeve, *The Republic of Korea: A Political and Economic Study*, London: Oxford University Press, 1963.

2) 논문

공제욱, 「1950년대 국가의 재정-금융정책과 대기업의 성장」, 『한국 자본주의와 재벌』, 문학과지성사, 1992.

공제욱, 「1950년대 자본축적과 국가—사적 자본가의 형성을 중심으로」, 『국사관논총』 58, 1994.

공제욱, 「한국전쟁과 재벌의 형성」, 『경제와 사회』 46, 2000.

곽경상, 「해방 후 남한 석유시장의 재편과 울산 정유공장 건설계획」, 『동방학지』 176, 2016.

권혁은, 「1950년 한미경제안정위원회의 설립과 안정화 정책의 성격」, 『한국사론』 58, 2012.

권혁은, 「1950년대 은행 귀속주 불하의 배경과 귀결」, 『역사와 현실』 98, 2015.

기광서, 「한국전쟁 시기 북한의 남한 지역 토지개혁」, 『한국근현대사연구』 62, 2012.

金基杓, 「韓國經濟開發計劃의 史的 考察」, 서울대 행정대학원 석사학위논문, 1968

김낙년, 「1950년대의 외환 정책과 한국 경제」, 『1950년대 한국사의 재조명』, 2004.

김대환, 「1950년대 한국의 공업화에 관한 연구—공업화 주체를 중심으로」, 서울대 경제학과 석사학위논문, 1976.

김대환, 「1950년대 후반기의 경제 상황과 경제정책」, 『한국 현대사의 재인식 4. 1950년대 후반기의 한국 사회와 이승만 정권의 붕괴』, 오름, 1998.

김동욱, 「1940~1950년대 韓國의 인플레이션과 安定化政策」, 연세대 경제학과 박사학위논문, 1994.

김동춘, 「한국전쟁과 지배이데올로기의 변화」, 『한국전쟁과 한국사회변동』, 풀빛, 1992.

金炳埰, 「後進國開發理論의 分析—Nurkse와 Singer 理論을 中心으로」, 경북대 경제학과 석사학위논문, 1959.

金甫瑛, 「解放後 南北韓交易에 관한 研究—1945年 8月~49年 4月 기간을 중심으로」, 고려대 경제학과 박사학위논문, 1995.

김보영, 「한국전쟁 시기 이승만의 반공포로 석방과 한미교섭」, 『이화사학연구』 38, 2009.

김성보, 「이승만 정권기(1948.8~1960.4) 양곡 유통정책의 추이와 농가경제 변화」, 『한국사연구』 108, 2000.

김성보, 「입법과 실행 과정을 통해 본 남한 농지개혁의 성격」, 『농지개혁 연구』, 연세대학교출판부, 2001.

김성조, 「1950년대 기간산업공장의 건설과 자본가의 성장」, 연세대 사학과 석사학위논문, 2002.

김소남, 「1950년대 임시토지수득세법의 시행 과정 연구」, 『역사와 현실』 43, 2002.

김수향, 「1950년대 후반 이승만 정권의 농업정책과 그 한계」, 『역사문제연구』 43, 2020.

김승석, 「경제발전과 국가의 역할 변화—석유화학공업을 중심으로」, 『공업화의 제유형』 (II), 經文社, 1996.

金信福, 「우리나라 經濟開發計劃의 比較考察—樹立過程과 主體, 目標와 手段 등을 중심으로」, 『行政論叢』 20-2, 1982.

김아람, 「한국의 난민 발생과 농촌 정착사업(1945~1960년대)」, 연세대 사학과 박사학위논문, 2017.

김아람, 「1950년대 서울의 도로·교량 재건과 시민의 역할」, 『6·25전쟁과 1950년대 서울의 사회변동』, 서울역사편찬원, 2018.

金洋和, 「1950年代 製造業大資本의 資本蓄積에 관한 研究—紡織, 梳毛紡, 製粉工業을 中心으로」, 서울대 경제학과 박사학위논문, 1990.

김양화, 「1950년대 한국의 공업화과정」, 『工業化의 諸類型』 (II), 經文社, 1996.

김양화, 「1950년대 한국의 경제성장 전략과 그 귀결에 대한 연구」, 『사대논문집』(부산대학교) 32, 1996.

金胤秀, 「'8·15' 以後 歸屬企業體 拂下에 關한 一 研究」, 서울대 경제학과 석사학위논문, 1988.

김윤태, 「동아시아 발전국가와 지구화」, 『한국사회학』 33, 1999 봄.

김재훈, 「1950년대 미국의 한국 원조와 한국의 재정금융」, 『경제와 사회』 창간호, 1988. 12.

김점숙, 「美軍政期와 大韓民國 初期(1945~50년) 物資需給政策研究」, 이화여대 사학과 박사학위논문, 1999.

김점숙, 「대한민국 정부수립 초기 경제부흥계획의 성격」, 『사학연구』 73, 2004. 3.

김준, 「20세기 한국의 노동—역사적 경험의 반추」, 『경제와 사회』 44, 1999.

金珍燁, 「韓國 고무공업의 展開過程에 關한 研究(1945~60)」, 서울대 경제과 석사학위논문, 1985.

金哲洙, 「制憲憲法의 經濟條項의 解釋—美國辯護士의 見解」, 『法과 經濟: 典岡 李鐘元博士 古稀紀念論文集』 下, 日新社, 1996.

김태우, 「한국전쟁기 북한의 남한 점령지역 토지개혁」, 『역사비평』 70, 2005.

中尾美知子, 「1951~52년 조선방직 쟁의—현대 한국 노사관계의 스타트라인」, 고려대 사학과 석사학위논문, 1989.

노중기, 「1950년대 한국 사회에 미친 원조의 영향에 관한 고찰」, 『현대한국의 자본축적과 민중생활』, 한국사회사연구회, 1989.

류기천, 「농지개혁과 토지소유관계의 변화에 관한 연구—충남 연기군 남면의 사례를 중심으로」, 『經濟史學』 14, 1990.

류상윤, 「이승만 정부의 환율 정책 재론—안정화 프로그램과 '영구' 환율」, 『經濟史學』 53, 2012.

민경국, 「제헌헌법과 경제질서」, 『한국 제1·2공화국의 경제정책』, 한국정신문화연구원, 1999.

박광명, 「1960년대 중소기업개발계획의 전개와 성격」, 동국대학교 사학과 박사학위논문, 2020.

박광작, 「해방 이후 1960년대 초까지 한국 재정의 운용과 그 특징」, 『한국 제1·2공화국의 경제정책』, 한국정신문화연구원, 1999.

박명림, 「헌법, 국가의제, 그리고 대통령 리더십—'건국헌법'과 '전후헌법'의 경제조항 비교를 중심으로」, 『국제정치논총』 48-1, 2008.

朴鍾喆, 「韓國의 産業化政策과 國家의 役割, 1948~1972—1공화국과 3공화국의 比較研究」, 고려대 정치외교학과 박사학위논문, 1987.

박종철, 「남북한의 산업화 전략—냉전과 체제경쟁의 정치경제, 1950년대~1960년대」, 『한국정치학회보』 29-3, 1996.

朴贊一, 「미국의 經濟援助의 성격과 그 경제적 귀결」, 『韓國經濟의 展開過程』, 돌베개, 1981.

박태균, 「미국의 대한 경제 부흥 정책의 성격(1948~1950)」, 『역사와 현실』 27, 1998.

박태균, 「1956~1964년 한국 경제개발계획의 성립 과정─경제개발론의 확산과 미국의 대한 정책 변화를 중심으로」, 서울대 국사학과 박사학위논문, 2000.

朴熙振, 「歸屬企業의 拂下와 經濟發展─1945~60年 大邱纖維産業의 事例分析을 中心으로」, 영남대 경제학과 박사학위논문, 1996

方基中, 「解放政局期 中間派 路線의 經濟思想─姜辰國의 産業再建論과 農業改革論을 중심으로」, 『經濟理論과 韓國經濟』, 崔虎鎭 博士 講壇50週年紀念論文集刊行會, 1993.

方基中, 「1953~55년 金融組合聯合會의 殖産契復興事業 研究」, 『東方學志』 105, 1999.

방기중, 「농지개혁의 사상 전통과 농정이념」, 『농지개혁 연구』, 연세대학교출판부, 2001.

방기중, 「1930년대 물산장려운동과 민족·자본주의 경제사상」, 『동방학지』 115, 2002.

방기중, 「일제하 미국 유학 지식인의 경제인식」, 『미주 한인의 민족운동』, 혜안, 2003.

방기중, 「조선 지식인의 경제통제론과 '신체제' 인식」, 『일제하 지식인의 파시즘 체제 인식과 대응』, 혜안, 2005.

방기중, 「식민지 시기 한국 경제사상사 연구론」, 『일제 식민지 시기 새로 읽기』, 연세특성화사업 국제학술회의 발표논문집, 2006(『근대 한국의 민족주의 경제사상』, 연세대학교출판부, 2010).

裵錫滿, 「1950년대 大韓造船公社의 자본축적 시도와 실패원인─자본축적 과정에서 歸屬企業體의 역할 분석」, 『釜山史學』 25·26, 1994

배석만, 「해방 후 지식인층의 신국가경제 건설론」, 『지역과 역사』 7, 2000.

배석만, 「1930~50년대 조선공업 정책과 조선회사의 경영」, 부산대 사학과 박사학위논문, 2005.

백운선, 「제헌국회 내 '소장파'에 관한 연구」, 서울대 정치학과 박사학위논문, 1992.

新納豊, 「해방 초기 남한에서의 경제순환─1945년부터 1950년까지」, 『한국경제의 구조』, 학민사, 1985.

서정익, 「전후 미국의 일본 점령 정책과 덧지·라인」, 『연세경제연구』 V-2, 1998.

서중석, 「日帝時期·美軍政期의 左右對立과 土地問題」, 『韓國史研究』 67, 1989.

서중석, 「해방 후 주요 정치세력의 국가건설 방안」, 『대동문화연구』 27, 1992.

손관수, 「귀속재산처리법 제정에 관한 연구─권력 대립 측면을 중심으로」, 서울대 경제학과 석사학위논문, 1991.

손봉숙, 「자유당 창당의 배경」, 『한국의 政黨』, 한국일보사, 1987.

송원근, 「農地改革 時期의 地價證券에 關한 硏究」, 고려대 경제학과 석사학위논문, 1990.

鈴木義嗣, 「50년대 한국 경제의 성장과 공업화」, 『한국경제의 구조』, 학민사, 1985.

신기욱, 「농지개혁의 역사사회학적 고찰」, 『농지개혁 연구』, 연세대학교출판부, 2001.

申柄湜, 「韓國의 土地改革에 관한 政治經濟的 硏究」, 서울대 사회학과 박사학위논문, 1992.

신용옥, 「대한민국 헌법상 경제질서의 기원과 전개(1948~54년)─헌법 제·개정 과정과 국가자본 운영을 중심으로」, 고려대 사학과 박사학위논문, 2006.

신용옥, 「대한민국 헌법 경제조항 개정안의 정치경제적 환경과 그 성격」, 『한국근현대사연구』 44, 2008.

신용옥, 「조선임시약헌의 경제체제 구상」, 『한국사연구』 140, 2008.

신용옥, 「대한민국 제헌헌법 경제조항 상의 국·공유화 실황」, 『사림』 30, 2008.

신용하, 「조소앙의 사회사상과 삼균주의」, 『한국학보』 104, 2001.

申泰煥, 「貨幣의 均衡의 槪念」, 韓國經濟學會 編, 『經濟論集』, 昌文社, 1957.

吳美一, 「1920년대 부르주아민족주의 계열의 物産獎勵運動論」, 『韓國史研究』 112, 2001.

오인영, 「英國의 新自由主義(New liberalism)의 理念의 性格과 社會改革路線: 1891~1914」, 고려대학교 사학과 박사학위논문, 1999.

오진석, 「1950년대 김영선의 자유경제 정책론 형성과 전개」, 『동방학지』 186, 2019.

오진석, 「1955~1960년 김영선의 정치활동과 경제정책 실행방안 구상」, 『民族文化研究』 83, 2019.

유광호, 「1950년대 '경제개발 3개년계획'의 주요 내용과 그 특징」, 『한국 제1·2공화국의 경제정책』, 한국정신문화연구원, 1999.

유영익, 「이승만의 건국 이상」, 『한국사시민강좌』 17, 1995.

유영익, 「한미동맹 성립의 역사적 의의—1953년 이승만 대통령의 한미상호방위조약 체결을 중심으로」, 『한국사시민강좌』 36, 일조각, 2005.

유영익, 「이승만 국회의장과 대한민국 헌법 제정」, 『역사학보』 189, 2006.

柳漢晟, 「經濟開發計劃 初期 經濟構造와 財政構造에 관한 고찰」, 『財政政策論集』 2, 2000.

尹錫範·洪性讚·禹大亨·金東旭 共著, 『韓國近代金融史硏究』, 世經社, 1996.

윤기중, 「1920년대와 1930년대의 한국 경제학계 동향」, 『연세경제연구』 4-2, 1997.

윤덕영, 「1920년대 전반 민족주의 세력의 민족운동 방향 모색과 그 성격」, 『史學硏究』 98, 2010.

윤덕영, 「1920년대 전반 조선물산장려운동 주도세력의 사회운동론과 서구 사회주의 사상과의 비교」, 『동방학지』 187, 2019.

윤덕영, 「초기 한국민주당 내 사회민주주의자들의 동향과 진보적 사회경제정책의 배경」, 『한국학연구』 61, 2021.

윤상현, 「조봉암(1899~1959)의 정치활동과 사회민주주의 사상」, 『韓國史論』 52, 2006.

윤상현, 「1950년대 지식인들의 민족 담론 연구」, 서울대 국사학과 박사학위논문, 2013.

이경란, 「경제전문가 집단의 경제인식과 경제관—금융조합 조선인 이사를 중심으로」, 『일제하 지식인의 파시즘 체제 인식과 대응』, 혜안, 2005.

이경란, 「전시경제체제의 유산과 한국자본주의」, 『식민지파시즘의 유산과 극복의 과제』, 혜안, 2006.

이경주, 「미군정기의 과도입법의원과 조선임시약헌」, 『법사학연구』 23, 2001.

이동원, 「이승만 정권기 '한미합의의사록'의 체결과 개정」, 『역사와 현실』 107, 2018.

이병준, 「전후재건과 비료공장 건설 연구(1953~1962)」, 성균관대학교 사학과 박사학위논문, 2020.

李侚原, 「한국에서 기업가 단체의 역할과 기능—제1공화국에서 제5공화국까지의 산업화 과정과 관련하여」, 서강대 정치외교학과 석사학위논문, 1992.

이상철, 「1950년대의 산업정책과 경제발전」, 『1950년대 한국사의 재조명』, 선인, 2004.

이상철, 「수입대체공업화 정책의 전개, 1953~1961」, 『韓國經濟成長史』, 서울대학교출판부, 2001.

李秀日, 「1920~30年代 韓國의 經濟學風과 經濟硏究의 動向」, 『연세경제연구』 4-2, 1997.

이수일, 「1930년대 社會主義者들의 現實認識과 마르크스주의 이해」, 『韓國 近現代의 民族問題와 新國家建設』, 지식산업사, 1997.

이수일, 「1930년대 전반 '성대그룹'의 반관학 이념과 사회운동론」, 연세대 사학과 박사학위논문, 2013.

이승렬, 「일제 파시즘기 조선인 자본가의 현실 인식과 대응—부르주아민족주의 민족관을 중심으로」, 『일제하 지식인의 파시즘 체제 인식과 대응』, 혜안, 2005.

이영록, 「兪鎭午 憲法思想의 形成과 展開」, 서울대 법학과 박사학위논문, 2000.

李英徽, 「經濟開發 五個年計劃 樹立過程에 관한 연구—背景 및 行政的 節次를 中心으로 한 事例硏究」, 서울대 행정대학원 석사학위논문, 1962.

이정은, 「1950년대 대한방직협회의 활동과 성격—원조경제하 조직을 통한 대자본가의 이윤추구 방식과 한계」, 고려대 한국사학과 석사학위논문, 2006.

이정은, 「1950년대 자본주의적 노동문제의 인식과 대응」, 『역사문제연구』 12-1, 2008.

이정은, 「1950년대 후반 경영능력 제고 시스템의 가동과 '현대' 경영자 양성」, 『한국사연구』 188, 2020.

李鍾元, 「戰後美國의 極東政策과 脫植民地化」, 『岩波講座 近代日本과 植民地 8. アジアの冷戰と脫植民地化』, 岩波書店, 1993.

伊藤正直, 「ドッジ·ライン前後の『經濟計劃』と後期占領政策」, 『經濟學論集』(東京大) 62, 1996.

李種燻, 「韓國資本主義形成의 특수성」, 『韓國經濟의 展開過程』, 돌베개, 1981.

李知洙, 「解放後 農地改革과 地主層의 資本轉換問題」, 연세대 사학과 석사학위논문, 1994.

이철순, 「이승만 정권기 미국의 대한 정책 연구(1948~1960)」, 서울대 정치학과 박사학위논문, 2000.

이현진, 「1950년대 미국의 대한원조 구상과 경제조정관실」, 『한국사상사학』 26, 2006.

이현진, 「大韓民國 政府의 ECA援助 導入과 運營에 관한 考察(1948~1951)」, 이화여대 사학과 석사학위논문,

1995.

이현진, 「타스카 사절단의 방한과 그 보고서의 성격」, 『역사와 현실』 49, 2003.

이혜숙, 「미군정의 경제정책에 대한 정치사회학적 연구」, 서울대 사회학과 박사학위논문, 1992.

이혜영, 「제1공화국기 자유당과 '이승만 이후' 정치 구상」, 이화여대 사학과 박사학위논문, 2015.

임송자, 「1960년대 전국광산노동조합 리더십 변화 과정과 조직 활동」, 『史林』 44, 2013.

林鍾明, 「조선민족청년단(1946. 10~1949. 1)과 미군정의 '장래 한국의 지도 세력' 양성 정책」, 『한국사연구』 95, 1996.

임채성, 「軍派遣團의 大韓石炭公社 支援과 石炭産業의 復興(1954. 12~57. 8)」, 『東方學志』 139, 2007.

장규식, 「일제하 미국 유학생의 근대지식 수용과 국민국가 구상」, 『한국근현대사연구』 34, 2005 가을.

張美賢, 「1950년대 후반 대구 대한방직 노동쟁의와 전국노동조합협의회」, 연세대 사학과 석사학위논문, 2007.

장미현, 「1950년대 '민주적 노동조합' 운동의 시작과 귀결―'대한방직 쟁의'와 전국노동조합협의회를 중심으로」, 『동방학지』 155, 2011.

蔣尙煥, 「農地改革 過程에 관한 實證的 硏究―忠南 瑞山郡 近興面의 實態調査를 中心으로」 上, 『經濟史學』 8, 1984.

蔣尙煥, 「農地改革 過程에 관한 實證的 硏究―忠南 瑞山郡 近興面의 實態調査를 中心으로」 下, 『經濟史學』 9, 1985.

전덕구, 「전투공병 발전 방향에 대한 소고」, 해군대학, 1985.

전종익, 「1954년 헌법 천연자원 및 중요기업 국유화 규정 개정의 의미」, 『憲法學硏究』 24-3, 2018.

정건화, 「민족경제론의 재검토」, 『한국 자본주의 발전모델의 역사적 위기』, 함께읽는책, 2003.

鄭根埴, 「美軍政期 자본가집단의 사회인식―상공회의소의 담화 분석을 중심으로」, 『全南大學校論文集(社會科學篇)』 30, 1985.

정대훈, 「1950년대 말~1960년대 초 전력 3사의 통합 논의」, 『역사와 현실』 105, 2017.

정대훈, 「1948~1953년의 남한 전력 수급 대책―전원개발계획의 수립 과정을 중심으로」, 『史林』 74, 2020.

정대훈, 「해방 이후의 전원(電源) 개발 구상과 전력산업 개편」, 한양대학교 사학과 박사학위 논문, 2022.

정병준, 「한국 농지개혁 재검토―완료 시점·추진 동력·성격」, 『역사비평』, 2003년 겨울호.

정병준, 「한국전쟁 휴전회담과 전후 체제의 성립」, 『한국문화연구』 36, 2019.

정상우, 「1954년 憲法改正에 관한 硏究」, 서울대 법학과 석사학위논문, 2002.

정상우, 「1954년 헌법개정의 성격에 대한 비판적 고찰」, 『法史學硏究』 28, 2003.

정윤형, 「민족경제론의 역사적 전개」, 『민족경제론과 한국경제』, 창작과비평사, 1995.

鄭眞阿, 「第1共和國 初期(1948~50)의 經濟政策 硏究」, 『韓國史硏究』 106, 1999.

정진아, 「6·25전쟁기 '백재정'의 성립과 전개」, 『역사와 현실』 51, 2004.

정진아, 「RG 469 미 해외원조기관 문서철 중 Korea Subject Files, 1955~1957 자료에 대한 연구 해제」, 『미국 소재 한국사 자료 조사보고』 IV, 국사편찬위원회, 2004.

정진아, 「6·25전쟁 후 이승만 정권의 경제재건론」, 『한국근현대사연구』 42, 2007.

정진아, 「1950년대 군의 경제 문제 개입 과정―공병대와 육군 파견단의 활동을 중심으로」, 『이화사학연구』 37, 2008.

정진아, 「이승만 정권의 자립경제론, 그 지향과 현실」, 『역사비평』 83, 2008.

정진아, 「이승만 정권기 경제개발 3개년계획의 내용과 성격」, 『한국학연구』 31, 2009.

정진아, 「전후 이승만 정권의 기간산업 육성론」, 『역사문제연구』 13-2, 2009.

정진아, 「해방 20년(1945~1965) 한국 경제학계와 연세대학교 상경대학의 경제학 교육」, 『한국경제학보』 22-3, 2015.

정태헌, 「해방 전후 경제계획론의 수렴과 전쟁 후 남북에서의 적대적 분화」, 『한국사학보』 17, 2004.

조남규, 「李承晩 政府期의 經濟建設과 經濟政策論」, 서울대 사회교육과 석사학위논문, 2004.

조명근, 「일제하 金度演의 경제사상과 사회활동」, 『한국인물사연구』 22, 2014.

조석곤·오유석, 「압축성장을 위한 전제조건의 형성—1950년대 한국 자본주의 축적 체제의 정비를 중심으로」, 『동향과 전망』 59, 2003.

조석곤, 「농지개혁과 한국 자본주의」, 『한국 자본주의 발전 모델의 역사와 위기』, 함께읽는책, 2003.

조석곤, 「농지개혁 진행 과정과 정부, 지주, 농민의 입장—경기도 광주군 남종면 사례를 중심으로」, 『대동문화연구』 75, 2011.

趙錫坤, 「被占領地 土地改革에 관한 硏究—報恩郡 懷南面 事例」, 『大東文化硏究』 108, 2019.

趙容範, 「韓國經濟開發計劃의 史的 背景」, 『創作과 批評』 27, 1973 봄.

차상철, 「이승만과 1950년대 한미동맹」, 『1950년대 한국사의 재조명』, 2004.

車喆旭, 「李承晩政權期 貿易政策과 對日 民間貿易構造」, 부산대 사학과 박사학위논문, 2002.

최상오, 「1950年代 外換制度와 換率政策에 관한 硏究」, 성균관대 경제학과 박사학위논문, 2000.

최상오, 「한국의 경제개발과 미국, 1948~1965—경제계획과 공업화 정책을 중심으로」, 『미국학논집』 37-3, 2005.

하유식, 「농지개혁 후 울산군 상북면의 정치지배층과 토지소유구조의 변화」, 『지역과 역사』 27, 2010.

하유식, 「울산군 상북면의 농지개혁 연구」, 부산대학교 사학과 박사학위논문, 2010.

한봉석, 「1950년대 미국 대한 기술원조의 역사적 한 맥락—제2대 경제조정관 윌리엄 원(William E. Warne)의 활동을 중심으로」, 『한국인물사연구』 23, 2015.

한봉석, 「1950년대 미국의 대한 기술원조 연구」, 성균관대 사학과 박사학위논문, 2017.

한봉석, 「미국 대한 원조와 윌리엄 원—'실무형 근대화론자'로서 활동과 그 의미」, 『역사비평』 125, 2018.

한봉석, 「1950년대 말 개발차관기금의 성격 연구—미국 저개발국 원조에서 '기술'과 '개발'의 의미를 중심으로」, 『역사연구』 36, 2019.

한상도, 「朴建雄의 美軍政期 현실참여와 정치활동의 성격」, 『한국사연구』 107, 1999.

韓詩俊, 「大韓民國臨時政府의 光復 후 民族國家建設論」, 『한국독립운동사연구』 3, 1989.

韓詩俊, 「중경시대 임시정부와 통일전선운동」, 『爭點 한국近現代史』, 1994.

허수, 「1945~46년 美軍政의 生必品 統制政策」, 『韓國史論』 34, 1995.

허은, 「1950년대 후반 지역사회개발사업과 미국의 한국 농촌사회 재편 구상」, 『韓國史學報』 17, 2004.

洪起台, 「해방 후의 헌법 구상과 1948년 헌법 성립에 관한 연구」, 서울대 법학과 석사학위논문, 1988.

洪性讚, 「일제하 李順鐸의 農業論과 해방 직후 立法議院의 토지개혁 법안」, 『경제이론과 한국경제』, 박영사, 1993.

홍성찬, 「한국 근현대 李順鐸의 政治經濟思想 연구」, 『역사문제연구』 창간호, 1996.

洪性讚, 「晩亭 李順鐸의 生涯와 思想」, 『延世經濟硏究』 4-2, 1997.

홍성찬, 「농지개혁 전후의 대지주 동향」, 『농지개혁 연구』, 연세대학교출판부, 2001.

홍성찬, 「최호진의 경제사 연구와 저술의 사회사—1940~60년대」, 『동방학지』 154, 2011.

홍정완, 「1950년대 한국 경제학계의 후진국 개발론 수용」, 『한국사연구』 182, 한국사연구회, 2021.

홍종욱, 「해방을 전후한 경제통제론의 전개—박극채·윤행중을 중심으로」, 『역사와 현실』 64, 2007.

黃甲孫, 「後進國의 經濟開發計劃과 정부의 役割—特히 韓國 및 亞細亞後進諸國을 中心으로」, 서울대 행정대학원, 1960.

黃承欽, 「제헌헌법 '제6장 경제'편의 형성 과정과 그것의 의미」, 『法史學硏究』 30, 2005.

황윤희, 「번스(Arthur C. Bunce)의 내한 활동과 한국 문제 인식」, 『숭실사학』 23, 2009.

黃夏鉉, 「後進國經濟發展理論과 Nurkse의 位置」, 『論文集』(청주대학교) 3-1, 1960.

Tony Michell, "Control of Economy During the Korean War: The 1952 Co-ordination Agreement and its Consequences", *The Korean War in History*, Humanities Press International, 1989.

색인